U0090486

中國學術思想 研究輯刊

五 編
林 慶 彰 主編

第 13 冊

屈大均《翁山易外》研究

何 淑 蘋 著

花木蘭文化出版社

國家圖書館出版品預行編目資料

屈大均《翁山易外》研究／何淑蘋 著 — 初版 — 台北縣永和市：
花木蘭文化出版社，2009〔民98〕
目 4+306 面；19×26 公分
（中國學術思想研究輯刊 五編；第 13 冊）
ISBN：978-986-254-042-8（精裝）
1.（清）屈大鈞 2. 學術思想 3. 易學 4. 研究考訂
121.17   98014762

中國學術思想研究輯刊
五 編 第十三冊   ISBN：978-986-254-042-8

屈大均《翁山易外》研究

作　　者　何淑蘋
主　　編　林慶彰
總 編 輯　杜潔祥
出　　版　花木蘭文化出版社
發 行 所　花木蘭文化出版社
發 行 人　高小娟
聯絡地址　台北縣永和市中正路五九五號七樓之三
　　　　　電話：02-2923-1455／傳眞：02-2923-1452
網　　址　http://www.huamulan.tw 信箱 sut81518@ms59.hinet.net
印　　刷　普羅文化出版廣告事業
封面設計　劉開工作室
初　　版　2009 年 9 月
定　　價　五編 20 冊（精裝）新台幣 33,000 元

屈大均《翁山易外》研究

何淑蘋　著

作者簡介

何淑蘋，一九七四年生，臺北人。東吳大學中文系碩士，現就讀於成功大學中文系博士班。研究範圍以經學、文獻學為主，已發表〈北朝經學相關問題試探〉、〈胡毓寰《孟子》學初探〉、〈《民國叢書》述論〉、〈評《二十世紀詩經研究文獻目錄》〉、〈《晚清經學研究文獻目錄》評介〉、〈海峽兩岸《易》學工具書編纂之回顧與展望〉等二十餘篇。另參與編輯《專科目錄的編輯方法》、《經學研究論著目錄（1993-1997）》、《近代中國知識分子在臺灣》、《日治時期臺灣知識分子在中國》、《國際漢學論叢（第二輯）》等。

提　　要

　　本論文以《翁山易外》一書為題，旨在研究清初廣東學者屈大均的《易》學思想。全文共計八章。

　　第一章〈緒論〉，說明研究動機、目的、方法，並綜述前人研究成果。

　　第二章〈明末清初之時代背景〉，略述屈氏所處時代背景，包括政治社會、學術思潮、經學和《易》學發展等。

　　第三章〈屈大均之生平與著作〉，生平方面，述其經歷、師長、交游；著作方面，首先說明清廷查禁情況，然後介紹民國以來重要整理成果，再簡介經部著作數種。

　　第四章〈《翁山易外》之成書過程與異本考辨〉，首先說明《翁山易外》一書的撰作緣由、刊刻與流傳經過；其次，對臺灣國家圖書館所藏、一般學者鮮少提及的六卷本，作較詳細的介紹，並與通行的七十一卷本相比較，論辨此異本的可信度。

　　第五章〈《翁山易外》之釋《易》方式（上）〉，說明屈大均引書註《易》，主要以《詩經》為主，其次引用《書》、《禮》等經籍，另外也偶引其他史書、醫書及前人論述。

　　第六章〈《翁山易外》之釋《易》方式（下）〉，綜觀《翁山易外》全書，可以歸納出屈氏註解《易》經傳方式，包括「陰陽消息」、「五行生剋」、「互體卦變」、「天文曆律」、「人事義理」、「文字結構」等六種，本章逐一加以討論。

　　第七章〈屈大均之《易》學觀與《易》學思想〉，首先就屈氏對《易》作者、結構、內容等，申明其《易》學基本觀點；其次，將屈氏《易》學思想分為象數、義理兩方面，分別予以討論。

　　第八章〈結論〉，歸結全文所述，可知《翁山易外》呈顯之特色有二，而其缺失大抵有三，最後申明此書價值。

　　正文末另有兩篇附錄，附錄一〈民國以來屈大均研究論著目錄〉，蒐集民國以來關於屈氏其人其學之研究成果，並加以分類整理，編成目錄，提供學界參考。附錄二〈《翁山易外》所採互體法彙編〉，以《翁山易外》前六十四卷為範圍，就互體通例作整理，旨在凸顯《翁山易外》對互體法使用的頻繁度。

目

次

凡　例

一、屈大均，字翁山，出家時法名今種，字一靈，號騷餘。其一生使用過之
　　字號甚多。本論文除稱其全名外，俱統一省稱作「屈氏」。

二、《翁山易外》之清鈔本主要藏於兩處。一藏於廣東省立中山圖書館，即《屈
　　大均全集》本《翁山易外》點校時所據底本；一藏於北京圖書館，今已收
　　入《四庫禁燬書叢刊》中刊行於世。經取北京圖書館藏本與《屈大均全集》
　　本兩相核對後，發現不少字句及少數段落略有出入。惟因暫時無法取得廣
　　東省立中山圖書館藏本實際檢視，故未能確定《屈大均全集》本文字之疑
　　誤，究係底本原來面貌、抑或整理者疏漏所致。本論文所引，仍依《屈大
　　均全集》點校本（省稱「《全集》本」），並參以北京圖書館藏本（省稱「北
　　圖本」），如係明顯訛誤，則逕予改正，並加註說明。至於點校本之斷句，
　　偶有偏失，作法亦同。又，《全集》本《易外》於六十四卦俱未加篇名號
　　示別，且引《詩經》書、篇名均用書名號標示，未加區別，本文俱於援引
　　時逕予補正，不另出註說明。

三、凡引用《翁山易外》文字，以收入《屈大均全集》第五冊之彭伊洛、傅
　　靜庵兩先生點校本爲據。爲免逐條加註過於繁瑣，俱於引文末逕加括號說
　　明該文所屬之卦名與頁碼。例如「〈乾〉，頁 5～6」，指引文出自《全集》
　　本《翁山易外》之〈乾〉卦，頁碼爲第 5 至 6 頁。

四、本論文註釋凡出自《屈大均全集》者，均省稱「《全集》」。另，除《翁山
　　易外》外，亦引用屈氏其他著作，包括《翁山詩外》、《翁山文外》、《翁山
　　佚文》、《廣東新語》等詩文、筆記，所採版本與《翁山易外》同，均用收

入《屈大均全集》之本，為免與《翁山易外》徵引時相混淆，皆予加註說明出處。又，除《廣東新語》外，餘書皆省去「翁山」之名，省稱為《詩外》、《文外》、《佚文》等。

五、註釋偶引舊籍，原標點或無斷句、或僅標示簡單句讀、或未加篇名書名號，皆逕予改正，不再加註說明。

六、本論文所引《周易》經傳原文甚多，茲不逐一出註，僅標示所屬卦爻或《十翼》篇名。

第一章　緒　論

第一節　研究動機

　　明末清初是中國歷史上變動劇烈的時代之一。滿清取代朱明王朝，除了政權的易主外，同時也是執政民族的替換，所以伴隨而來的，是強大的文化衝擊。當時知識分子面對此一紛亂局面，因個人處境、心態，而有不同的相應之道。他們抉擇的出路，也招致世人褒貶不一的評價。於是，彼時明遺民「出處進退」模式，遂為民國以來研究明清易代之際所關注的課題之一。

　　除了處世之道，對明遺民學術進行審視和評價，釐清其時代地位和影響力，也是學界歷來研究焦點所在。因清初學者所具備之特出人格、豐富著作、精闢學說、深刻思想，對後來學術發展影響頗巨，後人可以嘗試從不同角度去分析、定位他們的學術成就。簡言之，以明遺民作為研究對象，應是相當有意義的課題。然而，細數明遺民群，除長期受到學界重視的清初三大家——顧炎武、黃宗羲、王夫之，已累積大量研究成果外，實際上仍有不少值得研究者，尚待學界墾植。例如本論文作為研究主題的屈大均，即是活躍於清初廣東學界的一位代表人物，其學術內涵值得吾人更深入探究。

　　屈氏少習儒術，嘗因避難出家為僧，後又重返儒門。青壯年時期懷為國為民之滿腔熱血，南北遊歷，聯絡志士，密謀反清行動。直見清廷政權穩固，復明大勢已去，才安居鄉里，專力著書，藉立言彰顯《春秋》大義。目睹時代巨變的屈大均，亟望藉文章傳世以存史存心，因而為後人留下不少頗具時代特色之著述。惟因其言論充斥尊明、排滿之國家民族意識，對異族執政者語多譏貶，遂令身後屢遭文字獄迫害。其著作歷經雍、乾兩朝多次查禁燬板

後，漸趨散佚。今尚存世者，實為了解屈氏暨清初學術之重要文獻。

綜觀屈氏編撰諸書，體製涵蓋詩、詞、文章、筆記等多種，內容涉及範圍十分廣泛，而於思想或文學等各方面，對時人與後世皆具影響力，顯示其人其學頗值研究。文學方面，民國以來已有不少學者予以討論，而思想方面則較乏人注意，尚有可再探討之空間。

屈氏五十以後讀書，最喜《易經》。其友人甘京云：「屈子翁山所著，談《易》最多。」〔註1〕李稌則稱：「若夫屈子精深之學，已見於《易外》諸篇。」〔註2〕可知《易》應是屈氏個人學術重心之一，而卷帙多達七十一卷的《翁山易外》，堪稱其思想代表作。因此，如欲窺探屈氏哲學思想內涵，應就其《易》學專著——《翁山易外》作深入探討，故本論文擬以「屈大均《翁山易外》研究」為題，由《翁山易外》入手，嘗試理解屈氏《易》學思想面貌及其特色。

第二節　研究目的

本論文研究目的有下列三點：

一、認識屈大均所處時代背景及其生平經歷

凡歷史上朝代興亡更替之際，其政治、社會、思想等諸方面，皆會產生巨大變動，往往也會呈現出複雜多元的發展趨向。屈大均所處時代，恰是滿清代明而起，不僅是執政王朝的替換，同時也是當權種族的更易（滿人取代漢人主政），在文化上引發更大的衝突和對立，故明清之際的變動，又更形劇烈。這些政治社會的改變，是研究明末清初學術者，應先加以認識的。

隨著政治權力轉移，知識分子面對國家危難時刻，紛紛起而對舊有學術思想進行反省與批判，使明末清初學風大抵呈現出批判王學的傾向，而有程朱理學復興的態勢。正因學術思潮改變，直接影響學者思想的形成，是故在研究屈氏前，應先了解明末清初的學術發展概況。

其次，利用史志與前人所撰傳記等資料，瞭解其人生平、師承、交游等經歷。藉由認識屈大均所處時代背景與生平著述，進而凸顯屈氏在清初學界之活動力及影響力。

〔註1〕見《文外・題辭》，《全集》第3冊，頁2，出自甘京（槤齋）語。
〔註2〕同前註，頁3，出自李稌（祈年）語。

二、分析《翁山易外》成書過程及其思想內涵

屈大均著作雖涵蓋四部，數量頗富，但經學方面僅有《翁山易外》、《易月象》、《詩義》、《四書補注兼考》、《論語高士傳》等。其中，《易月象》、《詩義》、《論語高士傳》今未見，恐早已亡佚，而《四書補注兼考》則係屈氏與何磻合撰，非其個人著作，故《翁山易外》一書遂成屈氏目前唯一存世之經學專著。且《翁山易外》卷帙達七十一卷，是晚年喜《易》的屈氏用力之作，故可視為其學術之代表作。

由於屈氏《易》學方面專著，今傳世者僅有《翁山易外》一書，《易月象》已不復見，故欲探究其《易》學思想，當以《翁山易外》為最重要、最基本之文獻。本論文即以《翁山易外》為研究重點，間採屈氏於詩文集中涉及的相關言論為輔，期能從《翁山易外》七十一卷內容之中，掌握屈氏解《易》法、《易》學觀，及其《易經》哲學內涵等。

三、釐清屈大均《易》學思想及其在清初《易》學史之地位

長期以來，屈大均以清初廣東著名學者、文學家身份而受到後人相當的重視，一直是研究清初階段或嶺南地區傳統學術史、文學史之焦點所在。屈氏著作雖涵蓋四部，經史、詩文俱有所成，但作為「嶺南三大家」之一，在清初詩壇占有一席之地，使得後來論述者多半將焦點集中於其文學方面，至於經學、史學等方面成就，則較少涉及。然而，吾人如欲就屈氏學術整體價值作一定位，必不能忽視其經、史學，這些前輩學者研究未及或不甚深入之論題，正待後人加以補足。

本論文研究最主要目的，是希望藉由屈氏今存世的唯一《易》學專著——《翁山易外》的討論，掌握屈氏《易》學思想要旨。由於《翁山易外》一書七十一卷，卷帙頗豐，而屈氏解釋卦象、經文等，又兼採象數、義理，以及陰陽消息、五行生剋、互體卦變、天文律曆諸說，要全部融通理解，實非易事。本論文僅嘗試將《翁山易外》內容略作梳理，歸納出屈氏所採解《易》方法，及其透過此書所展現出來的《易》學觀及《易》學思想，期能釐清屈氏《易》學特色、學術價值，以稍補長期以來屈氏《易》學思想研究之不足。

第三節　研究方法

本論文以屈大均《翁山易外》一書為研究主題，故此書為最主要之文本。

其次，兼及與屈氏哲學或《易》學有關連性之詩文作品，作爲補充、佐證之用。另外，也參考與屈氏同時代或與其相往來之學者，例如顧炎武、方以智、朱彝尊、潘耒等人之詩文集或學術專著，以探討屈氏在當時的學術活動情況、他人評價、影響等。至於實際研究方法，可分成「文本整理」、「資料蒐集」及「思想分析」三項。

一、文本整理

　　屈大均《易》學方面專著，其友人謂「屈子翁山所著，談《易》最多」，〔註3〕而今可知者惟《翁山易外》與《易月象》兩部；且其中《易月象》一書，各公私目錄俱未見載錄，恐早已亡佚，不存於世，其內容梗概亦不得而知。故今欲研究屈氏《易》學，僅能憑藉《翁山易外》一書作爲主要依據。《翁山易外》原本流傳不廣，廣東學界倡議編輯《屈大均全集》（以下簡稱「《全集》」）時，將藏於廣東省立中山圖書館之清鈔本一併收入，並經專家學者點校整理，故此《全集》本《翁山易外》遂成目前最爲流通之版本。

　　研究《翁山易外》者，雖有整理本可供利用，但由於屈氏全部書稿在清初遭官方下令徹查禁燬，即使內容文詞實際上並不涉及違礙字眼的《翁山易外》也不能倖免，致使此書一度湮滅，流傳於世之本子亦屬少見。而今存世版本不多，且多屬「殘本」。爲確保《全集》本內容之完整性，以及點校整理後文字之正確度，故於《全集》外，又取北京大學圖書館館藏清鈔本《翁山易外》〔註4〕相核對，以校正《全集》本訛誤，並匡補其不足。

　　本論文以北京人民文學出版社出版之《屈大均全集》第五冊所收點校本《翁山易外》爲主要文本，凡引用《易外》文句，皆出自此本，爲免逐一出註過於繁瑣，謹於引文末加括號說明所屬頁碼。此外，因《全集》本在標點斷句、文字詞句上偶有疑誤，故以《全集》本作爲「底本」，另參酌《四庫禁燬書叢刊》本爲「輔本」，相互比勘，以訂文字正譌，並於引文末隨文加註，對《全集》本整理之疏失略作說明。

二、資料蒐集

　　除前述文本外，本論文撰寫過程中所需參考之資料，包括「相關古籍文

〔註3〕　見《文外・題辭》，《全集》第3冊，頁2，出自甘京（楗齋）語。
〔註4〕　此本收入《四庫禁燬書叢刊》（北京：北京出版社，2000年）中，頁1～390，與呂留良《晚村天蓋樓偶評》同列於「經部」第5冊。

獻」、「主要研究論著」、「次要研究論著」三種。

（一）相關古籍文獻

　　除屈大均本人《易》著及詩文集外，與其往來之當代學者如顧炎武，或與其同里籍學者如黎遂球，甚或與其同時代者而無交往之學者如黃宗羲等，這些與屈氏有直接或間接關連的明清學者，若透過他們的《易》學著作和詩文，可以觀察屈氏與同時代學者的往來情況、學術思想淵源，以及比較屈氏與當時《易》學思潮異同等。

（二）主要研究論著

　　民國以來關於屈氏研究已累積不少成果，可以藉由翻檢各種文獻目錄、檢索線上公用電子資料庫等方式，廣泛地蒐集以屈氏為題之專書、學位論文、報紙期刊、論文集等資料，以便掌握前人成果與方向，方能在前人研究基礎上，作更進一步的探討。

（三）次要研究論著

　　除以屈氏為主題之論著外，也應留意今人相關研究成果。例如討論明末清初學風之論著，涉及屈氏學術背景；又如論清初明遺民、清初嶺南佛門、清代文字獄等，是與屈氏生平經歷有關的資料。上述論著雖然不是以屈氏作為討論的主軸，但也是值得注意的參考材料。

三、思想分析

　　在對《翁山易外》全書內容文字進行初步校勘整理後，即針對文本作完整的閱讀。在研讀過程中，一方面摘錄《易外》引用群書情形，加以彙整；一方面歸納出屈氏《易》學各種觀點，加以歸納，再就分類所得，逐項進行分析。前者可顯示出屈氏引書概況，以掌握其解《易》所資取於典籍或前人之說法；後者則可得知屈氏思想承襲或異於舊說之處，以彰明其疏解經傳特色，明瞭其《易》學基本觀點與哲學思想內涵，進而掌握屈氏《易》之整體概念，釐清其學說在清初學術史上之意義和價值。

第四節　前人研究成果綜述

　　民國以來屈大均相關研究論述甚多，經筆者蒐集整理後，已彙編成〈民國以來屈大均研究論著目錄〉一文。〔註5〕根據此〈目錄〉統計，可知近百年

〔註5〕〈民國以來屈大均研究論著目錄〉，發表於《書目季刊》第 38 卷第 3 期，2004

來屈氏研究成果，已累積百餘筆資料。又依〈目錄〉所列，可知前人研究成果，大抵可以分爲生平、著述、概論、思想、史學、詩、詞、散文、筆記、評價、其他等十一類。若從論著數量多達百餘篇，以及研究主題多樣化這兩方面來看，可清楚得知屈大均確實受到後世學者相當多的關注。至於其人其學的研究，整體而言有三個趨向：（1）多爲單篇論著；（2）多著重在其生平事蹟的討論；（3）多側重於其文學成就及對記述廣東風物的《廣東新語》一書的肯定。除此之外，還有一特殊現象，即研究者多爲廣東及香港兩地學者，這顯然是受到屈氏爲廣東地區人士的地緣因素影響。

　　民國以來迄今研究屈氏的論著多係單篇論文，至今尚未有專書出現，而學位論文也不多見，目前僅知有下列三本碩士論文：

1. 何樂文《屈大均（翁山）研究》

（香港：珠海書院中國文史研究所碩士論文，1971 年 5 月，何敬群指導）

　　此書應是兩岸三地最早以屈氏研究爲主題的學位論文。全書用稿紙繕寫，計五九〇頁，分爲七章。第一章〈導言〉，第二章〈翁山之生平〉，第三章〈翁山思想與著作〉，第四章〈從屈沱五書探討翁山之文學〉，第五章〈各家選輯翁山詩〉，第六章〈翁山對嶺學及嶺南近代革命思想之影響〉，第七章〈翁山身後之文字獄〉。書末則以表格方式附錄〈翁山年譜簡編〉。

　　此論文內容首先詳盡論述屈氏之生平，其次著重在文學尤其是詩歌方面的探討，然後論屈氏對廣東思想的影響，惟於哲學方面著墨較少，且未述及《翁山易外》，或因作者並未看見此書，故無法作進一步的討論。

2. 嚴志雄《屈翁山詠史詩之探索──屈氏詠史詩之春秋大義與用世思想》

〔註6〕

（香港：香港中文大學研究院中國語文學部碩士論文，1989 年 7 月，常宗豪、吳宏一、齊益壽指導）

　　此書是兩岸三地最早以屈氏某一題材詩歌爲研究主題的學位論文。全書以稿紙繕寫，共六四八頁。除首尾之「緒說」、「結語」外，正文分爲六章：

　　　　年 12 月，今收入本論文，列爲「附錄一」，以便讀者檢閱。以下簡稱「目錄」。
〔註6〕嚴先生之碩士論文，臺灣地區各公立圖書館皆未見收藏。嚴先生現爲臺灣中
　　　　央研究院中國文哲研究所助研究員，經詢問後得知嚴先生手邊也無書稿可以
　　　　借閱。其後承蒙林慶彰老師協助，致函香港中文大學中國語言與文學系副教
　　　　授黃坤堯先生，委託代爲影印，筆者方得一窺此書內容。因此書取得不易，
　　　　特將過程表出，謹向林慶彰老師、黃坤堯先生致謝。

第一章〈屈翁山先生傳略〉；第二章〈《翁山詩外》版本考略〉；第三章〈詠史詩之界說與分類〉；第四章〈翁山詠史之春秋大義（上）〉；第五章〈翁山詠史之春秋大義（下）——古今臣節〉；第六章〈翁山詠史之用世思想〉。

屈氏被稱為「嶺南三大家」，在清初詩壇具有相當的地位，他的詩歌一直廣受世人注意。本論文則揀擇屈氏「詠史」之什約百餘首，對詩中所包含的史實、寓意等，有深入的分析。藉以證明屈氏在其詠史詩篇中，實寓有深刻的《春秋》大義，凸顯出屈氏詩歌所具備的精神內涵。

3. 張靜尹《屈翁山忠愛詩研究》

（高雄：高雄師範大學國文研究所碩士論文，1994 年 6 月，張子良指導）

此書係臺灣地區第一本以屈氏為題之學位論文。共二一一頁，分為七章：第一章〈緒論〉，第二章〈屈翁山之生平與詩歌創作〉，第三章〈屈翁山忠愛詩之題材類型〉，第四章〈屈翁山忠愛詩之旨趣分析〉，第五章〈屈翁山忠愛詩之表現藝術〉，第六章〈屈翁山忠愛詩之風格變化〉，第七章〈結論〉。書末附〈屈翁山年譜簡編〉。

屈氏為清初著名詩人，其詩作豐富、題材多樣，更因其為明遺民身份，常懷感時憂國之思，發諸詩歌，情感深摯，故其「忠愛詩」頗有研究價值。選擇此類題材詩作，探究屈氏忠愛詩之內容思想、表現手法等，可彰顯屈氏詩歌特色及其價值所在。

除上述三本碩士論文外，廣東炎黃文化研究會於一九九六年十二月十日至十二日在廣東省番禺市，舉辦「屈大均思想在嶺南文化中的地位」國際學術研討會，是民國以來首度以屈氏為對象召開的國際學術研討會，〔註7〕對屈氏及嶺南文化的研究，具有重要的意義。此次會議邀請大陸、香港等地學者，就屈氏其人其學進行多方面的討論，計有近兩百人與會。〔註8〕會議中所發表的論文後來由廣東炎黃文化研究會編成《嶺嶠春秋：嶺南文化論集（四）》兩冊，於一九九七年八月由廣東人民出版社出版。其中部分作者於論文集出版前後，另行將文章刊載於其他刊物上。

〔註7〕 一九九一年十二月五日至八日，在香港中文大學舉辦「明末清初華南地區歷史人物功業研討會」，以「屈大均的著作與思想」作為主題之一，計有四篇文章發表。雖然舉辦時間較早，但因該研討會並非專門以屈大均為主題，故應不能算是首度以屈氏為對象的研討會。

〔註8〕 參見同文：〈屈大均國際學術研討會綜述〉，《廣東社會科學》1997 年第 1 期（1997 年 2 月），頁 144～145。

　　《嶺嶠春秋：嶺南文化論集（四）》一書內容除開幕、閉幕辭外，共收學術文章六十八篇，按照主題分為五類，依序為：「氣質風範與學術思想」、「文學成就」、「史學貢獻」、「經濟與科技視野」、「其他」；書末另附汪宗衍〈屈大均紀事年系〉一文。這六十餘篇所涉及的範圍，包括屈氏之生平、師友、著作、詩、詞、筆記、思想等方面，或釐清其思想，或肯定其成就，或彰明其影響，既補充前人研究之不足，也深化部分研究課題的內涵。由於本論集係「屈大均思想在嶺南文化中的地位」國際學術研討會之會議成果，結合數十位專家學者對屈氏其人其學進行較全面的研究，不論在嶺南文化史或屈氏個人研究等方面，都具有相當的意義。

　　由於本論文研究重點是屈氏的《易》學，由〈目錄〉可知這方面目前尚無專著、學位論文甚至是單篇期刊論文出現。由於《易經》屬於哲學領域，若擴大範圍來看，目前屈氏哲學思想方面，尚未有研究專著出版，除了上述何樂文《屈大均（翁山）研究》為唯一涉及屈氏思想的學位論文外，其餘僅有零星單篇論文，而且相較於屈氏的生平、詩歌、筆記，這方面成果可說是相當不足。茲選擇述及屈氏思想較重要的期刊論文數篇，依發表時間先後簡介如下，以了解目前學界的研究概況。

1. 黃維〈屈大均思想之研究〉

　　此文原於一九四一年五月發表在《青年》第一卷第六期，後又於一九四七年三月刊登在《文風學報》創刊號上，共三十二頁。內容分為十一章，首章為緒論，第二章述其家庭環境，第三章述其生平略歷，第四至第七章分論愛國思想、民族思想、鄉土思想、倫理思想，第八章為其著述之檢討，第九章論其著述之遭厄，第十章論其身後之表揚，末章為結論。

　　此篇主要就「愛國」、「民族」、「鄉土」、「倫理」四方面述論，為研究屈氏思想之早期文章，且除思想外，也述及生平、著述等內容，討論較為全面，可視為屈氏研究初期較主要之成果。綜觀此文選題範圍既大，其架構又儼然似學位論文體製，惜內容篇幅不多，所以大部分問題僅是概略涉及、點到為止而已，未再多作探究。另一方面，文中引用相關詩文數量略多，則似偏重文獻整理與文本資料羅列，申論部分或稍嫌不足。

2. 朱謙之〈明清之際兩思想家——傅山和屈大均〉

　　此文原於一九六一年十二月十六日刊於《光明日報》，後收入山西社科院所編《傅山研究文集》（太原：山西人民出版社，1985 年 8 月），頁 8～11。

　　朱氏此文原刊登在《光明日報》上，篇幅簡短，尚不及兩千字，且屈大均與傅山各佔一半，故專論屈氏部分僅千餘字，但這卻是前人論述中少數提到《翁山易外》思想的文章。至於內容，因限於篇幅，朱氏僅利用《翁山易外》簡略說明屈氏的世界觀，其他則並未述及。

　　朱氏於文中提到：「屈大均的《易外》抄本，也保存在北京人學善本室裏，亟待整理。」（《傅山研究文集》，頁 8）可見朱氏曾翻閱藏於北京大學圖書館善本室內之清鈔本《易外》。此本現已收入《四庫禁燬書叢刊》中，得以影印流傳，讓長久以來孤存一室的善本終能公諸於世，實為嘉惠學界之盛事。然而，回想朱氏「亟待整理」之呼籲，此書稿在歷經四十餘年後得以面世，至於另一半的「整理」（點校）工作，則仍待有心人士為之。

3. 司徒彤、何振邦、屈九〈愛國家，愛民族，愛人民——屈大均思想初探〉

　　此文發表於《廣東社會科學》一九八六年第三期，頁 93～96；後收入《嶺嶠春秋：嶺南文化論集（四）》（廣州：廣東人民出版社，1997 年 8 月），上冊，頁 76～83。

　　本文係以屈氏詩文為據，由國家、民族、人民的角度探討其思想內涵，提出「關注祖國安危，反對外國侵略」、「維護民族尊嚴，反對民族壓迫」、「關心民間疾苦，同人民休戚與共」三點見解，肯定屈氏的愛國愛民之心，但也批評他「受到儒家忠君思想的束縛和歷史的局限」，認為：

> 他看不到農民革命戰爭的力量，更沒有投身到農民起義的隊伍中去，甚而站在對立面加以敵視。因而雖跑遍東北、東南、西北，亦只是在封建士大夫階層裏活動，這就必然歸於失敗。……儒家的忠君正統思想，束縛了大均，使大均盲目效忠明王朝，認識不到農民革命戰爭的正義性，沒有依靠農民革命軍，導致他救國救民的偉大抱負不能實現。最後只能以「明之遺民」自慰而飲恨黃泉。這是屈大均思想的歷史局限，也是他的最大不幸。〔註9〕

本文顯然是以唯物史觀來看待屈氏的遭遇，但部分評語諸如「盲目效忠明王朝，認識不到農民革命戰爭的正義性」、「只是在封建士大夫階層裏活動，這就必然歸於失敗」等言論，未免失之主觀，令人無法苟同。此外，在清廷平定三藩之亂、收復臺灣後，屈氏深知朝廷根基已固，復明大業難成，於是潛心著述，撰

〔註 9〕　見《廣東社會科學》1986 年第 3 期，頁 96。

寫、編刻大量書籍，期藉此將他個人思想和前賢事蹟、詩文等予以流傳，這種想法應屬積極正面的，並非是「只能以明之遺民自慰」般淪爲呻吟而已。至於抗清大業未成，當係彼時復明者的共同遺憾，非惟屈氏一人的「最大不幸」；且若試從另一角度來看，「國家不幸詩家幸，賦到滄桑句便工」，〔註10〕屈氏正因目睹當時政治崩壞、社會離亂之景象，心有所感，託諸詩文，方能使其作品深刻寫實，充滿憂國憂民的情懷，讓聞者惻然動容，廣被人們歌詠流傳，因而聞名清初詩壇。故幸與不幸，實屬見仁見智，未可遽論。

4. 黃文寬〈屈翁山的哲學思想初探〉

此文發表於《嶺南文史》一九八六年第二期，頁 2～5。此文在取材上主要利用屈氏詩文，並未述及《翁山易外》，或恐作者未見此書，故僅就屈氏詩文論說；且通觀全文，內容主要在依屈氏所處時代背景來申明其民族思想，若就廣義的「哲學」思想分析來說，則著墨不多，故似有未切題目之嫌。

此外，黃先生於文中提到：

> 值得我們特別注意的是：翁山著作以《翁山文外》、《翁山詩外》、《翁山易外》爲名。有外必有內，內是什麼？佛教的經典稱《內典》，《莊子》有內外篇，老子《道德經》（依新出土本子名次）實質上也是分外內的。但是從現存所有翁山的遺著，卻不見翁山有佛教和道家思想的嚴重影響。（頁4）

若以屈氏言論相對照，可以發覺上述說法實在是曲解屈氏思想原意。試以《翁山易外》一書之命名來看，其〈自序〉云：

> 《易》之內，太極是也，內不可見，以外之畫之象、爻象之，欲人從外以見內也。畫者無文之言，義之《易外》也；象爻十翼者有文之言，文、周、孔子之《易外》也。

可見屈氏認爲「內」、「外」之別，即是「言」、「意」之別。「內」是形而上之道，不可言、不可見；若寫諸文字，就變成了「外」，是形而下的器，可言、可見，目的在藉由所言、所論，作爲詮釋的媒介。在屈氏眼中，不但後世《易》注是「外」，甚至連爻辭、卦辭、《十翼》都可以視爲「外」。而黃先生上文援引佛典、《老子》、《莊子》爲例，以爲佛教經書或老莊思想之分「內」、「外」，與屈氏區別內、外之旨同，認爲屈氏是受到佛、道兩家影響所致，這顯然是誤解其說，

且過於牽合；是故又謂「從現存所有翁山的遺著，卻不見翁山有佛教和道家思想的嚴重影響」，足證難以自圓其說。

綜上所述，可知目前探究屈氏思想的文章，多是利用其詩、文（特別是詩）作爲討論的基本材料，綜述整體思想。專門以《翁山易外》來闡明屈氏哲學思想的論著至今尚未出現。至於提及《翁山易外》者，僅有朱謙之〈明清之際兩思想家——傅山和屈大均〉一文。前人之所以忽略《翁山易外》一書，主要是因爲書稿流傳極罕，若非庋藏在少數公立圖書館善本室內，就是藏於民間私人藏書家之手，一般人取得不易，識者既鮮，論者自然稀少。

《翁山易外》既爲屈氏《易》學代表作，亦是其存世唯一一部哲學思想專著，於其人其學研究之重要性，自是不言而喻。綜觀上述前人成果概況，可知目前在這方面的研究，仍屬於空白的階段，尚待努力。是故，本論文選擇以「《翁山易外》研究」爲題，對《翁山易外》一書進行全面的閱讀、分析，從而掌握屈氏思想底蘊、釐清屈氏哲學內涵，一方面應有助於屈氏個人學術成就的定位；另一方面或可爲清初學術史、廣東學術史增添些許新內容。

第二章　明末清初之時代背景

　　明思宗朱由檢於崇禎十七年（1644）於煤山自縊，屈大均時年十五。其後朱明王室殘支於南方成立政權，至南明永曆十五年（1661），明室澈底滅亡，屈氏時年三十二。故其所處時代，在晚明至清初之間，即「明末清初」、「明清之際」。那是中國歷史上十分動盪的時期，政治的劇變，對於每個活在大時代的人們，都產生最直接、強烈的影響。故論明末清初之人，必先瞭解當時的時代背景。而在此之前，應先對「明末清初」之時間斷限予以定義。

　　前人對於明末清初時間界限，抱有不同看法。梁啓超先生在《中國近三百年學術史》中，將「晚明」上溯至明天啓三年（1623）；〔註1〕又謂清代初期學術，是「從順治元年到康熙二十年，約三、四十年間」。〔註2〕合其所說，可知梁氏所訂明末清初，係自明天啓三年至清康熙二十年，即西元一六二三至一六八一年，約有五十八年時間。

　　謝國楨先生在《明末清初的學風》中指出：

> 我所說的明末清初學者所處的時期，是指著公元十七世紀，即明萬曆三十年以後到清康熙四十年左右（1602～1701）這百年中，……。
> 〔註3〕

將明末清初訂於明萬曆三十年起至清康熙四十年止，即西元一六○二至一七○一年，約一百年時間。

　　林聰舜先生在《明清之際儒家思想的變遷與發展》書首釋題時，提出他

〔註1〕梁啓超：《中國近三百年學術史》（臺北：里仁書局，1995年2月），頁1。
〔註2〕同前註，頁22。
〔註3〕謝國楨：《明末清初的學風》（北京：人民出版社，1982年6月），頁1。

的看法：

> 本論文所謂的「明清之際」是指十七世紀後半期而言，更確切的年代則是始於清兵入關（1644），終於顏元、唐甄之卒（1704）。這是一個年代屬於清初，而學界代表人物多爲晚明遺老，學術精神又與清代專門漢學截然有別的年代，故以明清之際稱之。〔註4〕

以明思宗在位最後一年（崇禎十七年，1644）、清兵破關的甲申年開始，至清聖祖康熙四十三年的甲申年爲止，即西元一六四四年至一七○四年，此六十年間，視爲明清之際。

研究明遺民思想的陶清先生則主張：

> 明末清初，係指西元一六四四年明清鼎革爲中界的前後約五十年爲上下時限的一段歷史時期，約略相當於中國歷史上的明萬曆年間至清康熙末（西元 1584 至 1721 年）。〔註5〕

依其所說，當以一六四四年（即清順治元年）爲界線，往前推約五十年即明末之上限；往後推約五十年即清初之下限。故推算明末清初約指明萬曆年間至清康熙末，即西元一五八四年至一七二一年，約一百三十七年。〔註6〕

又，林慶彰先生認爲：

> ……清初的下限應止於何年，則未有較一致的看法。大部分學者作這一階段論題研究時，心中自有其論斷的標準，惟皆未嚴格的界定。如就整個清代學術思想發展的脈絡來觀察，可以很明顯的分爲三個階段，一是順治、康熙、雍正三朝，合計九十二年，是理學逐漸衰落，清學漸次興起的時期，可說是清學的建立期。二是……。本書所謂「清初」，即指清代順治、康熙、雍正三朝的九十二年間。〔註7〕

提出應以學術思想發展脈絡當作界定標準，認定「清初」範圍在清初三帝王在位期間，即西元一六四四年至一七三五年，計有九十二年。

上述所舉不過數家之言，但足以顯示出學界在「明末」、「清初」的時間

〔註4〕 林聰舜：《明清之際儒家思想的變遷與發展》（臺北：臺灣學生書局，1990 年），頁 1。

〔註5〕 陶清：《明遺民九大家哲學思想研究》（臺北：洪葉文化事業公司，1997 年 6 月），頁 3。

〔註6〕 陶氏僅言「明萬曆年間」、「清康熙末」，若依所說西元年份換算，應即爲明神宗萬曆十二年、清聖祖康熙六十年。

〔註7〕 林師慶彰：《清初的群經辨僞學》（臺北：文津出版社，1990 年 3 月），頁 3～4。

斷限上，意見紛歧，未有定論。但總括來看，明末清初可能的時間範圍，大抵集中在十七世紀。而生於明思宗崇禎三年（1630）、卒於清聖祖康熙三十五年（1696）的屈大均，其六十餘載生命，正好處於明末清初之際，當無疑議。若嚴格來看，清順治元年（1644）屈氏年僅十四歲左右，學思尚未成熟，經史著作亦俱非成於少年階段，皆係中年抗清不成、回鄉安居後，方才埋首撰寫而成，故由其學而論，屈氏理應視爲活躍於「清初」之人物，或較適切。惟其處世態度、學思歷程，蓋自少年起即已奠定方向，深受乃父、鄉賢暨明末志士、學者諸人影響，是以「明末」時期背景亦不容忽略，故本章仍以「明末清初」來作討論。

　　知人論世，在探究屈氏學術前，應先瞭解其所處明末清初之時代背景。本章粗分「政治社會環境」、「學術思潮」、「經學與《易》學發展」三節，略述明末清初發展梗概。

第一節　明末清初之政治社會環境

　　歷史上凡遇易代之際，政治社會環境通常會呈現出複雜紛亂的局面。就明朝末年而言，國家朝政積弊已久，疴重難返，在內憂外患交侵之下，政衰民困，社會情勢更形混亂。明清之際的知識分子有見於此，懷天下爲己任，紛紛號召同志，集結成一股勢力，企圖產生較大的影響力，來改變國運，故黨社之風盛極一時。及至滿清入主中原，清初帝王爲收安定國家之效，並採高壓、懷柔政策，箝制言論，於是黨社被禁。隨著清初帝土的勵精圖治，政治趨於穩定，明遺老遺民復國漸形無望。故明末清初，前承明代末期之敗亂，後啓清代中葉之強盛，政治社會景象，是從紊亂過渡到穩定的局面。

一、明朝末年閹黨流寇肆虐造成政治混亂

　　晚明是有明一朝近三百年歷史中，政治最昏亂的時期。由於執政者的昏庸無道，宦官的大權在握，朝臣的黨派之爭，使得日益腐敗的朱明政權，在內憂外患交相侵襲下，終究難逃滅亡的悲劇命運。

　　首先，就「內憂」而言，閹黨爲禍、流寇四起，均是造成明代內政混亂的因素，而又以前者爲甚。閹黨者，即閹宦與朋黨，因這兩種身份都與朝廷有直接關連，故對內政影響也最爲直接。

　　閹宦，即閹人、宦官。明太祖朱元璋統一天下後，爲免宦官害政，曾鑴

鐵牌置於宮門口，明令：「內臣不得干預政事，預者斬。」〔註8〕又頒示「內臣不許讀書識字」的禁令。〔註9〕後來繼任君主也深諳此理，故《明史》謂：

> 初，太祖禁中官預政。自永樂後，漸加委寄，然犯法輒置極典。宣宗時，袁琦令阮巨隊等外出採辦。事覺，琦磔死，巨隊等皆斬。又裴可烈等不法，立誅之。諸中官以是不敢肆。〔註10〕

可見明代前期帝王對宦官的管理十分嚴謹，而且也曾出現像懷恩、譚吉一般足堪表揚者。〔註11〕然而宦官自明成祖永樂時起，即開始手握軍政大權。〔註12〕又於宣宗以後，破除太祖「內臣不許讀書識字」之禁，使宦官「用是多通文墨，曉古今，逞其智巧，逢君作奸」。〔註13〕在英明君主領導下，宦官縱然有權有能，猶可有效掌控，不致仗勢為禍；及至明中葉以後，君主昏庸，寵信閹人，聽任專擅，遂使其惡行叢生。於是明代宦官為禍，始於英宗時之王振，終於思宗時之魏宗賢。觀《明史》「宦官」一篇所載，有淫人婦女者，有橫徵民財者，有妄殺異己者，有淫巧媚上者，有擁兵暴虐者，種種劣行惡狀，俱見諸史冊，故稱「有明一代，巨奸大惡，多出於寺人內豎」。〔註14〕且其禍不但發自個人，又影響仕風敗壞，故黃宗羲嘆云：

> 奄宦之禍，歷漢、唐、宋而相尋無已，然未有若有明之為烈也。……於是天下之為人臣者，見夫上之所賢所否在是，亦遂舍其師友之道而相趨於奴顏婢膝之一途。習之既久，小儒不通大義，又從而附會之曰：「君父，天也。」故有明奏疏，吾見其是非甚明矣，而不敢明

〔註8〕 事見〔清〕張廷玉等著：《明史》（北京：中華書局，1995年3月湖北第5刷），第26冊，卷304，〈列傳第一百九十二・宦官一〉，頁7765。

〔註9〕 同前註，頁7766。

〔註10〕 同前註，頁7772。

〔註11〕 同前註，頁7777～7778。如記載懷恩事，云：「（恩）性忠鯁無所撓，諸閹咸敬憚之。……一時正人彙進，恩之力也。」又如所記譚吉事，云：「（吉）以老閹侍太子。太子年九歲，吉口授《四書》章句及古今政典。憲宗賜太子莊田，吉勸毋受，曰：『天下皆太子有也。』太子偶從內侍讀佛經，吉入，太子驚曰：『老伴來矣。』亟手《孝經》。吉跪曰：『太子誦佛書乎？』曰：『無有，《孝經》耳。』吉頓首曰：『甚善。佛書誕，不可信也。』弘治之世，政治醇美，君德清明，端本正始，吉有力焉。」譚吉身為宦官，卻能勸導當時太子、即後來即位的孝宗言行，故《明史》贊其賢德。

〔註12〕 《明史》，第26冊，卷304，〈列傳第一百九十二・宦官一〉，頁7766，載：「明世宦官出使專征、監軍、分鎮、刺臣民隱事諸大權，皆自永樂間始。」

〔註13〕 同前註。

〔註14〕 《明史》，第26冊，卷308，〈列傳第一百九十六・奸臣〉，頁7905。

言其是非，或舉其小過而遺其大惡，或勉以近事而闊於古則，以爲
事君之道當然。豈知一世之人心學術爲奴婢之歸者，皆奄宦爲之也。
禍不若是其烈與！〔註15〕

以爲影響天下人心學術，顯見閹宦流毒之深。

　　至於朋黨，《明史》云：

朋黨之成也，始於矜名，而成於惡異。名盛則附之者眾。附者眾，
則不必皆賢而胥引之，樂其與己同也。名高則毀之者亦眾。毀者不
必不賢而怒而斥之，惡其與己異也。同異之見岐於中，而附者毀者
爭勝而不已，則黨日眾，而爲禍熾矣。〔註16〕

朋黨之興，蓋起於士大夫之好「黨同伐異」，是故明儒夏允彝曾感慨地說：

夫朋黨之論一起，必與國運相終始，迄于敗亡而已者，蓋以聰明偉
傑之士，自命不凡，忽被以黨人之目，于是精神智慮俱用之相傾相
軋，而國事遂不暇照顧，坐誤宗社，良以此耳。〔註17〕

士大夫本應將才智心力放在國政上，勤勉公事，替社稷謀福祉，一旦參與朋
黨，卻將心力轉而爲批駁他人，排除異己，變本加厲，導致政務荒廢。廟堂
朝臣如果只知內鬥，國家焉能不亂？是故朋黨之禍，致使國事荒廢，內政不
修，影響甚巨。

　　因朋黨之禍對國家貽害無窮，使得代明而興的滿清引之爲鑒，不敢輕忽
大意，清初帝王爲保江山穩固，對此特別重視，戒愼謹防朋黨再興。聖祖康
熙曾諭戒前代朋黨之弊，世宗雍正撰〈朋黨論〉頒示群臣，高宗乾隆則下令
各省學宮定期宣講雍正〈朋黨論〉。〔註18〕清代君主的種種措施，足以說明杜
絕朋黨對國家安定的重要性；反之，朋黨大興的朱明王朝，既不能遏止如此
風氣，人材窘困，無法挽狂瀾於既倒，是以外族窺伺，便加速覆亡，乃必然
之勢。

　　閹、黨兩者本不相屬，其一爲禍，即足以造成國家衰敗，而明中葉以後
又漸演變成閹、黨朋比爲奸之勢，兩者相加，國祚豈能不亡？故《明史》謂：

〔註15〕《黃宗羲全集》（杭州：浙江古籍出版社，1985 年 11 月），第 1 冊，《明夷待
　　　　訪錄》，〈奄宦上〉，頁 44～45。
〔註16〕《明史》，第 20 冊，卷 232，〈列傳第一百二十〉，頁 6067。
〔註17〕夏允彝：《幸存錄》（上海：上海古籍出版社，1997 年，《續修四庫全書》「史
　　　　部・雜史類」，第 440 冊），卷中，〈門戶大略〉，頁 531 上。
〔註18〕以上史事俱見《清史稿》之〈聖祖本紀〉、〈世宗本紀〉、〈高宗本紀〉。

> 明代閹官之禍酷矣，然非諸黨人附麗之，羽翼之，張其勢而助之攻，
> 虐焰不若是其烈也。中葉以前，士大夫知重名節，雖以王振、汪直之
> 橫，黨與未盛。至劉瑾竊權，焦芳以閣臣首與之比，於是列卿爭先獻
> 媚，而司禮之權居內閣上，迨神宗末年，訛言朋興，群相敵讐，門戶
> 之爭固結而不可解。凶豎乘其沸潰，盜弄太阿，黜陟渠慆，竄身婦寺。
> 淫刑痛毒，快其惡正醜直之私。衣冠填於狴犴，善類殞於刀鋸。迄乎
> 惡貫滿盈，亟伸憲典，刑書所麗，迹穢簡編，而遺孽餘燼終以覆國。
> 莊烈帝之定逆案也，以其事付大學士韓爌等，因慨然太息曰：「忠賢
> 不過一人耳，外廷諸臣附之，遂至於此，其罪何可勝誅。」痛乎哉，
> 患得患失之鄙夫，其流毒誠無所窮極也！〔註19〕

國政既衰，加上天災頻仍，民不聊生，是以盜賊流寇四起，內亂加劇，至思
宗崇禎年間流寇已達極盛，有名者如高迎祥、張獻忠、李自成等。崇禎末年，
李自成利用散撥「十八子，主神器」讖言影響人心，又高宣「迎闖王，不納
糧」口號迎合民心，故所到處百姓欣然響應，加上明軍不堪抵抗，能將如洪
承疇等又被調離，使闖王軍隊陸續攻陷各州，勢如破竹。終於崇禎十七年
（1644）三月十七日攻至北京城，崇禎帝於煤山自縊，明亡。〔註20〕是故《明
史》云：「明之亡，亡於流賊，而其致亡之本，不在於流賊也。」〔註21〕

　　綜上所述，自明中葉以後，經過閹黨害政動搖國本，再加上流寇肆虐造
成的「內亂」，以及外族包括倭寇、滿州女眞人犯境引發的「外患」，遂令明
一朝數百年基業，便在動盪中宣告結束。經過闖王李自成短暫的接續，代之
而起的，是以異族姿態入主中原的滿清帝國。

二、明清之際知識分子自覺形成黨社興盛

　　明代社會有一逾於前代的特殊現象，即黨社臻於極盛。「黨」、「社」之結
集，原是兩種不同的運動，均是都由知識分子所發起。二者之差異，如謝國
楨先生所說：

> 在明代末年，政治和社會裏，有一種現象：一般士大夫階級活躍的
> 運動，就是黨；一般讀書青年人活躍的運動，就是社。「黨」和「社」，

〔註19〕《明史》，第 26 冊，卷 306，〈列傳第一百九十四·閹黨〉，頁 7833。
〔註20〕事見《明史》，第 26 冊，卷 309，〈列傳第一百九十七·流賊〉，「李自成」，頁
　　　　7948～7965。
〔註21〕同前註，頁 7948。

　　名詞雖然不同，但都是人民自覺的現象。〔註22〕
由士大夫所結成的「黨」，以及由讀書人所結成的「社」，在晚明紛紛林立。
黨社的大興，讓政府官員與民間知識分子相輝映，形成一股巨大的影響力，
影響層面遍及朝野，遂使黨社成為有明一代極為重要的政治社會結構。

　　「黨」之興，源於士大夫聲氣相投而交結。明神宗時，吏部郎中顧憲成
（1550～1612）因上書諫言而被革職，返鄉後與弟顧允成（1554～1607）修
無錫東林書院，不少朝野人士如高攀龍（1562～1626）、錢一本（1539～1610）
等與顧氏志氣相投，群起響應，共談學術、議論時政，被稱為「東林黨」。其
後東林黨人與非東林黨人相互排擠，勢同水火，及至熹宗朝時魏忠賢專權，
東林黨人起而彈劾，魏氏大興黨獄以迫害東林黨人，使朝廷賢才頓時為之一
空。至思宗崇禎帝即位，誅殺魏忠賢，並追贈東林黨烈士，可惜黨爭流毒已
深，朋黨之間激烈互斥，罔顧國事，終致明之滅亡。

　　至於「社」，指士人結社相聚，原本僅是作為詩文唱和、吟詠性情的典雅
聚會，從而促進文風興盛而已。然而至明末，隨著清兵入關，明室山河破碎，
目睹時離世亂的巨變，士人社團在書生志氣驅使下，自發性地轉換成抗清復
明的革命據點，分散在全國各地，使得清初社會瀰漫著一種「異味」，促使清
廷嚴峻以待，不得不明令禁止結社活動。

　　關於清初士子結社的情況，謝國楨先生形容道：

　　　　到了乙酉、丙戌（1645～1646）以後，江浙等地已進入清朝的統治範
　　　　圍，可是自從一六四八年荊襄十三家軍和李定國所率領的大西農民
　　　　軍，以及鄭成功所率領的海上之師，掀起了大規模的抗清戰爭，……
　　　　清朝政府尋找發生事變的根源，不得不注意于士子的結社，于是在一
　　　　六六○年即清順治十七年頒布了嚴禁社盟的命令，因之當時有心人士
　　　　就由公開結社轉變為地下秘密的活動。……在蘇州就有葉恒奏、顧炎
　　　　武等所舉辦的驚隱詩社，在淮上就有閻修齡所舉辦的望社，在寧波就
　　　　有六狂生陸宇燝等所組成的兩湖八子、南湖九子等社，在廣東就有屈
　　　　大均為首所創立的西園詩社，……他們或是積極響應海上的義師，或
　　　　是蓄志密謀作恢復的事業，甚至影響到東北和臺灣。〔註23〕

〔註22〕謝國楨：《明清之際黨社運動考》（臺北：臺灣商務印書館，1968 年 6 月臺 2
　　　　版），頁 1。
〔註23〕同前註，頁 9～10。

在明末形成盛極一時風潮的結社活動，凸顯出文人與「社」間關係，已達到
十分密切的程度。他們將個人微薄力量聚集起來，在各地組成團體，透過這
樣的組織方式，醞釀出較大的影響力，故能令清廷視爲妨害政權穩固的一大
憂患，宛如芒刺在背，不得不以雷厲風行的作法加以查禁杜絕。

黨社的活動，僅就屈大均本身而言，因屈氏非士大夫身份，不是黨人之
流，故與之無關連，主要是「社」。他與諸多文人往來，也積極參與一些詩社
的活動。蓋文人心中凡有抑鬱，自然發之於筆端，託諸詩文，藉詠歌以抒懷。
屈氏與同時代文人，均因親眼目睹國破家亡之喪亂，感慨一致，聲氣相投，
故寄情詩歌，藉由詩社聚會，成爲他們抒懷申志的一塊樂土。屈氏一生曾參
加過的詩社不少，其中與他關係最直接者，應是「西園詩社」。

「西園詩社」係以屈氏爲首成立的一個廣東地區詩社。在屈氏所撰《廣
東新語》中，曾提及該社成立動機：

> 慨自申酉變亂以來，士多哀怨，有鬱難宣。既皆以蟄遁爲懷，不復
> 從事於舉業，於是祖述風騷，流連八代，有所感觸，一一見諸詩歌，
> 故予嘗與同里諸子爲西園詩社，以追先達。〔註24〕

「先達」指屈氏之前活躍於嶺南詩壇的前輩文士。蓋廣州有「南園詩社」在
前，屈氏與親友結「西園詩社」在後，既有追述前人風雅遺意，又爲時代所
感渴望一聚集同道發諸詠歌之所，此二者即詩社成立之主因。

至於西園詩社活動據點，根據李緒柏先生所言，西園在廣州西郭之外，
俗稱西關。〔註25〕故知西園詩社設立於廣州城近郊。至於其他相關資料，由
於屈氏在《廣東新語》中，僅提到西園詩社之名及其成立動機，並未述及成
立的確切時間以及參與詩友有哪些人，而屈氏其他著述亦未提及，故無較完
整之「社史」可供參考。惟根據近人研究，成立時間方面，辛朝毅先生說是：
「在寺院生活中，屈大均與幾位同鄉結成『西園詩社』，日以唱和，用詩抒情
寄志。」〔註26〕認爲詩社成立於屈氏出家爲僧期間。社友方面，余祖明先生
根據汪宗衍《屈翁山年譜》，於屈氏外考得梁佩蘭、陳恭尹、薛始亨、程可則、
屈士燝、屈士煌、王隼等爲同社友，〔註27〕餘則不可知。辛、余兩先生說法，

〔註24〕《廣東新語》卷12，〈詩語〉，「詩社」，《全集》第4冊，頁321。
〔註25〕見李緒柏〈明清廣東的詩社〉，刊載於《廣東社會科學》2000年第3期，頁124。
〔註26〕辛朝毅〈大明遺民屈大均〉，刊載於《廣東史志》1989年第1期，頁22。
〔註27〕余祖明〈廣東明清兩代詩社與其詩人考（上）〉，刊載於《廣東文獻》第12卷
第1期（1982年3月），「西園書社」見該文頁8～10。

皆可供參考。

三、清朝初年高壓懷柔政策促成學風轉向

滿清入關之後，有鑒於漢人與外族之民情風俗、政令禮教都有極大差別，想要妥善治理漢民，殊爲不易，所以清廷治漢政策隨時而變，因應現實政治需要而有所調整。故梁啓超在《中國近三百年學術史》中，將清初統治政策劃分爲三期〔註28〕：

第一期爲「利用政策」，自順治元年至十年，約十年間，梁氏謂之「睿親王多爾袞攝政時代」。〔註29〕此時期滿清甫入關，天下初定，滿、漢隔閡甚深，爲求儘速拉近文化差距，故採「以漢治漢」方針，積極招降明臣，授與官職，協助施政；另一方面開設科舉，恢復明代八股取士，藉此籠絡有心干祿的讀書人，並得以廣納漢族才智之士使爲己用；又延納明末遺老，加以禮遇，樹立禮賢典範。種種作法，用意在凸顯帝王「滿漢一體」的政治觀，藉以收攬民心，消弭夷、夏之防，搏得漢族臣民認同。〔註30〕

第二期爲「高壓政策」，自順治十一、二年至康熙十年，約十七、八年間，先是順治皇帝親政，接著是康熙初年鰲拜、索尼、蘇克薩哈、遏必隆四大臣輔政。梁氏以爲，此時期清廷採行高壓政策，利用各種罪名、案件，對貳臣、科舉士子、縉紳、學者加以「糟蹋」、「摧殘」，在這樣高壓管理之下，不但沒有讓國家更形安定，反而「助長漢人反抗的氣燄」。

第三期爲「懷柔政策」，自康熙十一、二年以後，是康熙皇帝統治時代。梁氏以爲，康熙所施行的懷柔政策，主要有三項：第一是於康熙十二年（1673）薦舉山林隱逸。事實上，徵召山林隱逸，順治帝已曾施行，康熙帝則紹繼之，《清史稿》云：

> 康熙九年，孝康皇后升祔禮成，頒詔天下，命有司舉才品優長、山

〔註28〕 以下依梁啓超之言略加整理，詳見《中國近三百年學術史》（臺北：里仁書局，1995 年 2 月），頁 20～22。又，梁氏係針對滿清入關後三、四十年間的治漢政策而論。

〔註29〕 多爾袞實際攝政時間是在順治元年（1644）至七年（1650），順治皇帝親政是在八年（1651）。

〔註30〕 滿清在入關以前，即已倡行「滿漢一家」、「滿漢一體」的概念，以化解族群對立。入關之後，多爾袞仍以此施政，重用漢臣，惟又特別確立「首崇滿洲」的原則。詳參葉高樹：《清初前期的文化政策》（臺北縣：稻鄉出版社，2002 年 7 月），頁 30～37。

林隱逸之士。自後歷朝推恩之典，雖如例行，實應者寡。〔註31〕

當時鼎革未久，山林隱逸之士多不願接受朝廷徵舉，蓋因遺民亡國傷痛未平，又「以名節相高。或廷臣交章論薦，疆吏備禮敦促，堅臥不起」，故推恩成效不甚理想。

第二是於康熙十七年（1678）春正月，下令徵舉博學鴻儒，其詔曰：

> 一代之興，必有博學鴻儒振起文運，闡發經史，以備顧問。朕萬幾餘暇，思得博通之士，用資典學。其有學行兼優、文詞卓越之士，勿論已仕未仕，中外臣工各舉所知，朕將親試焉。〔註32〕

又詔曰：

> 自古一代之興，必有博學鴻儒，備顧問著作之選。我朝定鼎以來，崇儒重道，培養人才。四海之廣，豈無奇才碩彥、學問淵通、文藻瑰麗、追蹤前哲者？凡有學行兼優、文詞卓越之人，不論已仕、未仕，在京三品以上及科、道官，在外督、撫、布、按，各舉所知，朕親試錄用。其內、外各官，果有真知灼見，在內開送吏部，在外開報督、撫，代為題薦。〔註33〕

次年（康熙十八年，1679）三月，召試體仁閣，與試者一百四十三位，得官者包括李因篤、朱彝尊、毛奇齡、潘耒等，皆以布衣身分獲選，是以「海內榮之」。這些在當時學壇、文壇頗有名聲的遺民學者，一旦接受朝廷推恩，無疑表明認同新政府的政治立場，對於其他知識分子影響頗大，故博學鴻儒之徵舉，對籠絡漢族知識分子，頗有見效。

第三是於康熙十八年（1679）開史館編修《明史》。《明史》編修之事，是緊接在徵召博學鴻詞後。百餘位學者與試博學鴻詞科後，康熙分別拔擢等第，分授侍講、檢討、編修等職，接著籌設《明史》館，這些人才就被派入史館，參與前朝史書的修纂工作。

康熙積極地以徵「山林隱逸」、「博學鴻儒」方式，廣納前朝能人賢達，一方面藉著崇儒禮賢，收安撫明遺民之目的；另一方面，又藉著授官任職，將他們納為己用，並推動編史、修書等大規模文化事業以耗損心志，使其再

〔註31〕 趙爾巽等著：《清史稿》（北京：中華書局，1986 年 8 月湖北第 2 刷），第 12 冊，卷 109，〈志八十四·選舉四〉，頁 3183。

〔註32〕 《清史稿》，第 2 冊，卷 6，〈本紀六·聖祖本紀一〉，頁 196。

〔註33〕 《清史稿》，第 12 冊，卷 109，〈志八十四·選舉四·制科〉，頁 3175～3176。

無餘力圖謀復明，有利於穩固清廷政權。

綜上所述，清初以高壓懷柔政策統治漢民，對當時學風影響甚巨。尤其在高壓政策下，文字獄大興，僅以梁啓超所舉第二期（順治十一、二年至康熙十年）而言，文字獄案件即有「張縉彥序劉正宗詩集案」、「金人瑞揭帖案」、「莊廷鑨《明史》案」、「孫奇逢《甲申大難錄》案」、「《忠義錄》案」、「黃培詩案」等。〔註34〕藉此箝制天下知識分子思想，使不敢妄言當局、覬思謀反。是以晚明清初經世之學大倡，但經世不免議論涉及時政，易遭言禍，爲免受清廷所忌，學者漸由經世之學轉向徵實之學，遂自清初經世一變而爲乾嘉考據，從山川地理經濟民生之勘察，轉爲漢唐經疏輯佚辨僞之研究，政治勢力影響力可謂大且深矣。

第二節　明末清初之學術思潮

論明末清初學術思潮前，應先略述明代學風。《明史·儒林傳》綜論明代學術說：

> 原夫明初諸儒，皆朱子門人之支流餘裔，師承有自，矩矱秩然。曹端、胡居仁篤踐履，謹繩墨，守儒先之正傳，無敢改錯。學術之分，則自陳獻章、王守仁始。宗獻章者曰江門之學，孤行獨詣，其傳不遠。宗守仁者曰姚江之學，別立宗旨，顯與朱子背馳，門徒徧天下，流傳逾百年，其教大行，其弊滋甚。嘉、隆而後，篤信程、朱，不遷異說者，無復幾人矣。要之，有明諸儒，衍伊、雒之緒言，探性命之奧旨，錙銖或爽，遂啓岐趨，襲謬承譌，指歸彌遠。〔註35〕

整體而言，明人乃是沿襲宋學傳統，未能有所突破。就此一學術史現象，林師慶彰認爲：

> 如果吾人平心靜氣的加以考察這兩百餘年間的明代學風，可以看出它並沒有突破宋學的傳統，以致宋學潛藏著的內部危機，明代學者並沒有加以化解，反而引出更多的問題：一是道學與經學分離，又因王學末流束書不觀的影響，使經學荒陋到極點。二是人人言心言

〔註34〕以上所舉，參考自葉家樹：《清朝前期的文化政策》，「順、康、雍、乾四朝『文字獄』案一覽表」，頁254～255。

〔註35〕《明史》，第24冊，卷282，〈列傳第一百七十·儒林一〉，頁7222。

性，流於狂禪而不自知，與孔門之本旨距離將更遠。〔註36〕

明代學術既上承宋學，創新突破者少，未有新發展以注入生氣，以致明中葉陽明心學興盛起來，漸趨偏重在談論心性之學，而王學末流更是空務游談，喪失學問根柢，使學風日益低下。直至明末面臨內憂外患的困局，社會秩序紊亂，知識分子有感於應肩負國家興亡匹夫之責，反躬檢討世風衰頹之因，遂起而批評當世學術及王學之弊，欲以此振奮人心，重整社會秩序。

從顧炎武《日知錄》當中，可看到不少關於當世學風之議論。例如「夫子之言性與天道」一條，云：

> 又曰近日學者病在好高，《論語》未問學而時習，便說一貫。《孟子》未言梁惠王問利，便說盡心。《易》未看六十四卦，便談《繫辭》。此皆躐等之病。又曰，聖人立言本自平易，今推之使高，鑿之使深。〔註37〕

主要在指責當時學者本末倒置，臆談義理，忽視基礎原典的閱讀，是犯了「躐等」的治學弊病。

透過顧炎武的針砭，可以發覺晚明學風具有的這些傾向。而顧氏所發出的議論之言，亦可反應出清初學者對於過去興衰所進行的反省和檢討，是激動、深刻和強烈的。明、清政權轉移的巨變，直接促使知識分子對有明一代的學術，進行大規模的重新審視運動，並在深切的省思後，提出呼應時代的口號，以及建構新的思想系統，呈現出各種思潮湧現的局面，這也是促成明末清初學術成就豐富多樣的關鍵因素。

明末清初不僅是政治的大轉變時期，同時也是文化、學術交會激盪的時刻。至明中葉後開始醞釀，至清初遂呈現出複雜多樣的局面。詹海雲先生曾統計近代學者對於「清初的學風」，大概有下面八種異稱：（1）反映市民意識的早期啟蒙思潮；（2）反理學思潮；（3）批判思潮；（4）個性解放和人文主義思潮；（5）市民文學和市民哲學思潮；（6）中國古代哲學總結思潮；（7）經世致用思潮；（8）實學思潮。〔註38〕姑且不論這些稱呼指涉意涵為何，由於時代激變才能引發如此多樣化的思潮，使清初學術綻放光芒，奠立有清一

〔註36〕 林師慶彰：《清初的群經辨偽學》（臺北：文津出版社，1990 年 3 月），第 2
章，〈清初辨偽風氣的興起〉，頁 37。

〔註37〕 《日知錄》，頁 195～196。

〔註38〕 見詹海雲：〈清初實學思潮〉，收入《清代學術論叢》（臺北：文津出版社，2001
年 10 月），第 1 輯，頁 101。

代兩百餘年的發展根基，成爲思想史上不容忽視的一個重要發展階段。

明末清初的學術發展，大抵可以歸納出幾種主要趨向，包括：王學的反省、朱學的復興和經世之學的盛行，而一言以蔽之，即「學術轉型」。要注意的是，三者並非各自發展，而是在轉型的過程中，作爲相互因果的存在。本文爲便於論述，茲分別略作探討。

一、王學的反省

自南宋朱子倡道問學，影響士子讀書之法，其末流則衍生支離固陋之弊。至明代，王陽明倡良知之學加以矯正，天下士人又受其影響甚深。其末流則漸揚棄讀書根柢學問之道，形成「束書不觀，游談無根」之惡習，又不重視禮法，風俗日漸敗壞。

全祖望〈甬上證人書院記〉形容當時學風：

> 自明中葉以後，講學之風已爲極敝，高談性命，束書不觀。其稍平者則爲學究，皆無根之徒耳。〔註39〕

面對日益低劣的風氣，明末有識之士紛紛發言立論，對王學末流所引發的弊病，加以嚴厲斥責，一時形成王學反動之勢。例如黃宗羲即對時弊加以修正，訂出指導學生的方針：

> 明人講學，襲語錄之糟粕，不以《六經》爲根柢，束書而從事於遊談，故受業者必先窮經。經術所以經世，方不爲迂儒之學，故兼令讀史。又謂讀書不多，無以證斯理之變化，多而不求於心，則爲俗學，故凡受公之教者，不墮講學之流弊。〔註40〕

又謂：「學必源本於經術，而後不爲蹈虛；必證明於史籍，而後足以應務。」簡言之，他要求學生必須「窮經」、「讀史」，廣博地涉獵群籍，然後再印證於心，這些都是因應當時王學末流不務讀書而好高談空言，造成「腐儒」、「俗學」充斥之弊，而在教學方法上所作出的修正。

稍晚於黃宗羲、同爲清初三大家之一的顧炎武也嚴厲地指出：

> 五胡亂華本於清談之流禍，人人知之。孰知今日之清談有甚於前代者！昔之清談談老莊，今之清談談孔孟。未得其精而已遺其粗，未

〔註39〕 〈甬上證人書院記〉，《鮚埼亭集外編》，卷16，見朱鑄禹彙校集注：《全祖望集彙校集注》（上海：上海古籍出版社，2000年12月），中冊，頁1059。

〔註40〕 〈梨洲先生神道碑文〉，《鮚埼亭集》，卷11，《全祖望集彙校集注》，上冊，頁219。

究其本而先辭其末，不習六藝之文，不考百王之典，不綜當代之務，
舉夫子論學論政之大端一切不問，而曰一貫，曰無言。以明心見性
之空言，代修己治人之實學……。〔註41〕

針對當時知識分子不切實際、不重經世，只知道空言心性的惡習，予以強烈
批評，認為這種清談傾向，禍害甚大。

明末知識分子對王學的反動，不僅止於議論王學的治學態度或方法而已，
更擴大到對士人言行、價值觀等的檢討。陸隴其（1630～1692）就批評說：

王氏之學徧天下，幾以為聖人復起，而古先聖賢下學上達之遺法，
滅裂無餘，學術壞而風俗隨之，其弊也，至於蕩軼禮法，蔑視倫常，
天下之人，恣睢橫肆，不復自安於規矩繩墨之內，而百病交作，……
故至於啟、禎之際，風俗愈壞，禮義掃地，以至於不可收拾，其所
從來非一日矣。故愚以為明之天下，不亡於寇盜，不亡於朋黨，而
亡於學術。學術之壞，所以釀成寇盜朋黨之禍也。〔註42〕

晚明朝廷黨爭激烈，外族犯境，民間流寇、盜賊四起，內亂外患層疊，加速
明帝國的滅亡。可是不少學者認為追根究柢，仍在於風氣的敗壞，影響更為
巨大。他們認為王學末流不僅敗壞學術，也連帶地歪曲風俗，使人們揚棄禮
法倫常規範，致使社會風氣日愈低下，造成無可挽救的沉淪局勢，故視王學
末流為導致明亡的禍源。

陸氏又說：

或又曰：陽明之流弊，非陽明之過也，學陽明之過耳，程朱之學，
豈獨無流弊乎？今之學程朱者，未必皆如敬軒、敬齋、月川之絲毫
無疵也，其流入于偏執固滯以至僨事者亦有矣，則亦將歸罪程朱乎？
是又不然。夫天下有立教之弊，有末學之弊。末學之弊，如源清而
流濁也；立教之弊，如源濁而流亦濁也。學程朱而偏執固滯，是末
學之弊也。若夫陽明之所以為教，則其源先已病矣，是豈可徒咎末
學哉！〔註43〕

陸氏以自問自答方式，試圖破解時人疑惑。他不但指斥王學末流，更追本溯

〔註41〕《日知錄》，頁196，「夫子之言性與天道」條。
〔註42〕〔清〕陸隴其：《三魚堂文集》（臺北：臺灣商務印書館，1983年，《景印文淵
　　　閣四庫全書》第1324冊），卷2，〈學術辨上〉，頁15下～16上。
〔註43〕《三魚堂文集》，卷2，〈學術辨上〉，頁16上。

源，直指陽明，以爲其學「似孔孟而非孔孟，似仁義而非仁義」，是對陽明及其學說的全盤否定。他將程朱視作「立教」之學，卻將陽明稱作「末學」，一天一地，判然明矣。「末學」既然不但不能救世，且有害世風，就應振興程朱學，以重新「立教」。當時不少學者都抱持這樣的觀點，以爲程朱正是足以匡正晚明時弊的學說，於是捨王學而崇程朱。

清初「理學名臣」之一的張伯行（1651～1725）也大力貶斥陽明學之敗壞風俗：

> 又有姚江王氏祖述金谿，而以朱子之學爲支離影響，倡立致良知之新說，盡變其成規，知其不足以服天下，則又爲晚年定論之書，附會牽合，以墨亂儒，天下之談心學者靡然響應，皆放佚準繩，不知名教中有何事，至啓禎末年，而世道風俗頹敗極矣。蓋此諸金谿之爲禍殆有甚焉。……昔人有云：「以學術亂天下，於姚江見之矣。」非有特立不回之君子障其狂瀾而撲其熾燄，吾道其尚何望乎？〔註44〕

在這股反動風潮中，有識之士重新審視諸多問題，並企圖予以導正，因而直接影響清初風氣的開展。誠如孫師劍秋所說：

> 有明末的空疏，引出了清初的敦實；有明末的蔑視讀書，引起了清初的提倡經術；有明末的輕忽踐履，促成了清初的注重躬行。而這一切，明顯均是對王學末流反動的結果。〔註45〕

王學在經過這段反動期的猛烈批判後，漸漸從明代以來主流思想地位退讓下來，代之而興的，是再度復起的朱學。及至乾嘉時期，重視徵實不誣的考據之學，已然取代陽明心學，成爲有清一代最具代表性的學風。

二、朱學的復興

朱學自南宋後漸成顯學。元代墨守朱學，明初學術亦承襲之，且自《四書集註》由朝廷列爲科舉標準範本後，朱子學說被天下士子所尊奉，其影響之深遠，幾可視爲自孔子以來五百年間第一人。及至嶺南學者白沙先生陳獻章出而提倡心學，再至陽明先生王守仁推行格致說，宋代以來程朱理學盛極之風潮始漸消退，心學趨於興盛，學界遂形成朱、王之爭。而綜觀明代思想

〔註44〕〔清〕張伯行：《正誼堂續集》（上海：商務印書館，1937年5月再版），卷4，〈性理正宗序〉，頁216～217。按，原引文惟斷句，今改以新式標點。

〔註45〕孫師劍秋：〈清代漢學形成原因綜論〉，收入《清代學術論叢》第1輯（臺北：文津出版社，2001年10月），頁20。

發展，大抵呈現王學盛於朱學的局面，故王學成爲明代思想主流。

王學主流明代學壇，及至明末，弊端叢生，引起當時學者的大力撻伐，反動聲浪高幟，使王學聲勢趨於衰弱，代之而起的，是朱學地位的再度受到重視。究其原因，一方面是君主提倡於上，臣子附和於下，再加上民間學人的崇尚，遂能蔚爲風氣。

（一）君主提倡

將理學作爲官學推廣，是程朱學大倡於清初的重要因素。回顧歷朝歷代主流文學、思潮之盛，大抵均與君主之提倡脫離不了直接關係。大凡古代之文學或思想，若有君王提倡於上，則能得群臣百姓呼應於下，風行草偃，自然蔚爲一代特色，文學如漢賦、唐詩，思想如漢初黃老、唐代道教，均是如此。顯示出憑藉著帝王喜好，對一時學風在宣揚、引導上所能產生的影響力，確是十分深遠，不容忽視。

滿清王朝建立後，面臨到的最根本問題，在於滿漢衝突甚深，亟待調合。因漢人長期以中原華夏民族自居，視邊疆外族爲未開化之番邦夷狄，故嚴守「華夷之辨」、「夷夏之防」的歷史觀念，深植人心。受此種族意識之影響，是故即便滿清以武力奪得中原政權，仍未能使天下百姓民心順服。因此，尋求一套能讓中原百姓易於接受，又可以有效治理漢人的思想，便成爲清初帝王施政謀劃之重點所在。

宋代理學的主張中，包含強調倫理規範、重視一統思想，若運用於政治上，則講求注重君臣人倫綱紀，以及安定天下百姓，是適用於統治管理之道；再加上此套學說又本爲中國自宋代以來影響社會極深之傳統哲學，施之於漢人百姓，較易被接受。故程朱學說頗能符合清廷統治者需要，因而受到君主重視。清朝歷代帝王中，尤以聖祖康熙對倡導程朱學最爲用心，理學之所以盛於清初，康熙實居於關鍵地位。

康熙對理學的提倡，主要展現在下列幾方面：

第一，興辦經筵日講。康熙對朱子所著經注大力推崇，藉由舉行經筵日講之方式，〔註46〕積極地親炙程朱理學，並令大學士庫勒納、牛鈕等人以朱《注》爲宗，編纂《日講四書解義》（二十六卷）、《日講書經解義》（十三卷）、《日講易經解義》（十八卷）等書，以供帝王閱覽。康熙以君王地位以身作

〔註46〕清代之設「日講」，始於清世祖順治十二年（1655）。

則，推上行下效之功，遂能帶動君臣研讀程朱學風氣。

　　第二，重用程朱學家。當時篤守程朱的學者，例如湯斌（1628～1687）、熊賜履（1635～1709）、李光地（1642～1718）、張伯行等理學家，這些「漢臣」都蒙受康熙禮遇，拔擢重用，授與要職。諸如湯斌曾任內閣學士、江蘇巡撫、工部尚書；熊賜履曾任經筵講官、禮部尚書、吏部尚書等；李光地曾任內閣學士、兵部侍郎、直隸巡撫、文淵閣大學士兼吏部尚書等；張伯行曾任福建巡撫、江蘇巡撫、禮部尚書等。這些在康熙朝受到重用的「理學名臣」，皆是處於廟堂之上、位高權重的漢族臣工，他們深諳帝王心意與清廷統治需求，故身體力行倡導理學，配合君王推闡以籠絡人心。如湯斌謂：「如程朱為吾儒之正宗，欲求孔孟之道，而不由程朱，猶航斷港絕潢，而望至於海也，必不可得矣。」〔註47〕

　　第三，整理、編印相關著作。康熙推廣程朱之學的措施之一，就是下令大規模整理程朱學著作，包括《朱子全書》、《性理精義》等書。例如於康熙五十二年（1713），詔令李光地等對朱子文章、語錄進行分類、整理，彙編成六十六卷的《朱子全書》，以利天下士子研讀。

　　第四，欽定士子科舉用書。要令天下人習讀理學書籍、接受程朱思想的薰染，最直接且有效的方式，就是列為考試必讀之書，則凡欲謀仕進的知識分子皆須熟讀，以求干祿。故清代科舉考試自以朱子《四書集註》命題後，成為天下士子必讀書，舉凡官宦子弟、布衣儒生，莫不熟讀朱子《集註》，如此使程朱理學影響更為廣遠。

　　第五，調整孔廟配享。使朱子不但配享孔廟，更得以晉身十哲之側。康熙於五十一年（1712）諭示臣下：

　　　朕自沖齡，篤好讀書，諸書無不覽誦。每見歷代文士著述，即一字一句，於義理稍有未安者，輒為後人指摘。惟宋儒朱子註釋群經，闡發道理，凡所著作及編纂之書，皆明白精確，歸於大中至正。經今五百餘年，學者無敢疵議。朕以為孔孟之後，有裨斯文者，朱子之功，最為弘鉅。〔註48〕

〔註47〕〔清〕湯斌：《湯潛庵集》（臺北：新文豐出版公司，1985年，《叢書集成新編》第76冊），卷上，〈答陸稼書書〉，頁390上。
〔註48〕〔清〕勒德洪奉敕修：《大清聖祖仁（康熙）皇帝實錄》（臺北：臺灣華文書局，1970年），第6冊，卷249，頁3324。

在上論中對朱子學術可謂備極推崇。爲彰顯朱子異於群儒的卓絕貢獻，著令臣工擬定表彰辦法，決議將朱子「升於大成殿十哲之次」，將其比爲孔門四科十哲一般。如此藉由孔廟奉祀位置的升級，凸顯帝王褒獎朱子用意，對於朱學學者，在精神上有相當的鼓舞效果。

綜上可知，康熙對於程朱理學的推廣，可謂不遺餘力，張伯行〈紫陽書院碑記〉云：

> 朱子之道，迭明迭晦於五百年之間，迄未有定論。惟我皇上學術淵深，躬行心得，默契虞廷十六字眞傳，獨深信朱子所云，居敬以立其本，窮理以致其知，返躬以踐其實。其道大中至正而無所於偏，純粹以精而無所於雜。欽定紫陽全書以教天下萬世，其論遂歸於一。〔註49〕

康熙既「深信」朱子之說，奉行其學，又欽定其書，用以教化天下百姓，臣下豈敢「有疑」？所謂「上有所好，下必甚焉」，遂趨使朝臣以奉行程朱說爲務，或著書宣揚，或講學傳道，一時儒臣諸如張履祥、陸隴其、湯斌、李光地等人，皆崇尚程朱，以窮理居敬爲依歸；且他們都勤於著述，除了奉詔參與官方編纂群籍的工作外，個人亦有不少關於理學的編著之作。諸如湯斌著有《洛學編》；李光地輯有《朱子禮纂》；張伯行曾刊訂《二程文集》、《二程語錄》、《朱子語類》，編有《周濂溪集》、《宋周濂溪敦頤先生年譜》，並著《伊洛淵源續錄》，集解《濂洛關閩書》、朱子《近思錄》等。〔註50〕他們崇尚的學說既合於執政者需要，自然受到君主肯定。是故程朱理學在君臣合力推波助瀾下，獲得無比尊崇的地位，變成清初官方主導下盛極一時的「顯學」。

（二）學者崇尚

除了附和帝王的朝廷官員外，在民間還有一批同樣推崇程朱理學之士，但是這些知識分子倡導理學的動機，和官方所具備的濃厚政治意味並不相同，他們是站在省思當世學術的角度，在回顧明代學風後作出反省，一方面猛烈檢討批判舊學，一方面又積極修正重建新學，試圖藉由新學風的開展，廓清時代巨變中知識分子沈痛的學術陰霾。

清初崇尚程朱的布衣學者，以清初三大家──顧、黃、王爲例，亭林先生顧炎武治學不空談心性，尊崇程朱；船山先生王夫之則攻駁陽明，推崇宋儒；黎洲先生黃宗羲亦然。其他篤守程、朱之清初布衣學者，尙有陸世儀、

〔註49〕〔清〕張伯行：《正誼堂文集》，卷9，〈紫陽書院碑記〉，頁112～113。
〔註50〕張伯行編刊、撰寫書籍數量頗豐，多收入《正誼堂全書》之中。

張履祥、張爾岐、呂留良等人。他們皆在明亡後隱居不仕,俱有聲於當時。
如呂留良於康熙十七年(1678)被舉薦博學鴻儒,卻拒不受召,謹守遺民矩
矱;張履祥於明亡後亦絕意仕進,居鄉著述,布衣終老。他們對於程朱學的
提倡都不遺餘力,在民間產生相當的影響力。

至於他們崇尚程朱的原因,例如張履祥在〈與張白方〉中所說:

> 又如紫陽、陽明之學,百有餘載以來,學者之論紛如聚訟,幾於水
> 火冰炭之不相得。弟兩讀之,私心揣度,則見以爲紫陽之學純,陽
> 明之學駁,學者從事於此,則紫陽之學終是無弊,而學陽明而失,
> 其弊有不可勝言者。〔註51〕

朱、王之學,各有優劣,互較長短、區別高下,一直是學界爭論焦點所在。
張氏遍讀兩家書,衡量其間利弊得失,提出朱子之學勝在「純」,而陽明之學
失於「駁」的看法,指斥陽明學流弊遠遠超過於朱學,故勸籲學者勿學於陽
明。張氏凸顯朱優王劣的觀點,藉由抨擊王學來提高朱學的價值,這樣的方
式,使他成爲清初崇朱闢王的先導者之一。

這些恥仕異族的「遺老」們,在故國山河破碎之後,不是僅止於回首過
往,一味責備陽明末流不學無術、危害江山而已,他們更努力找尋新的學術
定位,而程朱學便是獲得當時眾多學者肯定,認爲可以導正王學,故而極力
推崇,意欲取王學而代之。雖然他們鼓吹學風的動機與官方不同,但崇尚程
朱的態度卻是一致,故明末學風在朝野眾人合力下爲之一變,程朱理學終成
清初思想主流。

三、經世思想的盛行

近十餘年間,大陸掀起一股「實學」熱潮。他們除了積極發表相關期刊
論文外,並編有《明清實學思潮史》(陳鼓應、辛冠潔、葛榮晉主編,濟南:
齊魯書社,1989 年)、《明清實學簡史》(陳鼓應、辛冠潔、葛榮晉主編,北京:
社會科學文獻出版社,1994 年)等,藉著書立說來大力倡導實學概念,實學
研究逐蔚爲新風氣,受到學界重視。〔註52〕而明清之際的思想發展,也被視

〔註51〕 〔清〕張履祥撰,陳祖武點校:《楊園先生全集》(北京:中華書局,2002 年
　　　　 7 月),上冊,頁 147～148。
〔註52〕 大陸興起實學思潮,並在企圖建構完整的中國實學史,清初當僅止其中一環
　　　　 而已。諸如成立「中國實學研究會」,以及出版大量相關著作,例如葛榮晉先
　　　　 生主編《中日實學史研究》(北京:中國社會科學出版社,1992 年)和《中國

爲「實學」風行的一段時期。

　　「實學」之名早在宋代已經出現。但宋代實學偏於心性修養的層面，與清初講求將學問落實於社會法令、國家經濟各方面，其間差異頗大。由於宋代和清初在實學一詞上的內涵不盡相同，未能等同視之；且清初學者雖有崇實傾向，其說卻未必構成實學系統，故吾人論述清初思潮，不妨以經世思想來取代實學，或較爲適宜。〔註53〕

　　清初學者之所以積極倡導經世思想，顯然是受到時代環境刺激所致。畢竟在政權更替的亂世裏，獨守書齋的純粹學術研究，並不足以發揮救國救民的具體成效。爲因應當世需求，學者思考的首要之務，是如何將「經世致用」的理想落實，建構出一套可安定社會的學問，此即是實學盛起的主要原因。

　　朱伯崑先生認爲明清之際形成的實學運動，應包含了兩層意義：

> 一是對經典文義的理解，尊重古訓和史實，提倡考據學風，恢復經書的本來面貌；二是研究經書的目的在於經世致用，解決有利於國計民生的實際問題，不是空談道德性命。倡導實學的思想家們，有的偏重前者，有的偏重後者，但都反對空談義理。〔註54〕

前者端視學者治學態度，取決於個人實踐；後者則視社會民生需求，取決於群體效益。就經世致用的實際面而言，由於經書所載內容之理想性與解決現實問題之可行性，兩者間有相當的距離，且若想要取得較大的成效，僅憑藉布衣身份，是不太可能達到目的。例如經書中記載的典章禮制，一方面是古今有別，需要隨時代需要調整，一方面又有賴政府明令推行，方能獲致成效。因此，從清初發展至清中葉，經世致用之學固然始終受到重視，但兩相比較之下，清代學術終究還是形成以考據爲主的學風。

　　實學思想史》（北京：首都師範大學出版社，1994年）等書，均可見提倡者大力推廣之用心。而以清代實學爲主之專著，除《明清實學思潮史》外，還有葛榮晉、呂元驄：《清代社會與實學》（香港：香港中文大學出版社，2000年）等，可供參考。

〔註53〕關於實學名義、分期、思想等問題，臺灣中央研究院中國文哲研究所籌備處曾舉辦過一場座談會，邀請兩岸學者進行檢討，會議內容後來整理成〈「明清實學研究的現況及展望」座談會〉一文，刊載於《中國文哲研究通訊》第2卷第4期（1992年12月），頁9～26，可供參考。由於是否可以實學一詞來概括明清之際思潮，學界仍有爭議，故本文暫不採用。

〔註54〕朱伯崑：《易學哲學史》（北京：華夏出版社，1995年1月），第4卷，頁2。

黃宗羲認爲「經術所以經世，方不爲迂儒之學」；〔註55〕顧炎武則是：

於書無所不窺，尤留心經世之學。其時四國多虞，太息天下乏材，以致敗壞。自崇禎己卯後，歷覽《二十一史》、《十三朝實錄》、天下圖經、前輩文編、說部，以至公移邸、抄之類，有關於民生之利害者，隨錄之，旁推互證，務質之今日所可行，而不爲泥古之空言……。〔註56〕

他們同樣在治學方向上，致力於將從形而上的談論，落實到對現實社會、民生基礎問題的關懷。清初經世學風的規模，就在顧炎武、黃宗羲、王夫之、顏元等學者努力下而蔚爲大觀，產生深遠影響。

經世致用風潮的興起，一方面是針對晚明王學的反動，一方面是知識分子因應彼時社會需求所找出的紓困之道。換言之，突破晚明思想困境，尋求新契機，是明清易代之際學者面對的一大挑戰。在轉變的同時，顯示出學者所關切的重心，已由形而上的道德哲理，轉而爲形而下的民生大計。他們回顧傳統典章制度、人事經濟，重新加以檢討、批判，期盼能建構出一套符合需求、切合時務的治國要道。於是，關懷現實的學說紛紛出現，促成經世思潮蔚然大興，進而形成清初學術的一大特點。

呂元驄、葛榮晉先生在《清代社會與實學》中，將清初的經世實學思想，分爲「經濟」、「政治」、「文化」三個層面，以及「史學」領域。若試以此四個角度來檢視屈大均的著述，可以發現他在當時社會思潮下，也提出了個人的經世見解，發揮他對社會現實的真誠關懷。

就經濟層面而言，屈氏在《廣東新語》中，就有不少關於國家經濟效益的論析，並提出一些具體改善的建議，例如提出汰去鹽商以定稅利民（卷十四，〈汰鹽商〉）；又如提出寓盜於農以足食撫民（卷十四，〈穀〉），皆與當時民生經濟問題息息相關，足供執事者參考。

就政治層面而言，清初學者曾對君權、吏治、軍事都進行檢討和批判，屈氏亦然。例如他提出君剝民厚以安天下的觀點（《易外》卷二十三，〈剝〉）；又如他提出小官治鄉的重要性，不下於大官治國（《文外》卷二，〈贈某巡簡

〔註55〕〈梨洲先生神道碑文〉，《鮚埼亭集》，卷11，見《全祖望集彙校集注》，上冊，頁219。

〔註56〕〈亭林先生神道表〉，《鮚埼亭集》，卷12，見《全祖望集彙校集注》，上冊，頁227。

序〉)。這類言論,皆是屈氏政治思想的內涵。

就史學領域而言,除了表現在政治、經濟、社會各方面外,當時學者經世論點之一,是提出「以史經世」思想,屈氏在這方面也作出了不少努力。如同顧炎武、黃宗羲、王夫之等人一樣,屈氏也強調「史」的重要性,他一方面提出「以《易》爲史」、「以詩爲史」的觀點,一方面編纂出《皇明四朝成仁錄》這樣載錄前朝存廢逸事的史籍。雖然屈氏不像清初浙東學派能夠建立系統的史論,但他在史學上的成就,仍應值得肯定。

由上可知,屈氏對於當時政治、社會、經濟、民生諸層面,均有所關懷,曾立言以紀錄、檢討、省思,作出個人回應,表示出屈氏是一位力行經世致用之道的學者。雖然他並沒有提出具體口號或徵實理論,建構出較具規模的經世學說,未能一躍而爲經世思潮的代表人物,但是,經世思潮能大興於清初之季,屈氏應可視爲有心推動洪流的一員。

第三節　明末清初之經學與《易》學發展

一、明末清初之經學發展

在討論清初經學發展之前,理應先略述明代經學概況。史傳和前儒對於明代經學的看法,多是抱持貶抑的態度。《明史·儒林傳》綜論明代經學說:

> 至專門經訓授受源流,則二百七十餘年間,未聞以此名家者。經學非漢、唐之精專,性理襲宋、元之糟粕,論者謂科舉盛而儒術微,殆其然乎。〔註57〕

認爲有明一朝受科舉考試影響,經學家僅有沿襲,沒有創發,使儒學呈現出衰微的景況。再看清代官修的《四庫全書總目》,也批評說:

> 明自萬曆以後,經學彌荒,篤實者局於文句,無所發明;高明者騖於元虛,流爲恣肆。〔註58〕

認爲明中葉後期的經學,不但是「無所發明」,更衍生出「流於恣肆」之弊,經學可謂淪爲衰蔽至極的窘境。

元代雖然以朱子學作爲科舉考試之依據,卻仍間採漢唐注疏,未固守朱

〔註57〕《明史》,第 24 冊,卷 282,〈列傳第一百七十·儒林一〉,頁 7222。
〔註58〕〔清〕紀昀編纂:《四庫全書總目》(臺北縣:藝文印書館,1989 年 1 月),卷 5,〈經部·易類五〉,「易義古象通」,頁 132 上。

子學說，思想並未全然僵化，但到了明代，明成祖永樂敕纂《四書五經大全》，全然用朱子學者所撰註疏，並以諸《大全》爲科考依據，遂使天下士子劃地自限，只讀《大全》，對他書置若罔聞，於是學風日益低落。故有明一代科舉考試之弊更勝前代，明清學者多有譏評，如張爾岐謂科舉之害於經學：

> 慨自科舉學興，流風斯下，雖詫業於詩書，實攖情於利祿。設心之始，已異前規。及其爲術彌工，去道愈遠，終年不輟其揣摩，指趣竟付之茫昧。嗚呼，聖賢垂教之苦心，祇爲後人溫飽之嚆矢！學而如此，何以經爲？〔註59〕

是故晚清學者皮錫瑞在《經學歷史》中，對明代經學流露出相當不屑的態度，認爲：「論宋、元、明三朝之經學，元不及宋，明又不及元。」〔註60〕謂「若元人則株守宋儒之書，而於注疏所得甚淺」；「明人又株守元人之書，於宋儒亦少研究」，〔註61〕遂將元明視爲經學的「積衰時代」。

　　由上可知，傳統見解對於明代經學大抵都是抱持負面評價。民國以來，逐漸有學者在實際閱讀明人著作後，得到不同的看法，並重新釐清前儒舊說，進而肯定明代經學自有其一定的價值。例如林師慶彰在〈晚明經學的復興運動〉〔註62〕中，推許晚明經學實爲清代考據學之先導。時至今日，明代經學成就仍有可觀之處，並非像皮錫瑞等人講的那樣荒誕不堪，尤其明中葉以後學者研究下開清初考據學發展，具承先啓後之意義，這樣的說法已經獲得學界普遍的肯定。

　　至於明末清初經學發展，大抵呈現出下列兩大趨向：

　　其一，回歸原典運動的開展。經學在明末清初演進，最可注意的現象，首推「回歸原典」之趨向。林師慶彰〈明末清初經學研究的回歸原典運動〉〔註63〕一文，已有清晰論述，此處不再贅言。

　　其二，考據辨僞學風的興起。回歸原典運動形成，以考據、辨僞等治學方式作爲研讀經典的手段，開啓了徵實學風。包括《古文尚書》、《河圖》、《洛

〔註59〕　〔清〕張爾岐著，張翰勳等點校：《蒿菴集》（濟南：齊魯書社，1991年4月，與《蒿菴集捃逸》、《蒿菴閒話》合刊），〈經學社疏〉，頁142。

〔註60〕　〔清〕皮錫瑞著，周予同註：《經學歷史》（臺北縣：藝文印書館，1987年10月2版），頁310。

〔註61〕　同前註。

〔註62〕　收入林師慶彰：《明代經學研究論集》（臺北：文史哲出版社，1994年5月），頁79～145。

〔註63〕　同前註，頁333～360。

書》等，經過清初多位經學家的用力考證，已然成功推翻前人舊說，對於宋人崇尚的《尚書》「十六字心傳」，以及《易》圖書學等，給予沈痛的打擊，遂下啓乾嘉漢學大昌之局面。

二、明末清初之《易》學發展

明末清初之《易》學，於宋元《易》學既有所承，亦有所變。既有承於宋圖書學、義理學者，亦有變宋而返漢象數者，故論當時《易》學，應先明漢宋之發展。而綜觀先秦以來《易》學發展史，前儒所言又以《四庫全書總目》所說，最爲精要：

> 《易》之爲書，推天道以明人事者也。《左傳》所記諸占，蓋猶太卜之遺法。漢儒言象數，去古未遠也，一變而爲京、焦，入於磯祥，再變而爲陳、邵，務窮造化，《易》遂不切於民用。王弼盡黜象數，說以老、莊，一變而胡瑗、程子，始闡明儒理，再變而李光、楊萬里，又參證史事，《易》遂日啓其論端。此兩派六宗，已互相攻駁。又《易》道廣大，無所不包，旁及天文、地理、樂律、兵法、韻學、算術，以逮方外之爐火，皆可援《易》以爲說，而好異者又援以入《易》，故《易》說愈繁。〔註64〕

漢代象數之學至京房、焦延壽一變，至陳摶、邵雍再變，此爲象數一系演變之梗概；義理一系則自王弼始興，至胡瑗、程頤一變，逮李光、楊萬里再變。《四庫全書總目》所舉，不過扼要點出《易》學發展史上數位關鍵人物，進而歸結出「兩派六宗」之說。要言之，中國《易》學史之軌跡，要以象數、義理兩派互爲消長，作爲發展的主軸。歷代研究《易經》學者，其取向稍有歧異，然大抵仍不出此兩派。

《易》學發展雖可歸納爲兩大流派，然而實際上，即使同屬一派之學者，在釋《易》時也往往頗見差異，是故《四庫全書總目》在兩派之外，又再行細分，復立「六宗」。以義理派而言，王弼之時代正逢玄學發展臻於極盛之魏晉，故其解《易》在掃除象數外，自是參以道家老、莊之說，此勢不可免；及至北宋，胡瑗、程頤等改而偏重闡釋儒家哲理，已與王弼《易》旨別異；再延及南宋，李光、楊萬里等改而以史事說《易》，一時蔚爲風氣。統括《四庫全書總目》所言，僅述義理派主要發展流變，至於其他，別子爲宗，其影

〔註64〕《四庫全書總目》，〈經部‧易類一〉，頁 62 下～63 上。

響力亦不容小覷。惟《易》學門派繁多，難以盡述，故學界總以象數、義理綜賅。

　　前儒釋《易》者多不可勝數，雖可粗分象數、義理兩派，但諸家詮解又各有不同，合而觀之，可結成一派之學；分而究之，又可別爲一家之學。故《易》學史之所以能蔚爲大觀，乃由專家專著（點），進而形成家法師法（線），融合變化、創造更新，遂得衍生出豐富多樣、生命旺盛的發展風貌（面）。

　　若以明代《易》學而論，主要是承繼宋《易》發展而來。明成祖永樂帝欽定《四書五經大全》作爲科舉取士定本，而其中由胡廣奉敕編纂之《周易傳義大全》，係採宋儒程頤《伊川易傳》、朱熹《周易本義》爲經注，又鈔錄元人董楷《周易傳義附錄》、董眞卿《周易會通》、胡一桂《周易本義附錄纂疏》、胡炳文《周易本義通釋》等書而成，於永樂十三年（1415）頒布後，成爲影響有明一代《易》學最巨之著作。〔註65〕故在官方大力支持下，既被奉爲官學，影響深遠，明代《易》學大抵呈現出以程朱爲宗的路向。

　　《易》學發展至明末清初，大抵以程、朱爲宗，但在發展上呈現出多樣化面貌，一如前人所說：

> 有清初年，說《易》諸家，承明末之流風，有主義理者，有主象數者，有義理與象數兼取者，有參證史事者。〔註66〕

主義理者率篤守程朱之說，如孫奇逢、張履祥、李光地、程廷祚等。而除以宗程朱《易》爲主流外，另有兩項特點，可稍加說明：

　　其一，以象言《易》之風並興。《易》學發展至清，一般以爲整體而言可分爲兩階段，清初沿襲元明，仍以宋《易》爲主；清中葉以降，則是以漢《易》最爲興盛。以明至清初《易》學程朱義理，實爲較籠統的泛論觀點，若再進一步探究，由清初上溯明代，合明、清兩時期《易》學發展來看，並非全然是義理《易》之天下。如廖名春先生認爲：

> 明清時期的宋《易》，包括兩部分。一是從宋代承襲和發展而來的義理易學，二是從宋代承襲和發展而來的象數易學。象數派以圖書解易，義理派反對圖書之學，著重據《周易》經傳文辭去探討其中的義理。儘管這兩派解易的方法不同，但他們都具同一的特徵，即都

〔註65〕《五經大全》編纂過程及其影響，詳參陳恆嵩：《《五經大全》纂修研究》（臺北：東吳大學中國文學研究所博士論文，1998年）。
〔註66〕甘鵬雲：《經學源流考》（臺北：廣文書局，1996年10月再版），卷1，頁39。

是因經傳以明道，不追求經傳文字訓詁方面的解釋，不停留在圖書
象數上，而是借《易》而闡發其性理之學，因此，他們都屬于理學
的範圍。將明清時期的宋易，簡當地當作明清時期的義理易學，將
象數學派排除出其中，這種認識，既不符合宋明理學發展的實際，
在易學史上也易造成混亂。〔註67〕

章權才先生更指出，自明代中葉以後《易》學之發展，實際上尤其體現在《易》
象研究方面，最爲凸出：

明代中後期，《易》學研究出了一個新的動向，就是向宋學挑戰，突
出了「象」，用「象」講《易》。當時，出現了一大批學者和著作，
如熊過的《周易象旨決錄》，胡居仁《易象鈔》，錢一本《像象管見》，
吳桂森《周易像象述》，唐鳴徵《周易象義》，魏濬《易義古象通》
等等。其中最具代表性的就是朱謀　的《周易象通》。……必須指出，
出現這種新的研究動向，意味深長，它不僅是對宋代以來以數說《易》
並最終流入道家這一學風的鞭撻，而且開了日後經學由宋學而返諸
漢學的先河。〔註68〕

故於義理釋《易》之外，以「象」言《易》一派的勢力，在明中葉以後漸漸
抬頭。注入變化舊說的新氣息、新精神。故知晚明清初之《易》學發展，並
非完全籠罩於義理之中，義理學雖爲當時主流，但象數學亦漸有抬頭之趨向。

其二，圖書考辨之風隆盛。象數《易》學至北宋而有新發展，即圖書一
派突起。宋代以前，即流行以圖式系統解說，主要爲道教人士所採，用以說
明煉丹之道，例如魏伯陽《周易參同契》等，唐、五代道教盛行，圖式隨之
流行，北宋初道士陳摶亦以圖式說《易》。道教《易》學影響所及，北宋理學
家漸引用圖式模型，演化爲圖書一派。至於傳授之跡，宋儒朱震於《漢上易
傳》釋各卦圖，於「河圖」謂：「劉牧傳於范諤昌，諤昌傳於許堅，堅傳於李
漑，漑傳於种放，放傳於希夷陳摶。」〔註69〕於「洛書」謂：「劉牧傳之。」
〔註70〕於「伏羲八卦圖」謂：「王豫傳於邵康節，而鄭史得之。」〔註71〕於「文

〔註67〕廖名春、康學偉、梁韋弦：《周易研究史》（長沙：湖南出版社，1991年7月），
　　　　頁323。此書係三位學者合著，其中第六章〈明清易學〉執筆者爲廖名春先生。
〔註68〕章權才：《宋明經學史》（廣州：廣東人民出版社，1999年9月），頁300～301。
〔註69〕〔宋〕朱震：《漢上易傳》（臺北：臺灣商務印書館，1983年，《景印文淵閣四
　　　　庫全書》第11冊），頁309上。
〔註70〕同前註，頁310上。

王八卦圖」無說；於「太極圖」謂：「周敦頤茂叔傳二程先生。」〔註72〕朱震所云，反映出北宋圖書多樣化的興盛景況。〔註73〕當時言圖書者甚多，名家備出，如周敦頤創太極圖，邵雍演先天圖，並爲北宋《易》學大師。南宋朱子崇尙濂溪、康節，一方面註解濂溪《太極圖說》，一方面又於《易學啓蒙》引先天圖，並於《周易本義》列出九圖，凡此種種，皆顯見朱子在倡導圖書學上，可謂不遺餘力，影響亦深。〔註74〕此外，張栻、魏了翁等人，亦皆崇信圖書。簡言之，《易》圖書學實大盛於兩宋。其後元、明兩代言《易》者，亦於圖書遞相陳述。故綜觀宋、元、明三代圖書學，大抵謹守篤信不疑之態度，並申說圖書精蘊以解《易》。

及至清初，考辨圖書之風興起，其時學者多有感於宋儒說經之歧誤，便針對兩宋盛行學說進行辨正考源，圖、書之辨亦在範圍之內。考其用意，蓋在藉疑宋人圖書以復漢象數學，其成效不容小覷。與屈大均同一時代學者，例如黃宗羲《易學象數論》、黃宗炎《圖學辨惑》、毛奇齡《河圖洛書原舛篇》、胡渭《易圖明辨》等等，均是令學界耳目一新的「疑圖書學」專著，而又以胡渭之書爲集大成之總結。凡此諸家，皆致力於釐清圖書學形成及其系統架構，務在攻駁圖書，力闢其謬失，促使清初圖書考辨之風極盛一時，對後來《易》學發展影響頗巨。

〔註71〕同前註，頁 311 下。
〔註72〕同前註，頁 313 下。按，原書「頤」字誤作「實」，今改。
〔註73〕朱震指出的北宋圖書傳授系譜雖然頗爲詳細，但未必全然正確，今人朱伯崑先生以爲：「朱震說的傳授的譜系，未必皆爲事實。但這三支《易》學，大抵符合北宋時期圖書學派發展的情況。」見氏著：《易學哲學史》（北京：華夏出版社，1995 年 1 月），第 2 卷，頁 10。
〔註74〕如清儒皮錫瑞云：「朱子以程子不言數，乃取《河》、《洛》九圖冠於所作《本義》之首。於是宋、元、明言《易》者，開卷即說先天後天。」見〔清〕皮錫瑞著，周予同註：《經學歷史》，頁 247～248。

第三章　屈大均之生平與著作

第一節　生平略述

一、生　平

　　屈大均，字翁山。〔註1〕生於明思宗崇禎三年（1630）九月，卒於清聖祖康熙三十五年（1696）五月，年六十七。廣東番禺新造鎮思賢村人。晚明諸生，清初著名詩人、學者。卒葬於其鄉村北寶珠崗東麓。民國十八年（1929），番禺縣縣長陳樾主持修葺其墓，其後番禺縣政府又於一九八六年在墓前左側建造「八泉亭」（因屈氏自名八泉翁）以誌紀念。《清史稿》卷四百八十四（列傳二百七十一·文苑一）有傳。

　　屈氏一生所用字號甚多，散見於其詩文集中。根據汪宗衍先生《屈大均年譜》記載：

　　　　初名邵龍，號非池，又曰紹隆，〔註2〕字騷餘，又字介子，其曰泠
　　　　君，華夫，三外野人，八泉翁，髻人，九卦先生，五嶽外史，花田

〔註1〕關於「名大均，字翁山」，前儒記載不一，爭議處在部分學者如朱彝尊等謂屈
　　　　氏是中年由僧人還俗後才更改名字，但據汪宗衍先生考訂，屈氏用大均、翁
　　　　山之名字時間俱在出家之前。此說詳見汪宗衍《屈大均年譜》，收入《全集》
　　　　第 8 冊，頁 1851。
〔註2〕見汪宗衍《屈大均年譜》引朱彝尊《明詩綜》、《清史稿·文苑傳》（《全集》
　　　　第 8 冊，頁 1851）。此外，〔清〕佚名輯，全國公共圖書館古籍文獻編委會匯
　　　　編：《清代粵人傳》（北京：中華全國圖書館文獻縮微複製中心，2001 年 2 月），
　　　　頁 1465，亦同。

酒田之農，皆其自號也。〔註3〕

其中，「三外野人」見於《翁山易外》書首屈氏自序末題，蓋因其著有《詩外》、《文外》、《易外》三書而來；至於「九卦先生」之名，見於屈氏詩，〔註4〕可證其對《易》之重視。

屈氏身處晚明清初國政交替之際，以明遺民自許，矢志抗清。清兵攻陷廣州時，避難出家爲僧，投入天然和尚函昰門下，法號今種，〔註5〕字一靈。後還俗重爲儒生。晚年以著述爲志，名其室曰「道援堂」。〔註6〕畢生撰著經史詩文作品頗富，文名、學名並爲世所重。時江左文壇有錢謙益、吳偉業、龔鼎孳，號爲三大家；康熙年間嶺南人王隼爲相抗衡，將屈氏和陳恭尹、梁佩蘭三家詩合編成《嶺南三大家詩選》，自是遂有嶺南三大家之目。〔註7〕

屈氏從事抗清行動同時，足跡遍遊南北各州。既廣結志友豪傑以共謀反清大業，又以詩文與諸人唱和往來，志節、文名俱有聲於時。此外，其人出入儒、釋，學兼文、武，進而謀天下國家大義，退而著古今經史典籍，綜觀一生行誼，可謂多姿多彩，而以民族氣節貫通其精神，成爲清初名士代表，終生以「明之

〔註3〕 汪宗衍《屈大均年譜》，《全集》第 8 冊，頁 1850～1851。此外，尚有「昭子」、「代昭生」、「代景子」、「代景大夫」、「五岳外史」、「菜圃」等名號。

〔註4〕 見〈自題易葉軒〉，《詩外》卷 16，《全集》第 2 冊，頁 1294，詩云：「九卦先生憂患餘，年衰一倍惜居諸。思求《易史》蓮鬚閣，表裏《春秋》作一書。」詩下自註：「九卦先生，予之自號也。」

〔註5〕 汪宗衍《屈大均年譜》註云：「《清史列傳》作名今釋，《毛西河集・詞》三作一苓，皆誤。」此外，《清代粵人傳》頁 1466 亦誤作「今釋」。

〔註6〕 屈氏所用室名亦多，除道援堂外，據《屈大均詩詞編年箋校》（廣州：中山大學出版社，2000 年 12 月）末附〈屈大均年譜簡編〉所列，尚有：忠養堂、古丈夫洞草堂、七人之堂、散儒堂、春山草堂、仙寒草堂、九歌草堂、惠沅堂、四百三十二峰草堂、南岳草堂、易葉軒、弄雛軒、臥蓼軒、壽光軒、持蔬軒、懷沙亭、盧止亭、天下有山之亭、死庵、白華園、祖香園、合道山房、三閭書院等。見該書下冊，頁 1344。

〔註7〕 屈大均與陳恭尹、梁佩蘭齊名，時人目爲「嶺南三大家」。陳、梁生平簡介如下：(1) 陳恭尹（1631～1700），字元孝，號半峰。廣東順德縣龍山鄉人。父邦彥，永明之難時起義廣州，被執而死，恭尹時年十七，以郵蔭授錦衣衛指揮僉事，旋假歸。明亡後隱居，康熙間曾因嫌疑入獄。晚歲卜居廣州小禺山舍，取古詩「獨漉獨漉，父仇未復」句，自稱獨漉子，又號羅浮布衣。著有《初游集》、《中游集》、《增江前後集》、《江村集》、《小禺山初集》、《獨漉堂集》等。生平事蹟見阮元《廣東通志》。(2) 梁佩蘭（1630～1705），字芝五，號藥亭，又號鬱洲。南海（今廣州）人。清康熙二十七年（1688）進士，授庶常，尋告歸。於蘭湖結社，以詩文唱和爲樂，朝廷屢詔不起。著有《六瑩堂集》、《藥亭詩集》等。

逸民」爲志，〔註8〕令後世緬懷不已。

　　屈氏雖在當世頗富聲名，但家境並不寬裕，貧窮之狀見於其詩所述，而妻兒數人，或早亡，或幼殤，多不永年。其妻妾，據載有妻二人：東莞黎氏綠眉、榆林王氏華姜；妾數人：代州陳氏西姨、南海丘氏辟寒、梁氏文姑、劉氏武姑等。〔註9〕其子嗣，幼殤者有男明道、明德，女阿説、阿雁、阿端等。〔註10〕得成人者，據《番禺縣續志》載有八人，分以「翁山」八泉爲字，〔註11〕屈氏自號八泉翁，即由此而來。八子之中，女二、男六，女明洙、明涇；男明洪、明泳、明治、明渲、明溝、明瀟。六子生平簡述如下：

　　明洪，字甘泉，號鐵瓢。雍正元年癸卯（1723）拔貢，補右翼宗學教習，康親王書贈「宗潢儀範」四字。後授知縣，因積勞肺病，改任教職，歷任潮州、惠州、雷州教諭。善詩，著有《鐵瓢集》、《詩略》等。

　　明泳，又名騰漢，字乳泉。番禺學生員。《番禺縣續志》稱其文「磊落矯健」，其詩「慷慨多風」。〔註12〕

　　明治，字龍泉。善文章，工書法。順德學廩生。學使顧某欲拔貢太學，受讒未果。

　　明渲，字湧泉。屈氏在世時，廣東新會令佟鎔之弟無子，因與屈氏交爲詩友，欲以明渲爲子，屈氏病篤時許之，遂成佟氏養子，改名佟浞，回返天津。

　　明溝，字溫泉。棄舉子業，以游幕爲生。曾在許錦鎮幕下，時許奉命征勦烏蒙士府，明溝籌劃撫議，使夷獲全者衆。

　　明瀟，字香泉。通醫術。

　　綜觀屈氏一生，事蹟可道者足多。前已有朱希祖、江宗衍等先生論其生平，而汪宗衍先生所撰《屈翁山年譜》，考證屈氏經歷，尤稱翔實，乃後來研究屈氏者必讀之作。其後何樂文先生撰《屈大均（翁山）研究》，〔註13〕依「屈

〔註8〕屈氏六十六歲時撰〈生壙自誌〉，表明死後將在墓碣上書寫「明之逸民」，足顯其排滿反清之心志，至死不渝。文見《文外》，《全集》第3冊，頁154～155。
〔註9〕參考《文外・四殤冢誌銘》，《全集》第3冊，頁152～153。
〔註10〕同前註。
〔註11〕翁山位於翁源縣境內，八泉之名分別爲：湧泉、溫泉、香泉、甘泉、震泉、龍泉、玉泉、乳泉。屈氏《文鈔》卷七有〈字八子説〉一文，可參看。
〔註12〕〔清〕梁鼎芬等修，丁仁長等纂：《番禺縣續志》（臺北：臺灣學生書局，1968年），第3冊，頁911。
〔註13〕何樂文：《屈大均（翁山）研究》（香港：珠海書院中國文史研究所畢業論文，

氏家族淵源與翁山童年時代」、「弱冠時代之抗清與逃禪」、「壯年時代之遠遊」、「爲復明入湘從軍與避禍第四次出遊」、「晚年生活及身後景況」、「翁山家庭」、「翁山師友概畧」七節，分述屈氏生平，論之甚詳，足供參考。以下僅將屈氏生平約爲六期，參酌屈氏詩文及前人論述，擇要略記其生平梗概。

（一）嚴父良師，讀書經世

屈大均之父名宜遇，字原楚，號澹足。飽讀經史百家，本專心舉業，科考未就後專習醫術。澹足公對子孫課業督促甚嚴屬，據屈氏〈先考澹足公處士四松阡表〉云：

> 課大均至嚴，日誦不問何書，必以數千言爲率，親爲講解，弗以諉之塾師也。家貧，每得金，必以購書，謂大均曰：「吾以書爲田，將以遺汝。吾家可無田，不可無書。汝能多讀書，是則厥父播，厥子耘籽，而有秋有期矣。」〔註14〕

在嚴父親自督導及殷殷教誨下，使屈氏以讀書治學作爲志業，並爲其日後豐富的著述，絜下厚實根基。爾後清兵攻陷廣州，澹足公又謂子曰：

> 昔之時，不仕無義。今之時，龍荒之有，神夏之亡，有甚於春秋之世者，仕則無義。潔其身，所以存大倫也，小子勉之。〔註15〕

故尊夏排夷的民族意識，在父親殷殷告誡之下，深植屈氏心中。而父親不仕無義之訓示，影響更是深刻。屈氏晚年選擇以遺民布衣身份終老於鄉，亡父訓示，當爲原因之一。

屈氏年十六時，鄰人曾起莘（即天然和尚，時尚未出家，爲孝廉，有聲於鄉里）嘆其姿質優異，推薦向當時名儒嚴野先生陳邦彥問學。同年，屈氏補南海縣生員，入縣學。拜入陳邦彥門下後，除誦讀一般的經史詩文外，也兼習武藝與諸子百家技藝。據屈氏在〈秋夜恭懷先業師贈兵部尚書嚴野陳先生並寄恭尹〉詩中說：

> 憶昔從師粵秀峰，授書不與經師同。捭闔陰謀傳鬼谷，支離絕技學屠龍。
> 天下山川能聚米，壯夫詞賦薄雕蟲。〔註16〕

1971 年 5 月）。
〔註14〕〈先考澹足公處士四松阡表〉，《文外》卷6，《全集》第3冊，頁137。
〔註15〕同前註，頁138。
〔註16〕見《詩外》卷4，《全集》第1冊，頁172。

在良師指導下，屈氏一方面研讀儒家經籍，一方面也兼習諸子技藝，培育成文武雙全、六藝兼備之士。且陳邦彥於言教之外，深懷家國情感，以民族興滅為己任，在明室覆亡之際，奮起抗敵，此即堅守志節的最佳身教。有如此人師典範薰染，方能引導屈氏投身反清復明事業。故屈氏志節之養成，陳邦彥教導實功不可沒。

（二）削髮避難，北遊行旅

清軍自北入關後，位居南方的廣東文人，紛紛起而投入「勤王救國」的行列，為成立於南方的南明王朝效命，力圖撐起明室殘存的半壁江山。但是隨著清兵向南逼進，福王、唐王、永明王在南京、福州、肇慶建立起的小王朝，均未能成功抵擋住清人強勢侵略，僅如曇花一現般，紛紛以敗亡終結。面對如此局勢，無力回天的嶺南士人，不少選擇了「殉國」或「出家」，作為面對時代巨變的沉痛回應。

屈氏在南明隆武二年（順治三年，1646）十二月，清軍攻陷廣州之前，已開始參與抗清活動。南明永曆三年（清順治六年，1649），屈氏至肇慶謁見桂王，上《中興六大典書》，得大學士王化澄引薦，將授官之際，父喪消息突至，旋即歸返服喪；次年（清順治七年，1650）三月，尚可喜帶領清軍包圍廣州，桂王逃往廣西。廣州淪陷後，清兵大舉屠城，屈氏為躲避追捕，遂削髮為僧，禮高僧函罡（1608～1685，字麗中，號天然），於番禺雷峰海雲寺出家，受法號今種，字一靈，號騷餘，名其室為「死庵」。時屈氏年二十一。

屈氏投身佛門，先是拜於函罡座下，後被選為道獨（函罡之師，即空隱上人）侍者，復又受菩薩戒於覺浪道盛禪師。函罡、道獨、道盛三位均是享譽晚明佛學界的高僧，屈氏在諸位大師門下學習禪法，再加上他原本具備深厚學養，使其在禪學思想上有相當的領悟。根據《番禺縣續志》記載，他在北遊吳地時，「吳越間名士俱從之遊，其至諸寺剎，則據上坐（座）為徒眾說法，時年不過三十」，〔註17〕可見披上僧袍遊歷四方的今種禪師屈大均，對於佛理必是頗有心得，在佛教界也有一定名聲，才能具備升座說法的資格。

削髮後，具僧人身份的屈氏，自明永曆六年（清順治九年，1652）開始長途遊歷之行。其足跡先後遍及荊楚、吳越、秦晉、京師、塞外等地，範圍頗為

〔註17〕〔清〕梁鼎芬等修，丁仁長等纂：《番禺縣續志》，第 3 冊，頁 907～908。

廣遠。雖屈氏自稱「予性好遊，爲山水之觀者半天下，五嶽皆有足跡焉」，〔註18〕但其遠遊主要目的，意在藉機聯絡天下志士，圖謀反清。故屈氏一方面廣交同道，得識當時才俊碩學如顧炎武等人；一方面考察沿途地理，撰寫〈由代東入京記〉、〈由代北入京記〉等文，記道路、察地勢，與顧炎武《天下郡國利病書》同樣寓有考察天下山川地勢，以便日後一舉恢復明室國祚時，隨即可加運用之意，蓋在爲復興故國作準備。

　　屈氏北遊之初，行至山陰梅市，結識祁氏兄弟（彪佳之子，班孫、理孫）〔註19〕和魏畊〔註20〕等人，朱彝尊《靜志居詩話》謂其「讀書祁氏寓山園，足不下樓者五月」，〔註21〕可見屈氏在山陰期間，一面與同道友謀劃抗清，一面也藉此機會遍覽祁家豐富藏書。〔註22〕南明永曆十三年（清順治十六年，1659），屈氏和魏畊、張煌言等密謀聯絡臺灣鄭成功，企圖通消息、獻計策，協助鄭氏領兵破瓜州，進長江、下江陵，直逼南京。後鄭氏不幸敗退，清廷大肆追捕相關人士，魏畊等先後被逮捕嚴罰，或遭殺害，或流放寧古塔，

〔註18〕見〈爲翁生更名說〉，《文外》卷5，《全集》第3冊，頁125。

〔註19〕理孫、班孫爲明代著名藏書家祁承㸁之孫、明末反清名士祁彪佳之子。彪佳次子理孫，字奕慶，號杏菴，生於明熹宗天啓七年（1627）；三子班孫，字奕喜，生於明思宗崇禎五年（1632）。兄弟二人於明亡後繼承祖父、父親之志，絕意仕途，以讀書爲樂，以藏書聞名。後因牽涉魏耕謀反事件，家道遂中落。

〔註20〕魏耕（1614～1662），原名壁，字楚白，明末甲申之變後改名爲畊，號雪竇居士。慈谿人。崇禎時補歸安縣諸生。著有《雪翁詩集》。明亡後，魏氏結合同道圖謀復國，曾投書獻策於鄭成功，鄭氏從之，率軍兵臨金陵，惜功敗垂成，魏氏等人於事敗後被清廷緝捕遇難。因此案牽連甚廣，遂成清初名案。屈大均詩作與魏氏相關者，有〈簡魏畊〉、〈送客尋魏處士畊〉、〈屢得友朋書札感賦〉、〈送張南士返越州因感舊游有作〉、〈懷魏子雪竇〉等詩。如〈懷魏子雪竇〉云：「平生梁雪竇，是我最知音。一自斯人歿，三年不鼓琴。文章藏禹穴，涕淚滿山陰。說起今朝事，魂應起壯心。」又如〈屢得友朋書札感賦〉十首，其一云：「慈溪魏子是鍾期，大雅遺音爾獨知。一自彈琴東市後，風流儒雅失吾師。」將魏氏引爲難得的知己。

〔註21〕屈氏另有〈題山陰祁五祁六藏書樓〉、〈客山陰贈二祁子〉等詩，皆作於是時。〈題山陰祁五祁六藏書樓〉中有云：「平生竊慕柱下史，列國寶書求未已。開君家書萬卷餘，欲向瑯函作蠹魚。」（《詩外》卷3，《全集》第1冊，頁140）可見屈氏對澹生堂藏書的欽慕。

〔註22〕「寓山園」乃祁氏自家宅院名，其藏書樓則名曰「澹生堂」。又，「寓山園」，〔清〕梁鼎芬等修、丁仁長等纂之《番禺縣續志》第3冊，頁907，稱「讀書祁氏萬山園，不下樓者五月」，蓋誤將「寓」字誤寫作「萬」，而後人轉引時往往失察，未辨其誤，如何樂文《屈大均（翁山）研究》（見該書頁196）即是。

〔註23〕成爲清初著名「浙江通海案」。〔註24〕屈氏則因先行南歸返回廣東而倖免於難。

　　北遊之行對屈氏而言，除廣交天下反清志士外，最大收穫應是結交到不少志同道合的學友，諸如顧炎武、王弘撰、王士禎、李因篤等人，這些都是引領清初文壇的人物，對於屈氏氣節之砥礪、學識之增長、見聞之開拓，均有相當助益。日後屈氏雖居鄉著述，偏處於嶺南一隅，但仍與這些良師益友魚雁往返，相互酬答問學，影響長遠。

（三）三藩亂起，抗清末舉

　　屈大均北遊回粵後不久，吳三桂圖謀起兵背叛清廷，很快地引起遺民們的關切，包括當時南北奔波於抗清活動的屈氏。《番禺縣續志》記載屈氏與三藩事件間的關係：

　　　　己酉秋（屈氏）抵里，會吳三桂畔（叛），以蓄髮復衣冠號召天下，
　　　　時有説其立明後者。甲寅、乙卯，大均遂往來楚、粵軍中，後知其
　　　　有僭竊之意，料其必敗。丙辰春，遂謝事歸。〔註25〕

　　清康熙十二年癸丑（1673），吳三桂起兵反清。他以一方霸主的軍力圖謀反清，聲勢浩大，霎時間復明志士皆對此次舉事賦予莫大期望，紛紛加入吳三桂抗清陣營，屈氏正是其中一人。

　　屈氏剛開始滿懷熱情地參與事務，先是至湖南從軍，上書獻策，得授廣西按察司副司，在廣西主將孫延齡帳下擔任監軍。桂林監軍兩年間，屈氏並寫下《甲寅軍中集》、《乙卯軍中集》。後來察覺到吳三桂反清，純粹爲圖謀個人私欲，並非有意恢復明室江山。抗清舉事動機既不純正，自是難以服眾，故預料吳三桂註定以失敗告終。屈氏既已預見三藩之覆滅，於是在極度失望之下，辭官離去，返回家鄉番禺沙亭。而參與吳三桂叛清計畫，也是屈氏長年投入抗清行動之「末舉」，隨著三藩失敗，讓他不得不接受大勢已去的現實。

（四）隱居不仕，著述以終

　　目睹雲南吳三桂起兵失敗、臺灣鄭成功父子政權瓦解，自青年起投入反清復明活動的屈氏，心知想要恢復明室江山，已是大業難舉。既然報國無力，

〔註23〕如祁班孫被判遣戍寧古塔，屈氏有〈送人出關〉詩記此事。
〔註24〕詳見近人謝國楨〈記清初通海案〉、何齡修〈關於魏耕通海案的幾個問題〉等文。
〔註25〕〔清〕梁鼎芬等修，丁仁長等纂：《番禺縣續志》，第3冊，頁908。

只好退而重新定位自己的道路。彼時清廷採取懷柔政策，積極籠絡明遺民，值此情勢，仕隱之間的掙扎，成爲學者面臨的一大考驗。屈氏認爲：

> ……然是時皆周天子之諸侯，無不可仕之邦，而聖人力量，又足以挽衰運，故以仕爲正。若夫當亂世無所挾持，或二姓之際，大節攸繫，則又以隱爲正。遠禍藏拙而隱者，若《論語》中七人是也。全大節而隱者，夷、齊以商隱，四皓以周隱，嚴光以漢隱，陶潛以晉隱，是也。〔註26〕

明末清初的時代變化，在屈氏眼中，既是「亂世」，也是「二姓之際」，所以主張遺民文人應該要「以隱爲正」，唯有退隱山林鄉里才是最正確的抉擇。他的隱，一方面希望藉此「遠禍」，一方面又爲了能「全大節」。

實際上，當時在清廷威迫利誘下，不少學者或出於自願，或逼於無奈，紛紛赴召出仕。但屈氏始終未改，並寫下〈不仕〉一詩以申己志：

> 不仕元慈令，《春秋》意在茲。猶能成老大，豈敢恨流離？
> 柳鬖蟬多葉，松棲鶴有枝。婆娑長膝下，絕勝據鞍時。〔註27〕

以此申明一生甘作布衣的決心。是詩作於康熙二十七年（1688），屈氏時年已近六十。詩歌內容一方面說明他的不仕是因爲秉承親命、奉養老母；一方面也藉此展現出他不仕無義的高潔之志。屈氏前半生遭遇恩師被磔慘死、親友被捕飽受迫害、廣州無辜百姓被大肆屠殺，國仇家恨，讓他自青年起即對清廷懷有極深的敵視，及至晚年也無法忘懷。

從另一角度來看，屈氏的不仕，既表明恥爲貳臣的心跡，也讓他有更多時間投入寫作，將其思想、感情以及政治理念等，寄託在詩文中。正如其所自言，「長生但向文章得，不死何須藥餌持」，〔註28〕著述立說以達不朽，正是其晚年追求的人生目標。

在屈氏的豐碩著述中，確有不少文字具有濃烈的「意指」。這些言辭流露出的弦外之音，包含了對故國風物的追懷，以及對清廷時政的譏諷。例如《皇明四朝成仁錄》一書，內容是褒揚崇禎、弘光、隆武、永曆四朝殉難人士，在緬懷先烈的同時，也指斥滿清不仁不義，顯見他是以詩文來貫徹反清的堅

〔註26〕屈大均論子路遇荷蓧丈人事，見《四書補註·微子第十八》，《全集》第6冊，頁566。
〔註27〕《全集》第2冊，頁709。
〔註28〕〈答黃扶孟〉，《詩外》卷11，《全集》第2冊，頁983。

決意志。

　　屈氏勤於筆耕，顯然不僅為了抒憤，而是別具更深層的用意，即期望藉由史筆立論，彰顯「《春秋》大義」，他在自己詩文中屢次提及此一用意，例如〈送寧人先生之雲中兼柬曹侍郎〉詩云：「雕蟲篆刻雖無用，一字褒譏臣子恐。」〔註29〕又例如在〈答季偉公贈朱子綱目詩〉中說：

　　　年來辭賦已無心，早歲《春秋》原有志。書法只今在草野，一部《成仁》吾《史記》。〔註30〕

吟詠辭賦雖可抒懷，但已不能滿足屈氏遭逢世變抑鬱激動的內心，唯有託諸史志，以《春秋》筆法著書，寄文字予「寓褒貶，別善惡，正嫌疑」之微言大義，方能宣洩滿腔的救國抱負。

　　透過文字流傳，讓後世明辨夷夏邪正，是明遺民面對時勢後，思索而得的一種處世方式。奉行這種立身立心模式的遺民群，除屈氏外，還有黃宗羲等人，他們共同的特色，都是藉由豐富的個人詩文創作，或是編次前人作品，來達到宣揚思想的目的。

　　對屈氏而言，不願出仕異族，選擇著述終老，致使生活經濟不能得到舒緩，家道處於貧窮之境地，最令他感到愁苦。屈氏有不少憂貧、嘆窮之作，例如〈貧居作〉詩十六首、〈貧居口占〉詩五首，都是對貧窮生活所發出的哀怨之聲。又謂「兒女半襁褓，啼饑不斷聲。貧令慈孝損，愁覺生死輕」（〈老矣〉），對無力改善家境深切自責。甚至淪落到「飢寒殊未已」的處境（〈垂老〉），「金錯囊中羞澀甚，少陵誠是一錢無」（〈賣墨與研不售感賦〉），百般無奈下，不得不變賣文房四寶來渡日。

　　面對如此艱辛困境，只要應清廷徵召山仕，就可改變貧苦生活，且他也曾有數次被舉薦的機會，〔註31〕一旦接受召納，榮華隨即降臨。此雖唾手可得之事，但屈氏始終不受環境影響而改變初衷，更認定這才是遺民最合適的安身立命之道。正如臨終前寫下的詩句，顯現出屈氏一生奉行不渝的處世原則：

　　　所恨《成仁》書，未曾終撰述。嗚呼忠義公，精神同泯沒。後來作傳

〔註29〕〈送寧人先生之雲中兼柬曹侍郎〉，《詩外》「補遺」，《全集》第2冊，頁1510。

〔註30〕〈季偉公贈我朱子綱目詩以答之〉，《詩外》卷4，《全集》第1冊，頁187。

〔註31〕例如：（1）康熙十七年（1678）詔開博學鴻儒科，閻若璩推薦名單中，屈大均姓名亦在其中。（2）兩廣總督吳興祚與奉詔巡視廣東的王士禎，曾當面向屈大均提出欲上疏舉薦之意。

者，列我遺民一。生死累友人，川南自周恤。獨瀧題銘旌，志節表而
出。華趺存後人，始終定無失。林屋營髮塚，俾近冲虛側。〔註32〕

雖不能與《皇明四朝成仁錄》所述諸位忠義之士一般，壯烈爲國犧牲生命，
但也要堅守與他們相同的忠義精神，至死保有堅貞意志，這正是終生以明遺
民自居的屈氏信守的目標，求仁得仁，安貧樂道，雖死無悔，憑此意念，終
使其以高節之名流芳後世。

（五）文網波及，子孫遭難

滿清入主中原後，爲求快速穩固政權，在文化政策上施行嚴密思想控制，
遂使有清一代文字獄大興，每椿詩文案皆牽連廣遠，受波及者不計其數，知
識分子人心惶惶。這種文網禍害持續甚久，延及光緒朝仍未斷絕。若僅就康、
雍、乾三朝而言，轟動全國的文字獄案，則有「呂留良案」、「莊廷鑨案」、「戴
名世案」、「錢謙益案」以及「屈大均案」等。由屈氏也牽涉大案來看，足見
其人聲名之盛，以及受當局「關切」之程度。

屈氏因被清廷視爲萬惡不赦之徒，舉凡其書之隻言片語都須予以禁燬，
乾隆朝編修《四庫全書》，他人著作受屈氏波及者亦不在少數，幸而大抵抽燬
違礙部分，原書仍予保留。事實上，清代與屈氏關聯最直接之案件，主要是
發生於雍正朝的「屈大均詩文案」和乾隆朝的「屈稔湞等家藏屈大均悖逆詩
文案」，其餘則因某詩文集內收錄部分屈氏文字（例如詩文評語）或作品（例
如詩詞、序跋），受波及而遭到查禁。

「屈大均詩文案」發生於雍正八年（1730）十月，廣東巡撫傅泰以屈大
均詩文集中多有悖逆之詞，奏報朝廷。事發，屈氏之子明洪，時任惠來縣學
教諭，因而自首。後判決將屈大均戮屍梟示，屈明洪減等論處，其家人流放
福建。

「屈稔湞等家藏屈大均悖逆詩文案」發生於乾隆三十九年（1774）十一
月，兩廣總督李侍堯舉發屈稔湞、屈昭泗等人私藏族祖屈大均詩文，經朝廷
議處，屈稔湞等人不必治罪，但所藏屈大均詩文須銷燬。

就屈氏所涉兩次詩文案來看，第一次發生於雍正年間，罪責議處之重，遠
超過乾隆年間的第二椿案件。對於內容涉及違礙思想的屈大均詩文，在澈底銷
燬「書」之餘，雍正也對「人」——不論是亡者或在世的子孫，進行相當嚴厲

〔註32〕見〈臨危詩〉，《詩外》卷 2，《全集》第 1 冊，頁 110。

的懲罰；相對於治事嚴苛的雍正朝，乾隆則採取禁書之餘，罪不及人的態度，並未波及屈氏後代子孫。可見同屬文字獄，隨著主事者處理態度不同，結果亦有差異。若由其性質而言，屈大均牽扯的第一次詩文案可視作標準的「文字獄」，而第二次詩文案則僅是「禁書」而已。〔註33〕這或許是因為在第二次詩文案之前，順治、康熙、雍正朝發生多起文字獄，在經過官方嚴厲處置後，對全國文人已造成深刻的警示效果，及至乾隆朝，欲顯懷柔臣民之大度，故不以雷霆手段恫嚇，僅用禁書方式來延續思想箝制之效果。

二、師　長

　　屈大均其人之學，自幼由嚴父啟蒙，後承教於儒師，切磋於友朋，在數度北遊途中不斷拓寬識見。讀書勤勉，兼以閱歷豐富，奠立著述豐富的深厚學識根基。而統觀屈氏思想淵源，雖近承師友，亦遠法前儒。屈氏曾自言深受嶺南鄉賢、明代大儒白沙先生陳獻章（1428～1500）之影響，立意遙奉白沙為師，故在介紹屈氏曾親聆教誨之師長前，宜先稍加說明白沙在屈氏心中的地位。

　　其〈懷沙亭銘〉云：

　　　　聖人盡性，君子知命。白沙得性之深，三閭得命之正。吾今師之，

　　　　其學大定。生學白沙，以道為家。死學三閭，成仁有餘。〔註34〕

可知屈氏於古之先賢，受屈原和陳白沙兩人影響最深；而其思想方面，尤以白沙為重。屈氏嘗論白沙學術云：

　　　　明興，白沙氏起，以濂、雒之學為宗，於是東粵理學大昌。說者謂

　　　　孔門以孟氏為見知，周先生則聞而知之者，程伯子周之見知，白沙

　　　　則周之聞而知之者。孔孟之學在濂溪，而濂溪之學在白沙。非僅一

　　　　邦之幸，其言是也。〔註35〕

明代廣東理學因白沙而興，明清兩代當地學者受其學影響者不計其數。屈氏稱「孔孟之學在濂溪，而濂溪之學在白沙」，以為白沙得孔孟儒學之精要，足見對

〔註33〕「文字獄」和「禁書」概念有別，但因文字獄案通常也涉及書籍查禁，故易致混淆，前人論述也往往未加區分。葉高樹先生以為「其關係固然可視為一體兩面，若仔細加以界定，仍能發現其中的區別」，並就「查禁的性質」、「追究的時間」、「查辦的對象」等分析兩者差異，議論清晰。詳見氏著：《清朝前期的文化政策》（臺北縣：稻鄉出版社，2002年7月），頁247～252。

〔註34〕〈懷沙亭銘〉，《文外》卷11，《全集》第3冊，頁189。

〔註35〕〈白沙之學〉，《廣東新語》卷10，《全集》第4冊，頁278。

其學術推崇。

屈氏極力讚揚白沙功績，甚至視爲古往今來難得聖賢人物，更以白沙面相奇特，乃「天之生有道君子，固皆有以異於人乎哉」，〔註36〕雖未免流於荒誕不經，然推崇之意溢於言表。簡言之，白沙引領嶺學，蔚爲宗師，清初嶺南學子莫不受其遺風薰陶，屈氏亦其間一人也。至於白沙對屈氏影響，主要見於兩方面，其一是「德行」，屈氏謂：

> 白沙平生以出處爲重，其論許衡，有曰：魯齋當仕豈忘天，蓋不欲其屈身於元，以乖《春秋》之大義也。而白沙生當聖明，蟬蛻軒冕，日與二三弟子若世卿、民澤、緝熙之流，捕厓門之魴鯉，采圭峰之蕕蘭，一飲一食，不敢違其孺母。〔註37〕

白沙重忠孝大義，於國篤臣子之節，於家謹慈母之養，正與屈氏終身行事如出一轍。其次，白沙自得之學用於處世，可與清初遺民心志相應。白沙云：

> 山林朝市一也，死生常變一也，富貴貧賤威武一也，而無以動其心，是名曰「自得」。自得者，不累於外物，不累於耳目，不累於造次顛沛，鳶飛魚躍，其機在我。知此者謂之善學，不知此者雖學無益也。〔註38〕

朝野、生死、貴賤、富貧皆等閒視之，以自得之心不爲外物、遭遇所動，一切關鍵盡其在「我」。此自得之理，對於身處憂患境地的屈氏，可謂感觸至深，其出處進退自不免也受其啓發。

其二在「學術」，屈氏在《廣東新語》謂白沙之學是「以濂、雒之學爲宗」，蓋承緒宋代理學思維而發聖人之精蘊，屈氏則在其哲學專著——《翁山易外》中，提到不少關於心性的討論，或是受白沙影響。此外，白沙嘗云：

> 古人棄糟粕，糟粕非眞傳。眇哉一勺水，積累成大川。亦有非積累，源泉自涓涓。至無有至動，至近至神焉。發用茲不窮，緘藏極淵泉。吾能握其機，何必窺陳編？學患不用心，用心滋牽纏。本虛形乃實，立本貴自然。戒愼與恐懼，斯言未云偏。後儒不省事，差失毫釐間。寄語了心人，素琴本無絃。〔註39〕

〔註36〕〈白沙逸事〉，《廣東新語》卷10，《全集》第4冊，頁252。
〔註37〕〈羅母黃太君壽序〉，《文外》卷2，《全集》第3冊，頁97。
〔註38〕〔清〕黃宗羲：《明儒學案》（臺北：華世出版社，1987年2月），卷5，〈白沙學案〉，「贈彭惠安別言」，頁89。
〔註39〕〈答張內翰廷祥書，括而成詩，呈胡希仁提學〉，〔明〕陳獻章著，孫通海點

白沙治學勸人不要盲從，勿隨意依附古書，使本心受到限制，而特重於自家自得。試取以屈氏《易外》相核，《易外》中明引前儒舊說之處甚少，較偏重於個人對經籍原典的體會，而此治學態度，與白沙講求用心的精神，頗能相應。

以上所述爲屈氏遠師前賢白沙先生陳獻章之梗概。若論親炙之師長，則因屈氏一生出入儒、釋兩家，所得教誨亦多。或爲文壇名儒，或爲佛門高僧，皆學養豐富且頗有聲於當世。其中影響屈氏較多者，當爲陳邦彥、函昰、函可，以下分述三人與屈氏關係。

（一）陳邦彥（1603～1647）

陳邦彥，字會斌〔註40〕（一作會份），廣東順德龍山（今廣東順德縣）人。曾於大良錦巖山下講學授徒，人稱巖野先生。南明隆武元年（1645）舉鄉試，明年升兵部司方司主事，監廣西狼兵。滿清入廣州後，邦彥起兵高明山中，後又約陳子壯圍廣州，兵敗被執，不屈而死，年僅四十六。與陳子壯、張家玉並稱「粵東三烈」、「廣東三忠」。子恭尹請恤，永曆帝詔贈兵部尚書，諡忠愍。著有《雪聲堂集》、《南上草》、《留丹錄》等。同里溫汝能校輯其著作，編成《陳巖野先生全集》四卷。屈氏撰有〈順德給事巖野陳公傳〉，載入《皇明四朝成仁錄》。事蹟見《明史》本傳、阮元《廣東通志》等。

陳氏之學以《易》、《詩》聞名，門人薛始昌謂：「……治《易》、《詩》，教授嘗數百人，後出其門者數千人。」〔註41〕曾撰有《易疏》十二卷，溫汝能云：

> 其《易疏》僅存初稿一卷，自乾至履止，尚俟訪求全本刻之。按此則非未成之書可知，第因亂散佚，雪聲堂所刻祇是初稿，已屬不全，今所得原集，只存八卷，并所云《易疏》初稿亦亡之矣。先生深於《易》理，其中精義，必有闡發過人者。其如多方搜覓，片紙無留，非先生之不幸，蓋後學之不幸也，惜哉！〔註42〕

校：《陳獻章集》（北京：中華書局，1987年7月），上冊，頁279～280。
〔註40〕李德超：《嶺南詩史稿》（基隆：法嚴寺出版社，1998年2月），頁110，誤作「令斌」。
〔註41〕薛始昌〈贈兵部尚書陳巖野先生傳〉，《陳巖野先生全集》（嘉慶乙丑聽松閣藏溫汝能校輯本），卷4。按，筆者所見爲中央研究院傅斯年圖書館藏古籍，該書原無葉數。
〔註42〕溫汝能〈跋〉，《陳巖野先生全集》，卷4。

由於陳邦彥唯一《易》學專著早已亡佚，後人無法一窺其梗概，否則取之與
《易外》相核，試比較其間異同，或可推知屈氏《易》學思想受其師影響之
程度如何。

屈氏年十六從陳氏學《周易》、《毛詩》等經書及其他技藝，培養厚實的
經術涵養和強健的體魄。其後陳邦彥與張家玉、陳子壯起義不幸死難，抗清
氣節被譽爲明末「廣東三忠」，屈氏曾作〈廣東死事三將軍傳〉稱道，忠貞
之崇高人格，對屈氏實有深刻影響。甲申之變後，邦彥著「中興政要書」上
呈福王；屈氏則著「中興六大典書」上呈桂王，顯係仿效其師上書獻策報國
之行。德行之外，邦彥作詩取法杜甫，「詩筆老健，氣貫長虹，感慨刻骨」，
〔註43〕被稱爲「粵中杜甫」，屈氏詩歌創作，亦頗受影響。綜上所述，邦彥
人品學養，俱有聲於時，堪爲士子表率，而屈氏乃其及門弟子，影響自是更
爲深刻。

（二）釋函昰（1608～1685）

釋函昰，字麗中，號天然，人稱天然和尚。生於明萬曆三十六年（1608），
卒於清康熙二十四年（1685），享年七十七。明廣東番禺人。俗姓曾，名起莘，
字宅師。明崇禎六年（1633）舉人，與陳學佺善，學佺卒後，痛摯友之亡，
苦思生死之道，前往廬山參拜空隱獨和尚（宗寶道獨），遂削髮受戒，遁跡佛
門，傳曹洞宗禪法，爲曹洞宗三十四世，番禺雷峰海雲寺開山祖師。與覺浪
道盛〔註44〕同爲清初南方佛門大師。著有《瞎堂詩集》、《楞伽疏》、《楞嚴疏》、
《金剛疏》、《禪醉》、《焚筆》、《似詩》等。事蹟見阮元《廣東通志》卷三二
八、汪宗衍《天然和尚年譜》等。

屈氏與函昰初識於順治二年乙酉（1645），時函昰在白雲山，屈氏前往謁
見，函昰見其秉性奇異，命其向陳邦彥問學。後順治七年（1650），清兵攻陷
廣州，屈氏爲避難，遂禮函罡，於廣東番禺圓岡鄉雷峰海雲寺出家爲僧，受
法名今種，方才正式締下師徒名份。

函昰所收徒眾不少是明末學者，見諸阮元《廣東通志》所列數十人，皆

〔註43〕引自管林主編：《廣東歷史人物辭典》（廣州：廣東高等教育出版社，2001 年），
頁 430。

〔註44〕覺浪道盛（1592～1659）爲清初江南曹洞宗大師。在金陵天界寺傳法，與天
然和尚同爲晚明清初在南方影響力頗巨的僧人。屈大均先禮函昰爲師，後從
道盛受菩薩戒，故與道盛亦有師徒之誼。同門者，尚有石廉大汕、無可大智
（即方以智）等人。

爲士大夫身份。事實上，南明亡國前後，不少遺民、將領、文士，或感政衰世變而心灰意冷，或遭清兵追捕而處境驚險，於是紛紛削髮出家。因函昰在當時頗有名聲，故不少人選擇入其門下，或請法號爲居士，或受戒爲僧侶。屈氏之外，聞名者尚有金堡〔註 45〕、黎延祖〔註 46〕等人。故函昰所主持之雷峰道場，一時儼然成爲明遺民聚集之重要據點。饒宗頤先生指山：

> 明季遺民遁入空門，一時才俊勝流，翕然趨向。其活動自江南迤及
> 嶺南，徒眾之盛，實以金陵天界寺覺浪上人一系與番禺海雲天然和
> 尚一系最爲重鎮，彼此各以詩鳴，且與當時新貴往來酬答，……。
> 〔註 47〕

可知函昰在明清之際影響力相當廣遠，不少遺民在出家時都選擇投入其門下，而屈氏正是受其思想熏染的弟子之一。

（三）釋函可（1611～1659）

　　函可，字祖心，號剩人，又號㮤㮤。廣東惠州博羅縣人。俗名韓宗騋，字猶龍。父日纘，明萬曆三十五年丁未（1607）進士，官拜禮部尚書，諡文恪。函可少爲諸生，父母歿後轉而專心習禪，終棄家隨空隱獨和尚受戒爲僧。清順治四年（1647）十月，函可因攜帶南明福王答阮大鋮書稿，及所撰述抗清志士之《再變記》，被清兵搜捕入獄，判處遣戍瀋陽，是爲「清代第一宗文字獄」。〔註 48〕函可族人，多抗清不屈、視死如歸，故屈氏以「一門忠義」讚譽之。函可又曾與同志三十三人結成「冰天詩社」，詩歌唱和，申明心志。清順治五年（1648），函可逝於流放地，得年僅四十九。著有《剩人語錄》、《千山詩集》等。事蹟見阮元《廣東通志・列傳六十一》、汪宗衍《明末剩人和尚年譜》。

　　函可爲屈氏佛門師叔，相較於其師兄函昰，函可因親友族人多遭清廷屠

〔註 45〕金堡（1614～1680），即丹霞澹歸，曹洞宗禪師。明末進士，曾任知縣，南明桂王任給事中，於清順治九年（1652）投入函昰門下，法名「今釋」。著有《嶺海焚餘》、《丹霞澹歸禪師語錄》、《徧行堂集》等，其書因「語多悖謬」，乾隆時亦在禁燬之列。

〔註 46〕黎遂球之子，遂球任晚明唐王主事，戰死江西，延祖自稱「番禺七十遺民」，投入函昰門下，法名「今延」。

〔註 47〕見姜伯勤：《石濂大汕與澳門禪史——清初嶺南禪學史研究初編》（上海：學林出版社，1999 年 12 月），書首饒宗頤先生〈序〉，頁 1。

〔註 48〕語出汪宗衍〈千山剩人函可和尚傳〉，收入氏著：《明末剩人和尚年譜》（臺北：臺灣商務印書館，1986 年 6 月），頁 2。

殺，仇恨刻骨，於政治上採積極反抗態度，正與屈氏為抗清起義戮力奔走一致，故兩人心志契合無間。屈氏有不少與函可往來詩作，例如〈言從浮嶠直抵榆將訪剩大師不果賦懷〉、〈寄剩禪師〉二首、〈寄瀋陽剩人和尚〉等，詩中有「六朝如夢不堪悲」、「故園芳草今消歇」、「九死孤僧淚未收」、「斯道既今寥落甚」諸句，係兩人在相同環境下所發出聲氣相投之悲慨。屈氏曾於《廣東新語》中論及函可之詩，云：

> 為詩數十百篇，命曰《剩詩》。其痛傷人倫之變，感慨家國之亡，至性絕人，有士大夫之所不能及者。讀其詩，而君父之愛，油然以生焉。……嗟夫！聖人不作，大道失而求諸禪；忠臣孝子無多，大義失而求諸僧；《春秋》已亡，褒貶失而求諸《詩》。以禪為道，道之不幸也；以僧為忠臣孝子，士大夫之不幸也；以《詩》為《春秋》，史之不幸也。〔註49〕

屈氏在詩中表明他認為函可所以具有「求諸禪」、「求諸僧」的趨向，乃是受當時晚明「大義失」、「大道失」影響，一方面既表達出屈氏對清初政治和降清仕清者的不滿，一方面也流露出他的無奈。

三、交　遊

　　屈大均為嶺南歷史上著名人物，其身份複雜，曾出入儒、釋，是書生，也曾從軍；其足跡廣遠，曾遊歷南北，是為號召反清同志，也可拓寬交往視界。故屈氏交游範圍除同鄉外，與嶺外人士更有密切關係。綜觀其交游，不僅人數眾多，且身份涵括詩人、學者、禪僧等等。就個人身份而言，除在野遺民、一般知識分子外，也有清廷官員，甚至是封疆大吏、一品京官。就學術名聲而言，則當時主盟文壇的大儒，諸如顧炎武、朱彝尊、王士禎、錢謙益等人，均在屈氏交游之列，這一方面顯示出屈大均在當時的活躍程度，一方面也凸顯了屈氏聲名在當時，應具有一定地位。

　　昔清初大儒王夫之師友眾多，後世學者難以盡曉，遂有晚清湘潭學者羅正鈞致力蒐羅與船山往來師友一百五十七人事蹟，纂著成十八卷的《船山師友記》。而屈氏與王夫之同時，師長友朋亦多，宜有「師友記」之作，以供研究屈氏生平經歷參考之資，惜此類著作至今尚付之闕如。

　　因屈大均交游廣闊，限於本文篇幅，且前人論述已多，似毋庸費辭逐一

〔註49〕見《廣東新語》卷12，《全集》第4冊，頁318，「僧祖心詩」。

介紹，故僅揀擇其中有《易》學或經學方面專著、且在當時影響力較大者，包括方以智、錢澄之、顧炎武、王弘撰、毛奇齡、朱彝尊、李因篤、閻若璩、潘耒等九人，容或對屈氏經學有較直接或深刻之影響。以下依諸人生卒爲序，簡介其生平經歷及與屈氏交往梗概。

（一）方以智（1611～1671）

　　方以智，字密之，號曼公，晚年出家爲僧，號無可，別號藥地、弘智等。安徽桐城人。生於明神宗萬曆三十九年（1611），卒於清聖祖康熙十年（1671），年六十一。清初著名思想家。出家前爲復社成員，與陳貞慧、冒辟疆、侯方域並稱明末四公子。其曾祖學漸著有《易蠡》，祖父大鎮著有《易意》，父孔炤著有《周易時論》，一門家學，故方氏於《易》亦有《易餘》、《易籌》、《學易綱宗》等。其一生著作宏富，多達百餘種，除《易》學專著外，另有《東西均》、《藥地炮莊》、《物理小識》、《通雅》等，俱受後人重視。

　　屈氏與方以智同爲遺民，亦皆義不仕清，志氣相投，故屈氏相與唱和之詩頗多，有〈越中寄廬山無可大師〉、〈登秦望山寄酬廬山無可大師〉、〈寄無可禪師〉及〈藥地禪師於青原得一小瀑布名曰小三疊泉請予題長句〉等作。方以智晚年棲身禪門，居住在青原，〈藥地禪師於青原得一小瀑布名曰小三疊泉請予題長句〉詩即屈氏應方氏之請所寫，方氏本人也有〈瀑布小景〉，友人徐緘有〈青原山新瀑布歌呈藥地大師〉，都是記述同一景物。余英時先生謂：「今考密之晚居青原垂十載，雖云棲跡禪門，實未嘗忘情塵世。其交游之廣，聲名之盛，有非今日所能想像者。」〔註50〕則屈氏乃其眾多紅塵友人之一也。

　　方以智之學，「好以《易》理測律曆、醫學等，用《河圖》、《洛書》徵諸事物。欲鎔中外古今諸家之長，鑄爲一爐」。〔註51〕其學廣識博，才德兼備，甚受時人推崇，屈氏〈送方六〉詩云：

　　　　桐城多我友，藥地是吾師。子弟皆能學，如君更好辭。

　　　　依人來嶺海，問道得軒羲。歸取潛夫論，研心未老時。〔註52〕

〔註50〕余英時：《方以智晚節考》（臺北：允晨文化實業公司，1986 年 11 月增訂擴大版），頁 49。

〔註51〕任道斌：《方以智年譜》（合肥：安徽教育出版社，1983 年 6 月），頁 16。

〔註52〕〈送方六〉，《詩外》卷 9，《全集》第 2 冊，頁 714～715。按，《全集》原於「潛夫論」誤加書名雙箭號，觀屈氏於詩下自註云：「潛夫方先生有《周易時論》一書。」知其意指潛夫先生所著，非漢代王符之《潛夫論》。

自註：「潛夫方先生有《周易時論》一書，藥地，其冢子也。」以屈氏自負平生，竟願禮藥地爲師，可見他對方以智的推崇。

（二）錢澄之（1612～1693）

錢澄之，初名秉鐙，清兵攻陷桂林後東歸，改名澄之，字飲光。安徽桐城人。生於明神宗萬曆四十年（1612），卒於清聖祖康熙三十二年（1692），年八十一。明諸生。南明唐王時，授漳州府推官；桂王時，授禮部儀制司主事，改授翰林院庶吉士，知制誥。明亡後，嘗因避難出家爲僧，復還俗爲儒，居鄉著述，矢志不仕。錢氏著述有《田間詩學》、《田間易學》、《莊屈合詁》等，今有安徽省古籍整理出版規劃委員會、安徽古籍叢書編審委員會編成《錢澄之全集》（合肥：黃山書社，1998 年）。事蹟見《清史稿》卷五百（列傳二百八十七·遺逸一）。

屈、錢交往，始於順治十五年（1658），屈氏時年二十九歲，行至南京，得識錢澄之與顧夢游等人。錢氏詩集中有〈送一靈出關尋剩公〉二首，當即作於是時。屈、錢兩人相似處頗多。其一是經歷，兩人都曾因避禍出家爲僧，後來均棄僧還儒，也都選擇布衣終生，志不仕清。其二是詩文，屈氏是「嶺南三家」之一，錢氏則爲桐城詩文先導，[註53] 兩人文學俱聞名於世，錢仲聯先生謂：「在同時代愛國遺民詩人中，澄之與吳嘉紀爲同一類型，而與顧炎武之堅蒼質實學杜，屈大均之浪漫奇肆學李者，分樹旗纛，卓然大家。」[註54] 是皆清初遺民詩人之佼佼者。其三是皆重視《易》學，屈氏有《翁山易外》七十一卷，爲其畢生心血「三外」書之一；錢氏有《田間易學》四卷，亦是其用力最勤之書，是兩人皆以研《易》爲學問重心。

至於錢氏《易》學特色，《四庫全書總目》稱其：「家世學《易》，又嘗問《易》於黃道周。……其學初從京房、邵康節入，故言數頗詳，蓋黃道周之餘緒也。後乃兼求義理，參取王弼《注》、孔穎達《疏》、程子《傳》、朱子《本義》，而大旨以朱子爲宗。」[註55] 又如其〈周易緒言序〉云：「三《易》聖人於十二辟卦陰陽消長之會，於陽多危辭焉，於陰多戒辭焉，而其意常主於

〔註53〕錢仲聯先生以爲，錢澄之與方以智兩家，「在詩文方面，可說是桐城文派、詩派的先導」，語出〈錢澄之全集序〉，頁 2。文見〔清〕錢澄之著，吳懷祺校點，吳孟復審訂：《田間易學》（合肥：黃山書社，1998 年 8 月），書首。

〔註54〕同前註，頁 4。

〔註55〕〔清〕紀昀編纂：《四庫全書總目》（臺北縣：藝文印書館，1989 年 1 月），第 1 冊，「田間易學」，頁 141 上。

庇陽，以是爲扶抑之義而已。」〔註56〕可見錢氏《易》學兼採象數、義理，與屈氏頗有相通處。

（三）顧炎武（1613～1682）

顧炎武，原名絳，字忠清，明亡後易名炎武，字寧人，又自署蔣山傭、顧圭年，學者稱亭林先生。江蘇崑山人。生於明神宗萬曆四十一年（1613），卒於清康熙二十一年（1682），年七十。父早卒，幼由祖父授《通鑑》。順治二年（1645），奉母避難常熟，從崑山令楊永言起義，魯王授爲兵部司務，後敗，顧氏脫走，其母絕食而亡，遺命勿事二姓。顧氏晚定居華陰，篤學研經，以「博學於文」、「行己有恥」爲論學宗旨，又倡「經學即理學」，以考據徵實導正晚明學風，復重經世致用，爲清初學壇大家。康熙十七年（1678）詔舉博學鴻儒，辭不赴。清廷曾欲徵博學鴻詞，以死自誓而免。著作極富，有《日知錄》、《天下郡國利病書》、《肇域志》、《音學五書》（即《音論》、《詩本音》、《易音》、《唐韻正》、《古音表》）等，經學方面則有《左傳杜解補正》、《九經誤字》、《五經同異》等。事蹟見全祖望〈顧先生炎武神道表〉、《清史稿》卷四百八十一（列傳二百六十八·儒林二）。

屈氏與顧氏初次交往，是在康熙五年（1666）的山西太原。是年六月，三十七歲的屈氏，與李因篤行至代州，五十四歲的顧氏適游太原，屈氏自關中來訪，得相與定交。檢顧氏與屈氏往來詩作見於《亭林詩集》者，計有：〈屈山人大均自關中至〉、〈出雁門關屈趙二生相送至此有賦〉二首、〈同志贈言〉等四首，〔註57〕皆撰於是年。

屈、顧兩人俱爲清初大家，雖學術路向稍異，而同屬亡國遺民，經歷、志氣頗有相合之處。其一，顧氏母於清兵南下之際，絕食卒，遺命勿事二姓，與屈氏父訓示相同，故兩人皆奉先人遺意，志不仕清，也都曾對屈節事清之朋友發以微詞，二君氣節俱聞名於當世。其二，顧、屈都曾積極抗清，爲廣交豪傑義士，奔走塞上，遍遊四方。兩人遭遇、進退、心志既相彷彿，故能結爲好友。檢屈氏詩與顧氏相關者，有〈送顧寧人〉、〈送寧人先生之雲中兼柬曹侍郎〉等；及顧氏歿後，又寫下〈哭顧亭林處士〉、〈哭顧寧人徵君炎武〉

〔註56〕〔清〕錢澄之著，彭君華校點，何慶善審訂：《田間文集》（合肥：黃山書社，1998年8月），卷12，頁226。

〔註57〕施又文：《顧亭林之人格及其詩歌風格》（臺北：臺灣師範大學國文研究所碩士論文，1988年5月），「附錄一、交游表」舉出顧氏與屈氏往來詩三首，乃漏列〈同志贈言〉一首。

等詩，抒發個人喪失摯友的哀慟，如〈哭顧亭林處士〉云：

> 雁門相送後，秋色滿邊城。白日惟知暮，寒天詎肯明？
>
> 才分南北路，便有死生情。皓首悲難待，黃河忽已清。〔註58〕

屈氏於此悼亡詩中哀戚滿溢，眞摯情誼可以想見。

（四）王弘撰（1622～1701）

　　王弘撰，字文修，一字無異，號太華山史，又號鹿馬山人，晚號山翁、麗農老人、天山丈人。陝西華陰人。生於明熹宗天啓二年（1622），卒於清康熙四十年（1701），年八十。明末諸生。博學好古，又廣交志友，爲關中名士。居華山之下，四方學者來訪絡繹不絕。康熙十八年（1679）徵博學鴻詞，不赴。以「讀易廬」名齋，顧炎武借居後，改名顧廬。著有《華山志》、《砥齋集》、《正學偶見術》等，《易》學方面有《易象圖述》、《周易筮述》。事蹟見《清史稿》卷五百一（列傳二百八十八・遺逸二）。

　　屈、王兩人初識於康熙五年（1666），時屈氏北遊至關中，與王氏在三原相會。屈氏詩集有〈題王山史獨鶴亭〉、〈贈王山史〉、〈寄華陰王山史〉、〈寄華陰王伯佐〉、〈寄王山史〉等詩作，文集則有〈復王山史書〉（收入《翁山文鈔》卷九）、〈壽王山史先生序〉（收入《翁山佚文》）等篇。如作於康熙二十八年之〈贈王山史〉云：

> 行草推王氏，鵝群更絕倫。君今傳筆髓，不但作經神。
>
> 老大猶唐物，風流已晉人。多家多父子，端可冠西秦。〔註59〕

謂王氏得古人「風流」遺韻，更以「經神」稱之。又如〈復王山史書〉云：

> 僕他日者，當先生大耋之年，將復至玉泉之側，醉溪之旁，與先生詠歌鼓琴，爲歡朝夕，復以所著《易外》請正焉，而招李子中孚自終南二曲而來，……僕羅浮人也，行誼未高，不能爲羅浮重，及此暮年，從二先生之後，瀟灑三峰，以送日月，或亦以華山而重焉。
>
> 噫嘻，豈非鄙人之至幸乎哉！〔註60〕

屈氏晚年喜讀《易》，鑽研至勤，後撰成《易外》，對此書甚自許，以爲可藏諸名山，從其欲請王氏指正來看，又盼望能與王氏結伴共度餘生，可謂對其人品和學識推崇備至。

〔註58〕〈哭顧亭林處士〉，《詩外》卷8，《全集》第1冊，頁643。
〔註59〕〈贈王山史〉，《詩外》卷9，《全集》第2冊，頁729。
〔註60〕〈復王山史書〉，《文鈔》卷9，《全集》第3冊，頁404～405。

（五）毛奇齡（1623～1716）

毛奇齡，又名甡，字大可，號秋晴，一號初晴，學者稱西河先生。浙江蕭山人。生於明熹宗天啓三年（1623），卒於清康熙五十五年（1716），年九十四。毛氏之學淹通群經，而好立異說。康熙十八年（1679）試博學鴻詞科，列二等，授翰林院檢討，參與編修《明史》。後乞假歸，不復出。一生著述極豐，有《古文尙書冤詞》、《春秋毛氏傳》、《白鷺洲主客說詩》、《春秋簡書刊誤》、《春秋屬辭比事記》、《四書賸言》、《四書改錯》、《論語稽求編》等，《易》學方面有《仲氏易》、《河圖洛書原舛編》、《太極圖書遺議》、《推易始末》、《易小帖》、《易韻》、《春秋占筮書》等。事蹟見《清史稿》卷四百八十一（列傳二百六十八·儒林二）。

毛氏爲清初經學名家，其子遠宗稱其：「大抵以本經文爲主，不雜儒說。其本經文有未明者，則始援及他經，或以彼經證此經，或以十經證一經，凡一切儒說，皆置勿問。」〔註61〕故知毛氏治學崇尙以經解經之風。

屈氏詩集中有〈寄懷毛翰林大可〉、〈懷浙東毛君〉等寫給毛氏的作品。屈氏終生堅持不肯出仕異姓，但中年以後他的不少友朋或出於自願，或迫於無奈，紛紛奉朝廷徵召，參加康熙爲攏絡漢族學者特別開設的博學鴻詞科，出仕爲官，毛奇齡即爲其一。對於這些改節的遺老，屈氏相當不諒解，其於〈寄懷毛翰林大可〉詩之一，即云：

> 家近湘湖多紫蓴，季鷹聞已作遺臣。能爭西子爲鄉里，莫繼夷光作土神。弟子偏多才藻女，先生故是滑稽人。若蘭妬絕陽臺去，老珠蜯無淚滿巾。〔註62〕

前半首嘲弄毛氏接受清廷官職一事，後半首則對其私生活頗有微詞。屈氏以此不甚「婉轉」之語氣致信「規勸」出仕友人，其中所寓滿腹怨懟之情，自是不言而喻。

（六）朱彝尊（1629～1709）

朱彝尊，字錫鬯，號竹垞、長盧，醧舫釣叟。浙江秀水（今嘉興）人。生於明思宗崇禎二年（1629），卒於清康熙四十八年（1709），年八十一。朱氏初習舉業，後飽讀經史、古文，工詩詞，執當時文壇牛耳，詩與王士禎南

〔註61〕〔清〕毛奇齡：《毛西河先生全集》（清康熙年間李塨等刊蕭山陸凝瑞堂藏本），第1冊，〈述始篇〉，葉34。
〔註62〕《詩外》卷11，《全集》第2冊，頁1016。

北齊名，詞則為浙西詞派代表。康熙十八年（1679），以布衣試博學鴻詞科，授翰林院檢討，參與纂修《明史》。曾二度罷官。晚則居鄉專力著述，並刊刻己書。朱氏博學多識，一生編輯、撰著豐富，有《經義考》、《曝書亭集》、《明詩綜》、《明詞綜》、《日下舊聞》、《靜志居詩話》等，其中尤以《經義考》一書，卷帙繁重，博稽前人經傳，有俾後學，最受稱譽。生平事蹟見《清史稿》卷四百八十四（列傳二百七十一‧文苑一）。

　　清順治十三年（1656），廣東高要縣知縣楊雍建為子延聘朱彝尊為塾師，是年夏天，朱氏來到嶺南，屈氏以僧人今種的身份在廣州相遇，兩人遂定交，時屈氏二十七、朱氏二十八。順治十五年（1658），朱氏返回浙江定居，屈氏先於次年（順治十六年，1659）春赴嘉興訪友，隔年（順治十七年，1660）秋又從南京到訪，並一同前往山陰梅市，參與祁彪佳之子理孫、班孫兄弟的反清活動。順治十八年（1661）冬，屈氏回返廣東，朱氏為之送行。康熙三十二年（1693）一月，二度罷官的朱氏南遊，至廣州，與屈大均、陳恭尹、梁佩蘭等人相聚，並與屈氏同遊五羊觀；是年二月回返嘉興，屈氏等人為其餞行。

　　屈、朱兩人贈答往來之詩作頗多，屈氏有〈送朱竹垞〉二首、〈題朱太史小長蘆圖〉、〈朱太史竹垞至五羊苦不得見詩以寄之〉、〈攜晁四美人出雁門關送錫鬯至廣武〉、〈答錫鬯〉、〈別錫鬯〉、〈送朱十〉、〈戲贈朱十〉、〈曲中贈朱十〉、〈篁村逢朱十〉等，又有詞〈憶舊遊（寄朱竹垞太史）〉一首。朱氏則有〈屈五來自白下期作山陰之游〉、〈送屈五之山陰兼訊祁六〉、〈屈五約游山陰作〉等。如屈氏〈送朱竹垞〉二首，其一云：

　　　情同楊柳但依依，乍見那堪即送歸。白首相知誰得似？夢魂從此更
　　　交飛。〔註63〕

　　屈氏以南方學者之姿而能名達中原，聲名遠播，主要是因順治十五年（1658）來粵的朱彝尊，於返回家鄉浙江嘉興後，持屈氏詩歌遍傳吳下，使其聲名大噪。即屈氏於〈屢得友朋書札感賦〉十首之一所說：「名因錫鬯出詞場，未出梅關人已香。遂使三閭長有後，美人香草滿禺陽。」自註云：「予得名自朱錫鬯始，未出嶺時，錫鬯已持予詩遍傳吳下矣。」〔註64〕能獲當時主盟文壇大家的朱彝尊推崇，屈氏詩文自然聲名大噪，備受世人矚目。

〔註63〕〈送朱竹垞〉，《詩外》卷 16，《全集》第 2 冊，頁 1346。
〔註64〕〈屢得友朋書札感賦〉，《詩外》卷 16，《全集》第 2 冊，頁 1349。

　　另外，屈氏晚年代表作《翁山易外》一書，朱彝尊在編撰《經義考》時也曾加以著錄。《易外》經過文字獄摧毀，終究倖存下來，今人尚可獲睹，如若不然，《經義考》之著錄與朱氏自《易外》所摘錄出來的一段〈序〉言，雖隻言片語，亦將成珍貴之殘篇。

（七）李因篤（1631～1692）

　　李因篤，字子德，別字孔德，號天生。陝西富平人。生於明思宗崇禎四年（1631），卒於清聖祖康熙三十一年（1692），年六十二。與李顒（二曲）、李柏（雪木）號稱「關中三李」。自幼好學聰穎，被譽爲神童。明季諸生。李氏見天下大亂，曾奔走塞上，欲募同道之士報國，不果，歸而飽讀經史，學名聞於當世。清康熙十八年（1679）被迫與試博學鴻詞科，授翰林院檢討，後上疏陳情母老病，得辭歸。著有《受祺堂詩集》、《古今韻考》、《漢詩音注》，經學方面有《詩說》、《春秋說》、《四書五刪》等。事蹟見《清史稿》卷四百八十（列傳二百六十七·儒林一）。

　　屈、李結交，始於屈氏北遊至關中，撰〈華嶽百韻詩〉，李氏驚服，遂與定交，時爲康熙五年（1666）五月，隨即兩人一同遊歷，復又介紹王壯猷之女華姜配與屈氏爲繼室，交情彌篤。屈氏詩集中有〈送天生〉三首、〈寄富平李子德〉二首、〈有懷富平李孔德〉八首、〈賦寄富平李子〉等。如〈寄富平李子德〉，其一云：

　　　　別離長憶十年情，出處同高一代名。四皓暫爲秦博士，《五經》終作漢康成。家臨北地元天府，人在西方是帝京。河華幾時重握手，尊開石凍話生平。〔註65〕

可知屈氏對李因篤學名甚推崇。又據屈氏〈宗周游記〉云：

　　　　時天生方編《九經大全》，未就。予謂：「學貴自得，九經者，吾心之注疏；吾心者，九經之正文，不得於正文，但從事於註疏，是謂玩物。橫渠所謂天地之塞者，九經也；天地之帥者，吾心也。子能先求之於天地之帥，苟有得焉，則九經之言，皆我之言，是爲九經註我，非我註經。」天生以爲然。〔註66〕

是屈氏曾說以橫渠之學，又以象山「六經註我」相勉，希望他先求自得於心，然後才從事註經事業。故知李氏治學，間亦有受屈氏影響。

〔註65〕《詩外》卷11，《全集》第2冊，頁977。
〔註66〕〈宗周游記〉，《文外》卷1，《全集》第3冊，頁16～17。

（八）閻若璩（1636～1704）

閻若璩，字百詩，號潛邱。山西太原人。生於明思宗崇禎九年（1636），卒於清康熙四十三年（1704），年六十九。清初著名經學家。幼因資質魯鈍，讀書諳記不出聲十年，一日豁然貫通，蓋真積力久故達。年十五補山陽縣學生。年二十讀《尚書》，後沉潛三十餘年，終成《尚書古文疏證》八卷，考證《古文尚書》增多二十五篇係偽作，成為學界不刊之論，影響甚大。清康熙年間，曾協助尚書徐乾學修纂《大清一統志》。著作甚豐，除《尚書古文疏證》外，尚有《毛朱詩說》、《喪服翼注》、《四書釋地》、《四書釋地續編》、《孟子生卒年月考》、《潛邱箚記》等。事蹟見《清史稿》卷四百八十一（列傳二百六十八・儒林二）。

康熙五年（1666），屈氏北遊秦、晉，得識王弘撰、顧炎武等人，屈、閻兩人交往當始於是時。〔註67〕屈氏詩集中未見與閻若璩來往之作。據汪宗衍先生《屈大均年譜》於康熙二十六年（1687）載：「閻若璩著《尚書古文疏證》第四卷成，用太史公藏之名山之例，別錄四本，一本寄貯羅浮山應翁山之請，一本寄貯太華山王弘撰司之，其二本則寄千頃堂、傳是樓。」〔註68〕故知閻氏曾將他最看重的大作——《尚書古文疏證》書稿分寄屈大均和王弘撰、黃虞稷、徐乾學四人，其中惟屈氏是向閻氏請託寄贈，由此可見他對閻氏著述情況的關心。

（九）潘耒（1646～1708）

潘耒，字次耕，號稼堂，又號止止居士。江蘇吳江人。生於清順治三年（1646），卒於清康熙四十七年（1708），年六十三。少受業於顧炎武，通經史、音韻、算數之學。康熙十八年（1679）以布衣試博學鴻詞，授翰林院檢討，參與《明史》編修。後降調歸里。著有《遂初堂集》、《遊羅浮記》、《類音》、《金石文字記補遺》、《明五朝史稿》等，《易》學方面有《易論》十四篇。生平事蹟見《清史稿》卷四百八十四（列傳二百七十一・文苑一）。

屈、潘二人結交之時，屈氏已臨暮年。〔註69〕潘耒曾南遊粵地，作〈贈

〔註67〕汪宗衍先生《屈大均年譜》於是年僅引謝國楨《顧寧人先生學譜・學侶考》云「寧人在秦、晉識流寓之朱彝尊、閻若璩、屈大均……」，於屈、閻交往並未再多作說明。

〔註68〕《屈大均年譜》，《全集》第8冊，頁1965。

〔註69〕潘耒〈廣東新語序〉，見《廣東新語》書首，《全集》第4冊，頁2，自言：「余得交先生在其暮年。」

屈翁山〉七律二首；屈氏詩集中亦有〈送潘次耕太史〉詩四首相與酬贈。如屈氏〈送潘次耕太史〉其一云：

> 一雨江城暑氣消，秋聲催客返蘭橈。芙蓉越布貽徐淑，若達蠻蔬得鮑焦。輞水自多禪悅食，東林還把酒香招。吳江楓葉題詩滿，好託天方寄二樵。〔註70〕

詩下註：「君長齋學佛。」潘耒既是經學家，又偏愛禪法，對於佛門中事也頗關心，他在〈與梁藥亭庶常書〉中，轉述屈氏之言，揭露廣東僧人石濂大汕（1633～1705）劣行，及屈氏與大汕交惡之緣由，又撰〈天王碑考〉、〈致粵東當事書〉等篇攻擊大汕，對大汕名聲影響頗巨。〔註71〕

　　屈氏先是與顧炎武結交，復於晚年與其弟子潘耒為友，而顧志不仕清，潘則奉詔出仕為官，師徒政治立場頗有差異。屈氏早歲因國難師仇，視滿清為暴虐賊寇，眼見友朋漸改志投敵，曾以詩文屢加譏諷，〔註72〕晚年卻與清廷官員頻繁往來，可見其人雖仍守節不仕，然政治態度已有改變。而其與潘耒的來往，正可為一例證。

〔註70〕《詩外》卷11，《全集》第2冊，頁964。
〔註71〕屈大均與大汕誼屬同門，常以詩文相和，志氣相投，後卻因事令二人在晚年交惡，使這段友誼難以善終。據潘耒〈與梁藥亭庶常書〉云：「乃有長壽石濂者，冒稱知識，竊踞法席。觀其行事，一如賈人方士之所為，全無本色衲僧氣味。此在江浙必不能行，不知何以得行於貴鄉三十餘年，而無人檢點也。夫石濂者，本吾吳人，……有故出家，踪跡詭秘，於禪學亦嘗掠影，並無師承。覺浪和尚初開堂在萬曆末年，渠尚未生住太平，在順治戊子，渠止十六歲，何從有親覿付囑之事。初來廣州，不過賣畫觀音稱講師而已。忽為善知識，稱覺浪法嗣，則翁山實證成之。翁山本從天然剃染，復為覺浪門人，後返初服，與天然諸法嗣不相得。見石濂，愛其聰慧，謂英年可造就，不惜口業，力為證明。翁山乃真親見覺浪者，翁山既以石濂為覺浪之嗣，其誰曰非覺浪之嗣？於是儼然為法門中人，欲與天然為兄弟，視阿字、澹歸皆姪輩……渠又諂事平南王之幕客金公絢，得見平南及俺達公。……以石濂住長壽，長壽無產業，飛來有租七千餘石，乃干諸當事，請以飛來為下院，盡逐實行之徒，而併吞其租，翁山有力焉。……石濂既得志，遂疏翁山，翁山甚不平，業已贊成之，不可復言其偽，唯於諸相知前時一吐露。」見〔清〕潘耒：《遂初堂別集》（上海：上海古籍出版社，1995年，《續修四庫全書》第1418冊），卷4，頁88。按，潘耒與大汕交惡，著文指斥大汕行跡卑劣，以打擊大汕聲譽，經學者研究，實為潘耒惡意辱罵，〈與梁藥亭庶常書〉轉述屈氏言，未可盡信。大汕與屈、潘交惡事及大汕功過，詳可參見姜伯勤：《石濂大汕與澳門禪史──清初嶺南禪學史研究初編》（上海：學林出版社，1999年12月）。
〔註72〕例如〈賦寄富平李子〉云：「鴛湖朱十嗟同汝，未嫁堂前已目成。」即在譏朱彝尊晚年出仕之事。見《詩外》卷11，《全集》第2冊，頁915。

屈氏曾遍遊南北各地，和其相往來友朋數量眾多，難以盡述；即便只計算曾撰有《易》學或經學相關著作之學者，也必定不止於上述諸人，他如與屈氏聯名撰寫《四書補註兼考》之何錯，以及著有《易原》的姜垚〔註73〕等即是。以上所舉，不過揀擇其中素研經學且名聲較著者，略述其生平以及與氏交往經過，用意在表明屈氏友朋之中既有不少在當時是以經學知名、且又頗富影響力者，則屈氏《易》學思想，容或有受影響之處。

第二節　著作概述

屈大均於明亡之際戮力抗清，然終究迫於時勢，大業不成，遂退而隱居鄉里，以著述爲志業，勤於立言，以抒己見、發襟懷、託心志，並積極保存明人事蹟暨明人文獻。綜其一生，著述豐富，其中又以「屈沱五書」──《翁山詩外》、《翁山文外》、《翁山文鈔》、《翁山易外》、《皇明四朝成仁錄》五部，是其學術事業之代表作。

屈氏著述之目，前已有朱希祖先生撰〈屈大均（翁山）著述考〉〔註74〕一文（以下簡稱「朱文」），將屈氏書分「今存」、「未見」、「託名」、「未刻全」、「未成」，共經部五、史部七、子部三、集部十八，合算翁山著述共三十種，並分四部略加考證。此文考證詳實，成爲研究屈氏著述之重要參考文獻。後來又有李文約、林子雄先生撰〈屈大均著作版本述略〉，稍加補充。

綜觀屈氏一生編、撰，約有三十種左右，其中不少屬於文獻整理方面，顯見屈氏對前人、時人或鄉邦賢達詩文之重視。例如其所編《廣東文選》一書，林子雄稱譽說：

> 包含自漢至明一千八百多年間廣東及與廣東有關的著名作家和代表
> 作品，從而爲後人研究廣東歷代學者、粵人著述和學術源流提供了
> 豐富的資料，他是一部珍貴的廣東歷史文化總集。〔註75〕

由於屈氏用心蒐羅匯刻，故能獲致成果豐碩。可惜其所編刻諸書，在飽經清

〔註73〕屈氏《翁山詩外》有〈喜姜汝皋自越州至〉四首，姜汝皋即姜垚，浙江餘姚人，貢生，官國子監學正，從黃宗羲學，精於《易》，著有《易原》。

〔註74〕此文原載《文史雜誌》第2卷第7、8期，頁15～30，今作爲附錄，收入《屈大均全集》第8冊，頁2136～2163。

〔註75〕林子雄：〈《廣東文選》研究〉，《書目季刊》第32卷第4期（1999年3月），頁65～78。

廷嚴屬地查禁燬板下，部分已不復見，故文字獄禍害之深，堪稱文獻史上一場大浩劫。

屈氏著述既有朱文發表在前，復有學者陸續補訂在後，累積參考資料已相當詳盡。本論文爲避免繁瑣，不再將其數十部著作悉數羅列，一一說明，僅於本節第三部分，揀擇與研究主題有最直接關係之「經部」，略述屈氏經學著作梗概。

一、清初查禁屈大均著作概況

屈大均以遺民身份自居，排滿之政治立場鮮明，再就經歷來看，他曾多次參與抗清行動；至於其著作，又在詩文中以「吾朝」來稱呼明朝，避明末君王名諱，並藉詩文悼念崇禎皇帝，〔註76〕稱外族爲「夷」、「虜」，記述清廷暴虐、社會民生慘況（如〈菜人哀〉詩）等。是以屈氏種種思想、言行，都足令清廷視爲叛逆。康熙時以懷柔政策招攬天下名士，屈氏友朋不少應詔而出，但其人堅持不仕，未被清廷所收撫。屈氏歿後，清廷爲杜絕一切反清言論之流傳，下令全面禁燬其書稿。於是屈氏著作飽經官方殘害，於乾隆朝成爲全國著名文字獄案之一，受到世人矚目。

（一）雍正朝

屈氏著作在清世宗雍正朝被查禁，肇因於發生在前的曾靜案（即湖南生員曾靜、張熙策動岳鍾期謀反案）。雍正六年（1728），在該案判定後，雍正將自己所寫的上諭加上曾靜、張熙的供詞，彙編成《大義覺迷錄》一書，頒令各府州縣每月講解，士子每月初一、十五誦讀。雍正八年（1730），廣東巡撫傅泰在《大義覺迷錄》內張熙供詞中，看到「屈溫山集議論與逆書相合」語，便聯想到「屈溫山」與廣東學者屈翁山名字極相近似，隨即下令四處蒐購屈氏詩文集，翻查《翁山詩外》、《翁山文外》等書後，發現其中多有悖逆之詞，又將提及明朝的地方皆將稱呼空擡一字以示尊敬，這些舉動皆觸犯當時忌諱。當時屈氏辭世已逾三十年，傅泰便與布政使王士俊商議，欲拘捕其子明洪。在傅泰行動之前，時任惠來縣學教諭的屈明洪，已先至廣東省布政司繳印，又攜其父書稿至廣州府投案。傅泰見此仍不欲輕易放過，上疏奏請

〔註76〕康熙二十七年，距崇禎元年恰爲一甲子，屈氏有感而發，寫下〈戊辰院日作〉十首，詩中如「憶惜先皇帝」、「亦解問先皇」、「此日先皇淚」等句，充滿對崇禎皇帝追懷之情。

將屈大均戮屍、屈氏子孫斬首。〔註 77〕雍正帝因屈明洪係自首伏罪，依大清
律應予減刑，遂僅下令銷燬屈氏著作書板，其人免於戮屍，其子孫亦赦免死
罪，屈明洪則被發配流放福建，後於乾隆二年（1737）獲准歸籍。

（二）乾隆朝

　　清高宗乾隆三十七年（1772），朝廷下令開設「四庫全書館」，詔敕編修
《四庫全書》，以收「稽古右文」之功，為中國文化史上一大事業。但因《四
庫》之編修，實有「寓禁於徵」的政治用意，隨著編纂工程之展開，也掀起
了歷史上規模最大的全國圖書徹查行動。凡從各省徵集到的各種圖書，均需
經過嚴格檢查，一方面「控管」傳世典籍，避免違礙當朝的隻字片語被收入
《四庫全書》之內；另一方面作思想言論的「箝制」，將不利於當局者悉予鏟
除。在此期間，遭到銷燬的圖籍數量十分龐大，近人孫殿起說：「在於銷毀之
例者，將近三千餘種、六七萬部以上，種數幾與四庫現收書相埒。」〔註 78〕
無怪乎前人譏為自秦以來圖書最大厄，〔註 79〕足見弊害深遠。

〔註77〕 此事件始末可參見廣東巡撫傅泰於雍正八年十月十九日所上奏摺，茲摘要標
　　　　點如下：「署廣東巡撫臣傅泰謹奏為密奏事。……查嶺南向有三大家名號。一
　　　　名屈大均，號翁山；一名陳恭尹，號元孝；一名梁佩蘭，號藥亭。俱有著作
　　　　詩文，流播已久。第以粵撫任內，事務冗繁，臣辦理不暇，故未見其書集看
　　　　閱。及臣近敬看《大義覺迷錄》，內有曾靜之徒張熙供開亦有《屈溫山集》議
　　　　論與逆書相合數語。臣思屈溫山與屈翁山字雖有別，其音相似，隨即購覓，
　　　　書坊竟有屈翁山《文外》、《詩外》、《文鈔》，及陳元孝、梁藥亭詩集等書。查
　　　　梁藥亭詩文詞無悖謬，而翁山、元孝書文中多有悖逆之詞，隱藏抑鬱不平之
　　　　氣；又將前朝稱呼之處俱空擡一字，惟屈翁山為最，陳元孝間亦有之。臣觀
　　　　覽之際，不勝駭愕髮指。……不意有食毛踐土之屈翁山、陳元孝，狗彘居心，
　　　　虺蜴為念，秉彝盡喪，乖戾獨鍾。既不知天高地厚之深恩，妄逞狼嗥犬吠之
　　　　狂詞，詆毀聖朝，盜竊微名。此實覆載所不容者。查屈翁山、陳元孝死故至
　　　　今約有三十餘年，雖倖逃法網，現有惠來縣學教諭屈明洪，係屈翁山之子。
　　　　臣正密與布政使王士俊商酌拘審之法，適值屈明洪于十月十六日到省，前往
　　　　布政司繳印，又往廣州府投監。據供，伊父屈翁山向犯滔天大罪，著作悖逆
　　　　文詞，止因父死時年幼無知，存留詩文及刊板在家，未曾察閱。……臣思伊
　　　　子既為教職，應知法紀綱常，所有家藏不法邪說，自當早為燬滅，乃存匿遺
　　　　編，流傳貨賣。今該犯以宣讀《大義覺迷錄》，始知為詞自行投首，不無狡卸
　　　　情弊。……。」雍正御批云：「糊塗繁瀆，不明人事之至。」見中國第一歷史
　　　　檔案館編：《雍正朝漢文硃批奏摺彙編》（南京：江蘇古籍出版社，1989～1991
　　　　年），第 19 冊，頁 315～317。
〔註78〕 見孫殿起：《清代禁書知見錄》（臺北：成文出版社，1978 年，《書目類編》第
　　　　15 冊，據民國四十六年排印本影印），〈清代禁書知見錄自序〉，頁 1。
〔註79〕 鄧實謂：「自秦政以後，實以此次焚禁，為書籍最大厄。」語見〔清〕姚覲元

　　這些圖籍的內容思想往往具有諷刺當局或詆毀時政之言論，清廷爲恐影響政權穩定，於是大力取締這類學者著作，其中尤以明遺民首當其衝，而身爲廣東名士的屈大均，自是不能倖免。乾隆三十九年（1774），兩廣總督李侍堯檢舉屈氏家族子孫屈稔滇、屈昭泗私藏屈大均書稿，奏請將兩人處斬。乾隆對此事甚爲關切，除嘉勉李侍堯外，又下旨各省嚴查類似「觸礙書籍」，務求盡行銷燬。〔註80〕根據清人姚覲元所編《清代禁燬書目》，列出軍機處奏請之「應燬屈大均著作書目」，計有：《寅卯軍中集》、《翁山詩集》、《翁山文外》、《翁山詩外》、《翁山易外》、《四朝成仁錄》、《廣東新語》、《登華山記》等八種。〔註81〕

　　除了詩文的大力查禁外，乾隆從他的文章中看到曾有「雨花臺衣冠冢」事，〔註82〕即命兩廣總督高晉徹查，令「速爲刨毀，毋使逆跡久留」。高晉率領眾多人馬在南京雨花臺附近四處密訪，並對墳冢碑記作全面查驗，終究未尋獲屈氏衣冠塚，此事遂不了了之。〔註83〕

　　著：《清代禁燬書目》（臺北：成文出版社，1978年，收入《書目類編》第14冊，據民國46年排印本影印），頁341（總頁6145），書末所附鄧氏跋語。
〔註80〕乾隆處理此事的態度和方法，見《大清高宗純皇帝實錄》卷九百七十，於是年十一月初九所頒之「上諭」，茲列出原文如下：「前以各省購訪遺書，進到者不下萬餘種，並未見有稍涉違礙字蹟；恐收藏之家懼干罪戾，隱匿不呈。因傳諭各督、撫令其明白宣示：如有不應留存之書即速交出，與收藏之人並未干礙。今據李侍堯等查出逆犯屈大均各種書籍，粘籤進呈；並將私自收藏之屈大均族人屈稔滇、屈昭泗問斬立決等語。屈大均悖逆詩文久經燬禁，本不應私自收存。但朕屢經傳諭，凡有字義觸礙，乃前人偏見，與近時無涉；其中如有詆毀本朝字句，必應削板焚篇，杜過邪說，勿使貽惑後世。然亦不過燬其書而止，並未苛求。朕辦事光明正大，斷不肯因訪求遺籍，罪及收藏之人。所有粵東查出屈大均悖逆詩文止須銷燬，毋庸查辦；其收藏之屈稔滇、屈昭泗亦俱不必治罪。並著各督、撫再行明切曉諭，現在各省如有收藏明末、國初悖謬之書，急宜及早交出，概置不究，並不追問其前此存留隱匿之罪。今屈稔滇、屈昭泗係經官查出之人，尚且不治其罪，況自行呈獻者乎！若經此番誠諭，仍不呈繳，則是有心藏匿僞妄之書；日後別經發覺，即不能復爲輕宥矣。朕開誠布公，海內人民咸所深喻：各宜仰體朕意，早知猛省，毋自貽悔。將此通諭中外知之。」
〔註81〕同前註，頁90～91（總頁5894～5895）。
〔註82〕屈大均有〈自作衣冠冢誌銘〉一文，云：「予於南京城南雨花臺之北，木末亭之南，作一冢，以藏衣冠。自書曰『南海屈大均衣冠之冢』。」收入《文外》卷8，《全集》第3冊，頁146。
〔註83〕據柳作梅〈重印廣東新語前記〉，頁6，云：「又諭中有著兩江總督高晉刨毀大均衣冠塚事，高晉覆奏，實錄未載，近人黃濬曾錄入其所著花隨人聖盦摭憶

　　屈氏著作因懷有大量遺民思想，詩文寄託強烈的宗明反滿意識，而被列入查禁對象。不僅如此，屈氏更被特別指明爲「首惡」之徒。《東華錄‧乾隆八十四》載：

　　　　（乾隆四十一年十一月）甲申，諭：前因彙輯《四庫全書》，諭各省督撫徧爲採訪。嗣據陸續送到各種遺書，令總裁等悉心校勘，分別應刊、應鈔及存目三項，以廣流傳。第其中有明季諸人書集，詞意抵觸本朝者，自當在銷毀之列。……如錢謙益在明已居大位，又復身事本朝；而金堡、屈大均則又遯跡緇流，均以不能死節，靦顏苟活，乃託名勝國，妄肆狂吠，其人實不足齒，其書豈宜復存。自應逐細查明，槩行毀棄，以勵臣節而正人心。〔註84〕

朝廷進一步頒訂「四庫全書館查辦違礙書籍條款」，凡任何不利當局之言論，全面加以掃蕩，其中第四則是：

　　　　錢謙益、呂留良、金堡、屈大均等，除所自著之書俱應燬除外，若各書內，有載入其議論，選及其詩詞者，原係他人所採錄，與伊等自著之書不同，應遵照原奉諭旨，將書內所引各條，籤明抽燬，於原板內剷除，仍各存其原書，以示平允。〔註85〕

被特別點名的幾位學者，皆係清廷格外關注的問題人物，爲了嚴密杜絕他們的言語思想繼續流傳，影響力擴大，所以非但他們個人書稿不能流傳，舉凡稍有提及或引用其詩詞文句的書籍，都須將這些部分抽出來加以刪除，可見清廷在管制手段上採取的作風極其嚴厲，不過這也可以反映出屈大均和錢、呂、金等幾位學者在當時影響力，應該是不容小覷的。

　　清廷之所以這樣痛恨屈大均等人，將他們列爲最嚴厲查禁的「首惡」，主要是因爲：

　　　　滿清爲達到禁錮文人思想目的，於文禍中，特標示所謂「罪大惡極，悖逆不赦」者，戮其身，焚其書，以爲天下知識份子者戒。〔註86〕

中，是奏實爲本案一重要文獻。」柳氏並將全文迻錄，可供參考。柳文見《廣東新語》（臺北：臺灣學生書局，1968年4月，據清康熙卅九年木天閣刊本景印）書首。

〔註84〕〔清〕蔣良騏原纂，〔清〕王先謙改修：《十二朝東華錄》（臺北縣：文海出版社，1963年），第12冊，《東華續錄》，卷32，葉28（總葉1182）。

〔註85〕見陳垣編：《辦理四庫全書檔案》（北平：國立北平圖書館排印本，1934年），上冊，頁31。

〔註86〕吳哲夫：《四庫全書纂修之研究》（臺北：國立故宮博物院，1990年6月），頁

一方面因其言論間接違害到清廷統治，不得不小心查禁；另一方面隱含了「殺一警百」的「警告」意味，藉此讓天下欲圖謀反清復明的知識分子引以為戒，不敢任意妄行。

　　屈氏著作被查禁的具體情形，根據雷夢辰《清代各省禁書彙考》所述，各省巡撫所奏繳的屈氏著作數量頗多。以浙江省為例，自乾隆四十年至四十七年間（1775～1782），奏繳十八次、計二百八十八種書籍之中，包括屈氏自著、編選之書，有《翁山易外》、《四朝成仁錄》、《廣東詩文集》、《道援堂集》、《翁山詩集》、《翁山詩外》、《翁山詩略》、《翁山詩外選略》、《翁山文鈔》、《翁山文外》、《廣東新語》等，均不論內容有無違礙字眼，全部都在查禁之列，無一倖免。

　　另外，《四庫全書》在收錄群籍時，往往「不得已」參雜與禁燬人物著作有關之圖書，例如明末清初大儒錢謙益，其詩文、言論不少都被其他同時代典籍所徵引，《四庫》館臣在面對這類間涉「違礙」內容的圖書時，既不能隨意銷毀，只好想盡辦法加以「篡改」。以《經義考》為例，《經義考》徵引錢謙益的資料就有七十條之多，《四庫薈要》本與《四庫》本的處理方式不盡相同，或刪除，或冒以其他學者之名（如錢陸燦），或改稱出自其他方志所云（如《蘇州府志》）等等，利用各種方法以掩滅錢氏之名。〔註87〕

　　由於涉及錢謙益言論的典籍較多，所以《四庫》館臣處理的方式較為多樣，而同屬嚴格查禁人物的屈大均，大抵也是同樣的情形，惟因牽涉的典籍較少，《四庫》館臣處理方式較簡單。以《四庫全書》收入史部目錄類的《經義考》一書為例，朱彝尊引及屈大均的資料僅兩條，其一是在「黎遂球《易史》」下，引屈氏言：

> 黎美周先生讀《易》，每以史繫之，以爻配事，以事例爻。自謂不煩
> 太卜立筮、詹尹拂龜，吉凶瞭如其明炳燭。〔註88〕

盧見曾補刻本《經義考》作「屈□□曰」，留其姓而挖其名；《四庫》本則改

241。

〔註87〕關於《經義考》引錢謙益資料被《四庫》館臣篡改的情形，可參考（1）楊師晉龍：〈《四庫全書》處理《經義考》引錄錢謙益諸說相觀問題考述〉，《朱彝尊《經義考》研究論集》（臺北：中央研究院中國文哲研究所籌備處，2000年9月），頁407～440；（2）林師慶彰：〈四庫館臣篡改《經義考》之研究〉，出處同前書，頁441～473。

〔註88〕《點校補正經義考》，第2冊，頁703。按，末句「其明」前宜加逗號斷句，文較通順。

篡作者，以「俞汝言」代之。

　　按，翻檢屈氏《廣東新語》卷十一〈文語〉內，有「易史」一則，茲照錄如下：

> 黎美周讀《易》，每以史繫之，以爻配事，以事例爻，自謂：「不煩太卜立筮，詹尹拂龜，吉凶瞭如，其明炳燭。張天如謂：『孔子憂時之作，抑損褒諱，莫如《春秋》，深切著明，莫如《易》。』後人以《春秋》言治亂，不若以《易》言治亂之尤長，故《易史》不可以不作。」《易史》美周未有成書，予嘗欲踵爲之。〔註89〕

故知《經義考》乃摘引自《廣東新語》之言，又於「黎美周」名下加「先生」二字，蓋爲表敬意而增之。又，《經義考》註黎遂球《易史》爲「佚」，而屈大均《廣東新語》謂「未有成書」，今史志亦未見載此書，未知此書究屬「佚」或「未竟之殘稿」？而朱彝尊所引之〈序〉又從何而出？姑存疑待考。

　　其二是卷六十六、《易》六十五收入屈氏自著《翁山易外》一書，朱彝尊記「七十一卷。存」，並引該書〈自序〉：

> 古者《經》、《傳》各爲一書，先儒謂西漢時《六經》與《傳》皆別行，予《易外》不載經文，蓋遵古也。亦不敢以爲《易傳》，而曰外，外之者，自外乎《易》也，亦取《韓詩外傳》之義，爲《易》之外篇也。
>
> 書成，爲卷七十有一，藏之於家，以爲子若孫一家之學。〔註90〕

盧見曾刻本《經義考》作「屈氏□□□□易外」，闕四字，所引〈自序〉其作者名亦作「□□」，全然刪去作者名字。試對照今本《翁山易外》書首之〈序〉，部分與朱彝尊所引用文字重疊，朱氏實乃自原序中摘引了一段，故可斷定此段文字確屬屈氏所作。〔註91〕故盧見曾刻本是被挖去屈氏「大均」、「翁山」

〔註89〕見《廣東新語》卷11，《全集》第4冊，頁295～296，「易史」。按，本文斷句依《全集》本，然檢今本黎遂球《周易爻物當名》，前有張天放〈序〉，與屈氏引文相合，故標點應改正如下：「黎美周讀《易》，每以史繫之，以爻配事，以事例爻，自謂不煩太卜立筮，詹尹拂龜，吉凶瞭如，其明炳燭。張天如謂：『孔子憂時之作，抑損褒諱，莫如《春秋》，深切著明，莫如《易》。』後人以《春秋》言治亂，不若以《易》言治亂之尤長，故《易史》不可以不作。」《易史》美周未有成書，予嘗欲踵爲之。」

〔註90〕《點校補正經義考》，第2冊，頁784。

〔註91〕以朱彝尊《經義考》所引與今本《翁山易外》相核，除知朱氏引文乃摘錄〈序〉而出外，朱氏引文文末作「一家之學」，今本則作「一家之言」，「學」字當是朱氏手抿誤植。

之名號；而《四庫》本則因《翁山易外》一書屬屈氏個人著作，逕將此條目內容悉數刪去。

　　除了屈氏個人著作一律嚴格銷燬外，其他凡徵引、收錄屈氏所撰詩詞、文章、尺牘之言論，甚至只是稍微提及屈氏之名的典籍，皆必須受到「處份」，或「摘燬」，或「抽燬」，或「銷燬」，或「鏟除」、「鏟燬」等。需「鏟除」者，例如《白塵古蹟詩選》：

　　　　江西建昌縣徐鶴選。內有屈大均詩。應鏟除。餘書仍行世。〔註92〕

需「鏟燬」者，例如《廣東詩粹》：

　　　　順德梁善長輯。卷八卷九內引屈大均錢謙益批語。鏟燬。餘書仍行

　　　　世。〔註93〕

需「摘燬」者，例如《結鄰集》：

　　　　係河南儀封周在浚選。內有錢謙益屈大均尺牘。應請摘燬。餘書仍

　　　　行世。〔註94〕

需「抽燬」者，例如《國朝詩選》：

　　　　彭廷梅選。內有錢謙益屈大均龔鼎孳王仲儒詩。應請抽燬。〔註95〕

屬「銷燬」者，例如《憶雪樓詩集》：

　　　　寶坻王瑛著。內有屈大均序。並與屈大均唱和詩甚多。應行銷燬。

　　　　〔註96〕

摘燬、抽燬、銷燬、鏟除、鏟燬，對於屈氏個人來說，只是文字上的差異而已，作法上沒有什麼不同，都是在盡數刪去與他相關的文字。至於牽涉之書，則視涉及的文句多寡，或在刪去違礙後，仍能行世；或是連同違礙一併燬棄，其書不得流傳。

　　因屈氏是清初著名文士，其詩甚受當時推崇，所以清初至乾隆間，選錄其詩文作品之著作不在少數；加上屈氏閱歷豐富，與當時文人往來唱和頻繁，所以涉及屈氏言論的典籍不少。這些著作在經過官方「處理」後，基本上都還能繼續流傳於世，未受屈氏牽累致使書版被查禁。不過屈氏與他人唱和的詩文、來往書信，以及爲人撰寫書序、詩詞批語等文獻，都在經歷清代文字

〔註92〕《清代各省禁書彙考》（北京：北京圖書館出版社，1989年5月），頁98。
〔註93〕同前註，頁4。
〔註94〕同前註，頁91。
〔註95〕同前註，頁81。
〔註96〕同前註，頁67。

獄的殘害後，散佚不少，實在是屈氏個人和清代廣東地方學術的一大浩劫。

二、民國以來屈大均著作整理重要成果簡述

屈大均逝世後不久，其豐碩之著述因清廷文字獄的雷厲風行，而遭到全面地禁燬，致使散佚，殘存於世者，則多保存在私人藏書家之手，流傳不廣，直至清末，其書大多數仍不易見。然因屈氏其人其學，俱卓有聲於世，故其書稿未因政治迫害而灰飛煙滅，民國初年已有學者留意於其遺籍之輯佚蒐羅與保存。例如劉承幹刻《嘉業堂叢書》，收入屈氏《安龍逸史》、《翁山文外》兩種；後粵地鄉賢籌刻《廣東叢書》，亦收入屈氏詩文及《皇明四朝成仁錄》等。

《廣東叢書》是在葉恭綽（1881～1968）的推動下，於一九四〇年底組成廣東叢書編印委員會，並聘請五十餘位顧問。後來陸續於一九四一、一九四七、一九四八年出版三集，第一集七種、第二集三種、第三集十種，共計二十二種。其中，第三集主要收太平天國官書，屈大均著作則收入第一、二集內。第一集：收《翁山文鈔》四卷三冊，附徐信符輯《翁山佚文集》三卷。第二集：收《皇明四朝成仁錄》十二卷六冊、《翁山文鈔》六卷二冊，附黃蔭普輯《翁山佚文二輯》一卷。

《廣東叢書》刻印後，至晚近十餘年間，陸續又有《屈大均全集》、《屈大均詩詞編年箋校》兩項規模頗巨的整理計畫進行，其成果業已完成出版。今日，屈氏浩繁的著作，在經過學者專家長期進行廣泛地蒐集整理後，已有較良善的版本可讓世人閱覽，對於屈氏其人其學之研究，提供極大的助益。

（一）《屈大均全集》

屈氏一生雖然著述甚勤，撰作數量豐碩，但因受到清廷政府的大力查禁及銷燬，致使部分著作亡佚，今已不可復見，而留傳於世者，又多屬於稿本形式，未加刻版刊行，故流傳不廣。近年來，大陸地區興起鄉邦文獻整理之風氣，一時各地古代較知名的學人著作，紛紛被列為蒐羅的對象，並將蒐集所得，經過學者專家的細心整理、點校後，以「全集」的方式出版，這些成果均直接有助於學者著述的保存以及研究風氣的推廣。例如清乾嘉時期的大儒戴震（1723～1777），即先後有《戴震全集》（戴震研究會、徽州師範專科學校、戴震紀念館編纂，北京：清華大學出版社，1997 年 7 月出齊，共 6 冊）和《戴震全書》（張岱年主編，合肥：黃山書社，1997 年 10 月出齊，共 7 冊）的面世，提供戴震暨清乾嘉學術研究不少助益。而屈氏之著作，則有歐初、王貴忱先生主編之《屈

大均全集》（北京：人民文學出版社，1996 年 12 月），此套全集出版後，儼然成爲研究屈氏學術最完備的版本，也是重要的基礎文獻。

　　《屈大均全集》於一九八二年由大陸國務院列爲國家古籍整理規劃中的重點項目。實際編輯工作自一九八三年下半年度起，進行屈氏著作版本及相關資料的蒐集，歷時兩年時間，從廣東、香港公家藏書單位和私人藏書家等處，徵得近四百萬言的文獻資料，然後邀請學者進行標點整理。最後全套八冊的《全集》，終於一九九六年十二月，由北京人民文學出版社出版。

　　《全集》由歐初、王貴忱兩位先生主編，各冊內容暨實際負責點校者，如下表所示：

冊　　數	書　　　名	點 校 整 理 者	附　　　註
第 1、2 冊	《翁山詩外》	趙福壇、伍錫強	
第 3 冊	《翁山文外》	李文約	
	《翁山文鈔》	王貴忱	
	《翁山佚文》	王貴忱	
	《皇明四朝成仁錄》	林梓宗	
第 4 冊	《廣東新語》	李默	
第 5 冊	《翁山易外》	彭伊洛、傅靜庵	
第 6 冊	《永安縣次志》	歐初	
	《四書補註》	梁朝泰、杜襟南	何磻補註，屈氏參訂
第 7、8 冊	《四書考》	李默	何磻、屈大均同考
第 8 冊	「附錄」	汪宗衍、李文約輯著	包括：《屈大均年譜》、《投贈集》、其他。

　　此套《屈大均全集》出版後，即獲得大陸第四屆（1998）新聞出版署直屬出版社優秀圖書選題一等獎、廣東省第六次優秀社科研究成果古籍整理一等獎等殊榮，廣受各界稱譽。確實，屈氏著作豐碩，整理不易，幸賴學者共同努力，促使此套《全集》面世，提供後人研究屈氏學術的便利，對於屈氏學術之推廣、廣東地區先賢文獻之整理保存等皆有相當貢獻，應予肯定。

（二）《屈大均詩詞編年箋校》

　　屈氏享譽清初文壇，詩詞俱有於當世，他所創作的詩歌受到很高的評價，其文學理論、寫作風格、修辭技法、情感內涵等，均具有研究的價值。其詩

詞作品數量豐富，鳩集成書，即有《道援堂詩集》、《翁山詩略》、《翁山詩外》、《屈翁山詩集》、《翁山詩鈔》、《羅浮種上人詩集》、《九歌草堂詩集》等多種選集。其作品雖已彙為詩集傳世，但因編次無據，分屬各書，再加上版本稍多，造成閱覽上的不便，亟需今人予以重新點校整理。而《屈大均詩詞編年箋校》一書的出現，正好解決了此一問題。

陳永正主編，呂永光、蘇展鴻副主編的《屈大均詩詞編年箋校》，由廣州中山大學出版社於二〇〇〇年十二月出版。全書兩冊，彙輯了歷來屈氏各種詩集及集外佚詩等，按照時間先後編次，並逐篇加以箋校。本書的編輯經過，據書末〈後記〉說：

> 屈大均詩詞集《翁山詩外》的整理，作為國家古委會「七五」規劃重
> 點項目，由中山大學中國古文獻研究所承擔。一九八五年開始進行點
> 校工作，歷時兩年完成，列入「嶺南叢書」中準備出版。旋即獲悉廣
> 東正計劃整理《屈大均全集》，《翁山詩外》的校點本稿件便被束之高
> 閣。一九九五年，古文獻研究所以《屈大均詩詞編年箋校》的課題申
> 報國家高校古委會「九五」規劃重點項目，獲得批准，又再組織人力
> 進行編年及箋釋工作。〔註97〕

可知中山大學原本打算進行《翁山詩外》的校點，但因與《全集》計畫重覆，工作遂告停頓，直到後來在校點之外再加上「編年」和「箋校」，與《全集》的純粹標點有所區隔，才重新開始屈大均詩詞集的整理工作。

其內容共計十四卷，以屈氏活動時間為據，依序分為卷一：居粵初什，起明崇禎十二年（1639），迄清順治十四年（1657）；卷二：北遊初什，起順治十五年（1658），迄康熙元年（1662）夏；卷三：初歸什，起康熙元年秋（1662），迄康熙三年（1664）；卷四：北游二什，起康熙四年（1665），迄康熙八年（1669）八月；卷五：東莞什，起康熙八年（1669）八月，迄康熙十二年（1673）秋；卷六：軍中什，起康熙十二年（1673）冬，迄康熙十五年（1676）三月；卷七：沙亭什，起康熙十五年（1676）四月，迄康熙十八年（1679）秋；卷八：避地什，起康熙十八年（1679）秋，迄康熙十九年（1680）秋；卷九：五羊什，起康熙十九年（1680）秋，迄康熙二十五年（1686）；卷十：居粵晚什，起康熙二十六年（1687），迄康熙三十五年（1696）；卷十一：不編年詩一（古

〔註97〕《屈大均詩詞編年箋校》（廣州：中山大學出版社，2000 年 12 月），下冊，頁1375。

體）；卷十二：不編年詩二（近體）；卷十三：騷屑詞一（編年部分）；卷十四：騷屑詞二（不編年部分）。書末另附〈屈大均年譜簡編〉與〈諸家品題評論輯錄〉，以供讀者參考。

　　本書之價值，在於箋校方面。其箋校內容主要可歸納出下列七項：

（1）釐清寫作時間：屈氏詩作多有時間不明者，本書根據詩歌內容、詞語等，推測寫作時間，使其得以確立。例如〈香柚〉，箋云：「據『最是增城柚，天寒益有香』句，當為康熙二十三年秋游羅浮歸途經增城之作。」〔註 98〕又如〈兒喜〉（三首），箋云：「審詩中有『六子』之語，當作于康熙三十二年第六子明瀟出生之後。」〔註 99〕

（2）掌握寫作背景：本書除將詩詞編年外，又簡述創作背景，有助於讀者對其詩詞有更深入了解。例如〈端州感懷〉，箋云：「康熙十一年，大均西行經端州，追思昔年永曆帝駐驆于此事，有感而作。」〔註 100〕又如〈啼烏曲〉，箋云：「康熙八年作。自四年北上，歷山西、陝西、江南，至是始歸番禺。」〔註 101〕

（3）校訂文本疑誤：屈氏創作數量多，再加上經過刊刻，文字錯訛在所難免，本書即予辨正。例如〈梅花下作〉（十首），其中有「清冷齒頰香」一句，箋云：「『清冷』，當為『清泠』之誤。」〔註 102〕又如〈寄懷毛翰林大可〉（二首），屈氏自註：「大可生蕭山，嘗云西子是蕭山人，見《越紐書》。」箋云：「《越紐書》，疑為《越絕書》。」〔註 103〕

（4）增補《詩外》闕漏：例如〈寄瀋陽剩人和尚〉（二首），箋云：「《詩外》失收，錄自《遺民詩》七。」〔註 104〕又如〈簡魏畊〉，箋云：「《詩外》失收，錄自《過日集》十。」〔註 105〕又如〈贈別顏修來〉四首，箋云：「第二、四首《詩外》失收，據《道援堂詩集》四補錄。」〔註 106〕

（5）勘訂《汪譜》訛誤：「汪譜」指汪宗衍《屈翁山先生年譜》。本書繫

〔註 98〕《屈大均詩詞編年箋校》，上冊，頁 633。
〔註 99〕同前註，下冊，頁 1008。
〔註 100〕同前註，上冊，頁 358。
〔註 101〕同前註，上冊，頁 310。
〔註 102〕同前註，下冊，頁 1184。
〔註 103〕同前註，下冊，頁 951。
〔註 104〕同前註，上冊，頁 92。
〔註 105〕同前註，上冊，頁 136。
〔註 106〕同前註，上冊，頁 248。

年，對《汪譜》多有參考，但並未曲護盲從，於其訛誤或存疑處，皆予以標示，有匡正《汪譜》之功。例如〈題箕山石上〉，箋云：「《文外》一《宗周游記》載，康熙四年歲末，……詩當作于其時。《汪譜》斷爲康熙五年作，誤。」〔註107〕又如〈桃林坪〉，箋云：「據《文鈔》二《登華記》，康熙五年三月十日，大均偕王伯佐游經桃林坪。此詩當作於是時。《汪譜》斷此詩爲康熙四年作，有誤。」〔註108〕又如〈荊南歸興〉，箋云：「此詩疑爲康熙十三年秋作于洞庭湖畔。《汪譜》編于十五年，疑誤。」〔註109〕

（6）簡述相關人物生平：屈氏詩歌或寫予某人，或內容提及某君，本書皆儘量辨別其人，並簡述其生平履歷。例如〈古詩爲葉金吾壽〉，箋云：「葉金吾，即葉維城，葉夢熊之孫。襲錦衣衛指揮同知僉事，因稱金吾。」〔註110〕又如〈呈武番禺〉，箋云：「武番禺即武壽，陝西伏姜人，進士。康熙二十九年任番禺縣知縣。見阮元《廣東通志・職官表》。」〔註111〕

（7）補充相關資料：屈氏詩歌所涉及之題材多樣，本書偶又補充屈氏《廣東新語》或其他典籍之相關記載，以相印證。例如〈二石樓下有懷〉，箋云：「鄒師正《羅浮山指掌圖記》：『上山十里，有大小石樓。二樓相去五里，其狀如樓，有石門，俯視滄海。』」〔註112〕又如〈詠羅浮〉，箋云：「《廣東新語》卷三有『羅浮』條，可參看。」〔註113〕

屈氏一生創作豐富，詩歌數量頗多，閱讀不易，此書將其詩詞依照時間先後順利重新加以編排，提供研究者使用上的莫大便利。由於《屈大均全集》本所收《翁山詩外》，僅止於文獻之標點，並未再作進一步的整理、箋注，學術價值自然遠不及本書。且綜合上述所列箋校內容，顯示出本書具有編年、考訂、補闕、匡謬等優點，不僅可供屈氏個人研究之用，亦可擴及與其往來師友，考察清初學人往來活動等，深具參考價值。至於《屈大均詩詞編年箋

〔註107〕同前註，上冊，頁 187。
〔註108〕同前註，上冊，頁 199～200。
〔註109〕《屈大均詩詞編年箋校》，上冊，頁 417。
〔註110〕同前註，下冊，頁 1069。
〔註111〕同前註，下冊，頁 919。
〔註112〕同前註，下冊，頁 1104。
〔註113〕同前註，下冊，頁 1225。

校》不足之處，諸如箋文之訛字、誤說等，〔註114〕則爲大醇小疵，瑕不掩瑜。故本書可視爲目前屈氏詩詞作品整理最完善之書，於屈氏生平交遊、詩詞創作歷程及清初詩歌史等方面之研究，都有其重要性。

三、經部著作提要

因《翁山易外》爲本論文討論核心，其成書經過、版本源流、公私目錄著錄情形等，後面將另立專節說明，此處不再細述。以下先行分別介紹屈氏其他經學著作之版本，並略作內容提要。

（一）《易月象》

朱文註「未見」。惟《翁山文外》內有〈易月象〉一篇，可藉以窺知其旨。〈易月象〉云：

> 予撰《易月象》，取上經二卦，下經二卦，以爲一月之象。……凡四十八卦，以之配十有二月，爲四十八用卦，而十六體卦不與焉。昔有郁溪先生以此四十八卦爲上下經入運之卦，故予本之，以作《易月象》。月象之中有月令焉。聖人上律之以爲位天地之本，下襲之以爲育萬物之原，故曰：聖人則天。嗟夫，則天者，亦則夫《易》而已矣，則夫《易》者，亦則夫此月令而已矣。〔註115〕

說明了書的內容大要。按，文中所指「郁溪先生」，即明代粵東學者郁文初，著有《周易郁溪記》（又名《郁溪易紀》），《四庫全書》未收，列之於「存目」。今已收入《四庫全書存目叢書》第二十九、三十冊內。屈氏撰寫《易月象》時，曾參考同鄉前輩郁文初的《易》學著作，擇取四十八卦，以卦配月，析言月象，推月令之變化，以窮究《易》理妙道。

歸納〈易月象〉一文所言，可知屈氏十二月所配諸卦如下：

〔註114〕（1）「訛字」之處，例如〈贈姑孰楊太守〉「箋」云「即請代當涂縣治」，「請」當作「清」（上冊，頁505）；又例如〈初十夕〉「箋」中「明瀟」應作「明瀟」（下冊，頁1016）；又例如將祁班孫之「班」字誤作「斑」（上冊，頁131、135、140、160、566、567、641），於〈送張南士返越州因感舊游有作〉「箋」有云：「祁斑孫，他本皆作祁班孫，今依康熙刻本《翁山詩外》。」（頁567）前之箋語已見卻未作說明，令人不知所從，且祁氏之名確係班孫，若襲康熙刻本《詩外》之誤而未辨析，此作法似亦不妥。（2）「誤說」之處，例如〈藺相如〉「箋」引述《史記・廉頗藺相如列傳》記載，誤云：「廉頗不悅，相如至門負荊請罪，二人遂爲刎頸之交。」蓋負荊請罪者實爲廉頗，並非相如。（頁59）

〔註115〕《文外》卷10，《全集》第3冊，頁176～177。

一　月	屯、蒙、遯、大壯	七　月	謙、豫、萃、升
二　月	需、訟、晉、明夷	八　月	隨、蠱、困、井
三　月	師、比、家人、睽	九　月	臨、觀、革、鼎
四　月	小畜、履、蹇、解	十　月	噬嗑、賁、漸、歸妹
五　月	泰、否、損、益	十一月	剝、復、豐、旅
六　月	同人、大有、夬、姤	十二月	无妄、大畜、渙、節

　　每月以四卦相配，十二月共有四十八卦，謂之「用卦」；六十四卦尚餘有十六卦不用，則謂之「體卦」。是以「體」、「用」來分卦之性質。

　　《易月象》今不得見，未知究係亡佚著作，或是屈氏未完成之書稿，因文獻不足徵，暫不可考。但屈氏唯一存世的《易》學專著——《翁山易外》，其中有不少述及月候之言，例如：

　　　　〈臨〉為九月之卦，是時龍已入潛，霜已肅，地之陰出于外，天之陽反于內，而地不以其陰之出于外為志，而以天之陽反于內為志。（〈臨〉，頁177）

又如：

　　　　〈革〉，九月之卦也，龍生於坤之終，坤之終，十二月也，是時冰雖堅而雷已動。……而〈剝〉者十一月之卦，一陽未盡，未得為純卦，斯時則有魚而无龍。（〈剝〉，頁199）

又如：

　　　　〈復〉為十一月之卦，一歲之子在焉，其時斗柄指子，天行三百六十日已終，終則轉，轉以七日，七日而一陽生於坤陰之下，以復乾之故道，故曰「其道」。（〈復〉，頁207）

諸如上述論該卦當值月象之言，散見於《易外》所釋六十四卦文字中，這些文字應與《易月象》內容相似，或甚至是一致。故觀《易外》，亦可從而窺見《易月象》一書內容梗概。

（二）《詩義》

　　朱文註「未見」。《翁山文外》內有〈詩義序〉一篇，可知此書撰作概要，茲摘錄其要如下：

　　　　昔者《春秋》之未作也，其義在《詩》，《詩》亡而其義乃在《春秋》。故《春秋》者，夫子所以繼《詩》者也，其義皆《詩》之義，無《春秋》則《詩》之義不明。《詩》為經，《春秋》乃其傳也。人惟學夫

《詩》，而後知其義以《春秋》而明。……嗟夫，《詩》未嘗亡，亡
者，《詩》之義耳。夫子不爲《詩》以存義，而爲《春秋》以存義，
夫子之力，其殆窮於《詩》而通於《春秋》乎。予嘗爲《詩義》一
書，純以《春秋》爲言，以爲今之世，匪惟《詩》亡，而《春秋》
亦亡。……嗟夫，《詩》者，事父事君之具也。不知王之所以爲王，
則何以事其君父，將忠於其所不當忠，孝於其所不當孝，忠與孝至
是而不得其正，徒爲名教之罪人而已矣。〔註116〕

屈氏以爲，《詩》亡而義存於《春秋》，故所作《詩義》，以《春秋》立言，以
推聖人之義。由此觀之，此書大抵應是以褒貶之筆，分君臣之義，其用意則
在辨明事父事君之道，在強調「求其所當忠、所當孝者而忠孝之，斯《春秋》
之所亟褒，以爲臣子之典型者哉」。〔註117〕屈氏目睹明室衰亡，國家離亂，外
族入侵，窮究其間因果，以爲聖人大義消亡，致使知識分子淪於「忠於其所
不當忠，孝於其所不當孝」，這很顯然地在指責當時那些變節仕清的明遺民，
屈氏甚至嚴屬指斥他們乃是「名教之罪人」。所以《詩義》乃因時而作之書，
旨在彰明忠孝節義，其反清意味昭然若揭。誠如朱希祖先生所言：

《詩義》之作，實以媿當世之仕於滿廷者而言，而善詩之人如朱彝
尊、毛奇齡輩，《詩外》中往往有微辭，皆此物此志也。尊王攘夷之
義廢，則錢謙益、龔鼎孳輩接踵於世矣！〔註118〕

是以本書撰述，實具有強烈的批判諷刺意味。

（三）《四書補註兼考》

是書今存。《四書補註兼考》乃合《四書補註》與《四書考》兩書而成。
屈氏與何礦同著。何礦字東濱，攀龍子，江東人士，其父曾獻策史可法，後
死於清兵破揚州時，事蹟見載於屈氏《皇明四朝成仁錄》中。何礦終生不仕，
與屈氏相往來，嘗謂屈氏之文爲陽明後一人，對其推崇甚深。

書前有兩人共同題名之〈凡例〉，所列共十二條，主要說明全書體例、參
校版本、載錄刪取標準等。首條指出本書之撰述，旨在「補本註之缺」，即是
爲補訂朱熹《四書集註》而作。書首又有「三閭書院守者」所撰「題辭」，云：

……補註多發明程、朱二先生之所未發，不悖其說，而能推廣其意，

〔註116〕《文外》卷2，《全集》第3冊，頁37～38。
〔註117〕同前註，頁38。
〔註118〕見《全集》第8冊，頁2141。

斟酌諸儒，確然成一定之說。言精而切，簡而盡，迥出於說約集成諸
講章支詞蔓說之上，其長一也。於《四書》事物、名數，條理終始，
貫穿十□﹝註119﹞經、諸子百家而爲文，間參以未刻秘書與時賢新說，
考□□□，辯論明暢，使讀者耳目一新，本末洞達，雖尺幅中，已爲
古書苑囿，初學熟之，不俟涉獵群書□□然淹博矣。此其長二也。又，
一書而三書皆備：《集註》，一也；《補註》，二也；《四書考》，三也。
卷帙不繁，易藏篋笥，人手一編，可使坊間講章、《四書徵》、《人物
考》等書盡廢。取約而用博，事逸而功倍，此其長三也。﹝註120﹞

「三閭書院守者」，不知其人姓氏，待考。﹝註121﹞該「題辭」中稱述此書具備
三項優點，其一專指《四書補註》而言，第二、三項則兼說《四書考》。上述
引文提到的《四書徵》、《人物考》兩書，其中《四書徵》或爲《匯纂四書徵》
之省稱；《人物考》則應係《四書人物考》之省稱。前者係清初蔡彥胤﹝註122﹞
所撰；後者四十卷，係明代薛應旂﹝註123﹞所撰。元明以《四書》列入科舉考
試，成爲士子必讀經典，因應考試需求，故坊間講義、章句集註之類書籍充
斥，如《四書會意解》（著者不詳，坊刻講章，內容多述呂留良語）是。也連
帶《四書》內容、人物考辨之作亦盛行，《四書徵》、《四書人物考》均屬此學
術背景下之產物。﹝註124﹞屈大均、何磩合著《四書補註兼考》，相信撰作動機

﹝註119﹞原文缺字疑爲「三」。

﹝註120﹞見《全集》第 6 冊，頁 213。「□」所示爲原缺字。

﹝註121﹞「三閭書院」乃屈氏所設，據〈三閭書院倡和集序〉云：「予之爲三閭書院也，
　　　　與二三同志，稱《詩》說《易》於其中。」汪宗衍《屈大均年譜》載：「是年
　　　　（按，康熙二十二年），於廣州城南得屋數椽，以爲三閭書院，求張穆畫三閭
　　　　大夫巷奉祀其中，以宋玉、詹尹、漁父爲配。」是三閭書院蓋屈氏與諸友相
　　　　聚處所，屈氏並輯有《三閭書院倡和集》。

﹝註122﹞蔡彥胤，字彥正，晉江人。順治五年（1648）貢生。

﹝註123﹞薛應旂，字仲常，號方山，武進人。明世宗嘉靖十四年（1535）進士，授慈
　　　　谿知縣，後遷南京考功郎中。因忤嚴嵩，謫建昌通判，歷浙江提學副使。著
　　　　有《宋元通鑑》、《考亭淵源錄》、《四書人物考》、《憲章錄》、《方山文錄》、《方
　　　　山紀述》、《浙江通志》、《甲子會紀》等。

﹝註124﹞《四庫全書總目》「經部·四書類存目·四書人物考」（第 1 冊，頁 765 下）
　　　　云：「明代儒生以時文爲重，時文以《四書》爲重，遂有此類諸書裒積割裂以
　　　　塗飾試官之耳目，斯亦經術之極弊，非惟程朱編定《四書》之時不料其至此，
　　　　即元延祐用《四書》義，明洪武定三場法，亦不料其至此者矣。」可知在科
　　　　舉影響之下，《四書》既受士子重視，配合現實需要，相關考試用書充斥，故
　　　　《四書》類著作大興。

之一，也是爲了方便士子研讀，故〈題辭〉謂可「事逸而功倍」。而潘未讚是書，以爲「殊有功於經傳」。〔註125〕

《四書補註》題爲「何磻補註，屈大均參補」，其中《大學》、《中庸》、《論語》三部分題爲「何磻補註，屈大均參補」，《孟子》部分則另題爲「何磻屈大均同補註」。書前有何磻〈序〉，云：

> 磻不敏，爰取宋、明儒家言，參酌異同，擇其至是無非者，補紫陽
>
> 千慮之一失，爲《四書補註》，屬番禺屈子翁山裁定之。〔註126〕

可知《四書補註》原爲何磻所著，初稿完成後交付屈大均修訂，故屈氏得與何氏同列名著者。參與本書校對者，有何琢（磻子）、屈明泳（大均子）、朱霞〔註127〕、屈明洪（大均子）、梁匯〔註128〕、屈明湞（大均子）、屈明潢（大均子）。

《四書考》題爲「何磻屈大均同考」，內容分《大學考》五卷、《中庸考》六卷、《論語考》十卷、《孟子考》七卷，間於《論語考》前附《先聖年譜》，《孟子考》前附《孟子事跡》、《孟子生卒》。參與校對者不詳。原書版式分上、下兩欄，上欄爲屈、何考證，下欄爲舊注和補注。

（四）《論語高士傳》

朱文註「未見」，並引《翁山文外》卷二〈林處士七十壽序〉、卷一〈七人之堂記〉語，謂：

> 案此書雖佚，然〈接輿傳〉尚存於《文外》卷三，其他六人傳或散
>
> 入於《四書補注兼考》，未可知也。〔註129〕

《論語高士傳》今未見，朱希祖先生認爲收入《翁山文外》卷三之〈接輿傳〉乃其中之一「傳」，然檢〈接輿傳〉中有「大均嘗取《論語》中高士，撰爲《論語高士傳》，⋯⋯」數句，若此文原屬《論語高士傳》，則謂「嘗取」，殊爲不類。是故《翁山文外》所收〈接輿傳〉一篇文字，必定不與《論語高士傳》同。依理推測，應是《論語高士傳》撰成在前，其後屈氏或就《高士傳》略作損益，另成一篇〈接輿傳〉。

歷史上「高士傳」之作，始於晉代皇甫謐，其三卷《高士傳》所記，皆是不求仕進、淡薄名利的隱逸之士。屈氏此書既名《論語高士傳》，亦仿效之，

〔註125〕見〈廣東新語序〉，《廣東新語》書首，《全集》第 4 冊，頁 2。
〔註126〕《全集》第 6 冊，頁 221。
〔註127〕原題「甥江都朱霞較」，生平不詳，待考。見《全集》第 6 冊，頁 423。
〔註128〕原題「友侄梁匯較」，生平不詳，待考。見《全集》第 6 冊，頁 622。
〔註129〕見《全集》第 8 冊，頁 2141。

以隱遯之士爲高賢，撮取其事而爲傳記。

此書雖不傳於世，但其內容梗概，仍可從屈氏現存著作中尋得一些線索。屈氏於〈七人之堂記〉云：

> 予弱冠既慕棲隱，間取孔子所稱隱者，錄爲一編，名曰《論語高士傳》，其堂則曰「七人之堂」。七人者，依《論語》之次序列之，首儀封，次晨門，次荷蕢，次楚狂接輿，次長沮，次桀溺，次丈人，爲木主祠之，以志予之尚友。〔註130〕

《論語高士傳》的內容是取材於《論語》關於高士行跡的記載。孔子在《論語》中稱贊的賢人（逸民）不少，更明言「作者七人」，於是屈氏依何晏的看法，擇儀封人、晨門、荷蕢、楚狂接輿、長沮、桀溺、丈人爲高士，爲七人作傳。〔註131〕

至於其寫作方式，據〈林處士七十壽序〉云：

> 予嘗取《論語》諸高士各爲一傳，繫以論贊，名曰《論語高士傳》。

〔註132〕

爲七人分別立「傳」，記其言行，並加上「贊詞」，可知屈氏是仿效西漢司馬遷編寫《史記》的作法。

屈氏欽慕在《論語》中受到孔子稱道的古代先賢，故編寫《論語高士傳》一書，又爲這些高士設立神主奉祀，既顯示屈氏尚友古人的精神，實際上也表達出他效法這些名士的高潔心志。他在《翁山文鈔·高士傳》中說：「屈大均曰，古者多逸民，而爲聖人之所亟稱者，蓋七人焉。」〔註133〕另外在與何絳合著的《四書補註》中也提到：「遠禍藏拙而隱者，若《論語》中七人是也。」〔註134〕屢次提及這些「逸民」，充分顯現出對他們的高度贊賞。這是因爲，面對異族入主中原政權的時代，篤守遺民志節的屈氏，在歷經多次反清行動失敗後，心知匡復無望，深感回天無力的他，一心效法先賢，而前賢出處進退高節之道，便成爲屈氏嚮往的典範。

〔註130〕〈七人之堂記〉，《文外》卷1，《全集》第3冊，頁32。

〔註131〕《論語·憲問》有「子曰：作者七人矣！」後世學者對七人的認定略有差異，如王弼舉伯夷、叔齊、虞仲、夷逸、朱張、柳下惠、少連，鄭玄則說七字是十字之誤，應有十人。屈大均認爲王弼所列屬「逸民」，而鄭玄所言無據，故採何晏之說。詳見〈七人之堂記〉，出處同前註。

〔註132〕〈林處士七十壽序〉，《文外》卷2，《全集》第3冊，頁94。

〔註133〕〈高士傳〉，《文鈔》卷4，《全集》第3冊，頁327。

〔註134〕《四書補註·微子第十八》，《全集》第6冊，頁566。

第四章 《翁山易外》之成書過程與異本考辨

第一節 撰著緣由

一、撰著動機

　　《翁山易外》為屈大均今傳唯一一部哲學專著，亦為其晚年用力之作。他在五十二歲時，曾寫下「不死如聞道，應能續《易》書」〔註1〕這樣的詩句，表現出個人對於從事《易》學著作的重視。

　　從屈氏的詩文集中，可以推知他撰作《易外》的動機主要有三點：其一，研《易》心得；其二，藏諸名山；其三，寄託心志。合此三者，促使他在晚年以相當多的精力完成這部內容多達七十一卷的專著，成為代表個人《易》學思想的「大作」。

（一）研《易》心得

　　《易外》成書動機之一，是屈氏長期研究《易經》後，積累了相當豐富的心得，始足以構成專著。他晚年居鄉讀書，飽覽群籍，尤喜《易經》，此事在其詩文中，屢屢可見痕跡，例如：

　　　　五十嗟遲暮，桑榆尚可攀。素華初吐鬢，紅藥漸收顏。
　　　　戀戀閨庭內，依依懷袖間。加年心未已，學易掩松關。〔註2〕

又如：

〔註1〕　〈頻夢先嚴有作〉四首之一，《詩外》卷14，《全集》第2冊，頁1116。
〔註2〕　〈貧居作〉十六首之一，《詩外》卷8，《全集》第1冊，頁613。

> 五十方知學《易》高，神仙不復說盧敖。天開日月爲文字，人在雲
> 霄是羽毛。太華寒泉雙玉井，炎方碩果一蒲桃。蘄陽象旨知君得，
> 白首無辭搦管勞。〔註3〕

上述詩中都強調自己已過「知命」之年，也都特別提到「學易」這件事。顯
示五十歲以後的屈氏，對於《易經》確實懷有一份特別的重視和喜愛之情。

屈氏既對《易經》情有獨鍾，常常翻覽研讀，久而久之，自有其心得、
體會。他將自己的室名取作「易葉軒」，撰〈自題易葉軒〉詩五首、〈易葉軒
記〉文一篇。〈易葉軒記〉寫道：

> 予嘗讀《易》，有所得，輒拾諸葉書之，積久成書，因名之曰《易葉》，
> 而軒亦曰易葉軒。……而予也不敏，未能至是，亦惟夙夜以思，以
> 諸葉爲樂玩之具，葉者易得之物，多用之而不以爲費。芭蕉也，其
> 葉最大，以書長言；貝多羅也，梧桐也，其葉大次之，以書短言；
> 梨最小，一葉爲一卦，任取一卦以相配，配其所可配者而言出焉，
> 配其不可配者而言更出焉。言既多，不忍以其有枝葉而棄之，錄爲
> 二通，……。〔註4〕

由上可知，屈氏鑽研《易》理，凡稍有領悟，就利用隨處可見的樹葉充當紙
片，將所思所得寫在葉子上，日積月累，即成「葉書」。由於樹葉不易保存，
後來便再將葉書的內容加以整理，轉謄到稿紙上。這是否就是《易外》的「原
型」，暫且不得而知。但屈氏在〈易葉軒記〉中所說，已經充分表示出他晚年
研讀《易經》後，確實產生不少個人體會與心得。而《易外》一書，應該就
是他研《易》心得結晶之一（其他或有今已失傳的《易月象》等），且是其最
重要的傳世《易》學著作。

（二）藏諸名山

屈氏在個人詩文之中，屢屢強調自己是在五十歲以後，才開始用心於研
讀《易經》。事實上，屈氏自幼受嚴父啓蒙，於經書早已嫻熟，又於少年時期
曾跟隨同鄉名儒陳邦彥讀書，陳氏即以《周易》、《毛詩》兩部經書作爲主要
的教材，相信當時這些學習過程，對於日後屈氏《易》學思想的建構，具有
一定的影響性。後來屈氏奔走南北，投入抗清行動，未能潛心著述，及至中
年以後，清廷陸續收復臺灣、平定三藩，復明大勢已去，屈氏退而居鄉，方

〔註3〕 〈東徐君〉，《詩外》卷10，《全集》第2冊，頁862。
〔註4〕 〈易葉軒記〉，《文外》卷1，《全集》第3冊，頁33。

才能夠專力著書。而《易》是其晚年最為究心的著作，他將長年所累積心得，寫成《易外》一書，讓後人得以藉此瞭解他的《易》學思想內涵。

康熙二十五年（1686），五十七歲的屈氏在〈獨酌〉詩中寫下：「藏書不少名山業，兒女他時各一編。」〔註 5〕可見將著作藏諸名山、傳之後世，是他的心願和志業。他自言畢生寫作精華匯集為《屈沱五書》，即是將五書視為個人學術代表作，而《翁山易外》即為其一。顯然《易外》是屈氏自已認為足堪傳世的作品，顯示出此書寫作用意之一，是在立一家之言，以藏諸名山，傳諸後世。是故屈氏於〈翁山易外・自序〉末云：「書成為卷七十有一，藏之於家，以為子若孫一家之言。」可知在其心中，《易外》是引以自得的一家之言，是可供後來子孫奉讀的傳世之作。屈氏對於此書的重視程度，可以想見。

（三）寄託心志

屈氏著《易外》，既有傳世用意，書中除展現其研《易》心得，自然也寓有表露心志之言。蓋《易》為一部憂患之書，〈履〉、〈謙〉、〈復〉、〈恆〉、〈損〉、〈益〉、〈困〉、〈井〉、〈巽〉九卦皆言君子憂患之道。屈氏所處，正是政局驟變、憂患至極的易代之際，當時知識分子在朱明王朝滅亡後變成遺民，其進退應對，大抵可分「求生」、「死節」兩途。事實上，選擇「死節」者，或因慷慨赴死之氣節而備受贊揚，或因無補時局而遭到質疑，評價未必全然正面。至於「求生」者，則又可分為積極抗清、隱逸山林、出家為僧及仕清貳臣數種。〔註 6〕當時遺民，各隨人所選擇路向，而招致毀譽，進退之間，可謂複雜尷尬，莫不謹慎以處，故《易外》云：

> 君父之雨露已窮，臣子之雪霜方始，履之履之，有秋肅而无春生，
> 大節以之而見，可不慎歟！（〈坤〉，頁 45）

身為遺民的屈氏，在明亡後積極抗清，曾為避難而出家數載，後又還俗為儒，晚年隱遯鄉里，默默筆耕，經歷可謂多變。雖然身分數度改變（儒生——抗清義士、僧人——儒生），但其處世之心志，卻始終堅守如一。晚年的屈氏於《易外》中說道：

〔註 5〕〈獨酌〉，《詩外》卷 11，《全集》第 2 冊，頁 943。按，《全集》本「業」誤作「葉」，今改。

〔註 6〕何冠彪先生〈論明遺民之出處〉一文，對當時明儒選擇的出處進退作了較多的討論，可資參考。收入氏著：《明末清初學術思想研究》（臺北：臺灣學生書局，1991 年 2 月），頁 53～101。

> 極則思變，變以道而順受其正，而後死生不得而干。我知其死，而
> 本無死，死者氣之化耳。知其生而本非生，生者血之變耳。吾固有
> 不變而非血者存焉，不化而非氣者存焉，是以屯而立吾正命，吾命
> 正，則天之命亦正矣。（〈屯〉，頁73）

按，〈屯〉卦震下坎上，坎爲險，震爲動，卦象表處境艱難，「動乎險中」（〈屯〉
卦〈彖〉語），一如明遺民之遭遇，死生不得其中，動輒得咎。屈氏認爲，值
此時勢，應當窮極而變，而變之以「道」。若能以「正道」面對，則於生死可
以不憂不懼，指出知識分子在動亂的世變當中，但求立身唯正，只要秉持正
道而行，至於生死，無須計較。故《易外》中又言：

> 終則爲死，始則爲生；生者性之所出，死者命之所歸；盡其道而生，
> 所以正性；盡其道而死，所以正命，故君子有性命之樂，而無死生
> 之憂。（〈剝〉，頁195）

是故，輕生死、守正道，是屈氏於釋卦之際，所欲傳達的個人心志。

　　此外，屈氏幼承父親民族大義的訓誨，少年又深受老師陳邦彥影響，國
破後長期參與抗清活動，雖曾出家爲僧，不數年又重披儒服，戮力抗清。清
廷政權鞏固後，屈氏意識到恢復明室的機會已經十分渺茫，故安居於家鄉番
禺，杜門著述，不肯接受薦舉，寧以遺民布衣終老。這樣以隱遁爲高的道德
意識，在屈氏詩文中處處可見，而在《易外》這樣的哲學專著中，也不免流
露出來。例如：

> 「包羞」，謂君子也，儉德以辟難，包羞之象也。《易》爲君子謀，
> 伊尹之不羞不卑，微子之不顧行遯是也。（〈否〉，頁127）

又如：

> 上爲遯世之君子，无爲而有爲，其事也不得而見，乃其志則可則矣。
> （〈蠱〉，頁172）

推崇能行無爲、崇儉德、知避難之遯世者，才是眞正的君子，彰顯出屈氏個
人重名節、輕榮祿的心跡。可見他不僅以詩抒志，也利用解釋卦爻辭機會，
申明君子在亂世應該選擇隱遯，才是正確作法，藉此申明自己心志高潔，不
受世俗權勢所誘惑而迷失。

二、書名釋義

　　屈氏將七十一卷的《易》學專著取名爲「翁山易外」，「翁山」一詞係其

字號，古人著書往往將個人名號冠於書名之上，以顯示爲一家之言，屈氏亦然；至於以「外」字作爲書名，據《易外》書首〈自序〉說：

> 古者經傳各爲一書，先儒謂西漢時六經與傳皆別行，予《易外》不載經文，蓋遵古也，亦不敢以爲《易傳》，而曰外，外之者自外乎《易》也。亦取《韓詩外傳》之義，爲《易》之外篇也。（頁2）

屈氏以經、傳本皆別行，所以其《易外》遵從古法，亦不載經文，顯然爲經作傳明矣。既是爲經作傳，卻謂「不敢以爲《易傳》」，實際上只是謙虛之詞，非不敢也，乃是別有用心，以所著爲《易》之外篇，既自外於《易》，故以「外」名其書。

屈氏又進一步解釋以「外」名書之因：

> 《易》之內，太極是也，內不可見，以外之畫之象、爻象之，欲人從外以見內也。畫者無文之言，羲之《易外》也；象爻十翼者有文之言，文、周、孔子之《易外》也。（頁2）

他認爲「太極」是宇宙之終極，《易》之本即在太極，而太極無形無象，不可聞見，所以伏羲、文王、周公、孔子等聖人的畫卦、作卦爻辭之舉，實際上都是一種「易外」的模式，即藉由外在的符號、文字來推求《易》之本源，唯有透過這樣的詮釋方式，方能由外見內，追契《易》之奧旨。他在與友人論學的書札中，也提到相同觀點：

> 嗟夫，《易》無內外也，內言之而是焉，外言之而亦是焉。羲之畫，其內乎，外乎？文之《象》，周之爻，孔子之《十翼》，其內乎，外乎？四聖人之所言，其內、其外不可得而聞，即愚夫愚婦之所言，其內、其外亦不可得而聞也。〔註7〕

依屈氏看法，伏羲、文王、周公、孔子這些聖人的作爲，就和一般百姓解釋《易經》一樣，都可以視爲《易》之「外」，都是一種對《易》的理解態度，並沒有什麼不同。屈氏認爲《易》是不可說不可道的，所以自伏羲畫卦開始，歷經文王、周公、孔子，都是將無形的道轉化爲有形文字的過程，所以不論是畫卦或是作卦辭、爻辭、《十翼》，都可等同視爲「易外」的創作。

他更在《易外·自序》中說：

> 予嘗以言《詩》之餘言《易》，謂言《易》莫精於三百篇，而文王之詩尤明暢，周公蓋以作《爻辭》之餘，溢爲《雅》、《頌》者也。《中

〔註7〕〈復友人問易外書〉，《文外》卷15，見《全集》第3冊，頁242。

庸》言《易》多以《詩》，孟氏亦然，皆之以爲外者也，是吾所以作
《易外》之意也。

不論是與《易》有直接關聯的作者（羲、文、周、孔），還是與《易》同樣受後世推崇爲經書的先秦典籍如《詩》、《中庸》及《孟子》等，都可以視爲《易》之「外」。

屈氏將卦爻辭、《十翼》都視爲《易》之外言，是因他主張「《易》无內也，凡有言，皆《易》之外也」的觀點，這無疑是承繼了魏晉南北朝盛行的言意之辨而來。《易》既本無言，凡有言皆是外，故研《易》須由外而求諸內。若再推進一步，則一切文字皆可視爲理解《易》理的媒介。所以屈氏又說：

《易》出于天，天有《易》，惟天能言之，人則安能言之，雖聖人亦安能言之，言則爲外而已矣。爲外而不能已於不言，則與其合也，不如其離也，合之以爲內，即離之以爲外矣。

「內」是「意」，是《易》之要旨；「外」是「言」，是後人、包括聖人所演之《易》。不論是「內」、「外」，或是「合」、「離」，屈氏都是利用名辨的方式，強調《易》具有不易說、不易解的特點，惟天能顯現其妙，即使聖人所言，亦不過是從外而內地認識《易》道罷了。屈氏這樣的說法，表明了《易》是人人可言、又人人不能言，另一方面流露出其所解《易》正與聖人同是「一家之言」的自信。

第二節　刊刻與流傳

今存世《翁山易外》共有兩種本子。一般所見爲「七十一卷」本，長期以來學界提及《易外》也是指此本而言，本論文研究所根據的基本文獻，亦是以此作爲本。另一則爲「六卷」本，現藏於臺灣國家圖書館。綜覽六卷本的內容文字，與七十一卷本迥然不同。兩者雖同以「翁山易外」爲名，而思想殊異，絕非出於一人之手。由於七十一卷本久爲學界認定，檢《中國古籍善本書目（經部）》，未提及六卷本，可知大陸地區各圖書館未見收藏此本者。〔註8〕則見藏於臺灣國家圖書館之六卷本《易外》，實屬一「孤本」。而遍觀研究屈大均之前人論著，亦未見有提及者，顯然大陸、香港等地學者尚不知有此一本，臺灣亦

〔註8〕筆者亦曾致函請教任職於廣東省立中山圖書館、並曾撰〈屈大均著作版本述略〉一文的林子雄先生，據林先生回答，從未曾聽聞有六卷本《翁山易外》。

乏人注意。此六卷本因係旁出，真僞如何，尚待釋疑，故將另立一節討論。以下僅就七十一卷本《易外》之成書作說明。

一、刊刻時間

　　《翁山易外》書首有兩篇〈序〉，其一爲張雲翮〔註9〕所撰，末題「戊辰年陽月」，考「戊辰」即康熙二十七年（1688），「陽月」指農曆十月；另一〈序〉爲屈氏所撰〈自序〉，但並未標明時間。

　　此書刻版時間，據汪宗衍《屈大均年譜》記載，康熙二十六年丁卯（1687），「刻《廣東新語》工竣，以《翁山易外》付梓」；康熙二十七年戊辰（1688），「刻《翁山易外》成，張雲翮（紫閣）爲作序」。〔註10〕而朱希祖〈屈大均（翁山）著述考〉則註《翁山易外》爲「康熙二十七年戊辰刻」，〔註11〕歐初、王貴忱先生《屈大均全集・前言》亦作「刊於康熙二十七年（1688）」。〔註12〕

　　按，七十一卷《翁山易外》刊行於康熙二十七年（1688），並無疑議，但汪宗衍據收入《翁山佚文》之〈答汪栗亭書〉，定《易外》於康熙二十六年付梓，則似可再商権。〈答汪栗亭書〉提到《易外》的記述是：「若《易外》千紙，近方謀梓，尚茫然未有端緒也。」〔註13〕並非確定之言，故以此定《易外》付梓年份，論證恐嫌不足。

二、版本考述

　　《翁山易外》自康熙間刊刻後，因屈氏著作受到官方查禁，所以流傳罕見。又因此書不似屈氏詩歌可以分散流傳，長期以來書名湮沒，知者甚少。民國以來研究屈氏者雖多，卻一直沒有專門討論《翁山易外》的文章出現，即是因爲此書難尋所致。直至《屈大均全集》加以收入，《易外》遂得隨同屈氏其他著作一併爲世人所睹見。其後不久，《四庫禁燬書叢刊》出版，原藏於

〔註9〕　張雲翮，字振六，號紫閣，又號曲江，關中人。《易外》書成之時，任職廣東驛鹽道，屈氏詩文中存有與張氏唱和酬贈之作，其中寫於《易外》刊成之康熙二十七年者，有〈呈張振六觀察〉二首、〈奉和張觀察惜分堂落成喜子見過之作即席次諸公韻〉等。

〔註10〕汪宗衍《屈大均年譜》，《全集》第8冊，頁1964、1969。

〔註11〕朱希祖〈屈大均（翁山）著述考〉，見《全集》第8冊，頁2140。

〔註12〕見《全集》第1冊，〈前言〉，頁9。

〔註13〕〈答汪栗亭書〉，《佚文》，見《全集》第3冊，頁482；此書札又見於《文鈔》卷9，惟文字稍異，作「近方謀鋟梓」，文見《全集》第3冊，頁406。

北京圖書館善本室內的清鈔本《易外》也被收入其中，提供世人另一可參考版本。時至今日，《易外》一書的閱覽已非難事。

（一）清鈔本

1. 清番禺徐君信符南州書樓藏本

　　徐君，原名紹棨，字信符，以字行。廣東番禺人。光緒二十四年錄博士弟子員，就學於學海堂、菊坡精舍等。光緒二十三年任教於香山縣隆都學堂，後教授於廣州省立廣雅中學（原廣東高等學堂）、廣府中學、嶺南大學、中山大學等校。先生於教學之餘，傾力蒐購善本古籍，其藏書地名「南州書樓」，尤以粵人著作及地方志為多，具保存鄉邦文獻之功。著有《廣東藏書紀事詩》等。

　　徐氏所藏《翁山易外》七十一卷。前有關中張雲翮〈序〉及屈氏〈自序〉。黃慶雲嘗見此本，謂：

> 《翁山易外》，世不多見，粵名儒徐肇棨存之，惟僅至六十三卷，六十四之目錄亦闕如，惟卷六十五以下乃存目耳。〔註14〕

黃氏又以所見，將此本七十一卷之目錄列舉出來，〔註15〕於第六十四卷失載，而於第七十卷註為「卦傳」。對照他本，可知所缺第六十四卷當為「未濟」，第七十卷當為「序卦傳」。

　　此本今藏於廣東省立中山圖書館。

2. 北京圖書館藏本

　　北京大學圖書館館藏清鈔本《翁山易外》，七十一卷，原為秘不示人的善本書籍，今《四庫禁燬書叢刊》（北京：北京出版社，2000）據以影印，與呂留良《晚村天蓋樓偶評》六卷一同收入經部第五冊（頁1～390）。書首僅有屈氏〈翁山易外自序〉一篇，題為「三外野人屈大均譔」，而無張雲翮〈序〉。

　　取此本與《全集》本相核，兩版本內容大抵相同，顯然同出一系。大部分是正俗字、通假字之異同，以及少數字詞（如句末助詞「也」字等）之增

〔註14〕見黃慶雲〈民族詩人屈大均〉，《廣東文物》下冊卷9「學術文藝門」（1941年1月），頁110。按，「肇」字當為「紹」字之誤。

〔註15〕黃氏所列篇目，多有訛字，茲一一摘出：（1）卷三十四「壯」，應是「大壯」；（2）卷四十三「夬」，應是「夬」；（3）卷五十九「渙」，應是「渙」；（4）卷六十九「説封傳」，應是「説卦傳」；（5）卷七十一「雜封傳」，應是「雜卦傳」。出處同前註。

減，本論文於整理後列爲附錄，置於文末，以便讀者參考。此外，尚有幾處，似爲北圖本或《全集》本有漏句、漏段之現象，因差異較大，應予討論。以下逐一列出並加以說明。

其一在卷七〈師〉，其中某段，《全集》本作：

> 卦五陰，水也，五陰爲一陽所容所畜，君子以容民畜眾也。（〈師〉，
> 頁95）

北圖本則作：

> 卦五陰，水也。一陽，則地也，君子也。五陰爲一陽所有，地中有
> 水也。五陰爲一陽所容所畜，君子以容民畜眾也。〔註16〕

北圖本於「水也」後插入一段，爲《全集》本所無。然合觀全段之文字，顯然北圖本於意較爲完整，故應以北圖本爲正，《全集》本當是脫漏「五陰」以下計二十字。

其二在卷二十九〈坎〉，該卷末句，《全集》本作：

> 故〈艮〉六爻多言終之事也。（〈坎〉，頁252）

北圖本則作：

> 故〈艮〉六爻多言終之事也，所謂「勞乎坎，成言乎艮」也。〔註17〕

北圖本多出「所謂勞乎坎成言乎艮」九字。按，此句出自〈說卦傳〉，〈說卦傳〉曰：「〈坎〉者，水也，正北方之卦也，勞卦也，萬物之所歸也，故曰勞乎坎。〈艮〉，東北之卦也，萬物之所成終而所成始也，故曰成言乎艮。」若就文義而言，則北圖本補此九字，既可釋〈艮〉卦之象，又兼述坎、艮之關係，於義似較完整。

其三在卷三十〈離〉，最末一段，《全集》本作：

> ……故能出涕而戚，而憂天下之憂。明兩作，所謂大明終始也。日
> 貴兩作，大人貴繼明，繼明故能嚮明而治，蓋離爲日又爲目，嚮明
> 而治，見日即見其心。天之日見聖人之心，聖人之心見天之日，所
> 謂相見乎離也。聖人之心明，而天之日益明，萬物之日无不克明，
> 麗莫大焉。（〈離〉，頁260）

而北圖本則作：

> ……故能出涕而戚，憂天下之憂。能憂天下之憂，則危者使平，有以

〔註16〕北圖本《易外》，頁67下。
〔註17〕北圖本《易外》，頁169下。

麗乎王宮之位而得安，所以吉也。離有甲冑干兵之象，《周官》司馬之職列于夏官，取此象焉。離位南，故上爻及此。上居卦之終，剛在上，則剛及于遠，故威震；明在上，則明及于遠，故刑不濫。有嘉折首威之象也，獲匪其醜，刑不濫也。不姑息以養亂，又不嗜殺以傷和，故曰「王用出征以正邦也」。大人之明德，遠及于四方，普天率土，照臨无外，所謂大明終始，天下之所以相見乎離也。〔註18〕

《全集》本與北圖本於此段內容不同，難以遽斷孰正孰誤。

其四在卷四十四〈姤〉，其中某一段末，《全集》本作：

以文姜之大魚，而從襄公之雄狐，見刺於齊之《風》，而大書於魯之《春秋》，凶何如也。（〈姤〉，頁365）

北圖本則無「風」以下十三字，〔註19〕似為脫漏。

其五在卷四十五〈萃〉，其中某段，《全集》本作：

䷬為日月之懸象，日月在于廟，明之藏者也。（〈萃〉，頁375）

北圖本則作：

䷬為日月之懸象，日月在于朝，明之顯者也；日月在于廟，明之藏者也。〔註20〕

北圖本多出「日月在于朝，明之顯者也」一句計十字。觀全段前後文皆是「朝」、「廟」並言，可知北圖本為正，《全集》本脫漏此句。

其六在卷四十六〈升〉，其中《全集》本之某段為北圖本所無：

……二變則為〈謙〉，升而謙，位高而下人，蓋世而不伐，益流福好之所歸也。謙而孚，孚而用禴，眾志以格，神道以通，雖无旨酒嘉殽，而式飲式食，雖无德與女，而式歌且舞，斯鳴謙之貞吉也，奚咎之有？子曰「有喜也」，喜其感動人神，升而未已，將以時順受天命，而亨方國也。三震主上坤為邑，自震至坤為升，坤中虛，其邑无人，故曰「虛邑」。然邑无人，自我升，而邑有人矣。坤為眾，震為侯，有震之侯，斯有坤之眾，此南征之吉所致也。虛邑中見吾之為大人，相與有慶，皆襁負其子以歸大人，亦可以為國矣，復何疑於草萊之難闢乎？斯六四所以亨于岐山，以為其國之主也。民歸而

〔註18〕北圖本《易外》，頁174下。
〔註19〕北圖本《易外》，頁243下。
〔註20〕北圖本《易外》，頁250上。

神依，安民即致亨於神，不可以緩，故王之用之。岐山，故虛邑也，自太王遷居，而從之者如歸市，一年成邑，二年成都，三年五倍其初，而後岐山爲周之舊，神樂得仁人以爲主，故降之福而吉。四爲兌，兌巫，故曰亨。其亨也以坤之牛，兌之羊，而尚巽之臭，以時而升其柔。牛羊，柔也。四，陰也。亨神而求諸陰，所以降地祇也。斯所以有六五之吉，自諸侯而升于天子之階也。坤爲土，土東西相對爲階，五從虛中而升，四爲諸侯之階，上則天子之階也。升之于上六，猶日出于冥而登于天，明兩作而不息……。

北圖本缺此段計四百零四字。〔註 21〕觀北圖本下段以「也」字起，以下諸字皆與《全集》本同，故知北圖本當是脫漏「也」字前之一頁。

其七在卷四十九〈革〉，最末一段中，《全集》本作：

〈革〉與〈乾〉同道，然〈乾〉以甲日而龍飛，甲者陽之數，故飛於九五。〈革〉之虎得地之數，故變於九五。（〈革〉，頁 401）

北圖本則於「甲者陽之數」句後，有：

……陽至五而極。〈革〉以己日而虎變。己者陰之數，陰至五而極。所謂天數五，地數五也。乾之龍得天之數……。〔註 22〕

較《全集》本多出三十八字。合前後文觀之，若補入北圖本此段文字，則甲、己及乾、革相對，句式較通暢；且若依句式排列及文意而論，則北圖本「革以己日而虎變」一句似應移至「乾以甲日而龍飛」句之後，令兩句相排比，後再接「甲者陽之數，陽至五而極；己者陰之數，陰至五而極……」，則句式更形齊整，於意亦較順暢。

其八在卷五十四〈歸妹〉，其中某段，《全集》本作：

履之跛能履，其失在跛，以不能柔而不乘剛，故征吉。（〈歸妹〉，頁 430）〔註 23〕

北圖本則作：

履之跛能履，其失在跛，以不能柔，履剛，故不足與有行。歸妹之跛能履，其得在跛，以能柔而不乘剛，故征吉。〔註 24〕

〔註 21〕北圖本《易外》，頁 252。
〔註 22〕北圖本《易外》，頁 266 下。
〔註 23〕《全集》本標點誤作「履之跛能履其失，在跛以不能柔而不乘剛，故征吉」，今改。
〔註 24〕北圖本《易外》，頁 285 下。

較《全集》本多出「履剛」以下計二十一字。《全集》本作「以不能柔而不乘
剛」，句意本有矛盾，北圖本二十一字補以〈歸妹〉之性，與〈履〉相對，前
者「其失在跛」、「不能柔」、「履剛」，適與後者「其得在跛」、「能柔」、「不乘
剛」相排比。故知《全集》本脫漏此二十一字。

其九在卷六十〈節〉，其中某段，《全集》本作：

> 水之道貴初，山之道貴終，而山水之德行成矣。（〈節〉，頁 468）

北圖本則作：

> 水之道貴初，山之道貴終，水有初而山有終，而山水之德行成矣。
> 〔註25〕

較《全集》本多出「水有初而山有終」一句七字。《全集》本雖無此句，文意
亦通。

其十亦在卷六十〈節〉，其中某段，《全集》本作：

> 〈節〉卦坎上兌下，乃甘泉出于其中，故五曰「甘節」。（〈節〉，頁
> 471）〔註26〕

北圖本則作：

> 〈節〉坎上兌下，乃甘泉出于作鹹之象，鹹為苦節，然苦中有甘，
> 以有坎水生于其中，故曰「甘節」。〔註27〕

北圖本較《全集》本缺「卦」、「五」兩字，另多出「作鹹之象」以下計十九
字。按，「卦」字增減於意無損；而「甘節」為〈節〉卦九五爻辭，故知北圖
本脫漏「五」字。又，補入北圖本謂甘泉作鹹苦節一段後，於意較順，故知
《全集》本當是脫漏此十九字。

其十一亦在卷六十〈節〉，該卷末，《全集》本作：

> 君子法之，節雖不得乎中，其道則亨而悔自亡也。（〈節〉，頁 473）

北圖本則無此十九字。〔註 28〕按，前已有「節雖不得乎中，然無傷財害民之
事，其道則亨而悔自亡也」，與此十九字相較，只有「君子法之」四字異，餘
則皆同，而前又有「節之君子」，意與「君子法之」（「之」當指居節之性）近
似。故可推之《全集》本之十九字當為衍文。

〔註25〕北圖本《易外》，頁 311 上。
〔註26〕《全集》本斷句原作「坎水有源，故甘節。卦坎上兌下」，將「節」字誤斷為
上句，今改。
〔註27〕北圖本《易外》，頁 313 上。
〔註28〕北圖本《易外》，頁 314 上。

其十二在卷六十一〈中孚〉，該卷末句，《全集》本作：

故曰「巢居知風，穴處知雷」。（〈中孚〉，頁 481）

北圖本則下接：

物性猶有順逆，人心宜有變通，如其膠執於信，則不宜矣。〔註29〕

較《全集》本多出二十二字。按，前文皆在言聖人聞飛鳥之音，以中孚音登天爲凶，以小過音上不吉，依鳥音之順逆知風雷之正邪。若無北圖本此二十二字，於全段之意無損，若增文則係以物性推諸人心，乃引申之論。

其十三在卷六十二〈小過〉，其中某段，《全集》本作：

飛鳥亢于小過之上，其旨一也。飛鳥之亢，以其上也，故卦辭曰「不宜上」，虞其上而亢也。（〈小過〉，頁 485）

北圖本無「飛鳥之亢，以其上也」一句，〔註30〕依後引卦辭謂「不宜上」，則前應是述及「上」之意，方有後之「故」之承接，可知北圖本脫漏此八字。

其十四亦在卷六十二〈小過〉，該卷末句，《全集》本作：

……此雷之過之宜下而不下者，故凶。（〈小過〉，頁 487）

北圖本則作：

……此雷之過之宜下而不宜上者，故凶，殊失乎小過之義矣。〔註31〕

《全集》本「不下」，北圖本作「宜上」，依文意，似以北圖本爲正；又北圖本多出「殊失乎小過之義矣」一句，若無此八字，於全段之意無損，若增文則在強調雷不宜上，上則失小過之義。

其十五在卷六十三〈既濟〉，其中某段，《全集》本作：

……然非曳也，車攻馬閑，嘗懷覆轍之懼，故曰曳。（〈既濟〉，頁 489）

北圖本無此句。〔註32〕若無此十七字，於全段之意無損，若增文則在強調曳其輪所懷懼覆轍之戒愼之義。

其十六亦在卷六十三〈既濟〉，該卷末句，《全集》本作：

……所貴者，後天之有終，故曰「《易》逆數」。（〈既濟〉，頁 491）

北圖本則作：

〔註29〕北圖本《易外》，頁 319 下。
〔註30〕北圖本《易外》，頁 322 下。
〔註31〕北圖本《易外》，頁 323 上。
〔註32〕北圖本《易外》，頁 324 下。

……所貴者，後天之有終，故曰「《易》逆數」也，生成終始之間，

可以觀矣。〔註33〕

較《全集》本於多出「也」字下計十一字。按，前文爲「聖人需天之先天之生，天需聖人之後天以成。先天之有始，聖人不貴，所貴者，後天之有終」，指出「生」、「成」、「始」、「終」四字，故於「故曰」後，似應補入北圖本之十一字，於意較備。

其十七在卷六十四〈未濟〉，其中某段，《全集》本作：

天之陽在南國，南國也以既濟；地之陰在北方，北方也以未濟，故

震用伐之。（〈未濟〉，頁495）

北圖本則作：

天之陽在南，地之陰在北，方，北方也，以未濟，故震用伐之。〔註34〕

較《全集》本缺「國南國也以既濟」一句。合此句以觀前後文之排列，則「天之陽」與「地之陰」、「南國」與「北方」、「既濟」與「未濟」相對，於意爲順，故知北圖本脫漏此七字。

其十八在卷六十五〈繫辭上傳一〉，該卷末句，《全集》本作：

其惟天下之知其知者乎。（〈繫辭上傳一〉，頁515）

北圖本則下接：

故聖心之通微，無在而无不在，莫得而測其方向焉；聖心之達變，

无爲而无不爲，莫得而窺其形體焉。〔註35〕

較《全集》本多出三十九字。若無此段文字，於意無損，若增文則可呼應前之「聖人以神爲《易》之體，以《易》爲神之用」。

收入《屈大均全集》的標點本《易外》出版後，廣爲學界知悉，儼然成爲一「定本」，如此易於忽略其他本子。因此，北圖本能收入《四庫禁燬書叢刊》之中，藉此公諸世人，實有助於學界對屈大均其學之研究。綜合上述所列十八條內容，可知北圖本之存在，具有相當意義。茲歸納出北圖本在文獻方面的重要性，約有以下數點：

其一，「存異本」。如上所舉第三則，卷三十〈離〉之末段，北圖本與《全集》本文字不同，難以判定孰真孰假、孰優孰劣，故知北圖本有「存異」之

〔註33〕北圖本《易外》，頁325下。

〔註34〕北圖本《易外》，頁328上。

〔註35〕北圖本《易外》，頁341上。

功，可供學者在《全集》本外研究參考之資。

其二，「補缺漏」。如上所舉第一則，卷七〈師〉中某段，北圖本較《全集》本多出二十字；又如上所舉第七則，卷四十九〈革〉末段，北圖本較《全集》本多出三十八字；再如上所舉第十七則，卷六十五〈繫辭上傳一〉末，北圖本較《全集》本多出三十九字。凡此種種，可知北圖本有「補缺」之功，足補《全集》本缺漏。

其三，「訂訛誤」。《全集》本係目前研究屈大均其人其學最完整、重要的版本，而其中所收《易外》一書，以廣州中山圖書館藏清康熙刊本爲底本，再參酌北圖本加以整理，亦應爲最可採信之本。然而，試取北圖本與《全集》本《易外》相核，不難發現《全集》本在文字上確實存在不少訛誤，亟需勘訂校正。由於廣州中山圖書館所藏清刊本《易外》，外人不易獲睹，而原藏於北京圖書館善本室的《易外》，也久不爲世人所見，如今北圖本收入《四庫禁燬書叢刊》面世，學者適可取其與《全集》本相校。故知北圖本有「訂誤」之功，可藉以訂《全集》本訛誤。

（二）標點本

今人首度對《翁山易外》進行標點的成果，收入歐初、王貴忱主編的《屈大均全集》中。《全集》是自清代以來對屈氏著述所作最大規模的蒐集、整理工作，所收諸書均加上新式標點。其中《翁山易外》一書列在第五冊，計五百八十五頁，由彭伊洛、傅靜庵兩位先生負責校點。彭先生之生平暫不可考。傅靜庵先生，名斅，號子餘，廣東番禺人，對日抗戰勝利後曾任《中央日報》「嶺雅副刊」主筆，後曾在香港任職，晚年移居廣州天官里，約卒於一九九七年，享年七十餘。其詩文彙成《抱一堂集》，由何耀光先生（香港至樂樓主）爲之刊行。〔註36〕

此標點本整理所採版本，據主編者〈前言〉說：

> 本書由彭伊樂、傅靜庵負責整理，以粵館所藏原刊本作底本。唯原刊本殘頁缺文達千餘字，今由人民文學出版社古編室編輯以北大所藏清抄本補足之。〔註37〕

〔註36〕傅靜庵先生簡歷，承蒙林子雄先生來信告知。
〔註37〕〈前言〉，《全集》第 1 冊，頁 15。按，引文中之「彭伊樂」，《全集》第 5 冊《翁山易外》題作「彭伊洛」，未知孰是？經諮詢林子雄先生，得知應以「彭伊洛」爲正。

「粵館」指廣東省中山圖書館，「原刊本」指康熙刻本。《全集》整理者係根據中山圖書館藏本作「底本」，但因底本非「足本」，故又據北京大學圖書館藏抄本，將殘缺的千餘字補上。

　　《翁山易外》久不傳於世，識者甚寡，今有標點本行世，既可廣爲流傳，又便於讀者閱覽。故此標點本之價值，是將《翁山易外》重新整理，收入《屈大均全集》中，使長期以來被忽略的屈氏《易》學思想，重新受世人關注，在保存文獻與推廣屈氏學術研究等方面的貢獻，值得肯定，正如歐初、王貴忱先生所說：

> 此次新編全集收入《翁山易外》，使絕版三百多年的屈氏《易》學專著問世，對研究大均哲學思想及其對《周易》研究上的貢獻，有很高的價值。〔註38〕

　　標點本之有功於學界，確係無庸置疑。惟平情而論，《易外》七十二卷，篇帙既富，整理非易；況古籍整理讎校之難，前儒申論已詳。經筆者詳細校對後，察覺標點本疏漏之處頗多。〔註39〕茲略舉標點本疑誤，包括「訛字」、「脫字」、「倒文」、「衍文」、「誤斷」等五種於下：〔註40〕

1. 訛　字

　　（1）《全集》本云：「其《天有》曰」（頁5行8）按：「天」字，北圖本作「大」，此蓋言六十四卦之〈大有〉，故知當以北圖本爲正，《全集》本誤甚。

　　（2）《全集》本云：「故失禽者鳥獸之總名。」（頁100行2）按：「失」字，北圖本作「夫」，依文意當以北圖本爲正，《全集》本蓋形近而訛。

　　（3）《全集》本云：「天地无思，聖人先爲也。」（頁154倒行4）按：「先」字，北圖本作「無」，依文意當以北圖本爲正，《全集》本蓋形近而訛。

　　（4）《全集》本云：「雷響嚮而有息，嚮晦而無息。」（頁163行10）按：「響嚮」，北圖本作「嚮明」，依文意與下句「嚮晦」恰相對，故知當以北圖本爲正，《全集》本訛字。

〔註38〕〈前言〉，《全集》第1冊，頁9。

〔註39〕按，筆者選定以屈大均《翁山易外》爲題後，即開始點讀收入《屈大均全集》之標點本《翁山易外》。數月通讀全書一遍，已積得疑誤數十餘處；後又見收於《四庫禁燬書叢刊》之北京圖書館藏清鈔本，取之相核，所記倍增，待校畢已逾百條，始覺《全集》本疏漏恐稍多。

〔註40〕以下所舉，收於《屈大均全集》之《易外》，簡稱「《全集》本」；收入《四庫禁燬書叢刊》之《易外》，簡稱「北圖本」。

（5）《全集》本云：「緜數以見氣，刀可以用陰陽。」（頁206倒行8）按：「刀」字，北圖本作「乃」，下句「乃可以用太極」，上下相對，故當以北圖本爲正，《全集》本蓋形近而訛。

2. 脫　字

（1）《全集》本云：「不弛其戰兢兢也。」（頁9行2）按：「戰兢兢」，北圖本「戰」字重文，考「戰戰兢兢」爲成詞，故知當以北圖本爲正，《全集》本蓋脫一「戰」字。

（2）《全集》本云：「乾之元也夫。贊《易》首贊乾之元。」（頁27倒行6）按：北圖本於「夫」字後有「子」字，讀作「乾之元也。夫子贊《易》首贊乾之元」，於意似較通順，故當以北圖本爲正，《全集》本疑或脫漏「子」字。

（3）《全集》本云：「不言有雨者，而後成其雨也。」（頁12行5）按：《北圖》本無「有」、「者」二字，於「而」字前另有「龍興」二字，讀作「不言雨，龍興而後成其雨也」。《全集》本讀之難通，而北圖本則於意爲順，故當以北圖本爲正，《全集》本蓋脫漏「龍興」二字。

3. 倒　文

（1）《全集》本云：「互異不果，故或；二逋其邑，故六。」（頁92行5）按：「或二」，北圖本作「二或」，讀作「互異不果，故二；或逋其邑，故六」，於意較《全集》本通順，故當以北圖本爲正，《全集》本倒文。

4. 衍　文

（1）《全集》本云：「有有不來而爲上之後夫。」（頁99行3）按：「有有」，北圖本僅一「有」字，故知《全集》本衍文。

（2）《全集》本云：「蓋自自西而來也。」（頁105倒行1）按：「自自」，北圖本僅一「自」字，故知《全集》本衍文。

5. 誤　斷

一爲「正文」斷句之誤：

（1）《全集》本云：「使坤戰乎乾，而後陰生乾，道之窮也。使乾戰乎坤，而後陽生坤，道之窮也。」（頁54行7）按：依文意似應讀作：「……而後陰生，乾道之窮也；……而後陽生，坤道之窮也。」《全集》本實誤斷。

（2）《全集》本云：「坎水有源，故甘節。卦坎上兌下。」（頁471行3）按：依文意應將「節」字連下句，讀作「節卦坎上兌下」，《全集》本實誤斷。

二爲「引文」斷句之誤：

（1）《全集》本云：「《詩》曰：『陰雨』，膏之雨方降。」（頁71倒行5）按：考《詩》之〈下泉〉、〈黍苗〉兩篇皆有「陰雨膏之」句，故知「膏之」應與「陰雨」相連，讀作：「《詩》曰：『陰雨膏之』，雨方降。」《全集》本實誤斷。

（2）《全集》本云：「家人曰富，家大吉。」（頁108行4）按：考「富家大吉」四字出自〈家人〉卦之六四爻辭，故應讀作：「〈家人〉曰：『富家大吉。』」《全集》本實誤斷。

三、史志暨公私藏書目錄之著錄情形

屈大均爲清初著名學者，清初以下之公私藏書目錄，多有記載其名者。以下略依各書目刊行時間，先後論述之。

1.《番禺縣志》

康熙二十五年（1686）由孔興璉纂修的《番禺縣志》，〔註41〕已著錄《翁山易外》一書。孔氏時任番禺縣知縣，與屈氏有交往，康熙二十六年屈氏有〈爲番禺孔使君母陳太夫人壽〉詩二首，即爲孔母賀壽之作。

此書著錄《翁山易外》條目如下：

易外　屈大均撰〔註42〕

《番禺縣志》著錄形式上十分簡單，僅提及書名與作者，未註明卷數、版本等其他訊息，但卻是重要的參考依據。所以《屈大均全集‧前言》謂：

是知該書應成於修志之前，唯未注明是何種版本。但後二年即康熙
二十七年便刊行七十一卷本《翁山易外》，據此可知康熙《番禺縣志》
著錄的《翁山易外》可能是寫本或著者稿本。〔註43〕

故《易外》之名著於史志，最早見於《番禺縣志》，而《番禺縣志》之修纂早於《易外》刊行時間，故所記《易外》，當爲未刊前之抄本。

2. 朱彝尊《經義考》

清初學者朱彝尊於康熙三十八年（1699）編成的《經義考》，於卷六十六、

〔註41〕是書廣東省立中山圖書館藏有微縮膠捲，臺灣地區則似未見藏。

〔註42〕《易外》著錄，見於《番禺縣志》卷十七〈藝文〉第二頁，「經部」最末一行。按，此《志》臺灣地區各公立圖書館未收，筆者未能親見，相關著錄內容皆蒙林子雄先生來信告知，謹此致謝。

〔註43〕《全集》第1冊，〈前言〉，頁14。

《易》六十五中，列有「《翁山易外》」一書，註爲「七十一卷。存」，朱氏並引該書〈自序〉：

> 古者《經》、《傳》各爲一書，先儒謂西漢時《六經》與《傳》皆別行，
> 予《易外》不載經文，蓋遵古也。亦不敢以爲《易傳》，而曰外，外
> 之者，自外乎《易》也，亦取《韓詩外傳》之義，爲《易》之外篇也。
> 書成，爲卷七十有一，藏之於家，以爲子若孫一家之學。〔註44〕

盧見曾刻本《經義考》作「屈氏□□□□易外」，所引〈自序〉其作者名亦作「□□」。對照今本《翁山易外》書首屈氏自撰〈序〉，可知朱彝尊乃摘引原本之序文，足以確認此段文字屬屈氏所作。故今所見盧見曾刻本《經義考》，是挖去屈氏「大均」、「翁山」之名號。

3.《廣東文獻書目知見錄》

《廣東文獻書目知見錄》係廣東學者黃蔭普先生所編纂。先生名雨亭，番禺人，長期致力於蒐羅鄉邦文獻，嘗將漢代迄至民國知見之廣東地區文獻，分爲經、史、子、集、叢等類，編成《廣東文獻書目知見錄》一書，由香港崇文書店於一九七二年九月出版；其後作者又再行增補，改由香港大東圖書公司於一九七八年十二月發行「修訂本」。

此書著錄《翁山易外》條目如下：

> 翁山易外七十一卷　清·屈大均　康熙二十七年（1688）刊本　「廣中」　「南
> 州」　十八冊　屈大均著述參考朱希祖「屈大均著述考」　汪宗衍「屈翁山先生年
> 譜」〔註45〕

列入「經部」。其中「廣中」、「南州」指著錄出處，前者即廣東省立中山圖書館之簡稱，後者則指徐紹棨《南州書樓存港書簡目》（鈔本）。

4.《中國古籍善本書目（經部）》

中國古籍善本書目編輯委員會編《中國古籍善本書目（經部）》，由上海古籍出版社於一九八九年十月出版。此書彙集大陸地區各公立藏書單位館藏，是一次大規模的善本書整理工作。

此書著錄《翁山易外》之條目如下：

> 翁山易外七十一卷　清屈大均撰　清康熙刻本　　618

〔註44〕《點校補正經義考》，第 2 冊，頁 784。
〔註45〕黃蔭普編纂：《廣東文獻書目知見錄》（香港：大東圖書公司，1978 年 12 月修訂一版），頁 1。

　　　翁山易外七十一卷　　清屈大均撰　　清抄本　　619

經翻查書末「檢索表」暨「代號表」，〔註46〕可知康熙刻本藏於上海師範大學圖書館、廣東中山圖書館；清抄本藏於北京大學圖書館。

5. 《易學書目》

　　中外古今《易》學書目浩繁，翻查不易，一部資料較完備的工具書，長期以來是學界所渴望。山東圖書館有鑑於此，一方面整理館藏，編成《館藏易學書目》；一方面利用各種公私目錄，編成《知見傳本易學書目》，再將兩者彙編成爲《易學書目》，收錄了一九八九年以前存世的中外《易》籍。這部嘉惠學界的書目，於一九九三年十二月由濟南齊魯書社出版。

　　此書於「知見傳本易學書目」著錄《翁山易外》之條目如下：

　　1628　翁山易外　七十一卷／（清）屈大均撰 —— 清康熙刻本；清抄本〔28〕

　　　　〔42〕〔66〕〔註47〕

條目後附有「28」、「42」、「66」三組號碼，經查對「引用書目」，始得知此筆資料著錄引自《中國古籍善本書目（經部）》（上海：上海古籍出版社，1985）、《北京大學圖書館藏李氏書目》（北京：北京大學圖書館，1956）、《廣東省中山圖書館藏廣東文獻參考書目錄》（該館 1958 年油印本）諸書。

6. 《周易論著目錄》

　　臺灣近年來規模較大的經學工具書編輯計畫，是在周何先生主持下所編成的一套八大冊之《十三經論著目錄》，由臺北洪葉文化事業公司於二〇〇〇年六月出版。其中《周易論著目錄》由政治大學中文系教授董金裕先生負責。

　　此書著錄《翁山易外》之條目如下：

　　2282　《翁山易外》七十一卷　　（清）屈大均撰　存

　　　　著錄：《易學書目》

　　　　傳本：清康熙刻本

　　　　考證：朱彝尊《經義考》著錄佚名《易外》七十一卷，與此

　　　　　　書名卷帙俱符，或即爲此書。〔註48〕

〔註46〕翻查〈檢索表〉內「618」、「619」，分別得到「0243、2501」、「0141」。再翻查〈代號表〉，查得「0243」代表上海師範大學圖書館；「2501」代表廣東中山圖書館；「0141」代表北京大學圖書館。

〔註47〕山東省圖書館編：《易學書目》（濟南：齊魯書社，1993 年 12 月），頁 270。

〔註48〕董金裕先生編：《周易論著目錄》（臺北：洪葉文化事業公司，2000 年 6 月），頁 108，第 2282 條。

前已述及，朱氏《經義考》所錄《易外》，即爲屈氏《翁山易外》一書，當是毋庸置疑。故《周易論著目錄》編者謂「或即爲此書」，乃不慎失察之誤。

第三節　六卷本《翁山易外》考辨

　　《翁山易外》除通行的七十一卷本外，另有「六卷本」存世，今藏於臺灣國家圖書館，列爲善本書。據《國立中央圖書館善本書目》著錄：「翁山易外。六卷四冊。清屈大均撰。舊鈔本。」列入「子部術數類占卜之屬」。

　　正文每卷卷端皆題有「南海翁山屈大均著」及「男士開校」字樣。考屈大均之子有明洪、明泳、明治、明渲、明潥、明瀟等，皆以「明」字命名，且均以甘泉、龍泉等八泉爲字號，其中並無名爲「士開」者。而龔鼎孳《定山堂詩集》〔註49〕校對者題作其子士積、士稚同校，則「士開」或即龔氏之子。〔註50〕如果此一推測成立，依常理，校對者自稱「男」，應與著者或編者間存有父子關係，由此觀之，龔氏若非本書作者，亦當爲編者（書稿整理者）。

　　書首有三篇序文，一爲潘耒〈易外敍〉，一爲龔鼎孳〈序〉，一爲屈大均〈自序〉。因六卷本《易外》目前似僅見藏於臺灣圖家圖書館，而民國以來研究屈氏學者也未曾提及此本，故知者甚稀，姑且不論內容眞僞，亦應有其文獻價值。茲先將書首三篇序文加以標點整理，全錄於下。〔註51〕首先是潘耒〈序〉：

　　　　夫《易外》一書，則不盡論《易》。無非《易》者，理從《易》出，
　　　　《易》之外無理。不盡論《易》者，《易》從數顯，數之用非《易》，

〔註49〕收入《續修四庫全書》（上海：上海古籍出版社，1995年），「集部別集類」，第1402～1403冊；後又收入《四庫禁燬書叢刊》（北京：北京出版社，2000年），「集部」，第117冊。

〔註50〕董遷《龔芝麓年譜》據《合肥志》考訂龔氏子有二，二子簡歷如下：「子士積字伯通又字千谷。順治丁酉附榜。以陰官工部虞衡司員外郎。歷官至湖廣按察司僉事。所至以廉明聞。士稚字仲圭。康熙丙寅拔貢。宿松縣教諭。學行著於鄉里。」見董遷：《龔芝麓年譜》（臺北：廣文書局，1971年11月，與《魏貞庵先生年譜》、《魏敏果公自述年譜》合刊），「附考遺族」，頁48。故「士開」與龔氏之關係，暫不敢斷言，尚待進一步查考。

〔註51〕三篇序文中，潘耒〈易外敍〉、龔鼎孳〈序〉係以行草書寫，部分文字不易辨識，幸蒙北京大學古文獻研究所博士吳銘能先生撥冗通讀，不但協助書跡辨識，又熱心指正筆者標點訛誤之處，謹致謝忱。

然則何云《易外》哉？悉是書者，可以善《易》，書蓋爲《易》而說也，若夫生生之謂《易》，通變無方，而引申觸類，以窮神達化，聖人原不使人枯槁於象變爻象間，而遂謂之《易》也。故天覆乎上，而七曜五行、春秋寒暑、人物化育散見於中，皆不謂之天，而莫非天之事，《易》統其綱耳。屈子《易外》五十篇，皆未始喦言《易》，莫非《易》之事，是其書不論《易》而精於言《易》者也。今人不察，每得焦氏諸人之書，秘諸帳中，遂謂道在是矣，焉知此中奧衍有若是哉？屈子當鼎革之秋，鬱鬱不得志，杜門不出，因而發憤著書，窮極要妙，自謂能補前聖之所未備，極源研幾，蓋三年而書畢。書畢，屈子即謝世去。嗚呼！屈子不死於未著書之前，適死於方畢之日，苟非天以此道絕續之會，令屈子繼往哲、開來學，惡觀其有傳書乎？余友鼎孳龔子，於屈最稱服膺，余因得盡讀其所著書，益以嘆屈子之學《易》，而又天縱之以論《易》也，則視《易外》一編，雖謂屈子未嘗死，亦可矣。年家弟稼堂潘耒拜撰。

次爲龔鼎孳〈序〉：

夫聖人窮理，數爲理用，後賢極數，理以數彰，理、數豈有二哉？考昔謂孔子以義理說《易》，是象數已明，不須更說，今人不物象數，而妄言《易》理，亦復何當！然人知理之示人者顯，數之告人者微，不知數之微者，其變有定，而理之顯者，其應無窮。予友翁山，殆精于《易》者矣，惜乎不得志于世，遂發憤著書，越三年而書成。嗚呼！立言傳世，其功在人。翁山抱斯志垂數年，蓋成之若斯之難也。朝聞夕死，不可謂非天爲之，其書傳，其人不死矣。余因是益嘆數之有定，而聖人作《易》以前民用者，不可誣也。若翁山者，其爲得道之士，而非庸儒之混。讀《易外》一書者，自有會心，知非余一人交深而私許之矣。合肥龔鼎孳漫書。

末則爲屈大均〈自序〉：

夫學《易》之道，專則純一，純一則精，精乃入神，分則雜亂，雜亂則疏，疏乃不入。今予學分而不專，其能達耶？于是益發憤研求，屏絕外嗜，竭思廢寢，以爲天下之事億兆紛紜，何以得一理貫通其吉凶，而後不惑。年登十八，始悟用爻，是此彼隨大隨細，惟一用爻，而求諸吉凶，乃得其柄，則左之右之，無不宜之矣。于是集舊

閒說，本以心得，參以占驗，纂述成書。予荒陋管窺，敢言能備，
與惟所知者載之，不知者以待高賢之教我也。乙酉虜寇之變，始得
杜門謝客，而草創之，歷三年之久，而撰稿粗成。嗚呼！苟有小補
于世，則安敢處于妄述之罪哉！番禺翁山老人自序。

以上三篇序文，可惜在文末都未註明時間，增加辨識上的困難。

全書內容共有六卷，分成五十篇，每卷篇目如下：

卷一：天地外篇，成爻外篇，成卦外篇，納甲外篇，五行外篇，
　　　六親外篇，六神外篇，世應外篇，身法外篇，間爻外篇。

卷二：變互外篇，飛伏外篇，反伏外篇，歸遊外篇，升降外篇，
　　　進退外篇，有無外篇，墓絕外篇，卦候外篇，干化外篇。

卷三：歲君外篇，月將外篇，日主外篇，時辰外篇，月破外篇，
　　　旬空外篇，日衝外篇，遇時外篇，獨發外篇，兩現外篇。

卷四：長生外篇，無鬼外篇，絕生外篇，合衝外篇，隨墓外篇，
　　　助傷外篇，局會外篇，刑害外篇，諸星外篇，卦驗外篇。

卷五：類摠外篇，國事外篇，軍機外篇，天時外篇，歲事外篇，
　　　身命外篇，身運外篇，卜居外篇，營喪外篇。

卷六：家宅外篇。

前四卷各有十篇，第五卷九篇，第六卷則僅一篇。合計五十篇。

此一版本之《易外》顯少見於史志記載，僅有《重修清史藝文志》及《清
史稿藝文志補遺》，而後者係依前者著錄而來，故此本之見載史志，應始於彭
國棟《重修清史藝文志》。以下分述兩部史志載錄情形：

1. 《重修清史藝文志》

《翁山易外》屬朝廷明令查禁之書，加上流廣罕見，故民國初年纂修「清
史」（即《清史稿》），其「藝文志」中，並未收錄此書。後因《清史稿》編纂
不精、體例內容多有疏漏，僅就「藝文志」而言，即有書名誤、卷數誤、撰
人誤、著錄明初人書而誤作清人書、以外國人書誤作國人書、一書而重複著
錄等多種缺失，〔註52〕遑言清人著述之勤，《清史稿藝文志》所收數量尚不及
半，顯見遺漏之多。凡此種種，皆使《清史稿藝文志》備受學界詬病，〔註53〕

〔註52〕詳參范希曾評語，范文見《清史稿藝文志及補編》（北京：中華書局，1982
　　　　年4月）之「附錄」。
〔註53〕可參考喬衍琯〈清代藝文志考評〉一文，收入《第二屆清代學術研討會論文

故而陸續出現《清史稿藝文志補編》、《重修清史藝文志》、《清史稿藝文志拾遺》等續補、重修、拾遺之作，〔註54〕在原書基礎上，進行史料文獻的修訂與增補，成果燦然可觀。原本遺漏甚多的《清史》「藝文志」部分，經過眾多學者努力增修後，著錄條目愈臻齊備，不少清儒著作得以重新納入正史藝文志之內，供後人參考。而本遭遺漏的《翁山易外》一書，也被著錄下來。

不見載於《清史稿藝文志》的《翁山易外》，後來彭國棟編《重修清史藝文志》，始見收入。彭《志》著錄條目如下：

《翁山易外》六卷。屈大均撰。〔註55〕

列入「子部術數類」下的「占卜之屬」。統觀六卷本《易外》內容，重在闡述占筮之道，故彭氏將其與《卜法詳考》、《占法訂誤》等書籍同列於術數類中，在歸類上確是名實相符。

2.《清史稿藝文志拾遺》

大陸學者王紹曾（1914～）先生主編的《清史稿藝文志拾遺》，正文兩冊，另附檢索一冊，由北京中華書局於二〇〇〇年九月出版。本書在《清史稿藝文志》、《清史稿藝文志補編》的基礎上，又增補清人著述五萬四千八百八十種，為歷來續補《清史稿藝文志》規模最巨的一項編輯工程。此書出版後，廣受學界贊揚，被譽為目錄學一大盛事。

此書著錄《翁山易外》條目有二，其一為：

翁山易外七十一卷　屈大均撰　屈明洪等編　康熙刻本　清抄本　善目〔註56〕

列入「經部易類」下的「傳說之屬」。

另一記載為：

翁山易外六卷　屈大鈞撰　重修清藝〔註57〕

集》（高雄：中山大學中國文學系所編印，1991 年 11 月），頁 255～274。

〔註54〕 諸書之編者暨出版項如下。武作成編：《清史稿藝文志補編》（收入《清史稿藝文志及補編》，出處見註52，上冊）、彭國棟編：《重修清史藝文志》（臺北：臺灣商務印書館，1968 年 6 月）、郭藹春編：《清史稿藝文志拾遺》（北京：華夏出版社，1999 年 11 月）、王紹曾主編：《清史稿藝文志拾遺》（北京：中華書局，2000 年 9 月）。

〔註55〕 彭國棟纂修：《重修清史藝文志》，頁 222。

〔註56〕 王紹曾主編：《清史稿藝文志拾遺》（北京：中華書局，2000 年 9 月），上冊，頁 13。

〔註57〕 同前註，下冊，頁 1304。本條目根據彭氏《重修清史藝文志》著錄，但將屈大均之「均」誤作「鈞」，卻在「索引」部分又將此本還置於屈氏姓名之下，

列入「子部術數類」下的「易占之屬」。條目後註「重修清藝」，表明此筆資料係根據彭國棟《重修清史藝文志》轉載而來。

　　《清史稿藝文志拾遺》編纂過程因為取材自各種書志，因而得以同時收入兩種不同卷數的《易外》本子；並又依循前志的分類方法，將六卷本、七十一卷本分別歸入不同類別下。

　　綜上可知，今存世著錄之《易外》以七十一卷本為主，而六卷本則罕見於史志記載，其流傳過程可謂模糊含混，實難以釐清。若將七十一卷本與六卷本相比較，有下列幾項差異：

　　其一，就「卷帙」而言，一為六卷，一為七十一卷，兩者相差之數計有六十五卷之多，卷帙差異實巨。

　　其二，就「內容」而言，七十一卷本先注經、後注傳，屬注疏之作；六卷本則分五十篇，綜論納甲、五行、六親、世應等說，似為札記之作。故兩者體制迥然不同。

　　其三，就「思想」而言，七十一卷以互體、卦變、天文、月令解釋，較偏於漢代主流象數思想；六卷本則重卜筮墓宅吉凶，較偏於民間象數。前者屬象數，後者屬術數，故兩者在釋《易》上的思想差異頗大。

　　其四，就「體例」而言，七十一卷本每卷以一卦為主，深入闡釋此卦之卦辭、爻辭；六卷本則各篇有一主題，採分條論述方式，先舉一句或一段，其次就前所述作補充說明，或補釋詞義，或推衍變化。例如〈成卦外篇〉云：

　　　　夫大衍之數，成一為奇，成二為偶。周奇而後周偶，四營為一，三扐為爻，老少乃得。然則經文卦序不由象而由義也。（卷一）〔註58〕

次低兩格另起一段，云：

　　　　此言爻與卦殊也，如大衍之數，單奇双偶。先有奇，而後有偶。四營為一變，二變為一扐，三扐為一爻，使見老少，皆從奇偶而成，若經之名卦序卦，皆以義起也。

後段從文字來看，以「此言」起句，意在進一步歸納前段文意；從內容來看，前段言「四營為一，三扐為爻」，後段言「四營為一變，二變為一扐，三扐為一爻」，顯然補充前段之說。

　　又例如〈六神外篇〉，云：

　　　　未予以辨正，顯係編輯疏失所致。
〔註58〕原抄本無頁碼，僅能註明所屬卷數、篇名，故以下隨文說明，不另出註。

> 六神之設，各有攸司吉凶善惡，以用而遷。(卷一)

次低兩格另起一段，云：

> 言所司各有吉凶，凡雀司言，武司計，龍司生，虎司殺，勾司實，蛇司虛。

前段統言六神各有所司，後段則分述六神所司者何，前者爲綱，後者補述，兩者關係十分明顯。

> 又例如〈飛伏外篇〉，云：

> 若世與動爻之下者，惟飛剋伏，伏飛絕，二端不出，餘皆得出也。獨伏生飛動爻世下者，出之半，靜則不出也。尚有伏爻空破，雖能出而寔不出，如伏爻日月，雖不出而同出也。(卷二)

次低兩格另起一段，云：

> 此言伏出之全半，伏爻自遇空破，猶物已散，縱植莫起，若旺相空亡，遇旬復出，若伏爻臨於日月，雖處四等，不能出之，伏而日月高懸，勢同出也。

前段言伏爻，後段則在進一步說明其「能出而寔不出」、「雖不出而同出」之因。是後者明顯在補述前者說明之不足。

綜上所述，可知七十一卷本和六卷本內容不相屬，恐非出於同一人之手。兩本既皆以《翁山易外》爲名，卷內又皆題有屈大均之名，則其中之一必確爲屈氏所作，另一則非。因爲目前學界提到的《易外》，都是指七十一卷本，《屈大均全集》所收亦是，故六卷本爲旁出之本，知者甚寡，其眞僞尚待確認。

綜觀六卷本《易外》，不難發現幾點可疑之處：

其一，全書體例似採用逐條註釋方式，隱然形成條文與註釋相間隔之模式。又從文中屢屢以「此言」、「言」等詞提領下段，補充說明之意味十分明顯，若係出自一人之手，應該不需採用這樣先述後補的方式。是故由此推測，條文與註釋兩部分之作者，恐非同一人。

其二，全書內容與屈氏詩文相比較，顯少有思想交集之處。例如屈氏於〈粵游雜詠序〉云：

> 予嘗謂不善《易》者，不能善詩。《易》以變化爲道，詩亦然。〔註59〕

又於〈翁山詩外自序〉云：

> 詩有內外乎？曰：詩無內外也，在吾則有之耳。吾詩之「內」者，以

〔註59〕《文外》卷2，《全集》第3冊，頁79。

《易》、以《書》、以《春秋》爲之；其「外」者，乃以《詩》爲之。……
故夫以《詩》言性與天道而與《易》相表裏，詩之聖者矣！……今更
從三百五篇以學《易》，以《易》爲正，以《詩》爲奇，《易》不必其
內，正而奇之，則《詩》不必其外，奇而正之，皆可矣。〔註60〕

　　屈氏既在詩文中屢次提到《詩》、《易》關係密切，依常理推測，屈氏著
寫《易》著，應不免於注解行文間提及《詩》之篇章、語句。然而統觀六卷
本，全書五十篇中，皆未提及與《詩》相關之隻言片語，這一點頗令人見疑。
反觀七十一卷本，屈氏在〈翁山詩外自序〉中云：

吾方學《易》，著有《易外》一書，視《易》重，不敢以其言爲有當
於《易》，故曰《易外》……。〔註61〕

因「不敢以其言爲有當於《易》」，所以才將書名訂爲「易外」，此主張顯然與
七十一卷本〈自序〉內容相合。又於〈復友人問易外書〉中云：

吾之《易》，吾自言之，言之而有得乎《易》之內與有乎《易》之外，
吾自知之，有非人可得而聞者矣。嗟夫，《易》無內外也，內言之而
是焉，外言之亦是焉。羲之《畫》，其內乎，外乎？文之《彖》，周之《爻》，
孔子之《十翼》，其內乎，外乎？四聖人之所言，其內、其外不可得
而聞，即愚夫愚婦之所言其內、其外亦不可得而聞也。〔註62〕

此段語句，與六卷本屈氏〈序〉未有相似之處，卻與七十一卷本屈氏〈序〉
相近，同樣在解釋「內」、「外」之別。屈氏文集他篇如〈得齋說〉中說「日
月天心」之理〔註63〕、〈紫陽易墨說〉謂「古聖人制器，尚象皆取諸卦，蓋欲
天下人學《易》，因卦象而窮神知化以爲德之盛也」〔註64〕、〈學易圖銘〉謂
「理顯於象，而隱於辭。觀象有德，不用蓍龜」〔註65〕等等，皆多屬取象說
《易》之言。由此可知，屈氏文集中的相關言論，多與七十一卷本內容相合，
這樣一方面大大地提升了七十一卷本的可信度，相對而言，也增加了六卷本
眞僞的可疑。

　　綜上所述，六卷本內容、體例確有可疑處。惟六卷本存在關鍵之一，是

〔註60〕〈翁山詩外自序〉，《全集》第1冊。
〔註61〕同前註。
〔註62〕〈復友人問易外書〉，《文外》卷15，《全集》第3冊，頁242。
〔註63〕〈得齋說〉，《文外》卷5，《全集》第3冊，頁126～127。
〔註64〕〈紫陽易墨說〉，《文外》卷5，《全集》第3冊，頁129。
〔註65〕〈學易圖銘〉，《文外》卷11，《全集》第3冊，頁192。

書首所冠龔鼎孳、潘耒兩人之〈序〉文。因龔、潘確與屈氏往來，又皆爲清代名儒，非籍籍無名之輩，兩篇序文便成爲增加六卷本可信度的重要依據。又，潘〈序〉中明言「屈子《易外》五十篇」，與六卷本篇數合，而與今本七十一卷異，足證是六卷本之序言，非張冠李戴者。然而，經實際翻查龔、潘兩人著作（《龔芝麓先生集》、《遂初堂文集》等），皆未收入這兩篇〈序〉，或兩人的文集失收，或他人託名而原非兩人所寫，因文獻不足徵，二〈序〉眞僞尙待釐清，故應無法成爲六卷本之有力佐證。

又，潘、龔兩篇序，文末均未署明時間，不知撰於何時。依常理推測，〈序〉或成於六卷本成書前後，時間相差應不致太久。而潘耒於〈序〉中提及「蓋三年而書畢。書畢，屈子即謝世去」，標示出此書寫作時間當在屈氏過世前三年左右。按，屈氏卒於清聖祖康熙三十五年（1696），依潘耒所言，六卷本撰寫時間可往回推算，則爲康熙三十一（1692）或三十二（1693）年前後。然而有數點不合理之處：

其一，孔興璉纂修、於康熙二十五年（1686）成書之《番禺縣志》，《翁山易外》已然著錄在其中。即便當時《易外》並非「全帙」，尙屬「初稿」，但理應已初具規模，才會被孔氏載入縣志內。

其二，屈氏〈復汪栗亭書〉一文，首云「丁卯九月」，末云：「苦無資，未能刷印，若《易外》千紙，近方謀梓，尙茫然未有端緒也。」〔註66〕觀其言，是時《易外》應已完稿，惟因欠缺資金，無法付印，只得暫時擱置。查丁卯即康熙二十六年（1697），則《易外》當成書於是年前後。

其三，《翁山文外》書首有屈氏〈自序〉，謂「予所著有《翁山易外》、《廣東新語》、《有明四朝成仁錄》、《翁山文外》、《詩外》凡五種，號曰《屈沱五書》」〔註67〕云云；又同書有李稔題辭，謂「若夫屈子精深之學，已見於《易外》諸篇，茲則其末耳」，皆提及「《易外》」之名。檢汪宗衍先生《屈翁山先生年譜》，訂《翁山文外》十六卷刻於康熙二十五年（1686），則《易外》成書或在《文外》之前，或與《文外》同時，但兩者時間應相距不遠。

其四，黃廷璋〈翁山詩外序〉曾提及吳興祚、王士禎欲上疏推薦屈氏，屈氏婉辭，並云：「家有老母，吾豈能離朝夕之養？況余所著《詩外》、《文外》、《文鈔》、《廣東新語》，與所述《易外》、《四書補注》、《廣東文選》、《廣東文

〔註66〕 〈復汪栗亭書〉，《佚文》，《全集》第 3 冊，頁 480～482。
〔註67〕 〈翁山文外自序〉，《文外》，《全集》第 3 冊，頁 1。

集》、《十八代詩選》、《李杜詩選》、《今文箋》、《今詩箋》、《翁山六選》諸書未竟，余之筆硯未可輟也。」〔註68〕吳、王欲薦事在康熙二十四年（1685），觀屈氏所言，《易外》係未竟之書，則是時當已著手撰述。

據上述屈氏〈復汪栗亭書〉、〈翁山文外自序〉，以及李稔〈翁山易外題辭〉、孔興璉《番禺縣志》、黃廷璋〈翁山詩外序〉諸文記載，可推知屈大均著手寫作《易外》時間，最晚應在康熙二十六年（1687）之前。依此，則潘耒〈序〉言所指始著於屈氏辭世前三年之康熙三十一、二年，相距至少五年之遠，頗有出入。是故潘〈序〉之言，實屬可疑，未可遽信。

由於六卷本世罕著錄，識知者鮮，內容體例又多疑竇，且今人所謂《翁山易外》，率皆以七十一卷本為據，故而六卷本真偽一時莫辨，尚待日後深入探究。今試加推測，六卷本《易外》之存在應有數種可能：其一，非屈大均所著，疑是清人託名屈大均偽作之書。蓋屈氏為清初著名學者，名聲響亮，而其《易》學著作因在清廷禁燬之列，久不傳於世，睹見者極少，故其名號及著作遭有心人士「盜用」，並非不無可能。前人辨偽之作如《偽書通考》、《續偽書通考》、《古今偽書考補証》、《中國偽書綜考》等，〔註69〕皆未見六卷本《易外》之載錄，若此本確非屈大均所撰，而係偽造之作，則中國古代辨偽學史當可再添加一筆新資料。其二，此六卷本確係屈大均所著，但為其他《易》學專著，〔註70〕成書時間當晚於七十一卷本《易外》，後因屈氏著作被全面查禁，《易》學相關著述大多散佚，後人驟得此書，因「《翁山易外》」之名較為世所知，以致相互混淆而誤題書名。

上述所言皆係推測，實則六卷本《翁山易外》之真偽，尚須更多文獻佐證，方能釐清。目前限於個人學力所及，暫時無法解決此一問題，有待日後深入研究。在確定六卷本真偽前，不便將之歸入屈氏《易》學著作，是故本文仍以通行之七十一卷本《易外》為據，於六卷本則存而不論。

〔註68〕〈翁山詩外序〉，《詩外》書首，《全集》第1冊，頁1。

〔註69〕所舉諸書之出版項如下。張心澂：《偽書通考》（上海：商務印書館，1939年2月）；鄭良樹：《續偽書通考》（臺北：臺灣學生書局，1984年）；黃雲眉：《古今偽書考補証》（濟南：山東人民出版社，1959年11月）；鄧瑞全、王冠英編著：《中國偽書綜考》（合肥：黃山書社，1996年7月）。

〔註70〕屈氏《易》著可知者，除《翁山易外》之外，尚有《易月象》一書，但六卷本《易外》內容非以「月象」作為論述主軸，故知應亦非《易月象》。

第五章 《翁山易外》之釋《易》方式（上）

自漢以來，專研《易經》學者眾多，且多數將個人畢生習《易》心得筆之於書，是故千百年來，歷代《易經》注疏多至不可勝數，始終爲六經之冠。即便古代圖籍長期飽經天災、兵燹等天然或人爲浩劫摧毀，期間離散佚失者甚多，致使傳世古籍尚不及原本十一，然而倖存至今的《易》學著作，累積起來的規模仍相當龐大可觀。由於每部《易》註均是前賢耗費心力所撰成，或承繼傳統學說加以宣揚，或在前人基礎上有所創發，同時往往也會伴隨時代變遷、文化背景，衍生出新的詮解。簡言之，中國《易》學正是由歷史上各家、各派產生的多元化《易》說激盪交織下，建構出來源遠流長、生生不息的發展命脈。

屈大均晚年用力至深的《翁山易外》一書，若置於《易》學史來看，也僅是歷史洪流中之微末而已。就其註解《易》經傳模式而言，仍未能跳脫前人窠臼，基本上也承襲傳統引書解經方法。不過自南宋以降，朱子諸經註疏大倡於世，元明學者引書解經，多崇尚朱子之說，而屈氏則與元明以來以朱子《本義》爲宗的解經潮流有所不同，較著重在對先秦經傳、兩漢諸子以及其他史籍等文獻的廣徵博引，是其異於時人之處。

綜觀《易外》全書，明引數量最多者之典籍，首推《詩經》，其次則爲《三禮》、《春秋三傳》、《爾雅》等經傳及其注疏，至於史書、諸子書、字書、醫書，以及前儒之說等等，則僅是偶爾引及，並不多見。故整體而言，屈氏在引書解《易》上，大抵是以經傳爲主，諸子書或漢代以後經說，則不過用來稍作補充而已，顯現出屈氏採用「以經解經」的方式，將和《易經》著成時代接近的《詩經》、《三禮》、《春秋三傳》等當作註解的重要材料。以下將《易外》「明引」諸書，依「援引《詩經》」、「徵引他經」、「略引群籍」、「偶引諸家」四節分述之。

第一節　援引《詩經》

　　遍觀《翁山易外》一書，可以發現屈大均最常引用的，就是《詩經》。他在解釋《易經》六十四卦時，頻繁地引用大量《詩經》篇章、語句。試以《易外》前五卷釋〈乾〉、〈坤〉、〈屯〉、〈蒙〉、〈需〉五卦爲例，將屈氏「明引」《詩經》之相關文句摘出：

	引《詩》文句（《易外》頁碼）	引《詩》出處
卷1 〈乾〉	1. 《詩》曰：「秉心塞淵」。（頁4）	《鄘風・定之方中》
	2. 是《詩》之所謂「庶幾夙夜，以永終譽」者矣。（頁9）	《鄘風・臣工之什・振鷺》
	3. 〈豳風〉所謂「三之日」也。（頁11）	《豳風・七月》
	4. 《詩》云：「比于文王，其德靡悔」。（頁15）	《大雅・文王之什・皇矣》
	5. 《詩》所謂「永言配命」也。（頁30）	《大雅・文王之什・文王》
卷2 〈坤〉	1. 「一之日觱發」，然風寒有霜之時也。「二之日栗烈」，然氣寒堅冰之時也。（頁44〜45）	《豳風・七月》
	2. 《詩》言「履冰」。（頁45）	《小雅・節南山之什・小旻》〔註1〕
	3. 《詩》言「黃裳」。（頁53）	《邶風・綠衣》
	4. 坤之四乃《詩》所謂「一之日，二之日」之時也。（頁54）	《豳風・七月》
卷3 〈屯〉	1. 如《詩》之所謂「強暴」者。（頁68）	《召南・野有死麇》、《召南・行露》〔註2〕
	2. 其《關雎》之章所爲「寤寐以求」之者耶。（頁68）	《周南・關雎》
	3. 《詩》曰：「文王嘉止」。（頁70）	《大雅・文王之什・大明》
	4. 《詩》所謂「良馬四之」。（頁70）	《鄘風・干旄》
	5. 《詩》曰：「陰雨膏之」。（頁71）	《曹風・下泉》、《小雅・魚藻之什・黍苗》
卷4 〈蒙〉	《詩》曰：「零雨其濛」。〔註3〕（頁75）	《豳風・東山》
卷5 〈需〉	猶《詩》之「薈蔚」而「朝隮」者也。（頁83）	《曹風・候人》〔註4〕
	猶《詩》之所謂「速諸父」、「諸舅」也。（頁88）	《小雅・伐木》

〔註1〕按，《詩》原作「如履薄冰」。
〔註2〕按，《詩》經文原無此二字，屈氏蓋從傳注。
〔註3〕「濛」，《全集》本、北圖本俱作「蒙」，當爲屈氏筆誤。
〔註4〕按，《詩》原作「薈兮蔚兮，南山朝隮」。

　　由上表所示，可知《易外》釋卦爻辭時，援引《詩》處頗多。這個現象幾乎遍及六十四卦，可見屈氏是有意利用引《詩》方式來解《易》。

　　屈氏對《詩經》的重視，一方面是在撰寫《易外》時大量地徵引，另一方面則反映在詩歌創作上。他在不少詩作中直接引用《詩經》篇章與文句，例如〈贈大毛子〉「《國風》樂不淫，《小雅》哀無傷」；〈玉女峰觀洗頭盆作〉「聖賢發憤詩三百，《風》、《雅》洋洋多好色」。〔註5〕又例如〈再送從弟無極〉「《葛覃》恐失時，《摽梅》求庶士」，「我有不肖軀，因依無《葛藟》」，〔註6〕乃引用《詩》之〈葛覃〉、〈摽有梅〉、〈葛藟〉等篇篇名及篇旨。可見屈氏對於《詩經》既是相當熟稔，亦是相當重視，故於詩歌創作時，往往有意無意地加以運用。且屈氏不但引《詩》，也引《易》，這種引經賦詩的創作方式，顯示出屈氏融合經典意旨與詩歌情韻於一爐之用心。

　　至於《易外》援引《詩經》內容，包括制度、史事、人物、風土、器物等各方面，蓋因《詩》、《易》兩部經書作成時代近似，有不少內容可互為參證，故可引《詩》之名物以釋《易》。

　　簡言之，屈氏引《詩》說《易》，用意在將《詩》融入《易》卦爻辭中，而《詩》經傳的豐富內容，適為《易外》所大量引用。以下析論屈氏引《詩》說《易》之動機及其方式。

一、引《詩》動機

　　引《詩》解《易》是屈氏撰寫《易》注的一大特色。《易外》一書釋六十四卦，幾乎每一卦都有引《詩》的痕跡，很明顯地是要將兩部經典的關係密切聯繫起來。事實上，由於《易經》和《詩經》的成書年代相重疊，所以兩部經典的內容也必有一些吻合之處。而屈氏積極引《詩》目的，一方面在「引經證經」，以此增加詮釋之可信度；另一方面，其用意更在加強兩部經書在「思想」上之關連性，故試圖將《易經》某卦與《詩經》某篇相比附，如謂：

　　　　夫婦之道在《詩》為二《南》，在《易》為〈家人〉，其義相為表裏。

　　　　（〈家人〉，頁313）〔註7〕

　　　　昔人言一部《國風》盡一咸卦，誠然。（〈咸〉，頁267）

〔註5〕見《詩外》，《全集》第1冊，頁83、167。

〔註6〕見《詩外》，《全集》第1冊，頁79。

〔註7〕其〈蔡璣先觀行堂成有賦〉亦云：「《二南》與家人，其道相表裏。」見《詩外》卷1，《全集》第1冊，頁36。

周公作《爻辭》，多與《大雅》相表裏。（〈隨〉，頁 165）

又如釋〈否〉卦，云：

〈否〉之卦，猶〈下泉〉之詩也，〈下泉〉亂極而思治，〈否〉塞極
而思通。……《詩》以〈下泉〉居變風之終，《易》以〈否〉居上卦
之中，中否則終不否矣，終變則不終於變矣。（〈否〉，頁 129）

謂〈下泉〉篇詩旨「亂極而思治」，與〈否〉卦「塞極而思通」相合，兩者皆
寓有極而思變之義旨，故可等同視之。

又如釋〈家人〉卦，云：

文王以此爲「刑于」，而「雝雝在宮」，「肅肅在廟」，故能「萬邦作
孚」，故家人之終曰「有孚威如」，而子曰「威如之吉，反身之謂
也」，此一卦與〈思齊〉之篇相表裏。（〈家人〉，頁 318）

謂〈思齊〉篇中言「刑於寡妻，以至于兄弟」、「雝雝在宮」、「肅肅在廟」，即
〈家人〉卦「有孚威如」之意，故二者可互爲表裏。

又如釋〈歸妹〉卦，云：

夫以后妃至貴，猶親有事於葛，以爲諸娣之倡，其不淫泆可知，而
且陳其鐘鼓，張其琴瑟，樂得淑女以供內職，爲嬪御以配君子，哀
窈窕而不自淫其色，愛賢才而無傷善之心，其衷心念恕和諧貞專，
能使三夫人皆化其德，而不嫉妒，非〈泰〉之〈歸妹〉以祉元吉者，
不能有此。故〈泰〉之五，與〈歸妹〉之五，皆爲〈關雎〉外傳。〈關
雎〉一詩，女史歌之，房中奏之，斯二爻亦可爲后妃之箴銘也。（〈歸
妹〉，頁 437）

謂〈關雎〉詩旨言后妃之德，與〈泰〉卦六五爻、〈歸妹〉卦六五爻所言義旨
相同，故二爻可視爲〈關雎〉之「外傳」。

從上述引文，可見屈氏頻繁引《詩》以釋《易》，意在將《詩》、《易》相
配，凸顯出兩部經典間之密切關係。而屈氏將《易》與《詩》密切聯繫之概
念，在其文集中也曾加以解釋：

吾觀《詩》與《易》相爲表裏，予嘗欲著一書，以《易》爲經，以
《詩》爲緯，不以《易》傳《易》，而以《詩》傳《易》。〔註8〕

屈氏在撰寫《易外》時，不厭其煩地引《詩》說解經傳，如此作法，與其自
言「以《詩》傳《易》」之用心一致。雖然從今日屈氏存世著述來看，其曾構

〔註 8〕見〈無題百咏序〉，《文外》卷 2，《全集》第 3 冊，頁 71。

思採「以《易》爲經，以《詩》爲緯」方式撰寫一部《易》注的想法，似終未付諸實踐，然《易外》中引及《詩》篇數量不少，此與其欲著之「一書」，於內容上應當有些許相應才是。

二、引《詩》形式

　　《易外》引用《詩經》的形式，大抵而言有三，一是稱引總名，二是援引篇名，三是摘引文句。而統觀屈氏所引《詩》之總名、篇名、文句，或以《詩》比附《易》卦，或以《詩》訓釋《易》之字詞，用意在證《易》、《詩》之意旨、字義有可相佐、相通之處。茲分別舉數例說明《易外》引《詩》之形式。

（一）稱引總名

　　所謂稱引總名，指引用時統稱「《詩》」，而不指明篇名或文句。例如《易外》釋〈姤〉卦，云：

> 女不期而與男遇曰姤，猶《詩》之邂逅也。《春秋》「季姬遇鄫子于防」，姤也。在卦爲姤，在《春秋》爲遇，在《詩》爲邂逅，其義一也。（〈姤〉，頁 362）

按，〈姤〉之〈彖辭〉曰：「姤，遇也，柔遇剛也。」故屈氏謂男女相遇曰姤。《詩經》三百零五篇，「邂逅」一詞見諸《詩》計有二篇，一於《詩·鄭風·野有蔓草》，「邂逅相遇」；一於《詩·唐風·綢繆》，「見此邂逅」、「如此邂逅」。而屈氏未言此二篇名，統稱《詩》以代之。

（二）援引篇名

　　例如《易外》釋〈否〉卦，云：

> 〈否〉之卦，猶〈下泉〉之詩也，〈下泉〉亂極而思治，〈否〉塞極而思通。……《詩》以〈下泉〉居變風之終，《易》以否居上卦之中，中否則終不否矣，終變則不終於變矣。（〈否〉，頁 129）

按，《毛詩》「大序」曰：「至於王道衰，禮義廢，國異政，家殊俗，而變風變雅作矣。」〔註9〕故之詩又有正、變之分，治世之詩爲正風，衰世之詩即變風。而謂「《詩》以〈下泉〉居變風之終」，乃從程頤《易傳》之說：「陰道盛極之時，其亂可知。亂極則自當思治，故眾心願載於君子，君子得輿也。《詩》〈匪

〔註 9〕《詩經》（臺北：藝文印書館，1997 年 8 月初版 13 刷，《十三經注疏》第 2 冊），頁 16 下。

風〉、〈下泉〉所以居變風之終也。」〔註10〕屈氏以〈否〉卦與〈下泉〉相似，謂〈下泉〉「亂極而思治」，蓋從《毛詩序》所釋詩旨。〔註11〕又〈序卦〉傳曰：「……故受之以〈泰〉。泰者，通也。物不可以終通，故受之以〈否〉。」蓋〈否〉、〈泰〉爲「綜卦」，否極則泰來，故謂〈否〉「塞極而思通」。〈下泉〉與〈否〉俱有極而思變之意，故屈氏以二者相通。

又如《易外》釋〈晉〉卦，云：

> 碩鼠害稼，爲農夫之剝，故詩人有〈碩鼠〉之嘆。又〈相鼠〉譏大夫，雖居尊位爲闇昧之行，无禮儀而可惡者，〈晉〉四之象也。（〈晉〉，頁305）〔註12〕

按，〈晉〉卦六四爻辭曰：「晉如鼫鼠，貞厲。」〈象〉曰：「鼫鼠貞厲，位不當也。」鼫鼠即碩鼠，故屈氏引《詩・魏風・碩鼠》擬之；又引《詩・鄘風・相鼠》譏無禮無儀，蓋從《毛詩》所釋〈相鼠〉篇乃「刺無禮也。衛文公能正其群臣，而刺在位，承先君之化，無禮儀也」〔註13〕之詩旨，故謂「譏大夫」。又，屈氏謂〈相鼠〉同於〈晉〉四之象，蓋九四爻爲陽爻居陰位，其位不當，故王弼《注》言「履非其位」，〔註14〕朱子《本義》則釋云：「不中不正，以竊高位，貪而畏人，蓋危道也，故爲『鼫鼠』之象。」〔註15〕

（三）摘引文句

例如《易外》釋〈剝〉卦，云：

> 匏瓜之繫而不食，蔬也，以蔬者草之蔓生，故言繫；碩果則木之植生得艮土石之氣，故言碩，《詩》所謂「實大且篤」者也。蔬則兌水澤之氣所成者也。（〈剝〉，頁202～203）

按，遍查《詩經》，並無「實大且篤」一句，而《詩・唐風・椒聊》曰：「椒

〔註10〕〔宋〕程頤：《易程傳》（臺北：文津出版社，1990年10月第2刷），卷3，「剝卦上九」，頁210。

〔註11〕《毛詩序》曰：「〈下泉〉，思治也。」見《詩經》，頁272上。

〔註12〕「碩鼠之嘆」，《全集》本原作「碩鼠碩鼠之嘆」，北圖本「碩鼠」二字不重，兩本意皆可通，今姑據北圖本改。

〔註13〕見《詩經》，頁122下。

〔註14〕〔魏〕王弼、〔晉〕韓康伯：《周易王韓注》（臺北：大安出版社，1999年7月，與《周易本義》合刊，收入《周易二種》），頁110。

〔註15〕〔宋〕朱熹：《周易本義》（臺北：大安出版社，1999年7月，與《周易王韓注》合刊，收入《周易二種》），頁145。

聊之實，蕃衍盈匊。彼其之子，碩大且篤。」〔註16〕故知《易外》引字訛誤，或爲屈氏一時手民誤植，或爲刊刻校對不精所致。而屈氏此處引《詩》句，用意在申碩果之厚實也。

例如《易外》釋〈離〉卦六五爻「出涕沱若，戚嗟若，吉」，云：

> 中有兌口故嗟，《詩》所謂「王曰於乎，何辜今之人」，又「我心憚暑，憂心如熏」者。（〈離〉，頁260）

按，上文所引兩句，均出自《詩·大雅·蕩之什·雲漢》。「中有兌口」，謂〈離〉卦之三、四、五爻互卦爲「兌」，兌者說也，兼有言語及愉悅之意。屈氏蓋取其言語之意，故謂「兌口」，又引《詩》句以補述所「嗟」之內容。觀前人之註《易》，如王弼僅言「憂傷之深，至于沱嗟也」，〔註17〕未詳字義；而朱子亦於「嗟」字無釋，相較之下，屈氏說解爻辭字義，可謂詳細。

例如《易外》釋〈家人〉卦，云：

> 文王以此爲「刑于」，而「雝雝在宮」，「肅肅在廟」，故能「萬邦作孚」，故〈家人〉之終曰「有孚威如」，而子曰「威如之吉，反身之謂也」，此一卦與《思齊》之篇相表裏。（〈家人〉，頁318）

按，《詩·大雅·文王之什·思齊》曰：「刑于寡妻，至于兄弟，以御于家邦。雝雝在宮，肅肅在廟。不顯亦臨，無射亦保。」〔註18〕屈氏援引《詩》句，以爲文王既能刑于嫡妻，「雝雝在宮」、「肅肅在廟」，故能如《詩·大雅·文王之什·文王》所言「萬邦作孚」，成就受四方百姓信賴之功業。屈氏上文所引，目的是說明〈家人〉卦卦義與〈思齊〉篇旨皆言文王事功，兩者可互爲表裏。

例如《易外》釋〈歸妹〉卦，云：

> 震爲征，征者男之事也，漸之男征，以禮迎乎女；歸妹之女征，以情就乎男。《詩》曰「肅肅宵征」，女之不幸也。（〈歸妹〉，頁429）

按，〈歸妹〉卦震下兌上，少女宜配少男，與長男則不相配；又九二、九四爻以陽爻而居陰位，不當位，故卦辭曰：「征，凶，无攸往。」是卦有不吉之意，故屈氏引《詩·國風·召南·小星》「肅肅宵征」〔註19〕一句，蓋從《毛詩》

〔註16〕見《詩經》，頁220上。
〔註17〕《周易王韓注》，頁95。
〔註18〕見《詩經》，頁561下～562上。
〔註19〕見《詩經》，頁63下。

以〈小星〉爲小妾詩，〔註20〕故謂「女之不幸」。

　　例如《易外》釋〈豐〉卦，云：

　　　　雷過則動之過，電過則明之過，故〈小雅〉曰：「燁燁震電，不寧不
　　　　令」，言雷電變亂于上，不安故常也。（〈豐〉，頁442）

按，〈豐〉卦離下震上，〈說卦〉傳曰：「震爲雷」、「離爲或，爲日，爲電」，
是〈象〉辭曰：「雷電皆至。」屈氏蓋引《詩・小雅・節南山之什・十月之交》
「燁燁震電，不寧不令」〔註21〕句，以釋〈豐〉卦雷電交加之形象。

第二節　徵引他經

　　《翁山易外》引經註《易》，主要是引《詩》，至於《書》、《禮》、《春秋三
傳》、《孟子》等，亦有所徵引，只是在數量上相對而言不如《詩》之多。〔註22〕

一、《尚書》

　　《易外》引《尚書》之例，例如釋〈蒙〉卦，云：

　　　　〈洪範〉以雨爲水兆，蒙爲木兆。兆者草方昧而未成木者也。（〈蒙〉，
　　　　頁74）

按，查《尚書・周書・洪範》，並無「雨爲水兆」、「蒙爲木兆」兩句，檢〈洪
範〉釋「九疇」，原曰：

　　　　初一曰五行，次二曰敬用五事，次三曰農用八政，次四曰協用五紀，
　　　　次五曰建用皇極，次六曰乂用三德，次七曰明用稽疑，次八曰念用
　　　　庶徵，次九曰嚮用五福、威用六極。一五行，一曰水，二曰火，三
　　　　曰木，四曰金，五曰土。……七稽疑，擇建立卜筮人，乃命卜筮，
　　　　曰雨，曰霽，曰蒙，曰驛，曰克，曰貞，曰悔，凡七，卜五，占用

〔註20〕〈小星〉詩旨，《毛詩》以爲：「惠及下也。夫人無妬忌之行，惠及賤妾，進
　　　　御於君，知其命有貴賤，能盡其心矣。」故是言小妾之詩。而《韓詩外傳》
　　　　卷一引「夙夜在公，實命不同」，屈萬里先生謂：「《韓詩外傳》引此詩，以爲
　　　　勞於仕宦者之作，近是。」（《詩經詮釋》，頁34）故知前人釋此詩有二意，一
　　　　爲小妾詩，一爲小臣詩。屈氏謂「女之不幸」，是從毛意明矣。
〔註21〕見《詩經》，頁407上。
〔註22〕合《易外》所引《詩》及其他經傳來看，屈氏釋《易》頗採以經解經之方式，
　　　　惟其疏解卦爻辭，往往僅擇取可資引申之語句，再依己見論述，在解說上未
　　　　必合於經傳本義。以下所舉，旨在說明屈氏徵引經傳情況，至於其論述之得
　　　　失，則暫不予以評議。

二。〔註23〕

屈氏蓋將「五行」與「七稽疑」相比配（七者卜五占二，屈氏用其五），故稱〈洪範〉「以雨爲水兆」、「以蒙爲木兆」。

又如釋〈師〉卦，云：

> 《書》曰：「天祐下民，作之君，作之師，惟其克相上帝」，故乾坤
> 後即繼以屯蒙，屯者君之始，蒙者師之始，師所以濟蒙之窮。蒙曰
> 「養正」，師亦曰「能以眾正」。（〈師〉，頁95）

按，引文出自《尚書·周書·泰誓》，文字同。屈氏蓋引《尚書》語以釋〈屯〉、〈蒙〉爲百姓君師之理。

又如釋〈晉〉卦，云：

> 又坤爲眾侯有民功曰康，《書》曰「康功」是也。（〈晉〉，頁303）

按，引文出自《尚書·周書·無逸》，原句作：「文王卑服，即康功田功。」〔註24〕故知屈氏僅取「康功」一詞，以釋眾侯之有民功稱之。

又如釋〈益〉卦，云：

> 屯之侯至益而爲功，而五以是公爲「格人元龜」，用之以享帝，若《書》
> 所謂「惟尹躬暨湯，咸有一德，克享天心」者也。（〈益〉，頁348）

按，引《書》「惟尹躬暨湯，咸有一德，克享天心」一句，出自《尚書·商書·咸有一德》。〔註25〕而前引「格人元龜」，亦出自《尚書·商書·西伯戡黎》。〔註26〕

二、《三禮》

《易外》於《周禮》、《儀禮》、《禮記》，亦多有引用，而又以《禮記》爲多，主要引其中之〈曲禮〉、〈月令〉。

《易外》引《周禮》，例如釋〈豫〉卦，云：

> 《周禮》：「以天產作陰德，以中禮防之；以地產作陽德，以和樂防
> 之。」雷，地產也，陽德之所發，故象之以作和樂。樂和則萬物以
> 育，禮中則天地以位。（〈豫〉，頁155）

〔註23〕《尚書》（臺北：藝文印書館，1997年8月初版13刷，《十三經注疏》第1
　　　　冊），頁169上～174下。

〔註24〕見《尚書》，頁242上。

〔註25〕見《尚書》，頁120上。

〔註26〕見《尚書》，頁144下。

按，引文出自《春官宗伯‧大宗伯》，文字同。

又如釋〈兌〉卦，云：

> 《周禮》秋時有瘧寒疾，以是時陽氣漸消，陰氣方盛，惟火沴金，
> 兼寒兼熱，故有瘧疾之疾。（〈兌〉，頁 456）

按，引文出《周禮》卷五「疾醫」，原作：「春時有痟首疾，夏時有痒疥疾，秋時有瘧寒疾，冬時有漱上氣疾。」〔註27〕而其疏作：「秋時有瘧寒疾者，秋時陽氣漸銷，陰氣方盛，惟火沴金，兼寒兼熱，故有瘧寒之疾云。」〔註 28〕故知屈氏引《周禮》經、注之文，以解釋〈兌〉卦上六四爻辭「商兌未寧，介疾有喜」之「疾」產生之緣故。

《易外》引《禮記》，例如釋〈損〉卦，云：

> 又友者離也。離，麗也。〈曲禮〉曰：「離坐離立，毋往參」，夫婦兩
> 相麗，不可有一人參之，無一人參，故得其友，得其友故咸，咸而
> 後離之道成，故離咸二卦相連，咸以夫婦為朋，損以夫婦為友。
> （〈損〉，頁 343）

按，引文出自《禮記‧曲禮‧上》，原曰：「離坐離立，毋往參焉，離立者不出中間。」〔註29〕屈氏蓋摘引其句，以推釋「離」字之義。

屈氏在解經時，往往引用禮書記載，其中尤以《禮記》中之「月令」為多，蓋因屈氏強調「學《易》以曆律為端」之觀念，對曆法特別重視，故於〈月令〉引用較多。例如釋〈乾〉卦引〈月令〉言孟春之月「其蟲鱗，其音角」（頁 4）；釋〈坤〉卦引〈月令〉言仲冬之月「毋發天地之房，令氣沮泄」（頁 52）。又如釋〈姤〉卦引〈月令〉，云：

> 〈月令〉：仲夏之月，「游牝別群」，「止聲色，毋或進」，「以定晏陰
> 之所成」。（〈姤〉，頁 364）〔註30〕

依〈月令〉所言，仲夏時節有上述「別群」、「止聲色」、「毋或進」等特性，屈氏借以申明〈姤〉卦之時「在化而不在育」，非交媾之時，故〈象〉曰：「勿

〔註27〕《周禮》（臺北：藝文印書館，1997 年 8 月初版 13 刷，《十三經注疏》第 3 冊），頁 73 下。

〔註28〕同前註。

〔註29〕《禮記》（臺北：藝文印書館，1997 年 8 月初版 13 刷，《十三經注疏》第 5 冊），頁 37 上。

〔註30〕《全集》本原標點作：「《月令》：『仲夏之月，游牝別群，止聲色毋或進，以定晏陰之所成。』」檢〈月令〉原文，「游牝別群」、「止聲色，毋或進」、「以定晏陰之所成」三句本不相連，應予斷句。

用取女，不可與長也。」

三、《春秋三傳》

　　《易外》徵引《春秋》及《三傳》之處頗多，一方面是借其史，一方面是申其義。因屈氏認爲《春秋》與《易》這兩部經書在內容、精神等各方面有不少共通之處，關係密切，是故兩者可互爲表裏，故引之以解《易》。例如屈氏說《春秋》性質屬「實」，《易》性質屬「虛」：

> 《春秋》以實，《易》以虛，虛不可象，以象象之；象不可象，以辭象之。（〈繫辭下傳一〉，頁547）

蓋因《春秋》所記，在述諸侯邦國之人事，確然可見，故實；而《易經》所載，多言萬物萬變之天道，隱然不彰，故虛。《易》既「虛不可象」，故需藉辭以明之，而「史」正可爲其辭，故《春秋》可爲《易》象之用。

　　屈氏又認爲：

> 〈離〉人而〈坎〉鬼，〈既〉、〈未濟〉之三四皆〈坎〉，故曰鬼方。天下之治，人勝乎鬼，其亂也鬼勝乎人。《春秋》內華而外戎，其與《易》〈既〉、〈未濟〉相表裏乎。（〈未濟〉，頁496）

《春秋》大義內諸夏而外夷狄，可與〈既濟〉、〈未濟〉兩卦之義互參。又云：

> 《春秋》者司寇之爰書也，其事在《春秋》，其義在〈雜卦〉。（〈雜卦傳〉，頁588）

《春秋》所述爲史事，而其義則見於《易》之〈雜卦〉，讀《春秋》雖可明史知事，若欲達其旨，即應配卦以說，是故《春秋》言事爲表，《易》言義爲裏，表裏互見，方能據事明義。

　　屈氏之前的《易》學家，也有將《易》與《春秋》相比者，例如元儒胡震云：「《易》之有比，《春秋》之書王，其義一也。」指出《春秋》書法和《易》的比象上在道理是相通的。〔註31〕屈氏亦重《春秋》書法，且更溯其源，提出《春秋》書法多本自《易》出的觀點：

> 〈坤〉之上曰：「龍戰于野」。〈坤〉之時无龍，无龍而書曰龍，猶《春秋》書「王正月」、「天王出居」、「天王狩」也。（〈坤〉，頁47）

屈氏認爲《易經》中本有「書法」，書與不書俱有義例在焉，故《易》之有「例」，

〔註31〕〔元〕胡震：《周易衍義》（臺北：臺灣商務印書館，1983年，《景印文淵閣四庫全書》第23冊），卷3，頁502下。

先於《春秋》。

按，《春秋》義例之說，自西漢大儒董仲舒著《春秋繁露》以之爲孔子教化，此概念逐廣爲後來專研《春秋》三傳之經學家所採，如東漢何休《公羊文謚例》、晉杜預《春秋釋例》等，皆在彰顯《春秋》義例，遂成專門之學。雖然如此，後世學者對此問題仍多有爭議，反對義例說者例如宋人洪興祖，即謂：

> 《春秋》本無例，學者因行事之迹以爲例，猶天本無度，治曆者即周天之數以爲度。然獨求於例，則其失拘而淺；獨求於義，則其失迂而鑿。〔註32〕

以爲《春秋》本無例，是漢儒特別求取而來，而妄言義例之弊，在於失之淺鑿。〔註33〕然就屈氏個人而言，因其所處時代背景之下，藉著述以明大義，是遺民學者共通傾向。是以屈氏對《春秋》義例說抱持篤信態度，其政治意味較學術研究成份濃厚，故吾人應採歷史角度觀其用意，不必以考證立場斥責其非。

屈氏既視《春秋》與《易》互爲表裏、關係密切，又更欲將兩經相統合，其言：

> 予嘗欲以《春秋》配卦爻，每一爻實以《春秋》一事，爲《易春秋》。
> （〈雜卦傳〉，頁588）

可見屈氏本擬撰寫一部《易春秋》，然而今所存屈氏著作中，並未見有此書。是故屈氏雖有強烈的創作動機，卻未付諸實踐，《易春秋》之作遂不了了之，不知何故。惟《易春秋》雖終未成書，既有此構想，足以表明屈氏有以《春秋》與《易》相配，將二經融爲一書的意圖。

中國經學史上以《春秋》說《易》者，不乏其人。因爲《春秋》、《易》兩部經典產生時代背景有所重疊，所以書中所涉及的史事、人物等，皆有可以相通之處，從《左傳》所載多有引《易經》卦爻辭來看，《春秋》與《易》之解說部分確實可以互通。

進一步言之，《春秋》爲史，屈氏以《春秋》一事配一爻以說之，是有「以《易》爲史」之意，正與其有心續黎遂球之《易史》志同。屈氏於《廣東新

〔註32〕 洪氏語引自〔清〕王掞等奉敕纂：《欽定春秋傳說彙纂》（臺北：臺灣商務印書館，1983年，《景印文淵閣四庫全書》第173冊），卷首上，頁27下。

〔註33〕 今人陳槃先生著《左氏春秋義例辨》（臺北：中央研究院歷史語言研究所，1993年5月第2版）一書，詳辨《傳》文與義例頗有衝突，足證義例之無稽，可以參看。

語》有「易史」一則，云：

> 黎美周讀《易》，每以史繫之，以爻配事，以事例爻，自謂不煩太卜
> 立筮，詹尹拂龜，吉凶瞭如，其明炳燭。張天如謂：「孔子憂時之作，
> 抑損褒諱，莫如《春秋》，深切著明，莫如《易》。後人以《春秋》
> 言治亂，不若以《易》言治亂之尤長，故《易史》不可以不作。」
> 《易史》美周未有成書，予嘗欲踵爲之。〔註34〕

故知就屈氏而言，「以《春秋》言治亂，不若以《易》言治亂」，《易》較《春
秋》更具有褒貶作用，若以《易》爲史，更可彰顯治亂之道。

綜上所述，屈氏既認爲《易經》與《春秋》之關係深厚，故於《易外》
引《春秋》及三傳處亦頗多見，以下舉例略述之。

1. 《春秋》

《易外》明引《春秋》約十餘次。例如釋〈師〉卦，云：

> 《春秋》書「次師」者十有三，而召陵之次爲善，故凡伐而次者善
> 也，救而次者貶也。（〈師〉，頁97）

按，《春秋》多記諸侯攻伐之事，其中有書「師次」者，指軍隊駐紮某地。例
如《春秋·莊公八年》「春，王正月，師次于郎」；〔註35〕《春秋·僖公元年》
「齊師、宋師、曹師次于聶北」。〔註36〕「師」，指諸侯師旅，即軍隊；「伐」，
指諸侯討伐他國；「次」，《左傳》曰：「凡師，一宿爲舍，再宿爲信，過信爲
次。」；〔註37〕而「救」，指諸侯出兵援救他國。「召陵之次」，指魯定公三年
事，《春秋》經曰：「公會劉子、晉侯、宋公、蔡侯、衛侯、陳子、鄭伯、許
男、曹伯、莒子、邾子、頓子、胡子、滕子、薛伯、杞伯、小邾子、齊國夏
于召陵，侵楚。」〔註38〕屈氏以爲此師次之事爲最善。其引用「凡伐而次者
善也，救而次者貶也」用來解釋〈師〉卦之道，蓋襲前人之說。宋儒胡安國
註《春秋》，言書次之例云：「伐而書次，以次爲善；救而書次，以次爲譏。」

〔註34〕見《廣東新語》卷11，《全集》第4冊，頁295～296，〈文語〉，「易史」條。
按，《全集》本斷句略誤，今改正。

〔註35〕見《左傳》（臺北：藝文印書館，1997年8月初版13刷，《十三經注疏》第6
冊），頁143上。

〔註36〕見《公羊傳》（臺北：藝文印書館，1997年8月初版13刷，《十三經注疏》第
7冊），頁120上。

〔註37〕見《左傳》，頁139上。

〔註38〕見《公羊傳》，頁318下；《穀梁傳》，頁188下。按，兩《傳》文字惟《穀梁》
「邾子、小邾子」，《公羊》作「邾婁子、小邾婁子」，餘皆同。

〔註39〕此例後儒多有沿用，屈氏亦其一也。〔註40〕

又如釋〈恒〉卦，云：

> 日忘而月不忘，從一之義也。《春秋》所貴，在於從一，故伯姬、叔姬大書之，惜共姜見於《詩》，不見於魯史。（〈恒〉，頁281）

按，「魯史」，即《春秋》也。屈氏援引《春秋》「從一」之精神，以申「恒」就夫婦而言，亦貴婦人有從一之德。

又如釋〈大壯〉，云：

> 《春秋》隱公九年三月「癸酉，大雨，震電。庚辰，大雨，雪」。三月者周之三月，夏之正月也，雷未可以出，電未可以見，而大震電，斯陽之失節也。雷已出，雷已見，則雪不當復降而大雨雪，斯陰氣之凝也，陽失節而陰氣凝，以致雷電雨雪，不以其時，是爲非禮。〈大壯〉，正月之卦，其象爲雷，上于天，未可以雷也。雨雪其時，震電非其時也，君人者占此，宜修陽德，毋爲非禮之〈大壯〉可也。（〈大壯〉，頁298）〔註41〕

按，屈氏引《春秋》隱公九年三月史事，釋其時雷電雨雪之天文變化是否以時而作，並進而以天象之非時非禮，比喻占卦人事，勸人君宜修德合禮。

由上述所舉數例，可知屈氏引《春秋》說《易》之情形有二，一是言《春秋》之義作申明；一是藉《春秋》之史作陳述。前者蓋因屈氏認爲《春秋》書法謹嚴，可資以釋《易》；而後者則因《易經》書寫時代與春秋之世時間有所重疊，故史事也有可相通者，故可用以釋經。

2. 《公羊》

《易外》明引《公羊》之處似僅一見，在釋〈歸妹〉卦，云：

> 娣亦言媵，《公羊傳》曰：「諸侯一娶九女」，二國媵之，所從皆名媵。
> （頁433）

〔註39〕〔宋〕胡安國：《胡氏春秋傳》（臺北：臺灣商務印書館，1983年，《景印文淵閣四庫全書》第151冊），卷7，頁64上。

〔註40〕例如〔宋〕李明復：《春秋集義》（臺北：臺灣商務印書館，1983年，《景印文淵閣四庫全書》第155冊），卷12，頁356上，引「胡安國曰」；又如〔宋〕呂本中：《呂氏春秋集解》（臺北：臺灣商務印書館，1983年，《景印文淵閣四庫全書》第150冊），卷5，頁105下，引「武夷胡氏《傳》」。

〔註41〕按，《全集》本引《左傳》語標點原誤作：「《春秋》隱公九年三月癸酉，『大雨震電，庚辰大雨雪』」，今改正。

按，《公羊傳》無「諸侯一娶九女」句，而《公羊傳・莊公十九年》曰：

> 秋，公子結媵陳人之婦于鄄，遂及齊侯宋公盟。媵者何？諸侯娶一國，
> 則二國往媵之，以姪娣從。姪者何？兄之子也。娣者何？弟也。諸侯
> 壹聘九女，諸侯不再娶。媵不書，此何以書，為其有遂事書。〔註42〕

是《公羊傳》原作「諸侯一聘九女」，「聘」、「娶」二字義雖同，屈氏直作「娶」
字，如非徵引時誤植，即有妄改經字之嫌。

3.《穀梁》

《易外》引《穀梁》之例亦少見，似僅一處，見於〈繫辭上傳一〉，云：

> 霆，雷之所激。《說文》云：「雷，餘聲也，鈴鈴所以挺出萬物也。」
> 《穀梁》以霆為電，非也。（〈繫辭上傳一〉，頁 505）

按，《易外》此處引《穀梁》作反證，指出《穀梁》訓字之誤。然《玉篇》釋
「霆」字曰：「電也。霹靂也。」〔註43〕《淮南子・兵略訓》曰：「疾雷不及
塞耳，疾霆不暇掩目。」〔註44〕皆有以霆為電之意。故知霆有二義，一為雷
聲，一為雷電，《穀梁》訓字未誤，屈氏蓋偏取一義耳。

4.《左傳》

屈氏解《易》，於春秋《三傳》中，引用以《左傳》較多。《易外》援引
《左傳》文句，或稱「左傳」，或稱「左氏」，而以前者為多。稱「左傳」者，
例如釋〈无妄〉卦，云：

> 不可試者，〈巽〉為風，凡狂疾及四肢偏枯皆曰風，《左傳》「風淫末
> 疾」，故風為百病之長，至其變化，乃為他病。（〈无妄〉，頁 223）

按，引文出自《左傳・昭公元年》，原作：

> 天有六氣，降生五味，發為五色，徵為五聲，淫生六疾。六氣曰陰、
> 陽、風、雨、晦、明也。分為四時，序為五節，過則為菑：陰淫寒
> 疾，陽淫熱疾，風淫末疾，雨淫腹疾，晦淫惑疾，明淫心疾。〔註45〕

「末」，指四肢。「風淫末疾」，謂人感染風寒而病，引發通體四肢不適。《左
傳》以「六氣」配「六疾」，六者各有所司，未嘗偏重其一；而《易外》則逕

〔註42〕見《公羊傳》，頁 97。
〔註43〕〔南朝陳〕顧野王：《玉篇》（臺北：臺灣中華書局，1981 年，《四部備要》「經
部」第 84 冊），〈雨部第二百九十七〉，卷中，葉 65。
〔註44〕張雙棣：《淮南子校釋》（北京：北京大學出版社，1997 年 8 月），卷 15，〈兵
略訓〉，下冊，頁 1579。
〔註45〕《左傳》，頁 708 下～709 上。

以「風疾」爲百病之主，以他病爲風變化所生，蓋以「風」統諸病之源，恐非《左傳》原意。

又如釋〈歸妹〉卦，云：

〈歸妹〉之上猶曰女，蓋上變則爲〈睽〉，〈睽〉孤，故《左傳》〈歸妹〉之〈睽〉，其繇曰：「士刲羊，亦無盂也。女承筐，亦無貺也，西鄰責言，不可償也，〈歸妹〉之〈睽〉，猶無相也。」（〈歸妹〉，頁438～439）

按，引文原出《左傳·僖公十五年》，文字同。《左傳》載晉獻公嫁伯姬於秦事，時晉獻公命史官占卜此事，得「歸妹之睽」，〈歸妹〉是婚嫁之卦，〈睽〉是背離之卦，史官據占卜所得，認爲婚事不吉。〈歸妹〉卦震上兌下，〈睽〉卦離上兌下，「上變則爲睽」，謂〈歸妹〉上六變上九。屈氏援引《左傳》所卜爻辭，用意在與〈歸妹〉上六爻辭「女承筐，无實。士刲羊，无血。无攸利」相應。

其次，稱「左氏」者，例如釋〈夬〉卦，云：

居德者，如《左氏》云：「奉己而已，不在民矣。」（〈夬〉，頁353）

按，引文出自《左傳·僖公二十八年》，文字同。〈夬〉卦之〈象〉辭「居德則忌」，屈氏蓋引《左傳》語以申「居德」之義即《左傳》所言「奉己而已」。

四、《孟子》

《易外》引用《孟子》之處不多見。例如釋〈蒙〉卦，云：

人心如泉，故《孟子》云：「若泉之始達」，君主乎雷雨，師主乎泉，泉亨而師之聖功成矣。（〈蒙〉，頁75）

按，引文出自《孟子·公孫丑》，原作：「凡有四端於我者，知皆擴而充之矣。若火之初燃，泉之始達，而終極乎燎原之熾，襄陵之蕩也。」〔註46〕故知屈氏蓋引以釋「人心如泉」之理。

又如釋〈頤〉卦，云：

三失位，動而不止，所養與自養皆失，故凶。《孟子》養大體一章，〈頤〉之外傳也，其爲三而言歟！（〈頤〉，頁236）〔註47〕

按，屈氏稱《孟子》養大體一章，蓋即出自〈告子章句上〉篇，原作：

〔註46〕《孟子》（臺北：藝文印書館，1997年8月初版13刷，《十三經注疏》第8冊），卷3下，〈公孫丑章句上〉，頁66上。

〔註47〕按，「三」字後，北圖本有「陰」字。此蓋言〈頤〉卦六三爻，「三」、「三陰」皆同，今姑依《全集》本。

公都子問曰：「鈞是人也，或爲大人，或爲小人，何也？」孟子曰：「從其大體爲大人，從其小體爲小人。」曰：「鈞是人也，或從其大體，或從其小體，何也？」曰：「耳目之官，不思而蔽於物，物交物，則引之而已矣。心之官則思，思則得之，不思則不得也。此天之所與我者，先立乎其大者，則其小者弗能奪也，此爲大人而已矣。」〔註48〕

〈頤〉之〈彖〉辭曰：「頤，貞吉，養正則吉也。觀頤，觀其所養也。」是〈頤〉卦重養正之功。然〈頤〉本指口食之養，屈氏引《孟子》養大體一章作〈頤〉之外傳，蓋偏重心性之養也。而《孟子》「先立乎其大者」，依屈氏意推之，當指六三爻之失位，不立於六四、六二，清儒陳夢雷《周易淺述》云：「六爻下〈震〉動，多言求人之養，求養者多不正，故多凶；上〈艮〉止，多言養人，養人者多得正，故多吉。」〔註49〕是三居上、下卦之交，又爲陰爻而不當位，故屈氏稱「所養與自養皆失」。

五、《爾雅》

綜觀《易外》全書，凡徵引《爾雅》，用於解字或詞之義，蓋《爾雅》爲漢儒訓字之書，故屈氏據以釋經字。

《易外》引《爾雅》有數處。例如釋〈井〉卦，云：

> 五坎主故食，又下爲兌口，而五實其上，故食泉自兌口而出，《爾雅》所謂「濫泉正出」也。（頁394）

按，引文出自《爾雅・釋水第十二》，曰：

> 泉一見一否爲瀸，井一有水一無水爲瀱汋。濫泉正出，正出，涌出也。沃泉縣出，縣出，下出也。氿泉穴出，穴出，仄出也。〔註50〕

屈氏蓋藉《爾雅》釋泉「正出」，以言泉由「兌口」自下而上湧現之象。

又如釋〈大過〉卦，云：

> 茅華白，故曰白華，《爾雅》曰：「白華，野菅。」未霑人功漚之，故曰野菅。野菅，則不可藉矣。（〈大過〉，頁242）〔註51〕

〔註48〕《孟子》，頁204上。

〔註49〕〔清〕陳夢雷：《周易淺述》（臺南：大孚書局，1995年10月），卷3，頁473～474。

〔註50〕《爾雅》（臺北：藝文印書館，1997年8月初版13刷，《十三經注疏》第8冊），頁118下～119上。

〔註51〕《全集》本原作：「《爾雅》曰：『白華，野菅未霑，人功漚之，故曰野菅。』」斷句誤甚，今改正。

按，引文出自《爾雅·釋草第十三》。〔註 52〕〈大過〉初六爻辭曰：「藉用白茅，无咎。」白華即茅，因色而得名。〈大過〉初六爻言白茅而未言野菅，朱子《本義》釋云：「白茅，物之潔者。」〔註 53〕亦僅言白茅之潔白，並未言及野菅。屈氏則引《爾雅》語，點出白華與野菅關係，說明白華可藉而野菅不可藉，意在凸顯白茅、白華二者差別。

第三節　略引群籍

屈氏除大量徵引群經及注疏說《易》外，偶也引用其他典籍，包括史書、諸子、醫書、道教典籍等，顯見其註《易》引書範圍頗為廣泛。

一、史　書

屈氏引史，主要用《春秋》，而《春秋》經傳雖述先秦之事，但已尊為經書，故不列於此討論。至於其他徵引所及之史書，尚有《漢書》、《逸周書》等。

1. 《漢書》

《易外》引《漢書》，例如釋〈既濟〉卦，云：

> 四為〈離〉之中，〈坤〉之二，坤為帛，繻亦帛也。……《漢書傳》：「符，帛也」。（〈既濟〉，頁 490）

按，遍查《漢書》，並無「符，帛也」一句。惟《漢書》卷六十四〈嚴朱吾丘主父徐嚴終王賈傳〉曰：「初，軍從濟南當詣博士，步入關，關吏予軍繻。軍問：『以此何為？』吏曰：『為復傳，還當以合符。』」張晏注云：「繻，符也。書帛裂而分之，若券契矣。」〔註 54〕屈氏所引，或由此摘出。

2. 《逸周書》

《易外》引《逸周書》，例如釋〈復〉卦，云：

> 《逸周書》曰「維十有一月，既南至，昏昴畢日踐長」，故又曰：「至日日長至」。夏至日至月，日短至，日長而月短，重乎日也。（〈復〉，頁 212）

〔註 52〕見《爾雅》，頁 136 上。
〔註 53〕《周易本義》，頁 122。
〔註 54〕以上引文出自〔漢〕班固著，〔唐〕顏師古注：《漢書》（臺北：鼎文書局，1986 年），第 4 冊，卷 64 下，頁 2819～2820。

按，引文出自《逸周書‧周月解第五十一》，原作：

> 惟一月既南至，昏，昴、畢見，日短極，基踐長。微陽動于黃泉，
> 陰慘于萬物。〔註55〕

是《逸周書》本作「一月」，屈氏則作「十有一月」，黃懷信等先生所著《逸周書彙校集注》引清末民初學者劉師培語以爲：

> 劉師培云：宋鮑雲龍《天原發微》卷三上及《玉海》九並引作「維
> 十有一月」，《玉海》注云：「一作『維一月』」。又卷二亦引作「維一
> 月」。「十有一月」當係後儒據夏正妄改。〔註56〕

故知屈氏引作「十有一月」，蓋因未加細考而致誤。

二、先秦兩漢諸子

引用「諸子」，包括先秦諸子及當代（明代）學者之言。《易外》引用先秦諸子書，計有《老子》、《莊子》、《管子》等；引用兩漢子書，則有《淮南子》等。統觀《易外》，引用諸子之處並不甚多，各書大部分僅一、二見，與大量引經的情況相比，可知屈氏對於經傳注疏的重視遠逾於諸子書。

1.《老子》

《老子》一書，題爲春秋楚人李耳著。〔註57〕相傳曾任西周管藏書之史官，孔子亦嘗問禮於老子。《老子》僅五千言，內容簡潔，主要以道釋萬物演變，爲先秦道家思想代表。

《易外》引《老子》見於釋〈復〉卦，云：

> 月爲玄酒之淡味，日爲大音之希聲。聲起於日，味起於月。（〈復〉，
> 頁208）

按，「大音之希聲」一句，蓋出自《老子》第四十一章：「大方無隅，大器晚成，大音希聲，大象無形。」〔註58〕老子原意指涉較廣，而屈氏則借以喻日。

又如釋〈繫辭上傳二〉，云：

〔註55〕黃懷信、張懋鎔、田旭東：《逸周書彙校集注》（上海：上海古籍出版社，1995年），下冊，頁613。
〔註56〕同前註。
〔註57〕一說即老聃，姓李名耳，字伯陽，楚國苦縣（今河南鹿邑東）人。一說老子即太史儋，或老萊子。
〔註58〕〔周〕李耳著，〔魏〕王弼注：《老子道德經注》（臺北：世界書局，1975年4月第4版），頁26。

> 夫子贊《易》言理，而不言氣，〈大象〉言氣即以理配之，蓋用理而
> 不用氣，乃聖人之學。外氏專言氣，故爲異端，老子曰「專氣致柔」，
> 其《易》之賊也乎？（〈繫辭上傳二〉，頁527）

按，引文出自《老子》第十章：「專氣致柔，能嬰兒乎？」〔註59〕老子原意在
以專氣致柔之工夫，回返嬰兒之純然天成之境地，其要點當在「柔」而不在
「氣」。而屈氏獨取「氣」字，謂老子以氣爲言，與聖人「用理不用氣」之主
張相異，旨在比較儒、道之別，指斥老子學說之誤。

屈氏援引《老子》，主要是借其道家思想來闡釋卦爻辭義時。其於〈老子
註序〉一文中曾云：

> 諸子中，莫精於老氏，其學蓋得之於黃帝。……然則善演庖羲之《易》
> 者，莫如黃帝。老氏之學，既得之於黃帝，則亦得之於《易》矣。
> 〔註60〕

以爲老子之學源出於黃帝，黃帝既善於演化《易》道，順而推之，則老子之
學亦源出乎《易》，是老子所言必有合於《易》者。故《易》、《老》同源，引
《老》注《易》可也。

屈氏在〈太清道院碑記〉中也說：

> 《易》以龍象乾，〈乾〉之初曰「潛龍勿用」，而用九曰「見群龍無首」。
> 老子之學，以自隱無名爲務，所貴道虛無因應變化於無爲，其龍而勿
> 用與無首之象耶。……老子所著書辭，微妙難識，然與《易》相爲表
> 裏。……孔子平生所嚴事，於周則老子，於楚老萊子。吾儒爲孔子之
> 徒，事孔子而及乎孔子所嚴事之友，亦事師之，禮所宜然者。〔註61〕

屈氏以爲，不應只把老子當作仙人來供養，而應通讀其書，得其微妙之處，
就像孔子一樣向老子學習。這種主張，無疑是針對盛行於晚明的道教而發，
多少反映出屈氏對道教某些作法上的排斥。蓋因道教奉老子李耳爲祖師，列
爲神仙，尊稱「太上老君」，多種以丹道、方術、宗教觀點註解《道德經》之
書籍被收入《正統道藏》中。屈氏反對道教將老子「神格化」的作法，藉孔
子嘗師事老子，強調老子爲「人」而非「神」，欲破除道家玄虛的崇拜。又認
爲《老子》與《易經》同是精微之學，可相爲表裏，若予熟讀，更能通曉《易

〔註59〕《老子道德經注》，頁5。
〔註60〕《文外》卷2，《全集》第3冊，頁38。
〔註61〕《文鈔》卷3，《全集》第3冊，頁342～343。

經》變化之道。故可知屈氏視老子爲先秦學者，《易外》引老子言，顯示出他
不拘於儒說，贊成引《老》解《易》觀點。

2. 《莊子》

　　《莊子》，戰國宋人莊周（西元前 369～？）著。其學祖述老子之說，同
爲先秦道家思想代表。《漢書・藝文志》著錄五十二篇，今本蓋經西晉郭象編
定爲三十三篇，分內篇七、外篇十五、雜篇十一。

　　《易外》明引《莊子》之處較《老子》爲多。例如釋〈乾〉卦，云：

　　　　古文日出一上爲旦，旦，古神字也。莊子「有旦宅而无情死」是也。

　　　　（頁 9）〔註62〕

按，引文出自《莊子・大宗師》「且彼有駭形而無損心，有旦宅而無情死」句。
〔註63〕其中「旦」字，章太炎以爲即嬗、禪等字假借，陳鼓應先生據章氏，
謂「即變化之意」。〔註64〕又，「耗精」二字，今本作「情死」，屈氏所引即從
今本出，而劉師培據《淮南子・精神訓》「有戒形而無損於心，有綴宅而無耗
精」，以爲古籍「耗」作「死」、「精」作「情」，乃形近而譌，倒書而誤爲「情
死」。〔註65〕依上所述，則此句應作「有旦宅而無耗精」，意爲「有軀體的轉
化而沒有精神的死亡」。〔註66〕屈氏釋「旦」爲「神」，又借《莊子》語欲以
「神」、「情」並言，與今人所說不同，實爲曲解。

　　又如釋〈謙〉卦，云：

　　　　中心之得故無心，無心者非聲音笑貌之所能爲，《莊子》所謂眾竅皆

　　　　虛，「冷風則小和，飄風則大和」。（〈謙〉，頁 148）

按，引文出自《莊子・齊物論》「泠風則小和，飄風則大和，厲風濟則眾竅爲
虛」句，〔註67〕屈氏乃直引其文。惟莊子原作「泠風」，先儒釋爲小風、徐風，
與屈氏作「冷風」意不同，未知此字是屈氏筆誤或傳鈔之訛。

　　又如釋〈乾〉卦，云：

〔註62〕《全集》本標點原誤作：「莊子有『旦宅而无情死』」，今依《莊子》原文改正。

〔註63〕〔周〕莊周著，〔晉〕郭象注，〔唐〕陸德明音義：《莊子》（臺北：新興書
　　　　局，1960 年 3 月，《四部集要》本），〈大宗師〉，頁 32 上。

〔註64〕見陳鼓應：《莊子今註今譯》（臺北：臺灣商務印書館，1981 年 11 月第 5 版），
　　　　上冊，頁 220。

〔註65〕劉師培說轉引自陳鼓應《莊子今註今譯》，出處同前註。

〔註66〕引自陳鼓應：《莊子今註今譯》，上冊，頁 222。

〔註67〕《莊子》，〈齊物論〉，頁 7 下。

《易》尚用，勿用者，所以爲用。晝之月勿用，所以爲夜之用，夜
之日勿用，所以爲晝之用。(〈乾〉，頁 4)

按，上文雖未直言引自何說，然「勿用者，所以爲用」一句，蓋出《莊子‧
人間世》「人皆知有用之用，而莫知無用之用也」〔註68〕之意。是屈氏釋《易》
「用」，援引道家無用之說。

3. 《管子》

《管子》一書，舊題春秋齊人管仲（？～前 645）著，實係後人託名管子。
成書時間大約在戰國後期。《漢書‧藝文志》著錄八十六篇，列入「道家」，《隋
書‧經籍志》則列入「法家」。今存二十四卷，計七十六篇。內容豐富，以道、
法兩家思想爲主，兼採諸子百家，旁及天文、政治、經濟、地理等，爲研究先
秦時期之重要典籍。

《易外》引《管子》言不多見。例如釋〈離〉卦，云：

《管子》云：「道之在天者日也，其在人者心也」，心以誠爲體，以
敬爲用，故離初即以敬之爲言。(〈離〉，頁 255)

按，引文出自《管子‧樞言第十二》，原作：

管子曰：「道之在天者，日也；其在人者，心也。」故曰：「有氣則
生，無氣則死，生者以其氣；有名則治，無名則亂，治者以其名。」
樞言曰：愛之利之，益之安之，四者道之出。帝王者用之，而天下
治矣。〔註69〕

故知《管子》所言，本在論天下治亂之道，而屈氏引之，旨在申明個人之心
以誠敬爲體用。一以治人，一以修身，用法略有不同。

4. 《淮南子》

《淮南子》，又名《淮南鴻烈》，二十一卷，《漢書‧藝文志》列爲「雜家」，
係西漢初年淮南王劉安（西元前 179～前 121）召集門客，仿照《呂氏春秋》，
共同編寫而成。此書內容以道家思想爲主，兼採諸子百家之說，其中亦有關
於《易》道的言論，可見漢代《易》學與道家思想關連密切。〔註70〕

〔註68〕《莊子》，〈人間世〉，頁 22 上。
〔註69〕〔周〕管仲著，謝浩範、朱迎平譯注：《管子》（臺北：臺灣古籍出版公司，
　　　　2000 年 4 月），〈樞言第十二〉，頁 218。
〔註70〕《淮南子》體現出的《易》道思想，可參考周立升：《兩漢易學與道家思想》
　　　　（上海：上海文化出版社，2001 年 11 月），〈第一章：《淮南子》的易道觀〉，
　　　　頁 1～16。

屈氏引《淮南子》有數處。例如釋〈大畜〉卦，云：

　　《淮南子》曰：「玄田爲畜」，……玄爲天，玄之田，天田也，陽之

　　德，大畜於玄之天田，而見於黃之地田。（〈大畜〉，頁225）

按，翻檢今本《淮南子》，未見有「玄田爲畜」一句。但於宋儒楊簡《慈湖詩

傳》中，曾引《淮南子》語，云：

　　《淮南子》曰：「玄田爲畜。」今農人謂黑沙土田生禾特盛，異於他

　　田，殆黑墳之義。〔註71〕

則屈氏所引《淮南子》文句，或從《慈湖詩傳》或他書處轉引而來。

又如釋〈說卦傳〉，云：

　　〈巽〉爲長女，《淮南子》：「女夷鼓吹以司天和，以長百穀、禽鳥、

　　草木」。〈巽〉長女，故其神曰「女夷鼓吹」者，風齊乎萬物之象。（〈説

　　卦傳〉，頁575）

按，引文出自《淮南子》卷三〈天文篇〉，原作：

　　行十二時之氣，以至于仲春二月之夕，乃收其藏而閉其寒，女夷鼓

　　歌，以司天和，以長百穀禽鳥草木。〔註72〕

故知《淮南子》原作「鼓歌」，《易外》引作「鼓吹」，蓋形近而訛。〈巽〉爲

長女卦。〈說卦〉曰：「齊乎〈巽〉。」又曰：「神也者，妙萬物而爲言者也。……

橈萬物者莫疾乎風。」〈巽〉卦爲長女、爲風，屈氏引《淮南子》之言，申說

〈巽〉卦之神妙，在象「女夷鼓歌」，「鼓歌」以「橈萬物」，故能「司天和」

以「長百穀禽鳥草木」而「齊乎萬物」。是屈氏引《淮南子》，以「長女」而

爲「女夷」，高誘註云：「女夷，主春夏長養之神也。」故知屈氏用意在申明

〈巽〉「神」之內涵。

又如釋〈雜卦傳〉，云：

　　人三十曰壯，《淮南》謂壯曰傷，蓋大壯以遜之肥而大壯不止，則血

　　氣用事，而爲觸藩之羝羊，有羸其角之傷。（〈雜卦傳〉，頁585）

按，《淮南子・俶眞篇》曰：「是故形傷于寒暑燥濕之虐者，形苑而神壯。」〔註

73〕高誘注云：「苑，枯病也。壯，傷也。」〔註74〕屈氏所引，蓋自此出。

〔註71〕〔宋〕楊簡：《慈湖詩傳》（臺北：臺灣商務印書館，1983年，《景印文淵閣四
　　　　庫全書》第73冊），卷13，頁203上。

〔註72〕張雙棣：《淮南子校釋》，上冊，頁318。

〔註73〕同前註，頁146。

〔註74〕同前註，頁154。

5.《白虎通》

《白虎通》即《白虎通德論》之簡稱。東漢章帝建初四年（79），在章帝主持下，聚集博士、儒生，於洛陽白虎觀舉行了一場盛大的經學辯論會，學者們各抒經義，考辨《五經》之異同，再由章帝親臨裁決，此即史稱「白虎觀奏議」事。〔註75〕奏議內容後由班固奉詔作系統地整理，編撰成內容計四卷、四十四篇的《白虎通德論》一書。

《易外》徵引《白虎通》之處不多，見於釋〈坎〉卦，云：

> 坎爲水，水平故主法，法律者所以銓量輕重，……《白虎通》云：「水之爲言準也」。（〈坎〉，頁 251）

按，遍查今本《白虎通》，未見有「水之爲言準也」一句。然檢宋人所編《太平御覽》曾引《白虎通》語，曰：

> 《白虎通》曰：五行者，何謂也？謂金、木、水、火、土。言行者，欲言爲天行氣之義也。地之承天，猶婦之事夫，臣之事君也。其位卑，卑者親事，故自同於一行，尊於天也。《尚書》一曰水、二曰火、三曰木、四曰金、五曰土。水位在北方者，陰氣在黃泉之下，任養萬物。水之爲言准也。〔註76〕

則屈氏所引，或自類書錄出。至於此句之意，《廣雅・釋言》曰：「水，準也。」〔註77〕《釋名・釋天》曰：「水，準也。準，平物也。」〔註78〕皆釋「水」爲「準」。「準」，《漢書・律曆志》云：「準者，所以揆平取正也。」〔註79〕故知古人多以平准之義釋水也，屈氏引《白虎通》語，蓋借漢人所釋字義，以申〈坎〉卦象水而有平準法律之意。

6.《孔子家語》

《孔子家語》舊題漢孔鮒著，魏王肅注。歷來對於此書真偽多有爭辯，篤信者援引其說，質疑者如清人范家相《家語證偽》、孫志祖《家語疏證》等，

〔註75〕見《後漢書》，卷3，「章帝紀」，事在章帝建初四年。

〔註76〕〔宋〕李昉等：《太平御覽》（臺北：大化書局，1977年5月），卷17，第1冊，頁85下～86上。

〔註77〕〔三國〕張揖：《廣雅》（北京：中華書局，1985年北京新1版，《叢書集成初編》第1160冊），卷5，頁59。

〔註78〕〔漢〕劉熙：《釋名》（北京：中華書局，1985年北京新1版，《叢書集成初編》第1151冊），卷1，頁4。

〔註79〕《漢書》，卷21上，〈律曆志第一上〉，頁970。

則認定乃王肅所偽造。

　　《易外》引《孔子家語》（以下簡稱《家語》）約有三處。其一，於釋〈蒙〉卦，云：

> 又子思受業于曾子，年亦甚少，而《家語》載：叔仲會字子期，魯人，少孔子五十四歲，與孔族年相比，二孺子俱執筆迭待於夫子，是皆童蒙之吉。（〈蒙〉，頁 81）

按，引文出自《家語》卷九〈七十二弟子解第三十八〉，原文作：

> 叔仲會，魯人，字子期。少孔子五十歲。與孔璇年相比。每孺子之執筆記事於夫子，二人迭侍左右。〔註80〕

兩相對照，可知屈氏所引文字與《家語》相去甚多，最主要有兩處，一是「五十四歲」和「五十歲」，相差四歲；一是「孔族」和「孔璇」，名字不同。

　　其二，於釋〈睽〉卦，云：

> 又宗，六宗也。《家語》曰：所宗者六，埋少牢坎中於壇祭寒暑，王宮祭日，夜明祭月，幽禜祭星，雩禜祭水。（〈睽〉，頁 325）

按，遍查今本《孔子家語》，未見「所宗者六」句。而《孔叢子》曰：

> 宰我曰：「敢問禋于六宗，何謂也？」孔子曰：「所宗者六，皆潔祀之也。埋少牢于太昭，所以祭時也；祖迎于坎壇，所以祭寒暑也；主于郊宮，所以祭日也；夜明所以祭月也；幽禜所以祭星也；雩禜所以祭水旱也。禋于六宗，此之謂也。」〔註81〕

據《四庫全書總目》評「孔叢子」云：

> 即如〈舜典〉禋于六宗何謂也？子曰：所宗者六，皆潔祀之也。埋少牢於泰昭，所以祭時也；祖迎於坎壇，所以祭寒暑也；主於郊宮，所以祭日也；夜明所以祭月也；幽禜所以祭星也；雩禜所以祭水旱也。禋于六宗，此之謂也。其說與偽《孔傳》、偽《家語》竝同，是亦晚出之明證也。〔註82〕

是《家語》應同於《孔叢子》、孔安國《尚書孔氏傳》有此句，今本已散失。

〔註80〕〔魏〕王肅注：《孔子家語》（臺北：臺灣商務印書館，1983 年，《景印文淵閣四庫全書》第 695 冊），卷 9，〈七十二弟子解第三十八〉，頁 88 上。

〔註81〕〔漢〕孔鮒：《孔叢子》（臺北：臺灣商務印書館，1983 年，《景印文淵閣四庫全書》第 695 冊），卷上，頁 312 下～313 上。

〔註82〕〔清〕紀昀編纂：《四庫全書總目》（臺北縣：藝文印書館，1989 年 1 月），第 3 冊，頁 1806 上。

依《孔叢子》所述，核以屈氏引文，略有出入，因屈氏意在釋「六宗」一詞，「埋少牢坎中於壇祭寒暑」，乃合「埋少牢以祭時」及「祖迎於坎壇以祭寒暑」兩事為一，明顯缺「祭時」等字，當為屈氏引文之疏漏。又，《易外》轉引《家語》「六宗」之說，適足以顯示出屈氏對《家語》內容之不疑。〔註83〕

其三，於釋〈漸〉卦，云：

> 漸、歸妹，十月之卦。《家語》稱：「霜降而婦功成，嫁娶者行焉」，
> 以此時群生閉藏為陰，而為化育之始，故聖人以合男女窮天數也。
> （〈漸〉，頁422）

按，引文出自《家語》卷六〈本命解第二十六〉，原文作：

> 群生閉藏乎陰，而為化育之始。故聖人因時以合偶男女，窮天數也。
> 霜降而婦功成，嫁娶者行焉。冰泮而農桑起，婚禮而殺於此。〔註84〕

將屈氏引文與《家語》相核，可知屈氏「霜降」一句十一字，乃明引自《家語》，他句並沿用《家語》「群生閉藏」、「化育之始」的概念，僅略改數字而已，思想仍承襲《家語》而來。

三、字書

《易外》釋經傳文字，常引用東漢許慎《說文解字》及其他字書來作文字解說，尤以前者為多。其意在藉由文字結構表現出之意象，來闡釋卦名、卦爻辭等意義。屈氏利用文字結構釋《易》，將於第六章設立專節討論，此處不再贅言，僅列舉《易外》引用字書之現象。例如引《說文》釋〈剝〉卦，云：

> 《說文》：「廬，寄也，秋冬去，春夏居。」蓋坤為田，廬，田中屋
> 也。（〈剝〉，頁203）

按，〈剝〉卦上九爻辭「小人剝廬」之「廬」字，前人如王弼、朱子皆未加注。或以廬為草房，屈氏則引《說文》「廬」字義釋為「田中屋」，蓋配合〈剝〉卦艮上坤下，以坤為田，強調廬非一般茅草屋，應指田中屋。由此可見其於經傳文字說解之細膩。

〔註83〕《孔子家語》內容真偽，自漢以後學者頗有論辯，疑其非孔子之言，乃漢晉儒者異說。如劉昭謂：「《孔叢子》之言，若果是夫子所說，則後儒無復紛然，正謂未必然耳。」屈氏以前即有不少對《孔叢子》內容質疑之言，「六宗」之說亦是。詳可參〔清〕秦蕙田：《五禮通考》（中壢：聖環圖書公司，1994年），卷54，〈吉禮五十四・六宗〉。

〔註84〕《孔子家語》，卷6，〈本命解第二十六〉，頁62上。

又如引《說文》釋〈无妄〉卦，云：

> ……又《說文》，「菑，不耕田也」，田不耕則草塞之，巛其象也。不成坤故不成田，不成田，故有草塞而巛之象。震爲蕃鮮，巛其田之菜也。（〈无妄〉，頁 221）

按，〈无妄〉卦六二爻辭「不菑，畬」之「菑」字，前人如王弼、朱子未有注。《說文》釋「菑」字曰：「菑，不耕田也。从艸田巛聲。《易》曰：『不菑畬。』」是《說文》原即引〈无妄〉爻辭，屈氏又反引《說文》「菑」字義爲訓。惟《說文》所釋，蓋以「艸」、「田」爲形符，以「巛」爲聲符，即段《注》云：「從艸田會意，以巛爲聲也。」〔註 85〕而屈氏卻以「巛」象田不耕而草塞之形，是解析「菑」字異於《說文》本意，另出以己見說之。

除《說文》之外，《易外》也援引其他字書，包括《釋名》、《韻會》等。《易外》引《釋名》，例如釋〈雜卦傳〉，云：

> 姤，遇也，姤之象䷫，一陰始與陽遇，其象爲耦。《釋名》：「耦，遇也，二人相對遇也。」（〈雜卦傳〉，頁 587）〔註 86〕

按，引文出自《釋名・釋親屬第十一》，文字同。〔註 87〕〈姤〉卦巽下乾上，六爻之中惟初爻爲陰，餘五爻爲陽，象一陰與五陽交會，故〈象〉曰：「遇也。柔遇剛也。」屈氏引《釋名》，其用意在強調「二人相對遇」，蓋指初六與九二兩爻之比鄰，如男女之遇合。

《易外》引《韻會》，例如釋〈說卦傳〉，云：

> 雷，火之聲，故屬震；電，火之光，故屬離。《韻會》以爲「雷，天氣；電，地氣」，非也。雷電皆地氣也。天氣自地而上，而後地氣自天而下也。（〈說卦傳〉，頁 574）

按，引文出自《古今韻會舉要》。宋元間黃公紹〔註 88〕嘗著《古今韻會》一書，

〔註 85〕〔漢〕許慎著，〔清〕段玉裁注：《說文解字注》（臺北：黎明文化事業公司，1993 年 7 月第 10 版），頁 42 上。

〔註 86〕《全集》本「䷫」原誤作「䷟」，今改正。

〔註 87〕《釋名》，卷 3，頁 49。

〔註 88〕黃公紹，字直翁，昭武（今福建）人。南宋度宗咸淳元年（1265）進士，入元不仕，隱居樵溪。所撰《古今韻會》一書，以《說文》爲本，並參考宋元以前字書、韻書，爲集大成之作。原書不傳，同時之熊忠，以其徵引太繁，另編《古今韻會舉要》，今存世。《四庫全書總目》稱：「公紹嘗作《古今韻會》，有名於世。然原本久已散佚，今所傳者，乃熊忠《舉要》，已非復公紹之原本。」見《四庫全書總目》，第 5 冊，「集部別集類十八・在軒集」，頁 3264 上。

後熊忠以其徵引浩繁，不便參考，加以刪減後，編成《古今韻會舉要》傳世。因黃氏原書不傳，故屈氏所引，當從《古今韻會舉要》所出。《古今韻會舉要》卷二十二釋「電」字云：「或曰：雷出天氣，電出地氣，故電从坤省。」以雷自天而出、電自地而出，一爲天地、一爲地氣，屈氏駁之，以雷、電皆「自天而下」，故應同屬地氣。

四、中醫典籍

《易外》引用醫籍之言，大抵出自《黃帝內經》。《黃帝內經》爲中國古代醫籍名著，撰著者不詳，因託名黃帝，故稱「黃帝內經」。其成書時間或在西漢末期以前，而集漢以前醫學思想之大成，故最爲醫家所重。全書包含《素問》與《靈樞》兩部分，共十八卷、分一百六十篇。內容主要在系統論述生理、病理、藥理、診斷、治療、預防、養生等中醫學觀點。其中蘊含陰陽五行生剋之原理，與《易》頗有相通，故前人視醫、《易》二者爲同源。

例如《易外》釋〈睽〉卦，云：

又張目也，張之過則瞀亂，《素問》所謂「濁昧參差，火之化也」。
（〈睽〉，頁 323）

按，屈氏自言引文出自《黃帝內經・素問》，然遍查《素問》卻未檢得此句，不知其所據？而《素問・六元正紀大論篇第七十一》有「帝曰：水發而雹雪，土發而飄驟，木發而毀折，金發而清明，火發而曛昧，何氣使然？岐伯曰：氣有多少，發有微甚。微者當其氣，甚者兼其下，徵其下氣，而見可知也。」〔註89〕則屈氏所引，或即摘自其意，以「濁」、「昧」參差，皆出於火之化。

又如《易外》釋〈革〉卦，云：

己，坤也，離之中是也，火伏于己，而金乃革，故以六二當之。《素問》「伏火之後，金氣乃實」，有孚者實之謂也。有孚而後革之金氣實，而從革之道乃成也。（〈革〉，頁 397）

按，此例同上，屈氏亦自指明引文出自《黃帝內經・素問》，但遍查《素問》皆無所得，不知其所據？而《素問》中言及五行生剋處頗多，其中與屈氏引文較近似者，如《素問・調經論篇第六十二》曰：「帝曰：刺微奈何？岐伯曰：按摩勿釋，出鍼視之，曰：『我將深之。』適人必革，精氣自伏，邪氣散亂，

〔註89〕 撰人不詳：《黃帝內經素問》（臺北：新文豐出版公司，1985 年，《叢書集成新編》「應用科學類」第 44 冊），〈六元正紀大論篇第七十一〉，頁 413 下。

無所休息，氣泄腠理，眞氣乃相得。」〔註90〕《素問‧五常致大論篇第七十》曰：「帝曰：其不及奈何？岐伯曰：木曰委和，火曰伏明，土曰卑監，金曰從革，水曰涸流。」〔註91〕《素問‧六微旨大論第六十八》曰：「右，君火之位也。君火之右，退行一步，相火治之；復行一步，土氣治之；復行一步，金氣治之。」〔註92〕又曰：「風位之下，金氣承之。」〔註93〕則屈氏所引，或即摘諸篇之意而統言之。

　　屈氏曾爲友人所著《易簡單方集》一書撰序，謂：

> 善醫者以藥爲兵，以天道爲律，天道在乎《易》六十四大象。……
>
> 故善醫莫如聖人，天地且受其療治，以去其雷風之蠱，而況於人乎？
>
> 故夫不知《易》者，不可以醫。〔註94〕

蓋中國傳統醫家主張醫、《易》同源，此說久爲學界所認同，故醫家診病施藥，有引《易》以說者，理有所通，未嘗不可。而屈氏更謂「不知《易》者，不可以醫」，以醫道本源於《易》理，故醫家不可以不通《易》。

　　屈氏之父澹足公精通醫理，科舉未就後棄儒從醫爲業。屈氏從小耳濡目染，於醫籍自當頗爲嫻熟。又《內經》以陰陽五行生剋之道爲思想系統主軸，與《易》道陰陽正可相應，故屈氏於疏解《易經》之際，不免有所引用。

五、道教典籍

　　《易外》除引用儒家經典及諸子書外，亦有徵引道教典籍。前文已言屈氏引《老子》時，對道教奉老子爲神仙之作法有所非議，但從《易外》援引道經這一點來看，屈氏對道教並未完全排斥。

　　《易外》釋〈繫辭〉，云：

> 人之目即《易》也，《易》包日月，目亦如之，目擊而《易》存矣，
>
> 《陰符》云「幾在目」，《易》，幾書也，幾在目者，《易》在目也。（〈繫辭上傳一〉，頁 508）

按，「陰符」即道教經典《黃帝陰符經》，簡稱《陰符經》，舊題黃帝撰，作者暨成書時間歷來迭有爭議。經文僅三百八十四字，書中寓有老莊思想，闡發天人

〔註90〕《黃帝內經素問》，〈調經論篇第六十二〉，頁 382 中。
〔註91〕《黃帝內經素問》，〈五常致大論篇第七十〉，頁 399 下。
〔註92〕《黃帝內經素問》，〈六微旨大論篇第六十八〉，頁 393 中。
〔註93〕同前註，頁 393 下。
〔註94〕〈易簡單方集序〉，《文外》卷 2，《全集》第 3 冊，頁 78。

相盜之盜機論，以及神仙學說，是道教思想史的重要著作。前儒甚重視，如朱子有《陰符經考異》以注之。全書內容有三章，即〈神仙抱一演道章第一〉、〈富國安民演法章第二〉、〈強兵戰勝演術章第三〉。屈氏引文蓋出自《陰符經》之〈強兵戰勝演術章第三〉，原作：「心生於物，死於物。機在目。」〔註95〕故知《陰符經》言「機」，屈氏則改作「幾」，字既略異，指涉之義亦稍有別。蓋《陰符經》為樞機之意，而屈氏之「幾」，義當近於〈繫辭上傳〉「聖人之所以極深而研幾」、〈繫辭下傳〉「幾者，動之微，吉之先見者」之「幾」字。

第四節　偶引諸家

　　《翁山易外》引書主要取資先秦經籍，最多為《詩經》，其次為《左傳》、《尚書》、《禮》等，可謂採「以經證經」之詮釋法。至於引用前賢見解之例，實則並不多見，乃屈氏疏解卦爻辭義時，偶加採錄，以作補證之用。茲擇要略依人物時代先後分述如下。

一、漢魏晉南北朝

1. 京房（前77～前37）

　　京房，字君明。本姓李，好音律，推律自改名京氏。漢東郡頓丘（今河南清豐縣西南）人。生於漢昭帝元鳳四年（西元前77），卒於漢元帝建昭二年（西元前37），年四十一。西漢著名《易》學家，師事焦延壽，擅以災異說《易》。事蹟見《漢書》卷七十五本傳。

　　《易外》釋〈賁〉卦引京房說，云：

　　　　京房謂五色不成謂之賁，文彩雜也。（〈賁〉，頁189）

按，《京氏易傳》卷上釋〈賁〉卦謂：「賁者，飾也。五色不成謂之賁，文彩雜也。」〔註96〕故知屈氏釋「賁」字義，蓋借京房之語為說。

2. 何休（129～182）

　　何休，字邵公，任城樊（今山東曲阜）人。生於東漢順帝永建四年（129），卒於東漢靈帝光和五年（182），年五十四。師承博士羊弼，為東漢著名今文

〔註95〕《黃帝陰符經》（臺北：中國子學名著集成編印基金會，1978年，《中國子學名著集成》第98冊），頁70。

〔註96〕〔漢〕京房著，〔吳〕陸績注：《京氏易傳》（臺北：臺灣商務印書館，1983年，《景印文淵閣四庫全書》第808冊），卷上，頁450上。

《公羊》學家。官拜郎中、議郎、諫議大夫。事蹟見《後漢書·儒林傳》。何休曾以病辭官，杜門著述十七年，而成《春秋公羊解詁》一書，又作《公羊墨守》、《左氏膏肓》、《穀梁癈疾》等以難二《傳》。後鄭玄著《發墨守》、《鍼膏肓》、《起癈疾》以駁何氏，於是古學興、今學衰，《公羊》漸爲《左傳》所取代，是以何氏終未能振起《公羊》學衰頹之勢。

《易外》釋〈歸妹〉卦之「娣」字引何休說，云：

> 娣亦曰貴妾，姪亦娣也。何休云：夫人无子，立右媵之子，右媵无子，立左媵之子，故嫡之有媵也，猶江之有汜、有渚、有沱，月之有三、有五、有參與昂也。（〈歸妹〉，頁 437）

按，引文出自《春秋公羊注疏》卷一，原作：

> 禮適夫人無子，立右媵；右媵無子，立左媵；左媵無子，立嫡姪娣；嫡姪娣無子，立右媵姪娣；右媵姪娣無子，立左媵姪娣。〔註97〕

屈氏蓋引何休釋媵、姪娣關係，以申「姪亦娣也」之意。

3. 馬融（79～166）

馬融，字季長。扶風茂陵（今山西興平東北）人。生於東漢章帝建初四年（79），卒於東漢桓帝延熹九年（166），年八十八。曾官拜校書郎、議郎、南郡太守等職。東漢著名古文經學家。曾遍注《易》、《書》、《詩》、《禮》諸經。生徒多至千餘人，名儒鄭玄、盧植皆出自其門。著作已亡佚，有清人馬國翰《玉函山房輯佚書》、黃奭《漢學堂叢書》輯本。

《易外》引馬融說，例如釋〈家人〉卦〈象辭〉「風自火出，家人」，云：

> 馬融云：「火以木爲家，故稱家人」，蓋火得木而後有家，女得男而後有家。（〈家人〉，頁 314）

按，唐人李鼎祚《周易集解》引馬融《注》云：「馬融曰：木生火，火以木爲家，故曰家人。火生於木，得風而盛，猶夫婦之道相須而成。」〔註98〕又明人魏濬《易義古象通》亦引其說曰：「馬季長曰：木生火，火以木爲家，故曰家人。愚按，木生火，火復生風。生爲母子，配爲夫婦，比和爲兄弟，於家人之道備。」〔註99〕故知馬融係以五行申說〈家人〉卦義，後世多有從之者，

〔註97〕《公羊傳》，頁 11 下。

〔註98〕〔唐〕李鼎祚：《周易集解》（臺北：成文出版社，1976 年，《無求備齋易經集成》第 9 冊），卷 8，頁 384。

〔註99〕〔明〕魏濬：《易義古象通》（臺北：臺灣商務印書館，1983 年，《景印文淵閣四庫全書》第 34 冊），頁 290 上。

屈氏亦其一也。

4. 鄭玄（127～200）

鄭玄，字康成。北海高密（今山東）人。生於東漢順帝永建二年（127），卒於東漢獻帝建安五年（200），年七十四。少入太學，習今文《易》、《公羊》學，復從張恭祖學《古文尚書》、《周禮》、《左傳》等，再從馬融習古文經。後歸里講學，生徒達千餘人。鄭氏因黨錮牽連被禁，得潛心著述，遍注群經，以古文經說為主，兼采今文，集兩漢經學之大成。著有《易注》、《毛詩箋》、《三禮注》及《發墨守》、《箴膏肓》、《起廢疾》、《六藝論》、《駁五經異義》等。其書大多亡佚，清代鄭學大興，故所輯甚豐，有袁鈞《鄭氏佚書》、馬國翰《玉函山房輯佚書》、黃奭《高密遺書》等。事蹟見《後漢書》本傳。

《易外》有稱引「鄭氏」者，即徵引鄭玄之言。例如《易外》釋〈大過〉卦，云：

> 鄭氏曰：「稊者，木之更生也。」（〈大過〉，頁 243）

按，〈大過〉卦九二爻辭「枯陽生稊」，鄭玄註《周易》作「九二，枯陽生蕑」，其下註云：「蕑，木更生。」〔註100〕屈氏所引蓋出自此處。惟「稊」字，鄭玄作「蕑」，與今本《周易》異，蓋兩字相通，指嫩芽。屈氏引鄭氏語時，又將其「蕑」字改回「稊」字，非鄭《注》之原貌。

又如釋〈鼎〉卦，云：

> 蔌亦兼肉，鄭氏以簌為八珍所用是也。（〈鼎〉，頁 407）

按，〈鼎〉卦九四爻辭「鼎折足，覆公餗」，鄭玄註云：「糝謂之餗，震為竹，竹萌曰筍，筍者，餗之為菜也。餗，美饌，是八珍之食。」〔註101〕屈氏所引蓋出自此處。然今本《周易》與鄭玄皆作「餗」，而屈氏作「蔌」，考《詩・大雅・韓奕》「其蔌維何」，《毛傳》注曰：「蔌，菜殽也。」而鄭玄注謂：「餗之為菜也。」可知「餗」、「蔌」兩字義通，惟經文與鄭《注》皆本作「餗」，屈氏實不應擅改。

5. 王肅（195～256）

王肅，字子雍。東海（今山東）人。生於東漢獻帝興平二年（195），卒

〔註100〕〔漢〕鄭玄著，〔宋〕王應麟輯，〔清〕惠棟考補：《增補鄭氏周易》（臺北：臺灣商務印書館，1983 年，《景印文淵閣四庫全書》第 7 冊），卷上，頁 160 上。

〔註101〕同前註，卷中，頁 169。

於曹魏高貴鄉公甘露元年（256），年六十二。師從宋忠（一作衷）。魏司馬昭之岳父，官拜中領軍，加散騎常侍。其學兼採今文、古文，遍注群經，而不喜鄭玄之學，著有《聖證論》。其諸經注在晉代立為博士，時目為「王學」，與「鄭學」相抗。王氏書俱已佚，其《易》注有清人馬國翰《玉函山房輯佚書》輯本（即《周易王氏注》）。

《易外》釋〈賁〉卦引王肅之說，云：

> 王肅、鄭玄以為賁，黃白之色。離黃於下，艮白於上，離黃於中，
> 艮白於外，其色不純。（〈賁〉，頁 189）

按，陸德明《經典釋文·周易音義》釋「賁」引王肅語云：「王肅符文反，云『有文飾，黃白色。』」〔註102〕屈氏所引王肅語，蓋從《經典釋文》而出。

二、唐宋元明

1. 郭 京

郭京，生卒年不詳。唐蘇州司戶參軍。著有《周易舉正》三卷。宋代《崇文總目》著錄三卷，云：「《周易舉正》，原釋唐蘇州司戶參軍郭京撰。京世授五經，得王輔嗣、韓康伯手寫《易經》，比世所行，或頗差駁，故舉正其訛，而著于篇。」〔註103〕郭氏此書頗為後世《易》家所重，於其內容多有引用。〔註104〕

《易外》引郭京書似僅一處，見於釋〈大壯〉六五爻辭「喪羊於易」，云：

> 〈大壯〉易位即〈无妄〉，〈无妄〉失牛，故〈大壯〉喪羊，《舉正》
> 云：「大壯之義莫先於牛，象四牛字，並誤羊」，非也。（〈大壯〉，頁
> 301）

按，《舉正》乃《周易舉正》一書之省稱。《易外》所引，蓋出自《周易舉正》註「大壯六五喪牛于易」語，原作：

> 象曰「喪牛于易」，經象五牛字，並誤羊字。大壯之義，莫先于牛，

〔註102〕《經典釋文》，卷 1，〈周易音義〉，收入《周易》（臺北：藝文印書館，1997年 8 月初版 13 刷，《十三經注疏》第 1 冊），頁 197 下。

〔註103〕見〔宋〕王堯臣等編次，錢東垣等輯釋：《崇文總目》（北京：中華書局，1985年，《叢書集成初編》第 21 冊），第 1 冊，卷 1，頁 4。

〔註104〕郭氏《周易舉正》一書頗受後世學者肯定，徐芹庭先生稱：「自宋以後諸大儒談《易》注《易》者，如邵子、程子、宋咸、朱子、晁公武、朱震、洪邁、項安世、王申子、胡一桂、來知德、胡炳文、熊良輔、林希元、吳澄、俞琰、程迥、翟均廉等多嘗取資其說。黃宗炎甚至以為較今本為優。」見氏著：《周易舉正評述》（臺北：成文出版社，1977 年 2 月），頁 2。

義可見矣。〔註105〕

〈大壯〉六五爻辭本是「喪羊」，郭京疑爲誤字，直以牛壯於羊，經文應作「喪牛」，遂加妄改。其所持理由「大壯之義，莫先於牛」，意指牛爲動物中最強壯者，言壯自當首推牛，這是從動物體格上的差異來看。然而此說未免過於主觀，頗不能服人，故後世多有辨駁。例如今人徐芹庭先生認爲：

> 郭氏不知《易》象，故以牛爲壯，以易羊字，非也。《釋文》所據本及所引漢隋以來廿餘家《易》注，阮元校本及所引注疏十本，岳本《唐石經》、《集解》及一切《易》本皆言「喪羊於易」。而郭氏以牛較羊壯故以牛易羊。夫牛體雖大，其性則順，故於易坤爲牛爲順。羊體雖小，其性則狠而頑，其肉則鮮美可食，故聖人取象，於易則兌爲悦爲羊爲少女爲毀折爲剛鹵。有悦之象，有剛之象。以兌爲少女而論，少女固人之所悦，然亦或視爲禍水，於易羊爲可悦其性則剛，故大壯以斯取象也。〔註106〕

徐氏於郭京牛羊體型之說外，另針對兩物性情及剛柔取象相比較，其論點較爲圓融。

宋代以後學者注解《易經》，於郭京《周易舉正》多有資取。屈氏不泥古盲從，徵引郭京語，意在指摘其《易》説之謬誤。屈氏言「〈大壯〉易位即〈无妄〉，〈无妄〉失牛，故〈大壯〉喪羊」，意謂〈大壯〉卦畫下乾上震，〈无妄〉下震上乾，兩卦互爲「反對」。〈无妄〉六三爻辭曰：「无妄之災，或繫之牛，行人之得，邑人之災。」既言喪牛，則〈大壯〉反之，即應是喪羊。屈氏蓋以六十四卦本身反對的結構來作推理，較郭京舊說更爲客觀。

2. 吳澄（1243～1313）

吳澄，字幼清，號草廬。江西崇仁人。生於南宋理宗淳祐三年（1243），卒於元仁宗皇慶二年（1313），年七十一。南宋度宗咸淳六年（1270）舉人，曾官翰林，充經筵講官。學通五經，尤長於《易》。著有《易纂言》十二卷、《易纂言外翼》八卷、《禮記纂言》三十六卷、《書纂言》四卷、《春秋纂言》（《總例》七卷、《纂言》十二卷）等。事蹟見《元史》本傳。

吳澄《易》學專著有二，一爲《易纂言》，一爲《易纂言外翼》。《四庫全

〔註105〕〔唐〕郭京：《周易舉正》（臺北：成文出版社，1976年，收入《無求備齋易經集成》第164冊，據清宣統三年宸翰樓叢書本影印），卷中，頁43。
〔註106〕徐芹庭：《周易舉正評述》，頁87～88。

書總目》評云：「其解釋經義，詞簡理明，融貫舊聞，亦頗賅洽，在元人説《易》諸家，固終爲巨擘焉。」〔註107〕又云：「自唐定《正義》，《易》遂以王弼爲宗，象數之學久置不講，澄爲《纂言》，一決于象，史謂其能盡破傳註之穿鑿，故言《易》者多宗之。」〔註108〕故知其書爲明清學者所重，多有徵引其說以解《易》者，而屈大均撰《易外》，亦參考其說。

　　《易外》釋〈困〉卦初六爻辭「臀困于株木」引吳澄說，云：

> 吳氏澄謂木之中身曰朱，字正作朱，後人加木爲株是也。（〈困〉，頁385）

按，引文出自《易纂言外翼》，原作：

> 巽爲木。按：字畫一在木下爲本，木之根也；一在木上爲末，木之枝也；一在木中爲朱，木之榦也，後人假借爲顏色之朱，遂加木於旁，以別木朱之朱。〈困〉三四五互巽，四當巽之中畫，木之身也，故爲株。〔註109〕

故知屈氏蓋摘引吳澄文句，沿用其所釋「株」字之義。

　　又有言引「吳氏」者，考吳氏即吳澄。例如《易外》釋〈家人〉卦九五爻辭「王假有家」，云：

> 吳氏曰：「假與嘏同，嘏尊祝卑，以尊統卑，故但言假。」（〈家人〉，頁320）

按，引文出自《禮記纂言》「祝嘏莫敢易其常，古是謂大假」句下吳澄註語，原作：

> ……故曰大假，或曰假，與嘏字通用。大假者，大其嘏辭也。嘏尊祝卑，以尊統卑，故但言假。〔註110〕

故知屈氏引吳澄所釋「假」字之義以說。

3. 郁文初

　　《易外》有引「郁溪」之言，郁溪即郁文初，郁溪爲其號，明季粵東人士，生卒年不詳，官至肇慶府知府。著有《周易郁溪記》十四卷，《四庫全書》

〔註107〕《四庫全書總目》，卷4，〈經部・易類四〉，「易纂言」，頁112上。
〔註108〕同前註，「易纂言外翼」，頁112下。
〔註109〕〔元〕吳澄：《易纂言外翼》（臺北：臺灣商務印書館，1983年，《景印文淵閣四庫全書》第22冊），卷4，頁628下。
〔註110〕〔元〕吳澄：《禮記纂言》（臺北：臺灣商務印書館，1983年，《景印文淵閣四庫全書》第121冊），卷25，頁544上。

列入「存目」，《四庫全書總目》評曰：「書中首推河洛，縱橫曼衍，不出常談。至於各卦象爻，立論尤多僻異。大率以五行生剋、精氣骨肉爲言。……蓋愈鑿而障礙愈多矣。」〔註111〕可知《四庫》館臣對郁氏《易》學評價甚低，故列此書於「存目」，不收全帙。近年來大陸刊印《四庫全書存目叢書》，此書亦被收入影印出版。〔註112〕

《四庫》館臣對郁氏《易》學持否定之態度，而屈氏對其人其學卻頗爲推崇，他在〈贈清霞子〉詩中曾說：「潘茂名、郁先生，千年象數相傳授，後天之學汝尤精。」自註：「郁先生名文初，嘗爲高州太守，夢仙人潘茂名與談《易》理，因得先聖絕學。」〔註113〕於郁文初稱先生而不直呼其名，又謂郁氏得仙人傳授象數，精通後天學，皆可見屈氏推重之意，故於撰寫《易外》時，亦曾參考郁氏釋《易》之言。

屈氏於《易外》中徵引郁氏之言計有兩處，一於釋〈鼎〉卦，一於釋〈中孚〉卦。《易外》引郁溪語釋〈鼎〉卦九三爻辭「鼎耳革，其行塞，雉膏不食。方雨虧悔，終吉」，云：

> 郁溪云：「春前之月盈于屯，曰『屯其膏』，月暈之象也；秋後之日盈于鼎，曰『雉膏不食』，日暈之象也。月暈之盈，不虧則無雨，故曰『施未光』。日暈之盈，一雨則立虧，雨後而暈虧，是其悔之虧也。
> （〈鼎〉，頁406）〔註114〕

按，屈氏所引與《易紀》原文同。郁溪謂：「耳目之義配日月，觀於盈虧之象，可通其微矣。」〔註115〕屈氏蓋贊同其說，故援引郁溪所釋「日暈」、「月暈」之象，以明「方雨虧悔」之意。

又《易外》釋〈中孚〉卦引郁溪之說，云：

〔註111〕《四庫全書總目》，卷9，〈經部・易類存目三〉，頁224下。

〔註112〕本書收入《四庫全書存目叢書》第29、30冊。

〔註113〕見《詩外》卷3，《全集》第1冊，頁120。

〔註114〕按，《全集》本「郁」字原誤作「鬱」，今改正；又，「日暈之盈」，《全集》本「日」誤作「月」，今依北圖本（頁270）改；另外，其標點原如下：「郁溪云：春前之月盈于屯，曰『屯其膏』，月暈之象也；秋後之日盈于鼎，曰『雉膏不食』，日暈之象也。日暈之盈不虧則無雨，故曰『施未光』。月暈之盈，一雨則立虧，雨後而暈虧，是其悔之虧也。」經核對《郁溪易紀》後，知云字下均出自郁溪語，《全集》本蓋未覆檢引文而誤，今改正。

〔註115〕〔清〕郁文初：《郁溪易紀》（臺南縣：莊嚴文化事業公司，1997年，《四庫全書存目叢書》第30冊），頁12下。

郁溪云「鸛者，兌之賤也，陽氣之動而濁則鳴」，應乎地氣之升；「鶴
者兌之貴也，陰氣之靜而清則鳴」，應乎天氣之降是也。（〈中孚〉，頁
476）〔註116〕

按，郁溪《易紀》原作：

鸛者，兌之賤也，陽氣之動而濁則鳴；鶴者，兌之貴也，陰氣之靜
而清則鳴，應乎天氣之至者也。〔註117〕

按，依郁溪原意，是以鸛、鶴兩物雖一賤一貴，陰陽動靜相異，但皆同屬於
「應乎天氣之至者」，具有和天地之氣相感應的靈性，此為兩物之「共性」。
蓋郁溪未再進一步區別兩物與天地之氣之關係，而屈氏既引用其言，又再細
分之，謂鸛應「地氣之升」、鶴應「天氣之降」，用意在凸顯兩物差異。可知
屈氏乃徵引前人之說再加以申論，說解更為細微。

4. 楊慎（1488～1559）

　　楊慎，字用修，號升庵，四川新都人。生於明孝宗弘治元年（1488），卒
於明世宗嘉靖三十八年（1559），年七十一。明武宗正德六年（1511）狀元，
歷任翰林院修撰、經筵講官等職，曾因「大禮議」事遭受廷杖，後被削籍充
軍雲南永昌衛。楊氏學識淵通，著作豐富，遍及經史子集，有《升庵經說》、
《升庵外集》、《升庵詩話》、《丹鉛雜錄》、《丹鉛續錄》、《石鼓文音釋》、《異
魚圖贊》等。

　　《易外》引楊慎語，例如釋〈雜卦傳〉，云：

甘節者，凡婦老而不嫁者曰妉，《晉書》妉姆，楊慎云：「妉，婦之
老者也」，甘婦，婦人以節為甘，甘心守之以至老，是為節之吉。（〈雜
卦傳〉，頁584）

按，屈氏引楊慎語，意在申「妉」字有「老婦」之意，用以說明「甘節」謂
婦人守節至老。

　　又如釋〈繫辭上傳一〉，云：

〈繫辭〉上、下傳，皆〈說卦〉也，楊氏以〈繫辭上傳〉為〈說卦
上〉，〈繫辭下傳〉為〈說卦中〉，〈說卦〉一篇為〈說卦下〉，與〈序
卦上〉、〈序卦下〉、〈雜卦〉共為六篇，吾嘗以為善。（〈繫辭上傳一〉，

〔註116〕按，此段文字經核對《郁溪易紀》後，知非全為郁氏原文，乃屈氏摘引並加
　　　　己意。《全集》本蓋未覆檢引文而誤，今改正。
〔註117〕《郁溪易紀》，頁84下。

頁 500)

按，楊氏主張將〈十翼〉重新編排，以〈繫辭上傳〉、〈繫辭下傳〉爲〈說卦〉之「上」篇、「中」篇，原本之〈說卦〉則變爲〈說卦下〉，是將〈繫辭〉歸入〈說卦〉中，則原本《十翼》「十」篇即合併爲「六」篇。這樣的編排法，爲屈氏所贊同，故稱引其說。

5. 來知德（1525～1604）

　　來知德，字矣鮮，號瞿唐。梁山（今四川梁平）人。生於明世宗嘉靖四年（1525），卒於明神宗萬曆三十二年（1604），年八十。明代著名《易》學家。世宗嘉靖三十一年（1551）舉於鄉。隱居四川萬縣，專研《易經》積二十九年，而成《周易集注》十六卷。其《易》學主張以象數爲主，主張「有象即有數，有數即有理」，〔註118〕提出「取象」、「錯綜」、「爻變」、「中爻」四項解《易》原則，又稱：「聖人立象，有卦情之象，有卦畫之象，有中爻之象，有錯卦之象，有綜卦之象，有爻變之象，有占中之象。」〔註119〕強調象之重要性。事蹟見《明史》卷二百八十三〈儒林傳〉。

　　《易外》引來知德語，見於釋〈小過〉卦，云：

　　　　〈小過〉過於暑，雷之過，亦火之過也；〈大過〉過於寒，風之過，亦水之過也。來氏云：〈小過〉陰之過爲冬至，〈大過〉陽之過爲夏至，〈泰〉、〈否〉爲春分，寒暑交而氣和。〈損〉、〈益〉爲秋分，山澤雷風交而氣和，亦一說也。（〈小過〉，頁 486 ）

按，〈大過〉卦畫四陽二陰，四陽居中爲盛，陽爲大，故名「大過」；〈小過〉卦畫四陰二陽，四陰居中爲盛，陰爲小，故名「小過」。屈氏引來知德語，說明〈小過〉、〈大過〉、〈泰〉、〈否〉、〈損〉、〈益〉六卦所屬節分及其寒暑變化，意在備存一說。

〔註118〕〔明〕來知德：《周易集注》（臺北：臺灣商務印書館，1983 年，《景印文淵閣四庫全書》第 32 冊），〈周易集註原序〉，頁 3 下。

〔註119〕《周易集註》，卷首上，〈易經字義・象〉，頁 8 上。

第六章 《翁山易外》之釋《易》方式（下）

前人釋《易》之法，統言之有象數、義理兩派，前者多採互體、卦變、旁通、消息等方法析卦，後者則多以君臣、夫婦、聖人憂患等義涵申論。綜觀《翁山易外》全書，可以歸納出屈大均用以注解《易》經傳的方式，包括「陰陽消息」、「五行生剋」、「互體卦變」、「天文曆律」、「人事義理」、「文字結構」等六種，前四種方式為漢代象數《易》學家法，可見屈氏《易》學實以象數為主，而兼採義理。以下分節說明其要。

第一節　以陰陽消息解《易》

「陰」、「陽」二字出現時間很早，《周易》卦、爻辭本身雖然沒有直接點出陰陽兩字，〔註1〕但《莊子·天下》謂：「《易》以道陰陽。」〔註2〕凸顯出陰陽思想實被先秦學者視為《易經》之根本。及至〈繫辭傳〉揭示「一陰一陽之謂道」的說法，陰與陽開始被明白指稱是創作宇宙的兩種力量。簡言之，古人視陰陽二元為宇宙生成的基本要素。

陰陽概念歷經長時間演化，形成陰陽學說，而盛行於春秋戰國，與神秘術數的結合，亦或在戰國之際。東漢班固在《漢書·藝文志》提到先秦諸子可分為「九流十家」，其中即獨立出陰陽家一派，〔註3〕顯示此派在漢代之前

〔註1〕 〈中孚〉九二爻辭曰「鳴鶴在陰」，此「陰」字指陰暗之處，非指涉陰陽概念，故不能列入。

〔註2〕 〔周〕莊周著，〔晉〕郭象注，〔唐〕陸德明音義：《莊子》（臺北：新興書局，1960年，《四部集要》本），〈天下〉，頁120下。

〔註3〕 《漢書·藝文志》云：「陰陽家者流，蓋出於羲和之官。敬順昊天，歷象日月星辰，敬授民時，此其所長也。及拘者為之，則牽於禁忌，泥於小數，舍人

發展聲勢已相當隆盛。及至漢代，經學家結合流行，參雜陰陽五行、災異術數等內容作爲解釋經書之用，西漢初年建議武帝「罷黜百家，獨尊儒術」的大儒董仲舒以災異說論《春秋》，即是一證。

　　關於陰陽思想在先秦時期之演變，高懷民先生說：

> 陰陽思想，由本來「━」與「━━」代表的兩大宇宙間抽象的作用，
> 推用到陽卦、陰卦、陽爻、陰爻，再推用到以陽氣、陰氣言氣候、
> 論人，這是陰陽思想的逐步演變。於是，在莊子以後，又來了鄒衍，
> 「以陰陽主運顯諸侯」「探觀陰陽消息而作迂怪之變」，將陰陽與五
> 行結合而成爲一套系統的學說，便是梁任公所謂陰陽五行說的正式
> 創建。〔註4〕

可知陰、陽由簡單二元概念，經過先秦諸子悉心闡發，並逐漸與五行結合，演化出一套頗具規模、系統性的學說。高先生更推論：

> 我們可推測儒門十翼義理的易，在淮南時代起，由道家人物領導，
> 開始與流行的陰陽思想合流。此後，融合愈密切，到了孟喜的卦氣，
> 也就是象數易問世時，此種流行的陰陽思想乃正式成了易家之物。
>
> 〔註5〕

故知兩漢象數《易》學家擅長將陰陽思想納入解卦中，而形成「卦氣」這樣具有系統性的變化理論。因此，陰陽思想亦可視爲建構兩漢象數《易》學規模的基本元素。

　　屈大均在《易外》中，常以陰陽相對比來解說卦爻辭。例如釋〈晉〉六二爻「于其王母」，云：

> 乾之中，女以陰居尊，在坤之上，故曰王母。大君而曰王母，《書》
> 所謂「元后作民父母」也。元后者王母也，商有陽德，故氏子，爲
> 一代之父；周有陰德，故氏姬，爲一代之母。(〈晉〉，頁305)

關於爻辭中的「王母」，程頤《易程傳》云：「王母，祖母也，謂陰之至尊者，指六五也。」〔註6〕朱熹《周易本義》云：「王母，指六五。蓋享先妣之吉占，

事而任鬼神。」見〔漢〕班固著，〔唐〕顏師古注：《漢書》(臺北：鼎文書局，1986年)，第2冊，卷30，頁1734～1735。
〔註4〕高懷民：《兩漢易學史》(臺北：中國學術著作獎助委員會，1970年12月)，頁67。
〔註5〕同前註，頁71。
〔註6〕〔宋〕程頤：《易程傳》(臺北：文津出版社，1990年10月第2刷)，頁309。

而凡以陰居尊者，皆其類也。」〔註7〕程、朱所釋，僅言王母爲祖母，未再深究其故，屈氏則引《尚書》語爲釋，以爲王母乃專指周王母，並以德行有陰、陽之別，以區分商、周之異同，謂「商有陽德」、「周有陰德」，乃於釋〈坤〉卦云：

> 周有陰德，故利西南，以姬爲姓。商有陽德，故利西北，以子爲姓。
> 蓋陽氣始於亥，生於子，形於丑，故〈乾〉位在西北，陽之正也；
> 陰氣始於巳，生於午，形於未，故〈坤〉位在西南，陰之正也。（〈坤〉，
> 頁42）

按，〈乾〉在西北、〈坤〉在西南，乃是依「後天八卦方位圖」所示方位。此圖見載於朱子《周易本義》，宋儒以爲係文王所定，故又稱「文王八卦方位圖」。屈氏既言周、商之方位，故不用伏羲先天八卦方位圖來論。又以陽氣自亥至丑、陰氣自巳至午化生，是用陰陽消息之概念，此又是陰陽學說用於解《易》的最主要發展。

　　陰陽學說用之於解《易》，主要形成了兩漢象數學者最重視的「十二消息卦」、以及「卦氣」說，都是以陰陽消長概念作爲立論的根本，故本文一併列入此節說明。

（一）十二消息卦

　　「十二消息卦」又稱「十二辟卦」、「十二月卦」，指六十四卦中有十二個卦可以表現出天地陰陽消長變化的過程。十二卦以「陽息陰消」（陽爻由初爻開始漸增，象陽氣增長、陰氣消退）和「陽消陰息」（陰爻由初爻開始漸增，象陰氣增長、陽氣消退）兩者結合循環，依序爲〈復〉、〈臨〉、〈泰〉、〈大壯〉、〈夬〉、〈乾〉、〈姤〉、〈遯〉、〈否〉、〈觀〉、〈剝〉、〈坤〉。此說自漢代以後廣爲象數《易》家所採，影響深遠。近人尚秉和先生論消息卦，指出：

> 亦曰月卦，曰候卦，曰十二辟卦，爲全《易》之本根，大玄之綱領。……
> 後漢人注《易》，往往用月卦而不明言，以月卦人人皆知，不必揭出，
> 其重要可知已。〔註8〕

可知此說在兩漢之盛，及至清代象數《易》家，皆仍沿用之。

〔註7〕〔宋〕朱熹：《周易本義》（臺北：大安出版社，1999年7月，與《周易王韓注》合刊，收入《周易二種》），頁144。

〔註8〕尚秉和：《周易尚氏學》（北京：中華書局，2003年12月第1版北京第8刷），〈總論〉，「第十論消息卦之古」，頁8。

《易外》引用十二消息說，例如〈復〉卦卦辭有「七日來復」一句，屈氏釋云：

> 〈豳風〉以子月爲一之日，不言正月者，以日爲重也。日以子月而復，故〈復〉曰「七日來復」。喜日之復，故稱一之日，猶言子之日也。（〈復〉，頁 209）

按，關於「七日來復」之義，前儒解釋頗有歧異。虞翻曰：「剛爲晝日，消《乾》六爻爲六日。剛來反初，故『七日來復』，此天之運行也。」〔註9〕侯果曰：「五月天行至午，陽復而陰升也。十一月天行至子，陰復而陽升也。天地運往，陰陽升復，凡歷七月，故曰『七日來復』，此天之運行也。」〔註10〕王弼曰：「陽氣始剝盡，至來復時，凡七日。」〔註11〕朱熹《周易本義》曰：「自五月〈姤〉卦一陰始生，至此七爻，而一陽來復，乃天運之自然，故其占又爲『反復其道』，至於七日，當得來復。……『七日』者，所占來復之期也。」〔註12〕故知前儒所論，雖各以「十二消息」、「六日七分」、「爻位升降」等爲說，然大抵皆以陰陽之變彰顯天道運行。惟於「七日」之「日」，或以爲「月」，或以爲「日」。

由上可知，屈氏引《詩·豳風·七月》「一之日」，謂「以子月爲一之日」、「日以子月而復」，乃承襲漢代象數《易》學家「十二消息」說，蓋十二消息卦以〈復〉爲「子月」，〈復〉卦僅一陽爻，象徵陽氣之初升，故云。

其次，屈氏引〈七月〉，謂「不言正月者，以日爲重也」，一之日即夏曆十一月、周曆正月，乃陽氣漸生、日出之時，故屈氏云「以日爲重」，實際上是以「日」來指稱「太陽」，此與前人言日言月（視日、月爲時間單位）之說不同，是屈氏異於舊說之個人見解。

（二）卦　氣

漢代《易》學家孟喜創「卦氣」，將四正卦（〈震〉、〈離〉、〈兌〉、〈坎〉）、十二消息卦與四時、十二月、二十四節氣相配，再以扣去四正卦後的六十卦與一年日數相配，每卦主六日七分，故有「六日七分法」之名。〔註13〕然後

〔註 9〕 引自〔清〕李道平著，潘雨廷點校：《周易集解纂疏》（北京：中華書局，1998年 12 月第 2 刷），頁 263。

〔註10〕 同前註。

〔註11〕〔魏〕王弼、〔晉〕韓康伯：《周易王韓注》（臺北：大安出版社，1999 年 7月，與《周易本義》合刊，收入《周易二種》），頁 75。

〔註12〕《周易本義》，頁 109。

〔註13〕「六日七分」算法簡述如下：一年爲三百六十五又四分之一日，將六十四卦

可以此數，將六十卦所屬的月份歸納出來，形成孟喜卦氣說系統中的「六十四卦值月」，爲後世所重。孟喜之後的京房，亦有所謂「世卦起月例」，〔註14〕以六十四卦配十二月，是在孟喜卦氣說的基礎上作修改。〔註15〕孟喜之說對後世影響較大，而京房之學則延及元代，才有胡一桂《易學啓蒙翼傳》加以總結說明。爲便於下面討論，茲先將孟喜所分配各月諸卦列出：〔註16〕

月 份	孟 喜 六 日 七 分 法 所 配 卦				
十一	〈未濟〉	〈蹇〉	〈頤〉	〈中孚〉	〈復〉
十二	〈屯〉	〈謙〉	〈睽〉	〈升〉	〈臨〉
一	〈小過〉	〈蒙〉	〈益〉	〈漸〉	〈泰〉
二	〈需〉	〈隨〉	〈晉〉	〈解〉	〈大壯〉
三	〈豫〉	〈訟〉	〈蠱〉	〈革〉	〈夬〉
四	〈旅〉	〈師〉	〈比〉	〈小畜〉	〈乾〉
五	〈大有〉	〈家人〉	〈井〉	〈咸〉	〈姤〉
六	〈鼎〉	〈豐〉	〈渙〉	〈履〉	〈遯〉
七	〈恒〉	〈節〉	〈同人〉	〈損〉	〈否〉
八	〈巽〉	〈萃〉	〈大畜〉	〈賁〉	〈觀〉
九	〈歸妹〉	〈无妄〉	〈明夷〉	〈困〉	〈剝〉
十	〈艮〉	〈既濟〉	〈噬嗑〉	〈大過〉	〈坤〉

以《易外》所提到的各卦卦氣對照上表，可發現屈氏有沿用孟喜卦氣說之處。例如《易外》云：

去除四正卦後餘有六十卦，每卦六爻，每爻主一日，故每卦「六日」；每爻一日，六十卦合計三百六十日，一年尚餘五又四分之一日，再將每日分爲八十分，五又四分之一日合計四百二十分，此數以六十卦除盡，每卦各得「七分」。故六十卦每卦占「六日七分」。

〔註14〕此即京房「建侯」說，元儒胡一桂稱爲「起月例」，清儒惠棟稱爲「世卦起月例」，此說內容詳參劉玉建：《兩漢象數易學研究》（南寧：廣西教育出版社，1996年9月），上冊，頁278～285。按，試將《易外》所舉諸卦月候與劉先生書頁280所附「世卦起月例表」相核對，並無相合的月候，顯然屈大均沒有採用京房的說法。

〔註15〕關於孟喜和京房卦氣說的不同，孫師劍秋歸納出三點，包括六日七分法計算的不同、四正卦或八卦配十二月的不同、對陰陽二氣變化的偏重不同，詳參〈論莊存與的卦氣說〉，「貳、孟喜、京房卦氣說之異同」，發表於「清代常州經學研討會」（臺北：中央研究院中國文哲研究所籌備處，2002年12月）。

〔註16〕本表主要參考自劉玉建：《兩漢象數易學研究》，上冊，頁137。

四月之候，龍已躍而未飛，月將滿而未望，金之始生，水之漸長，
正〈小畜〉之卦氣也。（〈小畜〉，頁 109）

又例如《易外》云：

〈觀〉，八月之卦，爲風，故觀字从觀，風動蟲生，蟲以八月而變，
以八日而化。〈觀〉，八月之卦，故又言蟲，自初至四，凡八畫，則
八日也。（〈觀〉，頁 179）〔註17〕

又例如《易外》云：

〈月令〉：「季春陽氣發泄，不可以內」，內者居也。〈夬〉，三月之卦，
天子宜布德行惠，以應天道也。（〈夬〉，頁 353）

又例如《易外》云：

〈姤〉，五月之候，五陽方亢，忽遇一陰，以滋潤萬物，五陽之幸也。
五陽爲天，一陰爲地，天期地，地期天，忽然相遇，天以雷迎，地
以風逆，雷風相得，而品物咸亨，造化之爲道，其神如此。（〈姤〉，
頁 361～362）

對照前面孟喜所配值月之卦，可知上述《易外》所論，以〈小畜〉爲四月、〈觀〉
爲八月、〈夬〉爲三月、〈姤〉爲五月，均是依孟喜卦氣說。

孟喜的卦氣說自漢代盛行後，一直受到歷代言《易》者重視。北宋邵雍
另提出「先天易卦氣」說，與孟喜卦氣說頗有不同。南宋朱子亦言卦氣，例
如說：

《易》中只是陰陽，乾坤是陰陽之純粹者。然就一年論之，乾卦氣
當四月，坤卦氣當十月，不可便道四月、十月生底人便都是好人，
這個又錯雜不可知。〔註18〕

依孟喜卦氣所列，〈乾〉之卦氣在四月，〈坤〉之卦氣在十月（消卦）。因兩卦
均是至陽至陰、純然無雜，故或有謂在四月、十月出生之人，因感〈乾〉、〈坤〉
卦氣而善。朱子以爲，不可直說在這兩個月誕生的即是純善無惡之人。蓋卦

〔註17〕「畫」，《全集》本原作「盡」，北圖本則作「畫」，依文意可推知《全集》本
爲訛字，應以北圖本爲正，故據北圖本作「畫」。又，《全集》本標點誤作「凡
八，盡，則八日也」，今亦改正。

〔註18〕〔宋〕朱熹著，朱傑人、嚴佐之、劉永翔主編：《朱子全書》（上海：上海古
籍出版社；合肥：安徽教育出版社，2002 年 12 月），第 16 冊，《朱子語類》，
卷 68，〈易三‧綱領下〉，「論易明人事」，頁 2257。此段話下又有註：「方子
錄云：『以卦氣言之，四月是純陽，十月是純陰，然又恁地執定不得。』」

氣說盛於漢代，民間方術家用以占命，朱子此說，或有駁斥術數之流曲解卦氣說的用意。

　　《易外》中言各卦卦氣，實際上除了採用孟喜六日七分法所配十二月卦外，還兼用其他說法，因而才有一卦可以同時代表兩個不同月份的情況出現，試以〈夬〉卦為例：

　　　　〈同人〉、〈大有〉、〈夬〉、〈姤〉，皆六月之卦。（〈夬〉，頁 351）

　　　　〈夬〉，六月之候，金成而先為露，露生於莫夜，已為萬物之戕，露
　　　　反而為風，而殺機甚矣。（〈夬〉，頁 352）

　　　　〈夬〉，六月之卦，乃龍亢而復潛于淵之象。（〈夬〉，頁 352）

　　　　〈夬〉，三月之卦，天子宜布德行惠，以應天道也。（〈夬〉，頁 353）

上面四段引文中，可知《易外》言〈夬〉卦所屬月份有兩個，一以〈夬〉為三月，是依孟喜卦氣說；一以〈夬〉為六月，則不屬於漢《易》卦氣說，亦非邵子先天卦氣，蓋出自屈氏《易月象》之說。《易月象》今已不傳，前已於第三章第二節申明。歸納《翁山文外》所收〈易月象〉一文，可知屈氏於《易月象》中，擇取四十八卦以配十二月，每月四卦。屈氏所配諸卦如下：〔註19〕

一　　月	屯、蒙、遯、大壯	七　　月	謙、豫、萃、升
二　　月	需、訟、晉、明夷	八　　月	隨、蠱、困、井
三　　月	師、比、家人、睽	九　　月	臨、觀、革、鼎
四　　月	小畜、履、蹇、解	十　　月	噬嗑、賁、漸、歸妹
五　　月	泰、否、損、益	十一月	剝、復、豐、旅
六　　月	同人、大有、夬、姤	十二月	无妄、大畜、渙、節

　　對照此表，可知《易外》以〈夬〉為六月之卦，與屈氏《易月象》之說一致。由於屈氏《易月象》以四十八卦配月、每月四卦，與孟喜、邵雍等以六十卦配月、每月五卦的作法出入頗大，各卦所屬月份自是迥然不同。惜因《易月象》一書不傳，無法詳知屈氏配月方法，僅能從《易外》所述，略見其說梗概。

　　自漢代以後學者言卦氣，多僅採用一家之說，或宗孟喜卦氣圖，或宗邵雍先天卦氣圖。相較於前儒僅以單一卦氣系統作論述，屈大均將不同的卦氣說一起納入，一方面顯示出屈氏對不同卦氣說的兼容並蓄，並未偏主一家；

〔註19〕此表雖於第三章第二節已曾列出，但為便於下面討論，故再列一次。

一方面凸顯出卦氣說在其詮釋《易》卦上，具有一定的重要性。然而，這樣的作法固然可以增加卦象變化，但未免過於混雜淆亂，令人無所適從。

第二節　以五行生剋解《易》

五行指金、木、水、火、土，中國古代以五者作爲宇宙萬物生成之根本，即以五行作爲構成萬物的基本元素。五行概念經過先秦以後的思想家推演，逐漸形成一套有系統的五行學說，其內容主要包含相生（木生火、火生土、土生金、金生水、水生木）、相剋（金克木，木克土，土克水，水克火，火克金）的動態模式，是一套循環不已的運作機制。而五行間生剋關係又經過不斷地擴充，演化出「五色」、「五氣」、「五味」、「五音」，以及用之於政治、人事的「五德」、「五運」等概念，變成一套具系統性、複雜性的學理，將五行概念的運用推向極致，舉凡天文、曆法、醫學、政治、音律等各領域，皆涉及五行學說。

五行與《易經》的關係，應從《易》本身談起。《易》之〈乾〉、〈兌〉、〈離〉、〈震〉、〈巽〉、〈坎〉、〈艮〉、〈坤〉八個經卦（八純卦），是上古作《易》者從天地萬物取象而來，與金、木、水、火、土五行，同樣源出於自然界，是故兩者關連密切。試將五行與八卦相對應，如下所示：

五　行	八　卦	附　　　　註
金	〈乾〉	〈說卦傳〉曰：「〈乾〉爲金。」
木	〈巽〉	〈說卦傳〉曰：「〈巽〉爲木。」
水	〈坎〉、〈兌〉	〈說卦傳〉曰：「〈坎〉爲水。」 〈說卦傳〉曰：「〈兌〉爲澤。」
火	〈離〉	〈說卦傳〉曰：「〈離〉爲火。」
土	〈坤〉、〈艮〉	〈說卦傳〉曰：「〈坤〉爲地。」 〈說卦傳〉曰：「〈艮〉爲山。」

依〈說卦傳〉所言，五行之象實已包含在八卦之中。兩者根源既同，故用五行解卦，其理自能相通。

五行思想盛行於兩漢，由班固《漢書》「五行志」可見一般，而援引五行概念解《易》，始於西漢，盛於東漢，爲兩漢象數《易》家解經特色。劉玉建先生《兩漢象數易學研究》指出：

將五行說援入《易》中，始自京房。馬氏（按，即馬融）亦以五行
說解《易》，……自馬氏以後，以五行說解《易》者甚多。其弟子鄭
玄尤致力于五行說與《周易》象數之間的關係研究。[註20]

自西漢京房將五行思想和《易經》結合，《易》學家開始用此模式解卦，風氣
逐漸開啓，於是兩漢以後象數家疏解經傳，往往參雜五行學說，將五行概念
導入卦象之中，形成漢代《易》學發展特色之一。

五行均是萬物生成重要元素，但屈氏認爲，《易》於五行並非一致，而是
有貴賤輕重之別，故云：「《易》貴木而賤金，貴火而賤水。」（〈蠱〉，頁167）
其中，以「木」最爲《易》所貴，《易外》屢次提及此一觀點：

《易》貴木道之行，木以風之通而榮，以風之止而蠱。（〈蠱〉，頁
168）

《易》者木道也，無大過而木道乃行也。（〈大過〉，頁239）

《易》重木道，木道出於雷山，故以弗損之爲貴。（〈損〉，頁344）

《易》……喜木道之得行，爲天下文明之象也。（〈益〉，頁345）

《易》以生生爲道，故尚木。（〈益〉，頁346）

《易》之道生生，故重木道，木道之行，《易》之幸也。（〈益〉，頁
346）

《易》重木道，木道行于〈益〉，而大成于〈井〉。（〈井〉，頁393）

顯然是將木視爲《易經》中最重要的自然元素。

屈氏疏解《易經》，常利用五行思想解說象數。《易外》中有不少相關論
述，主要是以五行生剋說明卦爻變化。例如：

〈屯〉者何？雷動而水生，水生而木起之象也。水元而木亨，〈屯〉
者元之始，〈蒙〉者亨之始也。（〈屯〉，頁58）

〈屯〉卦震下坎上，象下卦之雷震動，以生上卦之水，依五行生剋原理，水
乃生木，故「水以生木」、「水元而木亨」。又〈屯〉之坎在上卦（外卦），〈蒙〉
之坎在下卦（內卦），前者如水甫受雷震而始生，故云「元之始」；後者如水
已生木而成山（〈蒙〉上卦爲艮），故云「亨之始」。

又如：

〈蒙〉之三，水也，金出于〈艮〉，金生水，故水見金而說。（〈蒙〉，

[註20] 劉玉建：《兩漢象數易學研究》，上冊，頁375～376。

頁 80）

〈蒙〉卦坎下艮上，六三爻居下卦坎之終，坎爲水，故云「〈蒙〉之三，水也」。又云「金出于〈艮〉」，若依〈說卦傳〉，八卦象「金」者爲「乾」而非「艮」，蓋屈氏非從〈說卦傳〉之言，乃以金埋藏於山中，故謂金出于艮。按，〈蒙〉卦坎下艮上，故〈象〉曰：「山下出泉。」王弼《注》謂：「山下出泉，未知所適，蒙之象也。」〔註21〕朱子《本義》則謂：「泉，水之始出者，必行而有漸也。」〔註22〕均是以山、泉之象來說卦，而屈氏則是依五行生剋原理來論，上卦以金、下卦以水，金乃能生水，故上下卦相合而相悅，有蒙昧漸啓之吉象。

以上是運用五行「相生」原理解說。另外，屈氏又強調五行生剋有先天、後天之別：

> 堯舜以水興水，爲前運之始；湯武以火興火，爲後運之始。堯舜《河圖》之事用水比生木，先天之道也；湯武《雒書》之事，用火以克金，後天之道也。（〈屯〉，頁 60）

屈氏認爲，唐堯、虞舜利用《河圖》以水生木而治國，商湯、周武王利用《洛書》以火剋金。一爲先天，一爲後天，是以五行之相生爲先天變化，以五行之相剋爲後天變化。

屈大均不但以較原始的五行思想解《易》，也運用演化後的五行學說，包括「五性」、「五德」以至於「六氣」等說法。例如「五性」：

> 人五性本於五行，木行則仁；金行則義；火行則禮；水行則智；土行則信。（〈離〉，頁 256）

仁、義、禮、智、信此「五常」，是儒家十分重視的德性，但孔、孟並不以五行合五常，這樣的概念應是從東漢鄭玄而來。鄭玄於《中庸》「天命之謂性」一句下註曰：「天命，謂天所命生人者也，是謂性命。木神則仁，金神則義，火神則禮，水神則信，土神則知。」〔註23〕蓋以天之五行配人之五德來申說。後來學者多有採用此說，只是在比配上稍有異同，例如晉人干寶《搜神記》云：「天有五氣，萬物化成：木清則仁，火清則禮，金清則義，水清則智，土清則思。四氣盡純，聖德備也。」〔註24〕

〔註21〕 《周易王韓注》，頁 18。

〔註22〕 《周易本義》，頁 50。

〔註23〕 《禮記》（臺北：藝文印書館，1997 年 8 月初版 13 刷，《十三經注疏》第 5 冊），〈中庸〉，頁 597 上。

〔註24〕 〔晉〕干寶：《搜神記》（北京：中華書局，1985 年，《叢書集成初編》第 2693

例如「五德」：

> 〈坤〉之黃裳，火在地下之象也，〈坤〉以火爲德，故其美在黃裳；
> 〈乾〉之玄冠，水在天上之象也，〈乾〉以水爲德，故其美在玄冠。
> （〈坤〉，頁 53）

此「五德」並非先秦儒家所言之德，孔子五德應是指溫、良、恭、儉、讓。〔註25〕屈氏用於釋〈乾〉、〈坤〉的水德、火德，較接近於戰國方術家以五行配五德的說法，例如鄒衍主張「五德終始」說，以五德相勝關係表示王朝更替的循環模式（土→木→金→火→水→土），則是五德進一步的演化。

又由「五行」推而爲「六氣」，例如：

> 日之位五，五者五行也，而五行乘乎六氣，則日之位亦六也；月之
> 位六，六者六氣也，而六氣承乎五行，則月之位亦五也。日以主月，
> 五行以主六氣，五行之神在於日，六氣之精在於月。六龍者五行之
> 所乘，六氣之所承者也。（〈乾〉，頁 23）

屈氏將五行與六氣比擬爲日與月，兩者用「乘」、「承」的關係表示，這是利用《易經》爻位比鄰的相承、相乘概念，以五行爲上，以六氣爲下。

第三節　以互體卦變解《易》

　　互體說、卦變說二者，係盛行於漢代的解《易》之法。屈萬里先生談到互體、卦變的演變過程，說：

> 易辭非據象而作，先秦及漢初易家，亦不據象以釋卦爻辭。故無互
> 體及卦變之說。互體卦變者，皆所以濟象數之窮也。孟喜始以象釋
> 易辭，京房承其緒餘，因時以象數說易。然本卦之象，不足以濟其
> 說也，乃求之互體；互體仍不足以濟也，遂更求諸爻變。周易之學，
> 自是而愈紛矣。〔註26〕

互體、卦變說的產生，肇因於本卦卦象在闡釋上有一定的侷限性，後世學者

冊），卷 12，頁 81。按，「四氣盡純」，「四」當作「五」。

〔註25〕《論語・學而第一》曰：「子貢曰：『夫子溫、良、恭、儉、讓以得之。夫子之求之也，其諸異乎人之求之與？』」見《論語》（臺北：藝文印書館，1997年 8 月初版 13 刷，《十三經注疏》第 8 冊），頁 7 下。

〔註26〕屈萬里：《先秦漢魏易例述評》（臺北：聯經出版事業公司，1984 年 7 月），卷下，頁 98。

爲增加解釋空間，遂衍生出各種變換卦爻的模式，包括互體、卦變、飛伏在
內的多種取象法，組成兩漢象數《易》學的特色。而究其用心，無非在豐富
釋《易》卦變化而已，然而卦爻一旦可以任意無窮地變換，可釋之象將趨於
無邊無盡，雖闡釋空間得以擴大，卻也容易造成解說駁雜、取象紛亂的問題。
是故王弼《易注》掃除象數，後人譽有廓清之功，適足以反映出前人對於漢
《易》流弊所引發的不滿。

　　兩漢象數《易》學家解經，主要發展出「卦氣」、「十二消息」、「六日七
分」、「七十二候」、「八宮五行」、「互體」、「卦變」、「納甲」、「飛伏」、「升降」、
「旁通反對」等等釋經之「易例」，兩漢《易》特色即著重在這些「《易》例」
的大量繁衍運用上。不過，象數發展出來的《易》例流別雖多，就《易外》
一書而言，主要只採用了其中的互體和卦變兩種，其他則較少提及。統觀《易
外》全書，運用互體說之處，幾乎遍及六十四卦，足見互體對屈氏在詮釋《易》
象上，實具有相當的重要性。以下分就《易外》所採「互體」、「卦變」兩說
申明之。

一、互體說

　　所謂「互體」，是六十四卦卦畫互相又可爲卦的變化，且其變化方式具有
一定的規律。互體始興於西漢，其發展過程：

> 互體之書，濫觴於左傳，而成於京房。其說初不過以二至四爻，三
> 至五爻各互一三畫之卦耳。鄭玄以後，已漸繁賾。下逮虞翻，類例
> 滋紛。〔註27〕

互體見於文獻記載，最早可上溯先秦時期，在《左傳》中已有利用互體解卦
的筮例，遂被後世推爲互體之始。〔註28〕至漢代《易》學家，更加重視此法。
最早明確提出互體說者，應是西漢《易》學家京房。例如其《京氏易傳・卷
上》釋〈中孚〉卦曰：「互體見艮。」〈中孚〉卦兌下巽上，取其中第二、三、
四爻即爲〈艮〉卦，因偏於內卦，故又稱「內互」。又例如《京氏易傳・卷上》

〔註27〕《先秦漢魏易例述評》，卷下，頁127。
〔註28〕見《左傳・莊公二十二年》曰：「周史有以《周易》見陳侯者，陳侯使筮之，
　　　　遇〈觀〉之〈否〉，曰：『是謂觀國之光，利用賓于王』，……坤，土也；巽，
　　　　風也；乾，天也。風爲天于土上，山也。有土之材，而照之以天光。……。」
　　　　見《左傳》（臺北：藝文印書館，1997年8月初版13刷，《十三經注疏》第6
　　　　冊），頁163～164。

釋〈漸〉卦曰：「互體見離。」〈漸〉卦艮下巽上，取其中第三、四、五爻即為〈離〉卦，因偏於外卦，故又稱「外互」。然而，京房說《易》雖利用互體法，但其主要仍以飛伏說遍解六十四卦，相對來說，言互體卦處較少，故京房是以飛伏為主，間採互體，互體並非其最主要之解《易》方式。

互體限制在二三四爻、三四五爻，即每卦六爻中又可互含兩個三畫之卦，此為虞翻以前漢代《易》家互體說之通則。及至虞翻重視互體法，更擴而允之，多加引申，於是互體變化至虞氏而有極大的發揮。他將互體所得，由三畫卦增為四畫卦與五畫卦，其一為初二三四五及二三四五上爻，可互含兩個五畫之卦；其二為初二三四、二三四五、三四五上爻，可互含三個四畫卦。虞翻及其後來的象數家所衍生出來的各種互體變化，統稱為互體變例。

統觀《易外》全書，利用互體取卦的地方很多，這是因為屈氏肯定互體的價值：

> 卦之有互也，藏之以為用也，水必互火，月必互日，不互不可以為
> 用。貞悔之間，顯者有窮，而藏者无窮也。（〈繫辭下傳二〉，頁556）

屈氏認為，互卦並非是在一卦以外再衍生出它卦，而是有關連的數卦，原本就藏於一卦之內，「藏之以為用」，等待讀者揭櫫而為己所用，故「不互不可以為用」，要善盡《易》變化之用，必須藉由互卦法加以彰顯，可知屈氏肯定互體法在釋《易》上之功效。「顯者有窮」、「藏者無窮」，說明屈氏利用互體的本意，就是要讓釋《易》空間能得到極大的彈性。

屈氏使用互體的「稱謂」有數種。一般而言，屈氏會明確提示「互」字，例如：

1. 《易外》云：「謙互坎為大川。」（〈謙〉，頁147）
   按，〈謙〉卦艮下坤上，「謙互坎」，指二三四爻互卦則為〈坎〉。

2. 《易外》云：「上互重〈乾〉。」（〈大過〉，頁243）
   按，〈大過〉卦巽下兌上，「上互重〈乾〉」，指三四五爻互卦則為〈乾〉。

3. 《易外》云：「勿用者，互〈艮〉，止也。」（〈坎〉，頁248）
   按，〈坎〉卦坎下坎上，「互艮」，指三四五爻互卦則為〈艮〉。

4. 《易外》云：「離三互巽。」（〈離〉，頁256）
   按，〈離〉卦離上離下，「三互巽」，指二三四爻互卦則為〈巽〉。

5. 《易外》云：「五互三為坎。」（〈睽〉，頁326）
   按，〈睽〉卦兌下離上，「五互三為坎」，指三四五爻互卦則為〈坎〉。

有時屈氏不用「互」字，而是用「肖」字來取代，例如《易外》云：「五四三肖巽爲風」，「四三二肖離」。（〈履〉，頁117）按，〈履〉卦兑下乾上，「三互離」，謂二三四爻互卦則爲〈離〉，故「四三二肖離」；「四互巽」，謂三四五爻互卦爲〈巽〉，故「五四三肖巽」。

不過，屈氏有時也不直接說是互體，或直稱有某卦，或稱卦中有某卦，或謂爲某爻爲某卦之某爻，或說某部位有某卦，或指某卦之上、下又有某卦，凡此種種，亦屬互體，只是用不同的語詞來作陳述。例如：

1. 《易外》云：「否有巽。」（〈否〉，頁129）

   按，〈否〉卦坤下乾上，「否有巽」，指三四五爻互卦則爲〈巽〉。

2. 《易外》云：「卦中有震。」（〈蠱〉，頁169）

   按，〈蠱〉卦巽下艮上，「卦中有震」，指三四五爻互卦則爲〈震〉。

3. 《易外》云：「中有重坤。」（〈頤〉，頁231）

   按，〈頤〉卦震下艮上，「中有重坤」，指二三四爻或三四五爻互卦皆〈坤〉。

4. 《易外》云：「二，兑之初也」，「三，震之初也」。（〈大畜〉，頁228）

   按，〈大畜〉卦乾下艮上。以〈大畜〉之九二爻爲「兑之初」，謂其二三四爻互卦則爲〈兑〉；以〈大畜〉之九三爻爲「震之初」，謂其三四五爻互卦則爲〈震〉。

5. 《易外》云：「乾在腹。」（〈咸〉，頁265）

   按，〈咸〉卦艮下兑上，「乾在腹」，指三四五爻位置似在卦之「腹」部，互卦則爲〈乾〉。

6. 《易外》云：「兑在震下。」（〈大壯〉，頁301）

   按，〈大壯〉卦乾下震上，「兑在震下」，指三四爻互卦則爲〈兑〉，位置在〈震〉之下。

以上大致爲《易外》出現互體說的各種情況。由於互體通例是屈氏取卦的重要方式，宜再稍作說明。所謂互體通例，指以二三四爻、三四五爻爲互卦。兩者就位置相對而言，前者稱爲「下互」，後者稱爲「上互」。這種取三畫互體成卦的方式，是互體最早且最基本的變化。這樣的方式，主要是利用一卦之中間四爻，即二、三、四、五爻來做變化的，合上、下互體觀之，四爻之中，二爻與五爻僅在下互或上互中單獨出現，而不論是下互或上互，三爻與四爻皆會重複出現，屈氏解釋說：

中爻者，中四爻也，二三四爲下互，三四五爲上互，二五互少而三
四互多，蓋五上爲天，初二爲地，三四爲人。天地之間人最多，故
變遷不窮，故三四互多。（〈繫辭下傳二〉，頁556）

三、四爻出現較多的緣故，是因爲六畫卦象天、地、人三才，上爻、五爻爲天，
初爻、二爻爲地，中間三爻、四爻爲人，天與地恒久不變，惟人多變，故象人
之三、四爻的變動應該要比其他四爻來得頻繁，所以上互、下互皆有三、四爻，
此即屈氏所謂「二五互少而三四互多」的現象，正顯示出人事多變之證。這樣
的解釋，主要是站在以人爲本的角度，強調人事與爻變關係密切。

綜觀《易外》所採互體法，蓋以通例爲主。筆者曾將《易外》全書用互
體通例取卦之言加以摘錄，製成〈《翁山易外》所採互體法彙編〉，列爲本論
文「附錄二」，置於文末，以供參考。以下再舉一、二例稍作說明。

例如《易外》云：

五爲〈巽〉之三，風自天來，而盤旋于山之上，不能下與雷交，此
陰陽之不得其和者，故曰「有疾」，然此疾乃无妄之疾，不可以藥而
治之，蓋風雷之疾，皆天之疾，而非人之疾也。（〈无妄〉，頁223）

按，此段專言〈无妄〉九五爻，即互體〈巽〉之第三爻（上爻），以此爻爲
中心，論其與〈无妄〉上卦、下卦及其他互體卦間的關係。「五爲〈巽〉之
三」，謂〈无妄〉第五爻即互體〈巽〉第三爻。〈巽〉爲風，風「自天來」，
謂〈无妄〉上卦爲〈乾〉，〈乾〉象天，九五爻在九六爻之下，故云；「盤旋
于山之上」，謂〈无妄〉之二三四爻互卦則爲〈艮〉，〈艮〉象山，互體〈巽〉
卦第三爻位置恰在其上，故云。「不能下與雷交」，謂〈无妄〉下卦爲〈震〉，
〈震〉象雷，九五爻與下卦中間隔了九四爻，不能與下卦相接鄰，故云。至
於「風雷之疾」，〈无妄〉九五爻辭曰：「无妄之疾，勿藥有喜。」屈氏以爲
九五之疾乃風雷而起，蓋因下卦〈震〉，上互〈巽〉，〈巽〉爲風、〈震〉爲雷，
故謂「風雷之疾」。

又例如《易外》云：

三下互〈巽〉，上互〈兌〉，乃〈大過〉之卦。〈大過〉，澤滅木也。
澤而滅木，猶日之大稷而催人以死也。身，木也。心，火也。木雖
滅而火常存，如日雖入而光明不窮。（〈離〉，頁258）

按，〈離〉卦下離上離。「互巽」，謂其二三四爻互卦則爲〈巽〉；「互兌」，謂
其三四五爻互卦則爲〈兌〉。合「上互」、「下互」，即是〈大過〉卦。〈大過〉

上卦〈兌〉為澤，下卦〈巽〉為木，澤在木上，故云「澤滅木」。屈氏以〈大過〉說〈離〉，謂〈離〉卦中有澤滅木之象，但〈離〉火旺，故云「木雖滅而火常存」。簡言之，〈離〉之本卦惟象火，屈氏以互體而得出〈大過〉，使〈離〉添加澤、木之象，是利用互體增加〈離〉卦解釋上的變化。

除了互體通例外，《易外》還運用了少數的「變例」，包括「四爻互體」、「半象」、「積體」等。所謂「四爻互體」，指取六畫卦之中的四爻相連而成另一卦。〔註29〕例如：

〈離〉為日，而互〈坎〉則有月也，故曰日月。（〈離〉，頁253）

按，〈離〉卦離下離上，「互坎」，謂二三四五爻互則得出象中爻增厚的〈坎〉卦。互體基本上是三爻相互得出一卦，虞翻則增其變化，再加一爻，以四爻相互，故屈氏所採乃用虞翻互體變例之法。〔註30〕

所謂「半象」，指取六畫卦之中的兩爻，以表示某三畫卦（經卦）。因為只有三畫卦的一半，所以稱為半象。〔註31〕例如：

陽以陰為輿，夫以妻為輿。輿而說輹，則與輿乖離矣。三互四得〈坎〉之半，〈坎〉為輿而多災，以〈坎〉之半故說輹。（〈小畜〉，頁107）

按，〈小畜〉卦乾下巽上，「三互四」，即將〈小畜〉之三、四兩爻合起來看，上為陰爻、下為陽爻，像〈坎〉卦卦畫（☵）之上半部（⚍），故云「得坎之

〔註29〕按，「四爻取象」實際上與後面提到的「積體說」作法上是一樣的，但是俞琰提出可積體之卦十二，未列入〈離〉卦；又屈大均用積體取卦通常直言「厚」某卦，而此例惟言「互坎」，故仍認定屈氏蓋從漢代京房「四爻取象」說，不歸入俞琰「積體」說內。

〔註30〕劉玉建先生認為：「有學者認為四爻互體為虞翻所創，事實上，從現有資料來看，最早明確運用四爻互體者，乃是鄭玄。但鄭玄對這種互體說似乎不太重視，其《易》注中，惟見於一處。」見氏著《兩漢象數易學研究》，上冊，頁390。既然四爻互體法僅出現於鄭《注》一次，至虞翻才積極地運用在加增本卦以外的卦象上，故本文仍從四爻互體出於虞翻之說。

〔註31〕「半象」之名，始自虞翻，是虞氏常用之例，而虞氏之前焦延壽《易林》已有採用。詳參劉玉建《兩漢象數易學研究》，上冊，頁174。屈萬里先生《先秦漢魏義例述評》卷下立二十二項說明先秦漢魏《易》例，其中「互體」、「虞氏互體」、「半象」分述，顯然未將「半象」視為「互體」之一種。日人鈴木由次郎先生《漢易研究》（東京：明德出版社，昭和38年3月初版，昭和49年9月增補改訂版）說：「虞翻はまた『半象易』を説いているが、これも互体の一種である。」（頁277）謂虞翻主張「半象易」，也是互體的一種。可見前人對半象與互體關係有不同的看法。若就屈大均個人觀點來看，稱半象云「三互四得〈坎〉之半」，以「互」稱之，應是將半象視為互體的一種，故本文併於互體論之。

半」。〈小畜〉既經半體取象而得〈坎〉，故可以〈坎〉卦有「險」、「陷」義，以示〈小畜〉九三爻「輿說輻」，如車輪與車輻脫離，患險而多災也。

　　所謂「積體」，是在六畫卦之中，先取其中之三畫卦，然後再積累一或二爻，變成一個像是增加厚度的三畫卦。因為由卦體（本指六畫卦之上下經卦，此處指三畫卦）累積而成，所以稱為積體。〔註32〕屈氏在運用積體說解卦的數量上，明顯比其他互體變例來得多，因此積體可以算是他在互體通例之外，比較重視的解卦法。《易外》提及積體說之處，例如：

1. 《易外·臨》：「卦肖厚震。」（〈臨〉，頁175）
　　按，〈臨〉卦兌下坤上，取其二三四爻互卦則為〈震〉，又於六四爻之上，再添加「九四」、「上六」兩陰爻，像加厚爻畫的〈震〉卦，故云「肖厚震」。

2. 《易外·觀》：「卦為厚艮。」（〈觀〉，頁181）
　　按，〈觀〉卦坤下巽上，取其三四五爻互卦則為〈艮〉，又於六三爻之下，再添加「六二」、「初六」兩陰爻，像加厚爻畫的〈艮〉卦，故云「卦為厚艮」。

3. 《易外·大畜》：「艮之象厚離」（頁226）；「三上互厚離」（頁227）；「卦厚離」（頁227）
　　按，〈大畜〉卦乾下艮上，上卦為〈艮〉，再合九三爻觀之，像加厚爻畫的〈離〉卦，故云「厚離」。

4. 《易外·頤》：「頤厚離」（頁231、234）；「卦厚離」（頁234）；「頤厚離為離之母」（頁234）；「卦似厚離」（頁235）；「頤離火之厚中有虎焉」（頁236）；「頤，離之厚」（頁237）

〔註32〕「積體」一詞出自元代《易》學家俞琰。其云：「積體如〈剝〉、〈復〉、〈夬〉、〈姤〉、〈遯〉、〈大壯〉、〈臨〉、〈觀〉、〈頤〉、〈大過〉、〈中孚〉、〈小過〉是也。〈中孚〉、〈頤〉皆肖〈離〉，此〈離〉之積也。〈小過〉、〈大過〉皆肖〈坎〉，此〈坎〉之積也。朱子曰：〈中孚〉、〈小過〉是雙夾底〈離〉、〈坎〉；〈頤〉、〈大過〉是厚畫底〈離〉、〈坎〉。」見〔元〕俞琰：《讀易舉要》（臺北：新文豐出版公司，1986年，《大易類聚初集》第6冊），卷2，〈積體〉，頁623。由俞琰所引，可知此說朱子已曾言之，而俞琰以「積體」一名稱之，指出六十四卦中有〈剝〉、〈復〉、〈夬〉、〈姤〉、〈遯〉、〈大壯〉、〈臨〉、〈觀〉、〈頤〉、〈大過〉、〈中孚〉、〈小過〉十二個卦可用積體取象。關於俞琰卦體概念，可參考：（1）林志孟《俞琰易學思想研究》（臺北：中國文化大學中國文學研究所博士論文，1995年6月）。（2）孫師劍秋〈俞琰易學思想探微〉，《臺北師範學院學報》第14期（2001年9月），頁339～364。

按，〈頤〉卦震下艮上，其初、上兩爻爲陽爻，中間二三四五爻爲陰爻，似兩陽夾一陰之〈離〉卦；「厚」者，謂合二三四五爻爲一陰爻觀之，象加厚貌。

5. 《易外・大過》：「大過厚坎」（頁231、240）；「大過，坎之厚」（頁237）

按，〈大過〉卦巽下兌上，其初、上兩爻爲陰爻，中間二三四五爻爲陽爻，似兩陰夾一陽之〈坎〉卦；「厚」者，謂合二三四五爻爲一陽爻觀之，象加厚貌。

綜合以上所列《易外》所採的互體通例、變例說，可以歸納出下列三個重點：

第一，《易外》前六十四卷釋六十四卦中，惟〈乾〉、〈坤〉、〈同人〉、〈大有〉、〈觀〉、〈剝〉、〈復〉、〈恒〉、〈遯〉、〈益〉、〈姤〉、〈升〉、〈未濟〉諸卦，似未見採用互體法說解卦象，其他五十一卦都有採用。雖然屈大均使用互體並未達到「每卦必兼」的程度，但互體法應爲屈氏取象的重要手段，確是不容置疑。由此可見，屈氏對漢儒解卦方式，是持認同的態度。

第二，《易外》所採互體法，主要延襲兩漢象數《易》例，而以互體基本通例，即二三四、三四五爻互體而成三畫卦爲主，偶有間採互體變例之處，除了「積體說」較多外，其他「四爻互體」、「半象」都很少出現。整體而言，互體變例的使用在《易外》中尚屬少數，屈氏所用互體法實際上以基本通例（上互、下互）爲主。

第三，漢人互體常以互得六畫卦（別卦）來解說，而屈氏則多以上互、下互各得三畫卦（經卦）來作各卦象間關連之闡述，此是屈氏在使用互體上作法與前人大同小異之處。

綜上所述，可知屈氏離析卦爻，運用盛行於漢代的互體法，令一卦互體而衍生出數卦之多。此種解《易》方式，足以添加頗多的釋卦空間，是其長也；然而一卦可藉互體而得數卦，易流於恣意引申，是其弊也。故互體雖盛於漢，後代學者多有詆之者，例如顧炎武云：

> 凡卦爻二至四三至五兩體交互，各成一卦，先儒謂之互體。其說已見於《左氏》。……然夫子未嘗及之。後人以雜物撰德之語當之，非也。其所論二與四三與五同功而異位，特就兩爻相較言之，初何嘗有互體之說？〔註33〕

〔註33〕見〔清〕顧炎武著，徐文珊點校：《原抄本日知錄》（臺北：臺灣明倫書局，

對互體之說持反對態度。平情而言，互體法曾於《易》學史上出現，又得歷代不少《易》家用以解卦，南朝學者劉勰《文心雕龍》即稱：

> 夫隱之爲體，義生文外，秘響旁通，伏采潛發，譬爻象之變互體，川瀆之韞珠玉也。故互體變爻，而化成四象；珠玉潛水，而瀾表方圓。始正而末奇，內明而外潤，使玩之者無窮，味之者不厭矣。〔註34〕

可見古人對互體得以增添卦象變化，頗有肯定。故視其價值，應如王瓊珊先生所言，較爲公允：

> 就列卦觀象而言，互體之發現或不無貢獻，若用以解經，竊恐聖人著作之時尚未注意及此也。〔註35〕

藉由互體可使一卦羅列出數卦，使可觀之象繁衍，增加卦之變化，就取象而言，確有助益。但是《易經》撰作之時，未必具有漢人如此規律互卦取象概念。既然互體乃漢人所演，並非作《易》者之本意，故如欲返求《易》之本旨，對於漢儒後來加上的概念，似可置而不論。不過，若就屈大均個人而言，他既認爲「《易》之內，太極是也，內不可見，以外之畫之象、爻象之，欲人從外以見內也」，其用意不在於「解經」以明文王、孔子等聖人義旨，更在藉卦爻之離析取象，以推究形而上之《易》理。是故互體法雖未必合於作《易》者初衷，但在屈氏心中，仍認定是觀象解《易》的途徑之一。

二、卦變說〔註36〕

卦變者，謂改變某一爻或數爻，即使陰爻變陽爻、陽爻變陰爻後，則卦亦隨之而變動成它卦。卦變原本用於占筮，如〈繫辭上傳〉第九章記載上古大衍數筮法，需「十有八變而成卦」，即藉由爻變方式以求卦。其後卦變逐漸由單純的卜筮轉換成拆解卦體、解析六十四卦相互關連的一套系統性學說，與互體同爲兩漢象數《易》學家所重視的解《易》法。尤其虞翻在荀爽升降說的基礎上，提出系統的卦變說，構成其《易》學的主要內容，約其要旨則有二，一爲「辟卦生雜卦」，一爲「乾坤生六子」。以下先討論《易外》出現的卦變情況。

　　1979 年），卷 1，「互體」，頁 5。
〔註34〕〔南朝梁〕劉勰：《文心雕龍》（臺北：文史哲出版社，1991 年九月），〈隱秀第四十〉，頁 203。
〔註35〕王瓊珊：《易學通論》（臺北：廣文書局，1979 年 4 月再版），頁 54。
〔註36〕爻變是卦變的基礎，故本文論卦變，亦合爻變而言。

（一）一爻變

綜觀《易外》一書所採「爻變說」，大抵是以一爻變爲原則，變一爻而成他卦之例頗多，以下舉例說明。

例如釋〈臨〉卦，云：

三變則爲〈泰〉，而有无攸利之憂，聖人慮夫兌之以口而剝人也。（〈臨〉，頁176）

按，〈臨〉卦兌下坤上，變其六三爲九三，下卦即由兌改乾，乾下坤上則成〈泰〉卦，故曰「三變則爲〈泰〉」。

又如釋〈賁〉卦，云：

鬚，鬚也，在頤爲鬚，在頰曰髥。鬚髥之美，以血氣之足也。三變則爲〈頤〉，〈頤〉善養，故鬚之美應之。（〈賁〉，頁191）〔註37〕

按，〈賁〉卦離下艮上，變其九三爲六三，下卦即由離改震，震下艮上則成〈頤〉卦，故曰「三變則爲〈頤〉」。

又如釋〈謙〉卦，云：

四變爲〈小過〉，鳴謙者〈小過〉之飛鳥遺音也。音宜下不宜上，則鳴謙也，過乎恭下之過也，恭而安，安下之不過也，不過故爲鳴謙之貞吉。（〈謙〉，頁148）

謙之四變則爲〈小過〉，〈小過〉過乎恭讓，則恭而有則，故曰「不違則」。（〈謙〉，頁150）

按，〈謙〉卦艮下坤上，變其六四爲九四，上卦即由坤改震，艮下震上則成〈小過〉卦，故曰「四變爲〈小過〉」。

又如釋〈噬嗑〉卦，云：

〈噬嗑〉變則爲〈頤〉，〈頤〉以口實自養，則頤中无物，食而无食爲養正之吉。〈噬嗑〉從〈頤〉來，〈頤〉以勿朵頤爲貴，〈噬嗑〉以噬爲貴，相反者也，然噬而至于无噬，刑期而无刑，斯則祥刑，否則用獄而爲虎之耽耽逐逐，則不仁之甚，非艱貞之吉矣。故君子觀〈噬嗑〉而欲其反於〈頤〉，以自養而及萬民。（〈噬嗑〉，頁188）〔註38〕

按，〈噬嗑〉卦震下離上，變其九四爲六四，上卦即由離改艮，震下艮上則成

〔註37〕 「鬚」，北圖本皆作「須」，通。又，《全集》本「以血氣之足也」斷句標點原作逗號，若依文氣，似以句號爲佳，故改。

〔註38〕 「刑期而无刑」，北圖本作「刑期於无刑」。

〈頤〉卦，故曰「噬嗑變則爲頤」。

又如釋〈同人〉卦，云：

> 五變絲〈離〉，先〈離〉而後〈同人〉，故先號咷而後笑也。號咷者
> 哭也，又〈離〉五之涕沱若也。號咷於〈離〉，笑於〈同人〉，以得
> 從其類也。（〈同人〉，頁 133）

按，〈同人〉卦離下乾上，變其九五爲六五，上卦即由乾而改爲離，故曰「五變絲離」。

又如釋〈蒙〉卦，云：

> 上變爲〈蒙〉之〈師〉，故言擊，擊者以猛濟包之寬，視刑人爲重。
> （〈蒙〉，頁 81）

按，〈蒙〉卦坎下艮上，變其上六爲上九，上卦即由艮變坤，坎下坤上則成〈師〉卦，故曰「上變爲〈蒙〉之〈師〉」。

又如釋〈泰〉卦，云：

> 上變則爲〈艮〉，有土成山之象。山者城之所爲，互〈兌〉則陣而爲
> 剛鹵也，山上天下，〈大畜〉宜日閒輿衛，以利攸往，用師則吝。……
> 〈泰〉與〈大畜〉相始終。（〈泰〉，頁 125）

按，〈泰〉卦乾下坤上，變其上六爲上九，上卦即由坤變艮，故曰「上變則爲艮」；艮爲山，故「有土成山」；又乾下艮上爲〈大畜〉卦，既以卦變牽合〈泰〉、〈大畜〉二卦，故曰「〈泰〉與〈大畜〉相始終」。

又如釋〈大過〉卦，云：

> 上變爲〈大過〉之〈姤〉，〈姤〉曰姤其角，……夫亦其時也，何咎
> 之有？故〈大過〉之滅頂，與〈姤〉之姤角，義不相遠，信然。（〈大
> 過〉，頁 245）〔註39〕

按，〈大過〉巽下兌上，變其上六爲上九，上卦即由兌變乾，巽下乾上則成〈姤〉卦，故曰「上變爲〈大過〉之〈姤〉」。

又云：

> 初與上不能反，故本末弱不得爲純乾，而有棟橈之凶，惟純〈乾〉
> 而後其剛不過，夫子學《易》，欲无大過，欲其本末不弱，以爲純
> 〈乾〉而已。本弱則變〈乾〉之初而爲〈姤〉，末弱則變〈乾〉之上

〔註39〕「曰」，《全集》本誤作「日」，今改正。「亦」，《全集》本作「也」，北圖本作「亦」，若依文意，似以北圖本爲順，故據改。

而爲〈夬〉，聖人之所憂也。(〈大過〉，頁 245)

此推卦變之理，論〈大過〉以爲夫子進於純乾之道，至於其本末強弱，則視乎變〈姤〉或變〈夬〉，而關鍵則繫於聖人之心也。

（二）兩爻變

所謂兩爻變，指六畫卦中變動兩爻而成他卦。例如：

〈咸〉自〈否〉變，而三變則〈鼎〉之出〈否〉也。出〈否〉則爲〈咸〉，故得妄以其子。(〈咸〉，頁 267)

按，「〈咸〉自〈否〉變」，蓋沿用虞翻「辟卦生雜卦」之說。前已曾言虞翻卦變之法要旨有二，其一爲「辟卦生雜卦」，此卦變說經清儒黃宗羲加以總結，得出「以兩爻相易，主變之卦，動者止一爻」這樣的基本規則，以主卦變兩爻則可別出一卦，黃氏《易學象數論》中將虞翻的「卦變圖」清楚地歸納出變化有六：其一，「一陰一陽之卦各六，皆自復、姤而變」；其二，「二陰二陽之卦各九，皆自臨、遯而變」；其三，「三陰三陽之卦各十，皆自泰、否而變」；其四，「四陰四陽之卦各九，皆自大壯、觀而變」；其五，「變例之卦二」（中孚、小過）；其六，「凡變卦皆從乾、坤來」。〔註40〕簡言之，即「以陰爻或陽爻同數之諸卦爲一組，其中之辟卦爲主卦，餘卦皆視作由此主卦變出者」。〔註41〕由上可知，依虞翻卦變說來看，《易外》以「咸自否變」，蓋因〈咸〉爲「三陰三陽之卦」，故從〈否〉而變，〈咸〉「三之上」即自〈否〉出。

又例如：

〈咸〉者，乾、坤之交，乾變而爲山，以下其剛；坤化而爲澤，以上其柔，故爲〈咸〉。〈恒〉者，乾坤之不交，乾變而爲風，以下其陰；坤化而爲雷，以上其陽，故爲〈恒〉。(〈咸〉，頁 263)〔註42〕

按，屈氏此謂〈咸〉、〈恒〉兩卦源自〈乾〉、〈坤〉變化而來。〈咸〉卦艮下兌上，下艮由〈乾〉變二爻而成，上兌由〈坤〉變二爻而成。〈恒〉卦巽下震上，下巽由〈乾〉變二爻而成；上震由〈坤〉變二爻而成。故〈咸〉、〈恒〉兩卦均是由〈乾〉、〈坤〉變兩爻而來。

〔註40〕〔清〕黃宗羲：《易學象數論》，收入沈善洪主編：《黃宗羲全集》（杭州：浙江古籍出版社，1993 年 11 月第 1 版第 2 刷），第 9 冊，卷 2，頁 62～66。

〔註41〕王瓊珊：《易學通論》，頁 58～59。

〔註42〕《全集》本斷句原誤作「咸者乾坤之交，乾變而爲山，以下其剛，坤化而爲澤，以上其柔，故爲咸恒者，乾坤之不交。乾變而爲風，以下其陰；坤化而爲雷，以上其陽；故爲恒。」今據文意改正。

卦變之法關鍵在爻位之升降，經變動後而成他卦，是以一卦可衍生出數卦，其弊在於繁雜。這種作法，誠如屈萬里先生批評說：

> 一卦可以括六十四卦之義，六十四卦亦不過一卦之變。則是全部《周易》，一卦已足，復何用六十四卦之紛紛乎？〔註43〕

作《易》者原先必然沒有卦變的概念，否則何必要推演出六十四卦？卦變運用太過，的確存在此一根本矛盾問題。但卦變對於觀象之助益，卻也是不容否認的。綜觀《易》學「卦變史」，先是盛於漢代，荀爽以升降倡之，經虞翻系統化推演，至北宋以後，說卦變者代不乏人，延及清季，大儒黃宗羲《易學象數論》更加整理疏通之，足見卦變確有其奧妙所在，方能被歷代《易》學家所重視、採用。而卦變法作為兩漢象數《易》學特色之一，屈氏以卦變解《易》，足見他對漢《易》的認同。

第四節　以天文曆律解《易》

〈繫辭上傳〉曰：「仰以觀於天文，俯以察於地理。」〈繫辭下傳〉曰：「仰則觀象於天，俯則觀法於地。」是《易》之創生，蓋取象於萬物，由天文地理以比擬而成卦，故其中必有包含日月星辰山川地理。漢代象數《易》學家尤喜以天文曆律星宿解《易》，而《易外》中亦有不少相關言論，可知屈大均在釋經方法上趨近於漢儒。

天文是日月星辰等運行於天空的自然界景物，上古先民仰視天象，觀察其變化軌跡，又以人事禍福多與天文攸關，故予以特別重視，因而古代天文觀很早就見於典籍記載。屈氏直言《易》爻所記即是天文：

> 三百八十四爻，天之文也。天之文不在日月星辰，在乎三百八十四爻，察時變者必於是，文王與孔子之所以為文，皆在茲矣。（〈賁〉，頁193）

日月星辰在天，是形而上者；三百八十四爻為文，是形而下者，天文不易知，藉爻畫以觀之，故謂天文在爻。屈氏又強調「察時變者必於是」，天文有一定的變化規律，若能觀其變而察其化，可以洞悉時變之義，是屈氏以天文解《易》用心之所在。

日月星辰天象之變化，自遠古即受人所重視。屈氏於釋經時，多有天文

〔註43〕《先秦漢魏易例述評》，卷下，頁129。

星象之處。例如說金星和水星：

> 金、水二星，常附日而行。日，木火也，金水必依木火，或先或後，
> 然金爲水源，故金星大，水星小，故《小雅》獨以金星爲言，而曰
> 「東有啓明，西有長庚」。先日而出曰啓明，後日而出曰長庚，皆金
> 星也。（〈益〉，頁345～346）

又例如屈氏論冬至日之變化，云：

> 冬至曰日南至，蓋謂日自鶉尾而來至牽牛也。《逸周書》曰「維十有
> 一月，既南至，昏昴畢日踐長」，故又曰：「至日曰長至」。夏至曰至
> 月，日短至，日長而月短，重乎日也。日至於地之極，而月至於天
> 之中，是爲日至，爲復一陽初動之始；月至於天之極，而日至於地
> 之中，是爲月至，是姤一陰初動之始。（〈復〉，頁212）

按，「南至」指太陽自秋分行南陸，於冬至日南極。「自鶉尾而來至牽牛也」，謂太陽行進路線，是從「鶉尾」到「牽牛」的位置。〔註44〕至於引《逸周書》之言，其中所提到的「昴」即爲白虎中星，此句意謂冬至時南方中昴宿所占之分盡見，日行始長也。蓋古人以恒星授時，用鳥、火、虛、昴四星之「昏中」，定春、夏、秋、冬四時。〔註45〕故上文屈氏所述冬至日變化，即在言二十八星宿之一、且是天文學上最受重視的四仲中星之一的昴宿，其星象變化軌跡。

又例如屈氏於釋〈晉〉卦末段，言及「晉」與天文之關係：

> 天文：角之東爲蒼龍之宿，日東晉于角，大明至于蒼龍之宿，當天王
> 之庭時也。角，大角也，大角一星在左右攝提之間，天王座也。正月
> 王布新政，必居之晉，其角日至于天王之座，最尊之位也，然日猶在
> 東，未離地遠，至南則在天上，爲乾之日，晉無可晉，而有日昃之憂，
> 豐以日中則勿憂，晉以日中則勿恤。（〈晉〉，頁307）〔註46〕

按，〈晉〉卦上九爻辭「晉其角」，前人多以「角」爲獸角，而屈氏則以爻辭之「角」與天文之「角宿」相牽連，用天象星宿變化來解說。既豐富《易》辭天文內涵，且異於前儒舊註，可備一說。

〔註44〕「鶉尾」，指歲星（木星）運行可畫分爲十二次，其中與鶉字相連者，有鶉首、鶉火、鶉尾；若將十二次與十二辰相合，則鶉尾在南方屬巳。

〔註45〕例如《尚書·堯典》曰：「日中星鳥，以殷仲春」、「日永星火，以正仲夏」、「宵中星虛，以殷仲秋」、「日短星昴，以正仲冬」。見《尚書》（臺北：藝文印書館，1997年8月初版13刷，《十三經注疏》第1冊），頁21。

〔註46〕「王布新政」，北圖本作「王布新命」；「天王之座」，北圖本作「天王之庭」。

又例如言日（太陽）之一天的運行，云：

> 凡曉日東出，其色赤，南至午則赤變爲白；暮日西入，其色黃，北至
> 子則黃變爲黑。赤者火之色也，午則火入金鄉，故白。黃者土之色也，
> 暮則日入于地，故黃。地之中惟水，日在水中故色黑。（〈離〉，頁 257）

茲將上文重點整理成表格：

日之變化	日之方位	日之顏色	變色之因
日　出	東	赤	曉日火色
日　中	南	白	火入金鄉
日　入	西	黃	地下惟水
日　沒	北	黑	日在水中

　　屈氏對太陽一天循環變化的方位、顏色等概念，大抵同於傳統天文觀。惟「火入金鄉」一詞，查檢《史記》「天官書」、《漢書》「天文志」等史籍，俱未見載。至於用來解《易》，前人《易》說中亦偶有出現，如元儒胡一桂《周易啓蒙翼傳》釋朱子圖書之數與位三同二異，云：「至西南二方之數相易，則金乘火位，火入金鄉，有相克制之義焉。」〔註47〕但在宋儒之前，「火入金鄉」已是道教慣用術語。道教分外丹派、內丹派、符籙派、占驗派等，其中占驗派是道教之徒結合《易》象數後加以發展，形成《易》學史上的「道教《易》」一派。道教占驗派使用的術數法種類不少，對於民間社會影響頗大，包括「遁甲」、「六壬」、「太乙」等性質的道教文獻，更是將《易》象數理論推演至極。道教占驗派中有「奇門遁甲」一系，是以排局布盤的方式，擇定時間、方位，以趨吉避凶。其特色在：「是和古代天文曆法之學聯繫最緊，綜合性最強的術數，它將古代術數家創造的陰陽、五行、天干、地支、河圖、洛書、八卦、九宮等學說都包容進去，並聯繫成一個有機的整體。」〔註48〕上述「火入金鄉」一語，出自奇門遁甲之說，以丙加庚（天盤丙奇，地盤六庚）爲「火入金鄉」（即（熒入太白））格。由此可知，屈氏疏解天文星象，也援入道教術數概念爲說。

〔註47〕〔元〕胡一桂：《周易啓蒙翼傳》（臺北：臺灣商務印書館，1983 年，《景印文淵閣四庫全書》第 22 冊），上篇，頁 205 上。

〔註48〕朱伯崑主編：《周易知識通覽》（濟南：齊魯書社，1996 年 8 月第 1 版第 2 刷），「第五編・五・易學與道教」，頁 710。按，此文執筆者爲胡孚琛先生。

又例如言天體與日月之運行，云：

> 天道左旋，旋以日。地道右周，周以月。日從東出，故見天道之左
> 旋；月從西出，故見地道之右周。天以日爲道，地以月爲道，天之
> 行，日之行也。(〈乾〉，頁30)

又云：

> 天與日月皆左旋，故曰「夷于左」，「入于左」。(〈明夷〉，頁309)

傳統天文觀認爲天體是由東向西運行，故是「左旋」，但日月如何運行，卻有
歧議，或主張「左旋說」(即日月從天體一樣，由東向西行)，或主張「右旋
說」(即日月與天體運行相反，由西向東行)。如漢代揚雄云：「是故日動而東，
天動而西，天日錯行，陰陽更巡，生死相樛，萬物乃纏。」〔註49〕是「右旋
說」的支持者；北宋張載認爲天與日月皆左旋，南宋朱子亦贊同其說，《朱子
語類》云：「問：『天道左旋，自東而西，日月右行，則如何？』曰：『橫渠說
日月皆是左旋，說得好。』」〔註50〕又云：

> 問：「經星左旋，緯星與日月右旋，是否？」曰：「今諸家是如此說。
> 橫渠說天左旋，日月亦左旋。看來橫渠之說極是。只恐人不曉，所
> 以《詩傳只載舊說。」或曰：「此亦易見。如以一大輪在外，一輪
> 載日月在內，大輪轉急，小輪轉慢。雖都是左轉，只有急有慢，便
> 覺日月似右轉了。」〔註51〕

可見張載、朱熹都是「左旋說」的支持者。屈氏亦認爲天體左旋，日月亦左
旋，同於張、朱之說。

綜上所舉，可知屈大均以天文星象解《易》，一方面是因《易》與天文關
係密切，一方面則頗有復古之意，正如其友顧炎武所說：

> 三代以上，人人皆知天文。七月流火，農夫之辭也。三星在天，婦
> 人之語也。月離于畢，戍卒之作也。龍尾伏晨，兒童之謠也。後世
> 文人學士，有問之而茫然不知者矣。〔註52〕

〔註49〕 〔漢〕揚雄：《太玄經》(臺北：新文豐出版公司，1989年，《叢書集成續編》
「哲學類」第44冊)，卷7，〈玄攡〉，頁306下。

〔註50〕 《朱子語類》，收入〔宋〕朱熹著，朱傑人、嚴佐之、劉永翔主編：《朱子全
書》(上海：上海古籍出版社；合肥：安徽教育出版社，2002年12月)，第
14冊，卷2，頁130。

〔註51〕 同前註，頁133。

〔註52〕 《原抄本日知錄》，卷30，「天文」，頁855。

《易》既爲上古聖人所作，其中必有包含天文，而同輩之人於天文也頗爲重視，是故屈氏疏解《易經》，豈有不特別言及天文之理。

綜上所述，可知《易外》中有不少談到天文學概念的言論，但均屬於一般性的理論，大抵從古人見解而來，鮮少是屈氏個人的創發，實因屈氏對天文並無專門研究，僅止於「重視」而已，對這方面的涉獵並不深入，而《易經》中本有包含天文之處，故《易外》自不得不有所陳說。

《易外》既以天文解說，而天文用之於人事，則衍爲曆律，關乎人類一切生活作息，影響可謂甚深。曆法起源於古人對於天文星象加以觀察、記錄後，逐漸形成一套系統。而先民由遊牧型態轉變爲農業社會，曆法更是農耕上的重要參考依據。曆法見諸文獻記載頗早，《尚書·堯典》曰：「朞三百有六旬有六日。」〔註53〕指出地球繞日運行一周需要時間爲三百六十五又四分之一日。又曰：「以閏月定四時成歲。」〔註54〕指每三年須多出一個閏月來補正曆法上的誤差。〔註55〕

屈氏既以天文在三百八十四爻，亦即爻中可見天文之理，而天文用之於人事則爲曆法，故屈氏又主張學《易》應「以曆律爲端」，以曆法爲學《易》之始。其云：

> 《易》，一天也，天之曆數在《易》，聖人執日月之中以御天，故曰
> 「曆數在躬」。中字從曆數而出，故學《易》以曆律爲端，以日月爲
> 本，日月者曆律之所生，故治曆必先測日景，治律必先推節氣，以
> 律出於曆，曆出於日月也。（〈革〉，頁397）

屈氏認爲，《易經》內容在言「日月之曆」，天地運行以日月升降盈虛變化最爲明顯，故言日月之變即是與天地契合。若能釐清《易經》中所記載的曆數，

〔註53〕見《尚書》，頁21下。

〔註54〕同前註。

〔註55〕古人觀察月象製定曆法，而有「合朔」之說。《後漢書·志第三·律曆下·曆法》云：「日月相推，日舒月速，當其同〔所〕，謂之合朔。」（見《後漢書》（臺北：鼎文書局，1986年，第5冊，頁3055）以現代天文學來看，因爲月球繞行地球一周需要花費27.312天，但又要隨著地球繞太陽，所以到下次新月時間是29.531日，因而夏曆有大、小之別，大月三十天，小月二十九天，平均下來一年每個月29.5天，與實際的29.531天相差0.031天，因此每隔三年要用增加閏月的方式將差距補回。此即爲孔安國所說：「一歲十二月，月三十日，正三百六十五日，除小月六，爲六日，是爲一歲有餘，十二日未盈，三歲足得一月，則置閏焉。」出處同前註。

就可掌握天道。是故了解日月運行軌跡、四時節氣變化，藉由天文曆律來窺探《易》的奧妙，是屈大均所欲提示後學的一條研《易》門徑。

第五節　以人事義理解《易》

　　《易》爲憂患之書，卦爻辭所言吉、凶、悔、吝，皆爲「人」而發，故《易》之思想，包含人事義理層面。學者釋《易》，亦多析言之。《易外》云：

> 聖人憂之危而慮之深，方〈姤〉而憂霜冰，方〈泰〉而憂城隍，方〈豐〉而憂日昃，蓋思患預防之道也。（〈坤〉，頁46）

言聖人具憂患意識，深謀遠慮，謹守防患於未然之道。故知屈大均撰《易外》，既用象數方式，也用義理角度來論析；既說明天地陰陽變化，也闡明人事。

　　這些以義理說《易》的內容，不但反映出屈氏倫理、政治等觀點，也顯示其雖重象數，卻未忽視義理之一面。

一、以人事解《易》

　　屈大均於《易外》中，頗有藉釋卦爻以申說人事是非之理。例如釋〈晉〉卦，云：

> 又〈相鼠〉譏大夫，雖居尊位爲闇昧之行，無禮儀而可惡者，〈晉〉四之象也。（〈晉〉，頁305）

按，此藉《詩經·相鼠》說〈晉〉卦九四爻象。〈晉〉九四爻辭曰：「晉如鼫鼠，貞厲。」王弼《注》、程頤《易傳》、朱子《本義》皆於「鼫鼠」無釋，僅比爲貪據權位之人。而屈氏則明指「鼫鼠」如「相鼠」，謂大夫身居高位而行事不端，是無禮無儀之人。

　　又如釋〈蒙〉卦，云：

> 〈蒙〉之二，仲尼也；五，童蒙之吉，則顏、曾也。顏、曾皆生于岱下，山下出泉之蒙也。泉出于山，而需于天，天需泉以爲雲，爲雲所以澤物。仲尼之弟子但爲泉，而不爲雲，以仲尼未得天下之位也。（〈蒙〉，頁77）〔註56〕

將〈蒙〉卦比擬爲孔子師門，以九二爻代表孔子，六五爻代表顏淵、曾參等弟子。九二、六五兩爻相應，蓋二以陽剛上應五，一陽爲四陰所包，故「包

〔註56〕「天下之位」，北圖本無「下」字。

蒙」一詞，象孔子爲眾弟子所圍繞。而五以陰柔下應二，「順以巽」，則象顏淵、曾參之徒謙遜地領受孔子教誨。

又例如屈氏談到《易》「爲君子謀」。《易》究竟是「爲君子謀」或「爲小人謀」，自北宋以來，即是學者爭議論題之一。宋儒張載謂：「《易》爲君子謀，不爲小人謀。故撰德於卦，雖爻有小大，及繫辭其爻，必諭之以君子之義。」〔註57〕朱子則說：

> 問：「橫渠說：『《易》爲君子謀，不爲小人謀。』蓋自太極一判而來，便已如此了。」曰：「論其極是如此。然小人亦具此理，只是他自反悖了。君子治之，不過即其固有者以正之而已。《易》中亦有時而爲小人謀，如『包承，小人吉，大人否，亨』，言小人當否之時，能包承君子則吉。但此雖爲小人謀，乃所以爲君子謀也。」〔註58〕

依朱子觀點，《易》既爲君子謀，也有爲小人謀之處，但爲小人謀，亦同時是爲君子謀。朱子所言，源於張載而又圓融其說，爲後世學者所從。例如明儒蔡清亦稱：「易固爲君子謀，然其爲君子謀者，亦所以爲小人謀也。觀小人剝廬之辭可見，蓋道理自是如此。」〔註59〕

此一命題亦受到清初遺民所重視。蓋《易》乃君子憂患之書，而遭逢國家鼎革、悲痛小人亂世的遺民，處境艱難，不免於讀《易》之際，多生感觸，是以明遺民學者釋經，往往留意於此，而有所闡述。例如王夫之云：

> 《易》之爲筮而作，此不待言。王弼以後，言《易》者盡廢其占，而朱子非之，允矣。雖然，抑問筮以何爲，而所筮者何人何事耶？至哉張子之言曰：「《易》爲君子謀，不爲小人謀。」然非張子之創說也。《禮》：筮人之問筮者曰，義與？志與？義則筮，志則否。文王、周公之彝訓，垂於筮氏之官守且然，而況君子之有爲有行，而就天化以盡人道哉！〔註60〕

王氏贊同橫渠「《易》爲君子謀，不爲小人謀」之說，進而指出此說並非橫渠

〔註57〕　張載：《正蒙》，〈大易篇第十四〉，頁133下。

〔註58〕　《朱子語類》，卷67，〈易三・綱領下〉，「論易明人事」，《朱子全書》第16冊，頁2243。

〔註59〕　〔明〕蔡清：《易經蒙引》（臺北：臺灣商務印書館，1983年，《景印文淵閣四庫全書》第29冊），卷3下，頁247下。

〔註60〕　〔清〕王夫之著，《船山全書》編輯委員會編校：《船山全書》（長沙：嶽麓書社，1988年12月），第1冊，〈周易內傳發例〉，頁653。

所創始，是上古先哲遺訓，乃《易》本來固有的道理。

又如張履祥云：

> 《易》爲君子謀，亦爲小人謀。君子喻義，則示以義之利；小人喻
> 利，則示以利之義。其要無咎而已。〔註61〕

張氏乃清初以篤守程朱聞名之理學家，故其言《易》並爲君子、小人謀，亦承
朱子之說而來，又謂「示以義」、「示以利」，蓋《易》卦有吉凶悔吝無咎等言
辭，君子觀卦可明處世之義，小人觀卦亦可明行旅、聘娶等諸事之利，故云。

屈氏則以爲：

> 「包羞」，謂君子也，儉德以辟難，包羞之象也。《易》爲君子謀，
> 伊尹之不羞不卑，微子之不顧行遯是也。（〈否〉，頁127）

此處只言「爲君子謀」，其餘則不說，可見於〈否〉卦之遭遇蹇困，屈氏強調
的不是君子、小人之別，《易》是否爲小人謀，不是他關心的重點。屈氏所重
視的，是「儉德以辟難」、「不羞不卑」、「不顧行遯」等君子行跡，而這些君
子之道，正是身處在異族統治下的遺民們所強調、稱揚的德行。這樣的思考，
顯然是屈大均有感於個人所處時代背景而發，可知屈氏在解《易》之際，也
寓有自勉的用意。

《易外》闡發人事之言，除上述申說大夫之行、孔門之教以及君子出處
外，尤以談論君臣之道爲多。蓋五倫以君臣爲首，故《易外》於釋各卦爻辭
中，不乏談及君臣之處，是其頗爲重視的倫常關係。首先，屈氏一再強調臣
子對君主的重要性：

> 需者天之所需，臣者君之所需，天得雲而甘雨降，爲萬物之飲食；
> 君得臣而膏澤下，爲萬民之飲食。（〈需〉，頁86）

如同天無雲不能施雨露，君、臣不能相背離。又云：

> 行之云者，君以臣爲行，猶帝以斗爲車而後行也。臣者君之車也，
> 斗者日之車也，日之不明，斗之過也。子曰「日中見斗」，幽不明也，
> 日之幽，故斗亦因之不明也。斗不能自明，而資於日，故必與初夷，
> 而後可以匡夫五之幽也。（〈豐〉，頁444）

以天、雲比喻，謂天無雲不能施雨以滋養萬物；又以人、車比喻，謂人無車
不能行路以致遠千里，均在強調君主若無臣下輔佐，則良法不能施、善政不

〔註61〕〔清〕張履祥著，陳祖武點校：《楊園先生全集》（北京：中華書局，2002年），
中冊，卷29，〈讀易筆記〉，頁789。

能行，邦國無以治，百姓無以安，是故君不能無臣。

　　君既不能無臣，兩者關係是緊密相連的，屈大均又進一步解釋兩者的關係：

> 五者，上之人也，三非上之人也，人者夫也，臣之視君猶夫也。臣不可以後君，婦不可以後夫，天之道也。後之則無以爲首，無以爲首，則無以爲股肱心膂之用，故凶。（〈比〉，頁102～103）

又云：

> 君臣之道猶夫婦，五之孚，六之拘係維，一也，三與上合，三係之未已，上復拘係之維之，皆以斯丈夫之不可失也。三〈巽〉，巽長女，其大臣也；上〈兌〉，兌少女，其小臣也，開創之主，爲天之冢子，人之丈夫，大小賢臣隨之，其志遂有開國承家之得，而王以比賢臣，亨之神祇，以爲得人之慶焉。（〈隨〉，頁165）

又云：

> 父母者一家之君，君道先嚴，嚴故稱君，初閑上威，皆嚴之謂也。寧嚴而家人嗃嗃，不可以不嚴而婦子嘻嘻。使治家如治國，則能假有家；使治國如治家，則能假有國。國之王，家之君，其道一也。（〈家人〉，頁315）

綜上所引，可知屈氏利用夫婦關係來解釋君臣關係，視君臣與夫婦之道如一，君如夫，臣如婦，婦繫夫以治家，臣佐君以治國，其主從的對待關係一致。至於稱「巽長女」、「兌少女」，謂小妻、小妾也，如君之有大臣、小臣也。妻妾與群臣賢德，是夫與君得人以治家國，其慶同矣。

　　屈氏認爲君臣和夫婦一樣，都是上下、尊卑、主從的關係，他進而強調君上所具備之崇高地位：

> 明出地上爲〈晉〉，臣之大有也；火在天上爲〈大有〉，君之晉也。
> 君臣同一文明，而臣不敢有其文明，而以歸之於君，故曰晉。君能有其臣之文明，而以歸之於天下，故曰大有。（〈大有〉，頁135）

〈晉〉卦坤下離上，〈大有〉卦乾下離上，而兩卦之上卦皆有離火光明之象，〈晉〉象臣之光，〈大有〉象君之光，故謂「君臣同一文明」。但是屈氏認爲，兩卦雖然皆具光明之象，〈晉〉爲地下之臣，〈大有〉爲天上之君，一尊一卑，臣之光明須歸於君，惟君主才能有普照天下之功，凸顯君主地位之至高無上。因此，屈氏又云：

> 天與水違，水不可以訟天：君與臣違，臣不可以訟君。自下訟上，
> 是自掇其患也。（〈訟〉，頁 90）

君臣意見如有相左，為人臣者不可與君爭執，顯示出君主地位之高、權力之盛，在下位者不能隨意牴觸，這同時也表明臣子應知明哲保身之道，不宜踰越君臣分際，以免自召禍患。

綜上所述，可知屈氏在《易外》一書中，透露出他的政治思想。其一，儒家將人際關係區分為「五倫」，自上至下為君臣、父子、夫婦、兄弟、朋友。屈大均則認為君臣、夫婦兩倫關係相同，皆是婦以其夫為天、為依歸的主從模式，一如臣亦以君為尊、為主。

其二，屈氏主張領導者應具絕對的權力，特別重視嚴明君臣分際，或許是與明末政治情況有所關連。明末帝王失勢，君權已被宦官、奸佞把持，君威名存實亡，以致朝政衰敗，最終國破家亡。屈氏身為明遺民，在矢志反清之餘，回顧明室滅亡之因，故格外重視君臣關係之論說。是以《易外》中有不少涉及這方面觀念的言論，當屬可理解之現象。

二、以義理解《易》

《翁山易外》一書有不少以義理角度詮釋經傳之處，諸如「情性論」、「道器論」、「體用論」等，均屬宋明理學討論範疇。《易外》對這些問題的申述，反映出屈大均兼有義理派《易》學家的思想內涵。關於這些論題，將在第七章另立一節討論，此處僅以屈氏論「仁」、「孝」等觀點，來說明《易外》確實存有以義理角度解《易》之處。

（一）論「仁」

「仁」字自孔子揭示後，遂成為儒家重視的德行之一。屈氏解釋「仁」的定義是：

> 仁者，人心也，仁即人字。仁，生也，不仁而未有能生者也，故性
> 字從生。物无不生之仁，人无不善之性。（〈復〉，頁 215～216）

《中庸》曰：「仁者，人也。」〔註62〕屈氏以「仁即人字」，是承襲《中庸》之說而來。又釋「仁」為「人心」，張載《正蒙·中正篇第八》云：「中心安仁，無欲而好仁，無畏而惡不仁，天下一人而已，惟責己一身當然爾。」〔註

〔註62〕《禮記》，〈中庸〉，頁 887 下。
〔註63〕〔宋〕張載：《正蒙》（臺北：臺灣商務印書館，1983 年，《景印文淵閣四庫全

63〕故知屈氏談仁之義理，當是承繼宋儒心性修養論而來。

又云：

> 《禮》曰「人者天地之心」，天地无心，人爲之心，天地有人，而天
> 地有心矣。人有心，而天地有人矣。見天地之心，亦自見其心而已
> 矣。（〈復〉，頁 209）

按，屈氏所引蓋出自《禮記·禮運》曰：「人者，天地之心也，五行之端也。」
〔註 64〕後人多從此說，例如宋儒馮椅謂：「天地發生萬物，不過二氣交貫，
誠一無二。況人者天地之心哉！」〔註 65〕又如元儒胡震謂：「人者，天地之
心。人極立，則天地之極亦立矣。」〔註 66〕明儒王陽明《傳習錄》亦云：「夫
人者，天地之心也。」〔註 67〕可知屈氏從〈禮運〉而說天地之心，此亦與陽
明學有相近處。

至於「仁」之內涵，屈氏於《易外》中亦有論及：

> 然必得其敬之禮，而後可以主敬，故先儒謂學者先須識仁，以誠敬
> 存之。仁者，乾坤之元是也。仁之象圓，義之象方，義以方外，則
> 仁以圓內也。（〈坤〉，頁 49）

按，屈氏所引，蓋皆出於宋儒之說。自宋儒程頤主張「涵養須用敬」，指出「主
敬」這條修養途徑，遂爲後之理學家所尚。上文所指「先儒」即是程顥，他
提出：「學者須先識仁。仁者，渾然與物同體。義、禮、知、信皆仁也。識得
此理，以誠敬存之而已，不須防檢，不須窮索。」〔註 68〕即以「仁」統括一
切道德。而屈氏謂「義以象方外」、「仁以圓內」，是「仁」、「義」並重，一內
一外，則仁與義同爲修養工夫，與程顥以「仁」涵蓋義、禮、知、信等一切
德行，在解釋上不盡相同。

綜上所述，屈氏言「仁」，大抵同於宋明理學家所釋，重視心性涵養工夫

書》第 697 冊，《張子全書》），〈中正篇第八〉，頁 199 下。

〔註 64〕見《禮記》，〈禮運〉，頁 434 下。

〔註 65〕〔宋〕馮椅：《厚齋易學》（臺北：臺灣商務印書館，1983 年，《景印文淵閣四
庫全書》第 16 冊），卷 21，〈易輯傳第十七〉，頁 402 下。

〔註 66〕〔元〕胡震：《周易衍義》（臺北：臺灣商務印書館，1983 年，《景印文淵閣四
庫全書》第 23 冊），卷 3，頁 520。

〔註 67〕〔明〕王守仁：《傳習錄》（臺北：黎明文化事業公司，1992 年再版），〈答聶
文尉〉，頁 104。

〔註 68〕程顥之言，出自《程氏遺書》，見〔宋〕程顥、程頤：《二程集》（臺北：里仁
書局，1982 年 3 月），上冊，頁 16～17。

之闡發，承襲前人修養論觀點。雖未有歧出之新說，但可見屈氏在心性學上的理路，主要是受宋明理學家的影響。

（二）論「孝」

「孝」為儒家最重視的德行之一。屈氏於《易外》中亦有言及孝道觀之處，集中在釋〈萃〉卦中：

> 《禮》曰：「祭之日，僾然必有見，肅然愾然必有聞。」見與聞，皆孝子慈孫之自見自聞也。惟視於無形，故有見；惟聽於無聲，故有聞。孝子慈孫能自見自聞，則可以見聞祖考之容聲嘆息矣。孝子慈孫無須臾而忘其祖考，平日見聞之於夙夜，故當祭而見聞之於廟宮，以其精神无時而不存，存己之精神，所以存其祖考之精神也。己之精神不存，致其祖考之精神因之而不存，不孝之罪莫大焉。（〈萃〉，頁373）

屈氏所強調的孝道，重點在「自見自聞」四個字，意謂作為子孫的人，要秉持先祖精神，自見自聞即是見聞於祖考，可見屈氏的孝道觀不在於祭祀祖先的外在形式上，而是重視繼承前人精神的內在修養。

又云：

> 孝无始，以心之始為始；孝无終，以心之終為終。孝其心，所以孝天也；孝其天，所以孝親也。孝者何？中和之謂也。在內為中和，在外為禮樂，禮者孝之中，樂者孝之和也。中則天地位，位于孝之中；和則萬物育，育于孝之和也。（〈萃〉，頁373）

指出孝道的關鍵在於「心」，而孝的內涵不僅止於人道的孝，他更進一步推向對天道的孝，「孝其天，所以孝親也」，是將天人關係相連繫。屈氏並指出孝的內涵就是「中和」，而致孝之法即是致中和的工夫。中和之說乃是宋代理學的重要論題，是理學家用來說明修養方法論的概念，例如宋儒朱子即有「中和舊說」與「中和新說」之思想變化。屈氏在中和問題上並沒有更深入的申述，只是在釋〈萃〉卦中，用來作為談孝道內涵的一個概念而已。不過，由此也可看出，屈氏在說理上，主要是援引宋明理學家常用的詞彙和概念來作引申。

第六節　以文字結構解《易》

前人詮釋《易經》的方式有很多種，其一是利用解析文字結構，舉凡六十四卦卦名，以及各卦的卦爻辭，都可作為探討的對象。其作法，在藉由還

原某些文字的初形與本義，一方面欲瞭解它所包含的特殊意義；一方面用以加強解釋上的助益。

雖然《易》之卦辭、爻辭並非成於一時一地一人之手，但概括而言，《易經》成書於漢代以前（即上古時代），當無疑議。是故，如欲探討此書中文字的本形本義，不但不能依據今日通行之楷體字，也不能僅採用漢代通行的小篆，而是應利用《易經》成書時代所通行的上古文字。因爲自小篆簡化古籀（大篆）繁複的筆畫後，距離古文字原貌更遠，不如漢代之前的古文字，較接近於原始造字形制。民國以來，隨著越來越多的出土文獻被發掘，大量古文字重現，使得現代研究者，有豐富的材料可供參考。這些上古文字，若依流行的時間先後排列，可粗分爲甲骨文、金文、戰國文字等。近年來十分受到學界矚目的出土文獻，前有「郭店」，後有「上博」，即屬於戰國楚系文字。〔註69〕針對這些古文字進行完善的整理和釋讀，將能提供今人對上古歷史、文化、思想等各方面有更深的認識，具有重大的學術意義。

然而，由於甲骨文是在晚清才被發現，戰國文字則是在民國以後才陸續被挖掘出來，因此清末以前從事文字研究的學者，未及目睹這些珍貴的出土文獻，故僅能利用小篆及金文，作爲推敲初文的主要依據。因此，在解析文字結構時，往往受到很大的局限，立說也難令人信服，使得小學一門長期以來，未能有較大的發展。直至晚清民國初年，在羅振玉、王國維等人領先整理、研究下，文字之學大盛，出土文獻之研究，亦成爲當代顯學。

大抵古人對於文字本義的解釋，主要承襲東漢許愼《說文解字》（以下簡稱《說文》）之說而來，等而下之者是隨意取象，流於主觀臆測，茫然無據。若以今日古文字研究成果檢視前人之說，則整體而言，清代以前學者所論，合理者少，誤解較多。以清初學者屈大均來說，既有承襲《說文》，亦有憑己意取象解說之處。

屈大均於《易外》中，常藉由對某字字形、字義演變之解說，以推展《易》理。因屈氏認爲：

〔註69〕民國以來戰國楚系文字陸續被發掘出來，例如一九六五年至一九六六年間在湖北江陵望山一、二號墓出土的「望山楚簡」；一九八七年在湖北荊門包山二號戰國墓出土的「包山楚簡」。惟《包山楚簡》與《望山楚簡》的文字數量，均不及後來於一九九三年在湖北荊門郭店戰國楚墓出土的「郭店竹簡」，和近年來陸續整理發表出來、藏於上海博物館的「上海博物館藏戰國竹書」（由上海古籍出版社於 2001～2004 年陸續出版第 1、2、3 冊）。

史籀作篆，文王作象，皆所以明卦也，篆亦從象，篆以象卦，象以
篆卦，故觀卦可以知象，觀象可以知六十四卦，篆亦如之。……以
象爲材，材者形而下之器也。（〈繫辭下傳一〉，頁 548）

「篆」指大篆，是古文字的一種。「象」指象辭，是附在六十四卦之後、各卦的
占斷之辭，用以解說卦義。一爲文字，一爲文體，其指涉概念本不相屬，兩者
間本無直接關係。而屈氏以爲，史籀所作的篆書，和周文王所作的象辭一樣，
都可以用來闡明卦義，都是瞭解形而上之《易》道的形而下之「器」（文字工具）。
他並提出「篆以象卦，象以篆卦」的觀點，將篆與象的關係連繫起來。象即斷
也，所以依屈氏之意，認識文字之原（篆），可用以斷卦，其作用正如象辭之斷
卦義。是故，依照屈氏觀點，古文字之善加掌握，是體察六十四卦的一種可行
方法。可知其用意，在使文字與卦義間的關係更能緊密地結合。〔註70〕故屈氏
直稱：「字者卦之子也，卦以生生爲義，字以孳孳爲義。」（〈屯〉，頁 68）

　　承襲傳統分析文字之方法，屈氏撰寫《易外》也運用了「六書」概念。「六
書」一詞，最早見於《周禮》，但未具體說明六書內容。〔註71〕其後《漢書‧藝
文志》載：「古者八歲入小學，故周官保氏掌養國子，教之六書，謂象形、象事、
象意、象聲、轉注、假借，造字之本也。」〔註72〕明確指出六書爲造字之本，
並舉出名目。《漢書‧藝文志》之後，則有東漢鄭眾，舉出六書是象形、會意、
轉注、處事、假借、諧聲。〔註73〕到了東漢許慎編撰《說文解字》，明白指出六

〔註70〕這種觀點在今日亦有學者主張，見蕭啓宏《漢字通易經》（北京：東方出版社，
　　　1999 年 1 月）、常秉義《周易與漢字》（烏魯木齊：新疆人民出版社，2000 年
　　　10 月）等書。蕭氏認爲：「漢語的結構模型，就是易學的模型。」（《漢字通易
　　　經》，頁 56）更主張：「中國文字學的眞正秘密是『漢字是一套易學符號』，中
　　　國文字學的眞正學問是『漢易易符學』，中國語文的理論基礎是『語易相通
　　　論』、『字易相通論』。」（同前，頁 65）；常氏贊同蕭氏之說，並認爲：「《說文》
　　　本乎易理，共分五百四十部，其中斷六十字以爲一章，分五十五章，故小篆
　　　總數爲三千三百字。六十字爲一章，本于甲子數，五十五章，河圖之數也。
　　　又五百四十部，甲子陽九之極數也。」（《周易與漢字》，頁 53）這些說法實際
　　　上脫離文字形構變化之理，偏向用「字象」與「卦象」相比附，其主觀牽強
　　　程度，較諸屈氏，似遠過之。
〔註71〕《周禮》（臺北：藝文印書館，1989 年，《十三經注疏》第 3 冊），頁 212 下，
　　　〈地官‧司徒‧保氏〉曰：「保氏掌諫王惡，養國子以道，乃教之六藝。一曰……，
　　　五曰六書，……。」
〔註72〕〔漢〕班固著，〔唐〕顏師古注：《漢書》（臺北：鼎文書局，1986 年），〈藝
　　　文志〉，第 2 冊，頁 1720。
〔註73〕〔漢〕鄭眾：《周禮鄭司農解詁》，收入〔清〕馬國翰輯：《玉函山房輯佚書》（京

書的定義，並舉例說明，成爲六書之說的代表，許愼〈說文解字敘〉云：

> 一曰指事。指事者，視而可識，察而見意，上、下是也。二曰象形。
> 象形者，畫成其物，隨體詰詘，日、月是也。三曰形聲。形聲者，
> 以事爲名，取譬相成，江、河是也。四曰會意。會意者，比類合誼，
> 以見指撝，武、信是也。五曰轉注。轉注者，建類一首，同意相受，
> 考、老是也。六曰假借。假借者，本無其字，依聲託事，令、長是
> 也。〔註74〕

六書之中，屈氏特別重視「會意」：

> 六書之學，莫妙於會意，羲皇會《河圖》之意以畫卦，所謂擬議以
> 成變化也。卦者圖之變化，爻者卦之變化，文、周以辭擬議之，亦
> 會意之妙。（〈繫辭上傳二〉，頁534）

會意乃是由兩個或兩個以上的象形字組合而成的合體字。屈氏認爲伏羲畫
卦、文王作卦辭、周公作爻辭，皆是以會意之法。故利用文字形構解說，又
以會意最爲重要。

屈氏除了以六書之法解說文字外，也利用延伸六書原理的方式，來作
《易》象的說明。例如：

> 象者《易》之文，形者《易》之質也。象以形爲質，形以象爲文。
> 質在于天則爲文，文在于地則爲質。文多變而質多化，是故象變爲
> 形而在下，形以象爲本也；形化爲象而在上，象以形爲本也，是皆
> 天地之變化。然天地之變，非因形而有；天地之化，非因象而有。
> 而非形則其變不可見，非象則其化不可見，故形象者變化之跡也。
> 而其所以跡者，非天地也，《易》也，故聖人以《易》之變化爲己之
> 變化；又以己之變化，爲天下人之變化。（〈繫辭上傳一〉，頁502）

「象形」爲中國文字構成六書之一，一般以象形二字連讀，屈氏則拆開來比
較，以爲象、形之別，即《易》文、質之異。並更推以天地變化之道，然後
再進一步言人以天之變化爲變化。簡言之，屈氏從單純之文字釋義，推衍而
爲天地變化之理，再合以聖人法天。

都：中文出版社，1990年，與《補遺》合爲《玉函山房輯佚書及補遺》），第2
　　冊，頁690下。原文曰：「六書，象形、會意、轉注、處事、假借，諧聲也。」
〔註74〕〔漢〕許愼著，〔清〕段玉裁注：《說文解字注》（臺北：黎明文化事業公司，
　　1993年7月第10版），〈敘〉，頁762下～764上。

　　《易外》利用文字結構解說字義的對象，大致可以歸納出四種：一是釋「卦名」之字義，二是釋「卦辭」之字義，三是釋「爻辭」之字義，四是釋「象傳」之字義。以下分別舉例說明。〔註75〕

1. 釋卦名字義

（1）剝

　　〈剝〉卦之「剝」字，《易外》釋云：

　　篆剝作𣏚，木旁有刀，木為金所克，故曰剝。彔者，木爛之象也。

　　　（〈剝〉，頁 201～202）

按，「剝」，甲骨文、金文無。《說文》曰：「剝，裂也。从刀彔。彔，刻也。彔亦聲。一曰剝，割也。」〔註76〕「剝」之篆文從彔，屈氏誤認從木，又以五行生剋之說，以刀屬金，金克木而為剝，是非字之初形、本義。

（2）晉

　　〈晉〉卦之「晉」字，《易外》釋云：

　　晉，古文作𣅞，從二子者，陽生於子，子而又子，生生不已之象。

　　　（〈晉〉，頁 302）〔註77〕

按，「晉」字，甲骨文作「𣅞」，金文作「𣅞」（晉公鼎）、「𣅞」（格伯敦）。《說文》曰：「晉，進也。日出而萬物進，从日从臸，《易》曰明出地上晉。」段《注》曰：「臸者，到也，從日出而作會意，隸作晉。」〔註78〕近人楊樹達先生有「釋晉」一文申說之：「按日出無物進之義，以古文字形求之，晉字不從日，亦不從臸，許君說形義皆非是。」又引《格伯敦》、《魏三體石經》、《晉邦𥂖》等判定「晉者，箭之古文也」，而謂「二矢插器，其義為箭，見而可識，幾於童孺能知。自小篆變二矢之形為臸，變器形為日，形與義略不相關，於

〔註75〕　本節所列「甲骨文」、「金文」等古文字，係參考自下列著作，為免繁瑣，茲不一一註明。（1）李孝定編述：《甲骨文字集釋》（臺北：中央研究院歷史語言研究所，1970 年 10 月再版）；（2）周法高主編，張日昇、徐芷儀、林潔明編纂：《金文詁林》（香港：香港中文大學，1975 年）；（3）朱芳圃：《殷周文字釋叢》（臺北：臺灣學生書局，1972 年 8 月）；（4）汪仁壽編：《金石大字典》（臺北：書香林出版公司，1992 年 8 月）；（5）戴家祥主編、馬承源副主編：《金文大字典》（上海：學林出版社，1995 年 1 月）。除上述諸書外，也參考香港中文大學中國文化研究所建置之「漢達文庫」（http://www.chant.org/）。

〔註76〕　《說文解字注》，頁 182 下。

〔註77〕　北圖本「晉」作「臸」。

〔註78〕　《說文解字注》，頁 306 下。

是說字者遂不得其正解」。〔註79〕故知「晉」本義為「箭」，上象二矢，非從「二至」；下象插矢之器，非從「日」。《說文》誤釋古文字形，段《注》亦沿其誤，皆未得字之本義。

由上審之《易外》，屈氏以「晉」字古文作𣊫，其說不知所據，或疑出於《說文》。《說文》釋「晉」字曰：「籀文香，从二子。一曰晉，即奇字𡋑。」〔註80〕劉心源云：「許所謂奇字，即此銘晉字。凡古刻晉字，皆从𣎴，後人習用晉，乃目晉為奇字。」〔註81〕屈氏既以晉字從「二子」，釋形已誤；又推衍二子為陽所生，象生生不息，悖於卦名本義遠矣。

（3）困

〈困〉卦之「困」字，《易外》釋云：

> 困，古文作𣏃，木在止下，水止于上，故木止于下而為𣏃，是皆風之所為，木無風則困，水无風則亦困也。困又作𣏂，困者木之凶在上者也，井者木之吉在下者也。澤無水，其凶在木，為木之困，故困從凶，而凶在木之上，故曰困。（〈困〉，頁382）

按，「困」字，甲骨文作「囷」、「囷」。《說文》曰：「困，故廬也。从木在口中。𣏃，古文困。」段《注》曰：「困之本義為止而不過，引申之為極盡。」〔註82〕故知屈氏以「𣏃」為論，蓋不以其篆文字形、而以其古文字形釋義。依古文字形，困字確係從止從木，有困頓之意，故知屈氏所釋，合於困字古文構形之義。

其次，屈氏謂困又作「𣏂」，謂木凶則困，然今所見甲骨文、金文，困字皆未見有寫作「𣏂」者，不知屈氏所據何來？姑存疑待考。

（4）井

〈井〉卦之「井」字，《易外》釋云：

> 井篆作丼，古者八家一井，丼，構韓也。●，罋也。又作丼，中●，。。，公田也，井，八家田也。（〈井〉，頁392）

〔註79〕「釋晉」，收入楊樹達：《增訂積微居小學金石論叢》（北京：中華書局，1983年7月），卷第1，頁13～14。

〔註80〕《說文解字注》，頁751上。

〔註81〕〔清〕劉心源：《奇觚室吉金文述》（上海：上海古籍出版社，1997年，《續修四庫全書》「史部金石類」，第903冊），卷3，頁441。

〔註82〕《說文解字注》，頁281上。

按，「井」字，甲骨文作「井」，金文作「井」（毛公鼎）、「井」（康鼎）、「井」（散盤），是甲骨文井字多無中間一點，金文則多有之。《說文》曰：「井，八家爲一井。象構韓形。•罋象也。」〔註83〕亦言中有一點，並釋其形。而屈氏以篆文釋字，在解析字形上與許慎說法相同，皆以「•」象罋形。但是根據李孝定先生的看法：「•乃後加，無義，未必象甕形也。」〔註84〕其次，屈氏解井字之源，亦承前人之說，先言八家共用一井，爲井之初義；後說私田公田，指周代農業型態之井田制，爲後來之義。

（5）鼎

〈鼎〉卦之「鼎」字，《易外》釋云：

鼎，古文作𣂕，上從日，中從𠃓，𠃓，天也，乾爲圓，天之象也，日在天上之象也。（〈鼎〉，頁 404）

按，「鼎」字，甲骨文作「鼎」、「鼎」，金文作「鼎」（毛公鼎）、「鼎」（諸母鼎）、「鼎」（齊侯罍）、「鼎」（晉姜鼎）。《說文》曰：「鼎，三足兩耳，和五味之寶器也。象析木目炊。貞省聲。」段《注》於「貞省聲」三字下註曰：「無此三字則上體未說。此謂上體𠃓者，貞省聲也。或曰離爲目，巽爲木，鼎卦上離下巽，何不以此說字乎？曰，言《易》卦之取象則可，若六書之會意，必始二字相合成文，如人言、止戈，是目與木不相合也。故釋下體爲象形，上體爲諧聲。」〔註85〕故知鼎字本指用於烹煮食物之器具，觀甲文、金文則鼎之器物形制（有耳有足），昭然明矣。

由上審之《易外》，鼎字上象鼎盛物之器形，而屈氏誤以爲從日。《說文》釋鼎字，於上體謂「貞省聲」，復曰：「古文目貝爲鼎，籀文目鼎爲貝。」〔註86〕不論「貞」、「貝」，皆未言及從「日」之形義。又，鼎字下象鼎立之足形，而屈氏誤以爲從𠃓，象天，其說悖離字形。故知屈氏釋爲「日在天上」，乃憑己意取象臆解，與鼎字之初文相距甚遠。

2. 釋卦辭字義

例如〈萃〉卦卦辭曰：「萃，亨。王假有廟，利見大人，亨，利貞。用大

〔註83〕《說文解字注》，頁 218 下。
〔註84〕《甲骨文字集釋》，頁 1741。
〔註85〕《說文解字注》，頁 322 上。按，兩「貝」字，小徐本作「貞」，段《注》已有辨說。
〔註86〕同前註。

牲吉，利有攸往。」《易外》釋其中「王」字，云：

> 一在大上為天，一在土上為王，王篆作 𝕏，𐊡 者天之形，王者與天
> 同其尊，故稱天王，𝕏 在土上，故曰王。（〈萃〉，頁 372）

按，「王」字，甲骨文作「大」、「天」、「王」、「玉」，金文作「王」（毛公鼎）、
「玉」（格伯簋）、「王」（召公尊）。《說文》曰：「王，天下所歸往也。董仲舒
曰，古之造文者，三畫而連其中謂之王。三者，天地人也。而參通之者，王
也。孔子曰，一貫三為王。」〔註 87〕「王」字之形，前人說法多歧異，下體
「土」形，有謂「火」者，有謂「士」者。〔註 88〕而屈氏以為「土」，乃誤釋
字形。至於屈氏不用許慎之說，別立新意，改析字形為「一在土上」，與「一
在大上」相對，意欲「王」與「天」相比，則釋字雖不合於六書構字法則，
然強調王與天「同其尊」的崇高地位，其用意或在藉字形之分析以凸顯尊王
用意。

3. 釋爻辭字義

（1）〈屯〉卦初九爻

〈屯〉卦初九爻辭曰：「磐桓。利居貞，利建侯。」《易外》釋其中之「桓」
字云：

> 桓，篆作 𣙗，上一下一，天地也。曰，雷也，雷回轉於天地之間也。
> 桓一作 𣛯，亦其象也，……。（〈屯〉，頁 67）

按，「桓」字，金文作「𣓁」（齊侯鐘）。《說文》曰：「桓，亭郵表也，從木，
亘聲。」〔註 89〕段《注》曰：「〈檀弓〉注曰：『四植謂之桓。』按，二植亦謂
之桓，一柱上四出，亦謂之桓。」「桓」字從木亘聲，形聲字，本意為植物之
插枝，許慎解為亭郵表，係引申義。而屈氏將亘解構為天、地、雷三者，屬
會意字，其說既不合於文字構形之本義，又不合於傳統造字原理之分類，係
其個人主觀解釋。

（2）〈豫〉卦六二爻

〈豫〉卦六二爻辭曰：「介於石，不終日，貞吉。」《易外》釋其中之「石」
字，云：

〔註 87〕《說文解字注》，頁 9 下。
〔註 88〕以為古之「火」字，如吳大澂、羅振玉、顧實、馬敍倫、朱芳圃等；以為「士」
　　　　字，如郭沫若等。諸人之說可參見《甲骨文字集釋》，頁 113～127 所引。
〔註 89〕《說文解字注》，頁 260 上。

石，篆作⊡，在厂之下，口，象形也，厂，艮之上也，口二－－也。

（〈豫〉，頁 157）

按，「石」字，甲骨文作「⊓」、「⊟」，金文作「⊔」（己侯簋）、「⊔」（鄭子石鼎）。《說文》曰：「石，山石也。在厂之下，口象形。」〔註90〕屈氏釋字形與《說文》同。然高鴻縉辨《說文》之誤云：「按石之爲物，大小方圓無定形，許言口象形者，謂口爲匡郭之形，象石之形也。語已不足據，況今查驗石之古文，皆从口舌之口，不爲匡郭之形。則許說未可信也。」又據甲骨文字，謂「厂爲岸字古文，象石岸壁立之形，茲復於厂之隅角著一斜畫以指明其部位，言此即石也。……厂隅加斜畫，即所謂文字加意象，意象指部位而正指其處也。故石之初文⊓，爲指事而非象形。」〔註91〕故知《說文》所釋有誤，屈氏襲之，亦同沿用其誤。

此外，厂、口之形，李孝定先生認爲：「契文皆从口，古文偏旁口、口每無別。此字从口，無義，書者任意爲之耳。」〔註92〕而屈氏則謂「厂」爲艮之上，「口」爲二－－（陰爻），不合於字之初義，未知所據，當爲臆解。

（3）〈蠱〉卦初六爻

〈蠱〉卦初六爻辭曰：「幹父之蠱，有子，考无咎，厲終吉。」《易外》釋云：「幹者何？承之以德是也。承之以德，是謂子能承老，承老故爲孝。」（〈蠱〉，頁 171）又進而釋「老」、「孝」二字云：

老字篆作𦒳，从人毛，匕言鬚髮變白也。孝篆作𡥆，从毛从子，子承老也。考老也。（〈蠱〉，頁 171）

按，「老」字，甲骨文作「𦓐」、「𦒱」、「𦓐」，金文作「𦒱」（齊鎛）、「𦓐」（歸父盤）、「𦓐」（新中姬鼎）。《說文》曰：「老，考也，七十曰老，从人毛，匕言須髮變白也。」屈氏據《說文》釋文，謂老字從人毛。段《注》辨《說文》之誤曰：「按此篆蓋本从毛匕，長毛之末筆，非中有人字也。」〔註93〕是故《說文》釋形訛誤在前，屈氏沿襲之，亦誤。

按，「孝」字，甲骨文無，金文作「𡥆」（頌簋）、「𡥆」（頌鼎）、「𡥆」（買簋）。《說文》曰：「孝，善事父母者，从老省，从子，子承老也。」〔註

〔註90〕《說文解字注》，頁 453 上。

〔註91〕高鴻縉：《中國字例》（臺北：三民書局，1990 年 8 月第 8 版），頁 370。

〔註92〕《甲骨文字集釋》，頁 2959。

〔註93〕《說文解字注》，頁 402 上。

〔註94〕《說文解字注》，頁 402 下。

94〕謂孝字爲「从老省，从子」，以孝字下體從子，上體「從老省」，前人辨說不一。〔註95〕而屈氏則以爲「从毛从子」之會意字，所釋與《說文》不同，未循六書之則。

（4）〈蹇〉卦六二爻

〈蹇〉卦六二爻辭曰：「王臣蹇蹇，匪躬之故。」《易外》釋其中之「臣」字云：

篆臣作 〔臣〕，即身字也，反身爲臣，故曰反身修德。（〈蹇〉，頁329）

按，「臣」字，甲骨文作「臣」、「臣」、「臣」，金文作「臣」（小臣鼎）、「臣」（仲盤）、「臣」（毛公鼎）。《說文》曰：「臣，牽也。事君者，象屈服之形。」〔註96〕以牽訓臣，蓋以聲爲訓。屈氏謂臣之小篆即「身」字，「反身爲臣」，然《說文》「身」字篆作「身」，〔註97〕與臣之篆文不同；另，《說文》於「歸」字曰：「歸也。从反身。」則反身爲歸，非爲臣。〔註98〕是臣、身二字於形、義兩方面具不相關連，故知屈氏以臣即身字，不合於六書原理，乃其個人曲解。

（5）〈旅〉卦六二爻

〈旅〉卦六二爻辭曰：「旅即次，懷其資，得童僕貞。」《易外》釋其中「僕」字云：

僕，古文作 〔僕〕，左右執其 〔辛口〕 之物，相衛之象也。（〈旅〉，頁447～448）

按，「僕」字，甲骨文作「僕」，金文作「僕」（靜簋）、「僕」（召伯簋）。《說文》曰：「僕，給事者。从人菐，菐亦聲。」〔註99〕《說文》僅謂僕爲侍者，屬會意兼聲字。屈氏則進一步解釋「菐」之形象，象左右執物以戍衛人。據高田忠周云：「从 〔手〕，竦手給事之意。 〔甾〕 缶器也，婢僕所執者。」〔註100〕是僕字从

〔註95〕例如吳大澂謂：「从父从子。」（頁5287）高田忠周謂：「孝字从老，實从考省也。」（頁5288）馬敘倫謂：「從老省從孝省得聲，爲老考之轉注字。」（頁5290）張日昇謂：「字从孝省从食，蓋音孝之專字也。」（頁5292）以上轉引自《金文詁林》。

〔註96〕《說文解字注》，頁119下。

〔註97〕《說文解字注》，頁392上。

〔註98〕《說文解字注》，頁392下。

〔註99〕《說文解字注》，頁104上。

〔註100〕〔日〕高田忠周編纂：《古籀篇》（臺北：大通書局，1982年9月），卷58，頁1458下。

兩手，象男奴女婢恭敬捧持器皿以侍。朱芳圃云：「僕爲俘奴之執賤役濆芺之事者，故爲手奉糞棄之物以象之。芺、僕古爲一字。」〔註101〕又云：「余謂芺字之原始形象，當分二系：一作 ，象兩手奉 。一作 ，象頭上戴 。奉辛照明，戴 運物，二者皆煩濆之事。自人類進入階級社會後，貴族家中有專司此事者，因謂之僕。」〔註102〕是「芺」象奴僕所從事之工作，但未提及有戍衛之意。故知屈氏所釋之形與義，與字之本形本義異，雖意有近似，仍非初文之旨。

（6）〈節〉卦初九爻

〈節〉卦初九爻辭曰：「不出戶庭，无咎。」九二爻辭曰：「不出門庭，凶。」《易外》釋兩爻辭中之「戶」、「門」二字云：

> 古文戶作 ，門作 ，一戶爲戶，二戶爲門，故節之初一言戶，二
> 言門，初不出故二可以出，猶龍之潛而後見也。（〈節〉，頁 467）

按，「戶」字，甲骨文作「 」，金文作「 」（戊辰毀）。「門」字，甲骨文作「 」、「 」、「 」，金文作「 」（頌鼎）、「 」（散盤）、「 」（格伯簋）。門字金文象二扉之形，篆文亦同，甲骨文則「或象加鍵，或象上有楣」。〔註103〕《說文》釋「戶」曰：「戶，護也。半門曰戶。象形。」〔註104〕釋「門」曰：「門，聞也。从二戶。象形。」〔註105〕許愼以護訓戶、以聞訓門，是爲音訓；又以門、戶二字相互爲訓。屈氏從之，亦以門、戶兩字互釋。但如此釋字，誠如高鴻縉先生所說：「不但疑是會意，且兩字不知孰先矣！」〔註106〕是兩字若相互爲訓，則於解析字形上，嫌不夠明確。

4. 釋〈象傳〉字義

《易外》有釋〈大象〉、〈小象〉傳文字字義之例。釋〈大象傳〉，例如〈小過〉卦，〈大象傳〉曰：「山上有雷，小過；君子以行過乎恭，喪過乎哀，用過乎儉。」《易外》釋其中之「恭」字云：

> 恭古作 ，兩手打拱至地而見要呂，恭之狀也。從 者恭之外見者
> 也，從 者恭之內出者也。 ，要呂也，艮其躬。……又恭作 ，

〔註101〕朱芳圃編著：《甲骨學（文字編）》（臺北：臺灣商務印書館，1983 年 8 月臺 4 版），「第三」，葉 3。

〔註102〕朱芳圃：《殷周文字釋叢》，卷上，頁 24。

〔註103〕《甲骨文字集釋》，頁 3513。

〔註104〕《說文解字注》，頁 592 下。

〔註105〕《說文解字注》，頁 593 上。

〔註106〕高鴻縉：《中國字例》，頁 147。

從左右手，心之恭形於左右手也。（〈小過〉，頁 483）〔註107〕

按，「恭」字，甲骨文無，金文作「𠔼」（穆公鼎）、「𦮃」（齊侯鎛）。屈氏先據恭之古文字形，以為象兩手拱至地而見要呂；後又據篆文字形，以為從心從左右手。《說文》曰：「恭，肅也。从心共聲。」〔註108〕可知屈氏於篆文所釋，不合於六書之形構，但取其意象說之。

釋〈小象傳〉，例如〈歸妹〉卦九四爻，〈小象傳〉曰：「愆期之志，有待而行也。」《易外》釋其中之「待」字云：

> 待，篆作𢔖，兩𢓊為行，一彐而止于右為待。地道尚右，行於地故從右。（〈歸妹〉，頁 433）

按，「待」字，甲骨文無，金文作「𢔖」（旂鼎）。《說文》曰：「待，竢也。从彳寺聲。」〔註109〕許慎認為待字從彳寺聲，屬形聲字；屈氏則以「待」字從彳從寺，屬會意字，故知屈氏解釋待字之構形，不合於六書之則。此外，以待字有「行」之義，又參以天文觀點，天道左旋、地道右旋，是以地道尚右，故推論待字右半部從「右」所以出於此，其說雖用天文概念，但以之析字，未免牽強。

綜上所述，《易外》常利用分析文字結構來解說《易》之卦名及卦辭、爻辭、〈象辭〉之字義。若將《易外》所引用到的古文或小篆，拿來和甲骨文、金文以及東漢許慎的《說文解字》加以對照，可以發現屈氏對這些文字的解析，僅有少數符合該字之原始形構或六書原理，一方面是因為小篆與甲骨文、金文相比，離造字本形已有相當的距離；一方面是《易外》中對文字的解釋，大部分皆是屈氏個人觀字取象、推衍字形後的「心得」，既非文字之「本義」，亦非「引申義」，可見屈氏在解說字形上，並未嚴格遵從正統小學分析字形之觀點。若推究屈氏用心所在，應是欲藉文字組成之分析來作《易》卦爻辭義之補充與申論，旨在達到思想闡釋之效果，至於觀點是否與文字之本形、初義相切合，恐怕還在其次。若試從他的文集中，也可找到與《易外》相似的概念：

> 字，心象也。心無象，以字畫為象。象心而畫，畫外無心，心外無畫。伏羲、倉頡其皆神於心之用者乎，故夫人能即畫以見心，則可

〔註107〕「從左右手」，北圖本作「从左右心手」。

〔註108〕《說文解字注》，頁 508 上、下。

〔註109〕《說文解字注》，頁 77。

即心以論畫，至矣哉。……卦爻即字，字即卦爻，能識自心之《易》，
則知自心之卦爻。知自心之卦爻，則知自心之字。故非識心者，不
可與論卦爻，並不可與論字。六書之源，一畫之本，學者當求之於
心。〔註110〕

屈氏認爲文字解構與追溯卦畫根源，可以等而視之。而推究本源之法，主張
應「求之於心」，此已顯示出以主觀心解方式對文字進行取象，才是屈氏所認
定之正確治《易》態度。

　　平情言之，屈氏此種唯心式主觀取象解字法，缺點在於作者往往自圓其
說，流於主觀牽強，在欠缺古文字文獻佐證下立論，亦不易令人信服；且如
此作法，較缺乏規範，隨人所云，以致牽強、荒謬。不過，試換一角度來看，
其優點是能不拘泥於傳統舊說限制，拓寬注釋者想「象」空間，使詮釋可趨
於多元化、豐富化。姑且不論屈氏釋字詞之是非優劣，綜觀《易外》一書，
對此主觀式取象釋字法常加運用，就屈氏個人解《易》模式而言，足見具有
相當之重要性。

〔註110〕〈字說序〉，《文外》卷 2，《全集》第 3 冊，頁 40～41。

第七章　屈大均之《易》學觀與《易》學思想

第一節　《易》學觀

　　《翁山易外》共七十一卷，前六十四卷依序分述六十四卦，後七卷（第六十五至七十一卷）則論〈十翼〉中的〈繫辭傳〉（「上傳」、「下傳」各兩卷）與〈說卦傳〉、〈序卦傳〉、〈雜卦傳〉。故全書內容可以概分為兩部分，先釋「經」，逐一為六十四卦作疏解；後釋「傳」，分論「十翼」中〈繫辭傳〉、〈說卦傳〉、〈序卦傳〉、〈雜卦傳〉。

　　前人注解《易經》，於經文或載或否，見人見智，各隨注疏者自訂。屈大均採用的作法，是不標舉經文（卦爻辭），直接分段作論述。他在〈自序〉中曾說明不錄經文的原因：

> 古者經、傳各爲一書，先儒說西漢時六經與傳皆別行，予《易外》
> 不載經文，蓋遵古也。（〈易外·自序〉，頁2）

《易經》卦爻辭形成的過程很長，而〈十翼〉則是遲至春秋戰國之際、爲了輔翼經書才出現的，故經傳一前一後，本是分自單行，不相混雜。即「經」在漢代以前有很長一段時間是以「白文」形式流傳，其後解釋卦爻的「傳」出現，至漢代有學者將經、傳加以合併編排，[註1]遂演變成爲後世通行經傳「合編」的組合，其影響在於提高了「傳」的價值，促成後人藉「傳」以認

〔註 1〕將《周易》古經與〈十翼〉合編，始自漢代，但出自誰人之手，頗有爭議，或云西漢費氏，或云東漢鄭玄，尚無定論。

識「經」的治《易》取向，甚至視〈十翼〉是與《易經》不可分割的一部分。屈大均有感於經、傳本自別行，合編之體制係後人隨意妄改，非經書原貌，故撰寫《易外》時，於每卷卷首僅標舉卦名及卦畫，而不載錄經文，以示個人所作之「傳」與「經」有別，這樣的主張，反映出屈氏幾個基本觀念：

第一，〈十翼〉不屬於古經的一部分，故是認識《易經》的「其一」而非「惟一」的門徑。這與他以《易》道為「內」，其他包括文王、周公、孔子在內的解《易》者都是「外」的思想一致。

第二，可見屈氏有「復古」傾向，且其用意當不僅在復漢人說經之舊，更欲恢復古《易》原貌。

屈氏以《翁山易外》作為《易》之「外傳」，註解六十四卦及〈繫辭傳〉、〈說卦傳〉、〈序卦傳〉、〈雜卦傳〉，於疏解經傳之間，顯示出屈氏對《易經》作者、體制等基本觀點的理解。在全面探討屈氏《易經》哲學思想內涵前，理應先對其《易》學概念作初步認識。

一、論《易》經傳之作者

今所謂《易經》，包括經與傳兩部分，各部分內容作者歸屬，長期以來眾說紛紜，始終為中國《易》學史上最基本之議題。傳統說法即《漢書·藝文志》所謂「人更三聖，世歷三古」，〔註 2〕指《易》之成書經三聖人之手，三聖為伏羲氏畫八卦、周文王演六十四卦並著卦爻辭、孔子作《十翼》；另一說則以為伏羲畫卦之後再歷三聖，即於伏羲、文王、孔子外，再加上周公。

質言之，「三聖」之說，意在將《易》經傳形成託諸遠古聖王，「尊經」用心掩蓋「徵實」的判斷，故此種思維僅可視為傳統觀點。自漢以降，學者多有質疑，例如北宋歐陽修著《易童子問》，論《易傳》非孔子所為。下迄民國，復經民初「疑古」熱潮全面批判，《易》經三聖的傳統舊說已被學界否定。〔註 3〕然而，在中國古代《易》學史上，託名聖人的作《易》觀，長期以來是

〔註 2〕〔漢〕班固著，〔唐〕顏師古注：《漢書》（臺北：鼎文書局，1986 年），第 2 冊，卷 30，〈藝文志第十〉，頁 1704。

〔註 3〕民國以來學者逐漸跳脫舊思維模式，考證《易經》的作者，提出較「三聖」說更合理的見解。卦畫部分，舊說伏羲所作，久為學者認同，民國以後漸趨反駁此說，例如屈萬里先生〈易卦源於龜卜考〉（收入《中央研究院歷史語言研究所集刊》第 27 本），主張畫卦與重卦成於西周初年。卦爻辭部分，例如李鏡池、顧頡剛以為成於西周初年；郭沫若認為是成於戰國楚人馯臂子弓；屈萬里先生〈周易卦爻辭成於周武王時考〉（收入《書傭論學集》）認為成於周武王時代。

被普遍接受、認同的。清初雖然興起「群經辨僞」之風，但是全面質疑《易經》作成時代的聲浪，則遲至民國以後才掀起，出於聖人之手的舊說，終被推翻與瓦解。是以「易更三聖」之說千百年間被視爲至理，影響深遠。

就屈氏而言，對於《周易》經傳作者之認定，基本上仍延襲傳統舊說，並未有質疑或突破，但因經傳作者歸屬問題乃是《易》學之基本概念，故仍應稍予說明。

（一）經之作者

《易》「經」又可分爲「卦辭」、「爻辭」兩部分，屈氏認爲：

> 文王於象辭多自言其事，首於屯言利建侯，始爲西伯專征伐之象也。
> 文王始之，武王終之。武王繼其志，周公述其事，故爻辭亦多言文
> 武之事，此姬氏一家之書，故曰《周易》。子曰：「《易》之興也於中
> 古」，「作《易》者其有憂患」，謂文王居羑里之時也。〔註4〕

據上所述，可見屈氏對《易》經文作者的認定是：（1）卦辭爲文王作；（2）爻辭爲周公作；〔註5〕（3）《周易》是姬氏一家之書。

關於卦辭作者，因爲卦序有其意義，卦辭又包含周人思想，一般以爲出於一人之手，且絕非尋常之人，必然是兼具權位及智慧者，是故推斷卦辭爲周文王所作。屈氏認爲，卦辭中多言文王之事，乃文王之自述；又引《繫辭傳》言，謂作《易》者之憂患即文王被囚羑里之事，此說與前人同，明儒來知德《周易集註》即云：「《易》書之著明而興起者，自文王始也。因受羑里之難，身經乎患難，故所作之《易》，無非處患難之道。」〔註6〕

關於爻辭作者，由於卦爻辭間有矛盾，顯係不出同一人之手，卦辭作者既推爲文王，爻辭則宜爲文王後之周公。屈氏認爲，爻辭多言文王、武王之事，故爲周公所述。此與傳統說法所持理由一致，爲當時共通觀點。〔註7〕

《十翼》部分，孔子所作說，自北宋歐陽修《易童子問》即提出質疑，民國以來多有駁斥舊說者，例如屈萬里先生認爲《十翼》作者不僅不是孔子，各篇作成時代也不盡相同（見《先秦文史資料考辨》、《漢石經周易殘字集證》等）。

〔註4〕《易外》，〈履〉，頁113。
〔註5〕《易外》亦云：「周公作《爻辭》。」（頁165）
〔註6〕〔明〕來知德：《周易集註》（臺北：臺灣商務印書館，1983年，《景印文淵閣四庫全書》第32冊），頁382下。
〔註7〕如當時學者張爾岐亦謂：「孔氏曰：《爻辭》多文王後事。《升》卦『六五，王用亨于岐山』，《明夷》『六五，箕子之明夷』，皆文王後事也。故馬融、陸績等，皆以爲爻辭出於周公。是也。」見〔清〕張爾岐著，張翰勳等點校：《蒿

由上可知，屈氏對卦爻辭作者的說法與前人相同，[註8] 說解也未見新意。不過，他特別提出以《周易》為「姬氏一家之書」的說法，見於《易外》釋〈乾〉卦，云：

> 自強者敬止之功，文王之所以為德之純者以此，有周家學，世世相
> 承，在乎敬止，宜周公之盛稱之也。（〈乾〉，頁 30）

將《易》視為文王、周公一脈相承的「家學」、「一家之書」，凸顯出卦爻辭關係的連接性和密切性，說法雖未必正確，卻較有新意。

（二）傳之作者

《易》除卦、爻辭外，又有《繫辭傳》、《文言傳》、《說卦傳》、《序卦傳》、《雜卦傳》，合稱為「十翼」，亦稱《易傳》。歷來論述《易傳》作者，多認為與孔子關係密切，或直接認定是孔子。屈氏則以為：

> 〈序卦〉者，《易》之大序，夫子序文王之繫《易》也。〈雜卦〉，
> 《易》之小序，夫子自序其讀《易》也。六十四大象，則夫子之六
> 十四卦也。雜卦中自大過至夬，則夫子之八卦。卦始大過者，言陽
> 不可過，天德不可為首。終夬者，言剛決柔，剛健中正純粹精精也，
> 此夫子用九之學，夫子之精微盡在雜卦。又雜卦者，夫子之《易》
> 之次第也。自乾至困為上篇，以困終者，未濟之義；自咸至夬為下
> 篇，以夬終，亦未濟之義。……文王以乾始六十四卦，孔子以夬終
> 雜卦，皆用乾也。（〈序卦傳〉，頁 580～581）

據上所述，可知屈氏所持觀點有三：（1）以〈序卦〉為《易》之「大序」，以〈雜卦〉為《易》之「小序」；（2）以〈大象〉為孔子之六十四卦；（3）以〈雜卦〉為孔子論《易》之次第。

關於第一點，屈氏以〈序卦〉為「大序」，以〈雜卦〉為「小序」，蓋仿《詩經》之有大、小序。此乃因屈氏主張以《詩》解《易》，故論《易傳》結構，亦不免牽合。

關於第二點，〈大象傳〉解釋六十四卦，包括釋卦象、卦名、卦義等，並

菴閒話》（濟南：齊魯書社，1991 年 4 月，與《萇菴集》、《萇菴集捃逸》合刊），頁 369。

〔註 8〕 與屈氏同時代、並為屈氏友的清初大儒顧炎武看法亦同。顧氏認為《易》之作者，是：「伏羲畫卦，文王作彖辭，周公作爻辭，謂之經。經分上下二篇。孔子作十翼，謂之傳。」見〔清〕顧炎武著，徐文珊點校：《原抄本日知錄》（臺北：臺灣明倫書局，1979 年），卷 1，頁 2。

引申於人事。屈氏以爲，〈大象傳〉對於《易經》的解說，正是孔子《易》學精蘊所在。

關於第三點，〈雜卦傳〉不依〈序卦傳〉的順序，而將相互反對之兩卦重組後，令六十四卦分成兩兩相對的三十二組，再以簡要文字作卦義的詮釋，屈氏以爲這種排列方式展現出孔子所認定的卦序觀。

綜上所言，屈氏在《易》傳作者方面的概念，大抵脫離不了傳統見解，惟模仿《詩經》有大、小序，而以〈十翼〉中之〈序卦〉爲「大序」、〈雜卦〉爲「小序」，是其引《詩》解《易》思想整體表現之一，較值得注意。

二、論《易》之結構

關於《易經》結構形式，前儒觀點略有分歧。一般認爲《易經》又可分爲上經、下經兩個部分。上經有三十卦，自〈乾〉卦始，至〈離〉卦終；下經有三十四卦，自〈咸〉卦始，至〈未濟〉卦終。蓋六十四卦除以二，本應均分爲三十二卦，但上、下經卻不作等分，因而引發爭議。部分學者甚至主張上、下經不可分開，例如明代朱謀㙔《周易象通》即是。至於上、下經這樣的分法，前儒一般認爲，其目的一方面在強調〈乾〉、〈坤〉爲六十四卦之首，故以此二卦爲上經之始；一方面在強調〈咸〉、〈恆〉爲人道之源，故以此二卦爲下經之始，這樣的思考模式，凸顯出對天道、人道同樣重視之意。

屈氏贊同《易》應該分成上、下經，因爲上、下經性質不同，他主要是以體用觀點來解釋：

> 上經以天地定位爲主，而水火不相射於其中；下經以山澤通氣爲主，而雷風相薄於其中。〈乾〉、〈坤〉、〈坎〉、〈離〉爲上經之體，〈震〉、〈巽〉、〈艮〉、〈兌〉爲下經之用。上經以〈乾〉、〈坤〉爲體之始，以〈坎〉、〈離〉爲體之終，而〈否〉、〈泰〉用於其中，所謂用其中也。中者，天地之中也。下經以〈咸〉、〈恒〉爲體之始，以〈既〉、〈未濟〉爲用之終，以〈損〉、〈益〉爲用之中，亦所謂用其中也。中者，山澤之中也。用所以交，交而後乃能化生萬物。（〈説卦傳〉，頁 559）〔註9〕

六十四卦之中，〈乾〉、〈坤〉、〈坎〉、〈離〉、〈震〉、〈巽〉、〈艮〉、〈兌〉爲

〔註 9〕「而〈否〉、〈泰〉用於其中」，《全集》本原缺「否」字，今據北圖本（頁 370下）補正。

八純卦，其餘則是雜卦。屈氏以「乾坤坎離爲上經之體，震巽艮兌爲下經之用」，利用八純卦來說明《易》上下經體用關係；又謂「上經以乾坤爲體之始，以坎離爲體之終，而泰用於其中」、「下經以咸、恒爲體之始，以既、未濟爲用之終，以損、益爲用之中」，是上下經又各自有體用關係。是知體用論實爲屈氏釋卦之重要邏輯概念。

　　然而以八純卦作爲上、下經主卦的概念，前人早已有之，並非屈氏個人所創。元代蕭漢中著《讀易考原》，即以乾、坤、坎、離爲四方之正卦（四正卦），爲上經主卦；以震、巽、艮、兌爲四隅之偏卦（四偏卦），爲下經主卦。其書首篇〈原上下經分卦第一〉論云：

> 上經〈乾〉、〈坤〉、〈坎〉、〈離〉之卦，下經〈震〉、〈巽〉、〈艮〉、〈兌〉之卦，所謂八卦之本體也。其體之分出互合而生五十六卦者，八卦本體之用也。或分出而生上經之卦，或分出而生下經之卦。……蓋上經以〈乾〉、〈坤〉、〈坎〉、〈離〉爲主，下經以〈震〉、〈巽〉、〈艮〉、〈兌〉爲主。〈乾〉、〈坤〉、〈坎〉、〈離〉本體之卦，居於上經，其體之分出於上經者，用於內也，分出於下經者，用於外也。〈震〉、〈巽〉、〈艮〉、〈兌〉本體之卦，居於下經，其體之分出於下經者，用於內也，分出於上經者，用於外也。用於內爲主，用於外爲客。是故〈乾〉、〈坤〉、〈坎〉、〈離〉之分，體在上經爲主，在下經爲客；〈震〉、〈巽〉、〈艮〉、〈兌〉之分，體在下經爲主，在上經爲客。〔註10〕

蕭氏用四正四隅，係根據邵雍先天卦位以說。屈氏則不採用正隅的概念，全然以體用來對比上下經關係。

　　其次，他又以「水火」、「天人」等概念來作區分：

> 上經水之用事，故水之卦六，火之卦四；下經火之用事，故火之卦八，水之卦六。用水者天之事也，用火者人之事也。上經爲天《易》，天《易》以水爲混沌之元；下經爲人《易》，人《易》以火爲文明之亨。水火之卦分，上下經不相射之象也。（〈說卦傳〉，頁 559）

上下經各有水火卦，是其同也；水火卦之多寡不同，是其異也。上經以水，故水卦多於火卦；下經以火，故火卦多於水卦。而水、火進一步又代表了天、

〔註10〕〔元〕蕭漢中：《讀易考原》（臺北：成文出版社，1976 年，《無求備齋易經集成》第 112 冊），〈原上下經分卦第一〉，頁 10〜12。

人的差異，於是由水火以至於天人，上下經屬性差異可以昭然明矣。

另外，屈氏也以形氣變化來區別上、下經：

> 上經言氣化之始，故首〈乾〉，而曰「品物流形」；下經言形化之始，
> 故首〈咸〉，而曰「二氣感應」。〈乾〉為〈咸〉之氣，〈咸〉為〈乾〉
> 之形，〈乾〉之與〈咸〉，氣之與形，不可相離者也。〈乾〉言性，而
> 以氣行其性；〈咸〉言情，而以形通其情。（〈乾〉，頁 25）

上文說明〈乾〉、〈咸〉兩卦，一為「氣化之始」，一言「形化之始」，以此區別上、下經。而兩者又互為形氣相通，顯示出上下經互為體用之關係。

綜上所述，可歸納屈氏析分上、下經之差異，如下表所示：

上 經	天地定位	乾坤坎離（體）	天《易》	以水為混沌之元	氣 化
下 經	山澤通氣	震巽艮兌（用）	人《易》	以火為文明之亨	形 化

整體而言，屈氏以體用、天人、八經卦、水火、形氣等概念相對應，將上、下經加以對比，可知其於《易經》結構方面的論述，雖散見於《易外》各卷之中，若稍加整合，亦頗見系統。

三、論《易》之內容

屈氏認為，《易經》內容主要在談「飲食男女」之道，故於《易外》釋卦時常述及此意。例如於釋〈泰〉卦云：「《易》之道，飲食男女而已。」（頁 122）可見屈氏用與人切身相關的飲食男女來統括《易》道。

其次，「飲食男女」四字，屈氏又細分為「飲食」和「男女」兩組詞彙，說明彼此間有相互關係：

> 先天以飲食為男女，後天以男女為飲食。〈泰〉、〈否〉後天之用，天
> 地交而其氣始通，上下交而其志始同。通以氣為養，同以志為養，
> 萬物皆濟而不窮，故曰食有福。（〈泰〉，頁 122）

謂「先天以飲食為男女，後天以男女為飲食」，實混言二者關係，然既言先天、後天，顯現兩者必有先後順序，故屈氏又云：

> 蓋《易》之道，先男女而後飲食。（〈屯〉，頁 68）

> 《易》以道陰陽，故先男女而後飲食。（〈需〉，頁 86）

是以男女之道為先，以飲食之道為次。〔註11〕以下僅依屈氏觀點，先言男女、

〔註11〕除《易外》，屈氏文集中也有提到：「五經多言飲食，而《易》之道尤先飲食，

後言飲食，分述其要。

（一）男女之道

屈氏於〈家人〉卦云：「《易》一書皆言男女，男女正而天下治矣。」（頁 313）所指蓋爲性別之男女。先有男女，媾合而後夫婦成，故男女推而爲夫婦，故〈序卦傳〉曰：「有男女而後有夫婦。」《易外》云：

> 〈坎〉、〈離〉者，男女之定位；〈咸〉、〈恆〉者，夫婦之通氣。有〈坎〉、〈離〉而後有〈咸〉、〈恆〉，有男女而後有夫婦。（〈離〉，頁 255）

〈說卦傳〉曰：「天地定位，山澤通氣。」以〈乾〉、〈坤〉定天、地之位，以〈艮〉、〈兌〉通山、澤之氣。屈氏乃借「定位」、「通氣」爲喻，而以〈坎〉、〈離〉爲男、女，以〈咸〉、〈恆〉爲夫婦，蓋因屈氏認爲：

> 〈咸〉繼〈離〉，離，篆作𦥮，夫婦相並爲離，相感爲咸，故〈離〉、〈咸〉二卦相連。（〈咸〉，頁 261）

《易》下經以〈咸〉卦始，上承〈離〉卦，故以〈離〉象男、女，相並即夫婦，感而生〈咸〉，故由男女而夫婦，即由〈離〉而〈咸〉。

屈氏對夫婦之道的重視，從《易外》中屢屢提及就可以看出來：

> 《易》者，夫婦之道也。（〈恆〉，頁 276）

> 《易》，夫婦之書也，故開章即以爲言，初之刑人，刑于寡妻之謂也。（〈蒙〉，頁 79）

> 《易》造端於夫婦，故〈屯〉言婚媾，〈蒙〉言納婦。（〈屯〉，頁 69）

皆是強調《易》與夫婦之道關係密切。傳統儒家重視五倫關係，五倫者，君臣、父子、夫婦、兄弟、朋友。《易外》多言君臣、夫婦之倫，卻甚少提及父子、兄弟、朋友，蓋因其以君臣、夫婦爲人倫之本。至於傳統五倫係以君臣居首，而屈氏卻最重視夫婦，因他認爲：

> 人倫始於夫婦，无夫婦，則君臣、父子、兄弟、朋友之類絕。（〈恆〉，頁 276）

五倫以夫婦爲根本，故《易外》詳言夫婦，即在彰明人倫初始之道。

而後男女，始於〈需〉，終於〈未濟〉，皆以飲食爲言。」（見《文鈔》卷 1，《全集》第 3 冊，頁 287，〈箋補食物本草序〉）亦強調《易》道即飲食男女之道，但言飲食、男女之先後與《易外》相反，或因撰序所需，爲凸顯「食物」重要性，故言飲食先於男女，未可知也。今姑依《易外》爲說，以男女之道先於飲食。

男女之道即夫婦之道，夫婦之道又為五倫之始，故屈氏進而據以推論君臣之道，以為《易》雖為一部論夫婦之道的經典，但並不僅止於此，蓋因「治國如治家」，國之與家，其治道一也。《易外》云：

> 治家貴嚴，〈家人〉卦以嚴為始終。父母者一家之君，君道先嚴，嚴故稱君，初閑上威，皆嚴之謂也。寧嚴而家人嗃嗃，不可以不嚴而婦子嘻嘻。使治家如治國，則能假有家；使治國如治家，則能假有國。國之王，家之君，其道一也。(〈家人〉，頁315)

由上可知，屈氏以男女為基礎，推而為夫婦，再進而為君臣，不論男女、夫婦、君臣，皆可相對應。男之於女、夫之於婦、君之於臣，彼此皆有主從關係，故在管理上，理有可通。而「治家貴嚴」、「君道貴嚴」，顯示出君父的權威性。不過，朱謙之先生卻認為：

> 他（按：指屈大均）把世界觀應用到社會倫理方面，大唱其男女平等之說。在《易外》卷二十一中，他認為《易》多言情，並講夫婦之道：「《易》者夫婦之道也……无夫婦則君臣父子兄弟朋友之類絕，人倫始于夫婦也，夫婦在五倫中猶土在五行中也。」他因為看重夫婦，所以認為「愚夫愚婦之心，即日月所以麗天也。」《廣東新語》卷八有《女語》，說歷來女子之出色者，或以武，或以文。在看不起婦女的封建社會中，屈大均這種重視女子的思想，反映了當時沿海婦女生活獨立的傾向，為婦女解放的心聲。〔註12〕

遍觀《易外》一書，均在強調「夫婦」為五倫之本，但並沒有特別肯定婦女的言論。而朱謙之先生所引《易外》卷二十一、卷三十二兩段話，也完全看不出與「男女平等」思想有關。至於《廣東新語》「女語」一卷，舉歷來女子事二十九條，其中如「林氏李氏」、「麥氏」、「東莞三貞女」、「莫烈婦」、「二烈婦」等，皆在表彰女子節烈之行，又屈氏之用意是在藉此表露滿夷殘害漢人百姓的惡行，恐非如朱先生所說有「重視女子的思想」，至少在《易外》中找不出屈氏有「為婦女解放」的傾向。

（二）飲食之道

飲食之道原指生存的基本口腹需求，又可推而為全生養命之道。屈氏在

〔註12〕 朱謙之：〈明清之際兩思想家──傅山和屈大均〉，原刊於《光明日報》，1961年12月16日，後收入山西社科院編：《傅山研究文集》（太原：山西人民出版社，1985年8月），頁8～11。本文所引，用《傅山研究文集》，頁11。

文集中，亦曾強調飲食之道乃《易經》重要內涵。〈飲食須知序〉中說：

> 所以《易》一書，始終以飲食爲言，始于〈需〉，曰：「需於酒食，貞吉。」終於〈未濟〉，曰：「飲酒濡首，亦不知節也。」蓋惟貞所以爲節，惟節所以爲貞，貞與節相爲始終，而後其所養乃正。然則君《飲食須知》一篇，吾即以爲《易》之外篇，而〈頤〉卦之箋註也，亦何不可之有。〔註13〕

《易》卦爻辭中有不少提到「飲食」的地方，例如〈困〉卦九二爻「困于酒食」、〈井〉卦初六爻「井泥不食」等，但這些主要都不是在談飲食之道。屈氏舉〈需〉卦九五爻辭，意謂《易》言飲食之卦自〈需〉而始，說明人有美酒嘉餚口腹基本需求；又舉〈未濟〉卦上九爻之〈象〉辭，意謂飲食不宜放縱過度，應該要知道節制。故〈需〉卦在前，說明人有飲食之需，〈未濟〉卦在末，申明雖有欲求，亦要有所節度。至於〈頤〉與飲食關係，〈頤〉卦卦辭曰：「頤，貞吉。觀頤，自求口實。」〈大象傳〉曰：「山下有雷，頤；君子以慎言語，節飲食。」〈頤〉言頤養之道，其一蓋在明「節飲食」之道，故友人之書，屈氏以爲可爲〈頤〉之註疏。

《易》之〈需〉、〈噬嗑〉、〈頤〉、〈未濟〉諸卦，都有談到人的飲食行爲，故屈大均於釋各卦之際，也有申說人之飲食。例如釋〈需〉卦，云：

> 天之水，化爲雲，以上于天，而爲天之所需；人之水，化爲津，以上于舌，而爲人之所需。天上有雲，而後能爲雨；人舌上有津，而後能知味。味在津而不在物也，雨在雲而不在天也。（〈需〉，頁86）

說明食物本身的美味，要經過咀嚼，然後靠舌津（口水）才能發散出來，所以人類飲食之有味，是自津而生。屈氏要強調的，是人體在口之水——津，其作用在因應飲食所需。

萬物皆須依賴飲食供給生命所需的精力，尤其人有養生全命的思想，更應明瞭飲食之所需、所節。《易》卦之作，其取象本法自天地萬物，而歸結於人事，是以卦爻辭所言，多與人息息相關，而飲食之道即其一也。

四、論《易》之特性

屈氏提示《易經》特性，或謂「尚」，或謂「貴」，在用語上並不統一。呂美泉、呂紹綱先生所合著《周易入門》說「尚」字於《易經》中：「凡二三

〔註13〕《文外》卷2，《全集》第3冊，頁77～78。

見。大體有兩類用法：一尊尚，二幫助。」〔註14〕《易外》「尚」字用法屬於前者，旨在凸顯《易》道特性。例如說《易》「尚往來」：

> 《易》尚往來，小往大來爲贏，大往小來爲縮；大來自〈復〉至〈夬〉
> 而來窮，小往自〈姤〉至〈剝〉而往窮。（〈未濟〉，頁 499）

按，〈泰〉卦卦辭曰「小往大來」，〈否〉卦卦辭曰「大往小來」，兩者互爲「綜卦」，其所謂「往」、「來」，如〈泰〉以〈坤〉居外卦、以〈乾〉居內卦，又陰爲小、陽爲大，故謂「小往大來」；反之則爲〈否〉。即如明儒來知德所謂：「小往大來者，言〈否〉內卦之陰，往而居〈泰〉卦之外；外卦之陽，來而居〈泰〉卦之內也。」〔註15〕「大往小來者，〈否〉、〈泰〉相綜，〈泰〉內卦之陽，往而居〈否〉之外；外卦之陰，來而居〈否〉之內也。」〔註16〕蓋〈否〉、〈泰〉二卦同體，故可合而觀之，此乃《易》卦所示之「往來」。屈氏又進而以〈復〉至〈夬〉是「來」、自〈姤〉至〈剝〉是「往」，顯示《易》具「往來」特性，此蓋依「十二消息卦」之說，贏、縮指陰、陽之消長。兩漢《易》學家以十二卦配爲十二月之主，藉爻之增減體現陰陽消長，表示萬物循環變化規律，而陽升陰消、陰升陽消，正是屈氏所言《易》尚往來之跡。

又例如說《易》「尚悔」：

> 龍在天而陽已極矣，極則過悔而復潛，陽乃不過。《易》之道尚悔，
> 悔故能變，變生於窮，通生於變，龍之知幾，故君子法之。（〈乾〉，
> 頁 16）

屈氏認爲《易》有「悔」之特性，窮故生悔，悔故生變，變而能通，故悔能生變。此蓋在藉〈乾〉卦上九爻辭「亢龍有悔」，申明處於上位必知通權達變之理。〈乾·文言〉曰：「亢龍有悔，窮之災也。」致於窮極之境，則亟思變通，故屈氏謂「變生於窮」。

再如說《易》「尚用」：

> 日月以乾坤爲體，乾坤以日月爲用，《易》尚用，故與日月準。（〈恒〉，
> 頁 289）

屈氏認爲，《易》道崇尚「用」，一如日、月之於人，其作用大矣。蓋《易外》

〔註14〕呂美泉、呂紹綱：《周易入門》（臺北：韜略出版公司，1993 年 6 月），頁 79。

〔註15〕〔明〕來知德：《周易集註》（臺北：臺灣商務印書館，1983 年，《景印文淵閣四庫全書》第 32 冊），頁 120 上。

〔註16〕同前註，頁 124。

喜以體用哲學闡釋日月、陰陽、乾坤、水火等詞組的相互關係，發之於《易》象、天文、人事，要言之，皆以體爲本，並申明其用，以示體用不離之意，故屈氏以「用」爲《易》之特性。

　　上述所舉，皆爲屈氏所揭示出來的《易》之特性。若歸納《易外》全書所舉，可知屈氏所舉者有數種，其中又以「變」、「交」、「中」最常被提出，可見屈氏對此最爲重視。以下僅就《易》之「變」、「交」、「中」三種特性加以論述。

（一）變

　　《易緯・乾鑿度》曰：「孔子曰，易者，易也，變易也，不易也。」〔註17〕是故《易》道尙變，屈氏亦特重變易之闡發，於《易外》屢言其理。例如：

> 《易》以變易爲義，四聖人互爲變易，皆所以顯夫不變易之《易》。
> （〈繫辭上傳二〉，頁 534）

屈氏以爲，四聖人——伏羲、文王、周公、孔子，在作《易》之時，皆寓有變易之義，且其目的均是以「變」之《易》彰顯「不變」之道。又云：

> 《易》，變易也，其精神在乎日月，觀日月之隨時，而可以知《易》
> 之爲道矣。（〈恒〉，頁 289）

謂聖人《易》以變易爲本，惟變以達永恒，如日月因時而變，卻又恒久不變，故觀日月之變化可推《易》道。屈氏並強調變易之道在「隨時」，因時而變才是正道。故《易外》又云：

> 恒者《易》之道之不變者也，變者《易》之常，《易》以變爲常，文
> 王言其變，伏羲言其常。常以立本，變以趨時。變先天之剛柔而通
> 之，文王所以盡其神之用也。（〈恒〉，頁 289）

《易》以變爲常道，其作用關鍵則在「趨時」，即應時而變、乘時而變，剛柔得適，方能窮盡《易》神用之妙，故「變」之要在於「時」。

（二）交

　　《易外》提到「交」之次數最多，顯見以「交」爲《易》一大特性，故屢言之。例如釋〈屯〉卦，云：

> 《易》尚交，〈乾〉、〈坤〉定位，未交也。至〈屯〉而初之一剛、二
> 之一柔始交，此婚媾之始也。始交而即難生，故二之女子不字而貞，
> 以俟難之平，難之平而天道之常反矣。（〈屯〉，頁 70）

〔註17〕《易緯乾鑿度》（北京：中華書局，1985 年，《叢書集成初編》第 688 冊），卷上，頁 1。

釋〈泰〉卦，云：

> 《易》尚交，交，篆作**交**，**木**，十也；**Ω**，五也。十在五外，《河圖》
> 之象也。（〈泰〉，頁 120）〔註18〕

將「交」之小篆字形析為五、十，蓋以「數」言之，以比附《河圖》之象，故於釋〈繫辭傳〉時進而指出：

> 《易》道尚交，五十交於中，一六交於下，二七交於上，三八交於
> 左，四九交於右，中上下左右五位，奇耦相得，而各有合，合所以
> 成變化，合所以行鬼神。（〈繫辭上傳二〉，頁 531）

此即《河圖》方位排列之法「一六居下，二七居上，三八居左，四九居右，五十居中」。前已言屈氏引〈泰〉卦謂交字有《河圖》之象，此則細言《河圖》結構在數字上兩兩一組，顯現「交」之特性，是由一奇一偶而相交、統合、變化，以衍生出《河圖》形制。

屈氏除以數言「交」義，又云：

> 交字古文作**米**。丶者耦也，／者奇也。｜則其丶／相交之象也。陽
> 左故／左，陰右故丶右。《易》尚交，**☵**相交卦之象也。／丶相交，
> 字之象也。｜者太極也，一｜在／丶之中，地天之泰，澤山之咸，
> 風雷之益，火水之既濟，皆以此故觀**⚏**上而**⚊**下，而知卦之交；
> **⚊**上而**⚏**下，可知卦之不交。……交而有功，隨之道所以貴也。
> （〈隨，頁 164〉）

將「交」之古文字形析為「／」、「丶」兩畫，蓋以「象」言之，比擬陰陽交錯之形象。綜上所述，可知屈氏是用象數的角度來析論「交」字在《易經》中的內涵。

屈氏又將「交」義運用在解釋爻位關係上，例如釋〈大有〉卦，云：

> 《易》尚交，大有柔得大中而上下應，交之謂也。（〈大有〉，頁 137）

按，〈大有〉卦乾下離上，六五以陰爻居上卦之中，又與上九、九四上下相應，故〈大有〉卦之〈象〉辭曰：「柔得尊位大中，而上下應之。」屈氏則進而以〈大有〉上卦一陰得中位與上下陽爻相應，即其所謂交之意，是以爻位比鄰關係來論說。

《易經》相交的結構，更是《易》道尚交的明白展現：

〔註18〕《全集》本原於「Ω」下無「五」字，依上有「十也」，兩句相對，故知《全集》本脫漏此字，今據北圖本補。

《易》道貴交，上篇之卦，天地泰而〈坎〉、〈離〉交，〈坎〉、〈離〉
交而水火濟，水火濟而〈咸〉、〈恒〉交，從體以起用，從內以通外
也。下篇之卦，〈咸〉、〈恒〉交而水火濟，水火濟而〈坎〉、〈離〉交，
〈坎〉、〈離〉交而天地泰，從用以歸體，從外以至內也。〈隨〉、〈蠱〉、
〈漸〉、〈歸妹〉，則少長參差而不正，是謂窮交，然不交不濟之終，
即為復交復濟之終，窮交之終，即為正交之始，故乾坤不悔。(〈咸〉，
頁 262～263)

上經之交，由體而用，由內而外；下經之交，由用而體，由外而內，皆為「正
交」，又有「窮交」，相與反複循環，始終交濟，故天地乾坤運行不止。故知
《易》卦之「交」有循環往復之義。

(三) 中

《易》之「中」道為歷來學者所重，屈氏亦然。《易外》云：

《易》有〈小過〉、〈大過〉，小者月之過，大者日之過，皆緣未得其
中。《易》尚中，中惟聖人能執之用之，執之於己，用之於民，以準
天地，而補過日月。(〈豫〉，頁 153～154) 〔註19〕

強調《易》尚中道，而惟聖人於修己治人皆能持中而行，以與天地相合。

屈氏在其文集中也曾提及相同觀念：

嗟夫！《易》之卦有〈大過〉、〈小過〉，蓋陰陽不得其中之謂。夫天
地之大，人猶有所憾，以其陰陽之不中也。善學天地者學《易》，善
學《易》者學中，……。〔註20〕

〈大過〉卦六爻是四陽二陰，為陽過之象；〈小過〉卦六爻是四陰二陽，是陰
過之象，故稱「陰陽不得其中」，蓋以一卦陰陽爻數是否平均來言中道。

屈氏在釋卦時屢次強調「中」之重要性。例如釋〈泰〉卦，云：

得天地氣之中者為日月。男得日之氣，女得月之氣，其人必為聖賢，
故古之聖賢，其道皆用中，聖賢之中得之於日月，日月之中得之於
天地，天地之中得之於太極。(〈泰〉，頁 119)

天地得太極之中而化，日月得天地之中氣而生，聖賢得日月之中道而成，故
天道、人事皆以中為準。又認為：

《易》有〈大過〉、〈小過〉，小者月之過，大者日之過，皆緣未得其

〔註19〕「之於」，《全集》本原作「於于」，依北圖本改。
〔註20〕〈程樸庵先生七十壽序〉，《文外》卷2，《全集》第3冊，頁90。

中。《易》尚中，中惟聖人能執之用之，執之於己，用之于民，以準
天地，而補過日月，日月之過，日月不能補之，補日月之過在聖人，
毋使日月告凶，不用其行，則聖人之豫也。（〈豫〉，頁 153～154）

執中之道不易履行，故只有聖人能善用其道，「執之於己，用之于民」，律己
治人皆以此中庸之道行，既可達預防之功，亦可進而補過避凶。

　　儒家經典有《中庸》專言中道思想。《中庸》本係《禮記》中之一篇，內
容文字實際上並不多，但經過宋代道學家取其所言「天命之謂性」、「慎獨」、
「已發未發」、「中和」等文字大加闡發，建構心性論、修養論等思想系統，
故宋代以後辨析《中庸》義旨是十分普遍的現象。而以義理治《易》者，凡
論及爻位中正，也往往兼以《中庸》爲說。屈氏在《易外》中，常將《易》
與《中庸》並舉，例如：

　　　《易》者，《中庸》之所本。（〈乾〉，頁 18）

　　　《易》宗太極，《中庸》宗至誠，其實一也。（〈乾〉，頁 33）

　　　《中庸》本〈乾〉二爻之〈文言〉而作，亦〈乾〉之〈文言〉也。
　　　天地之道以中，人之道以庸，合三才而一之，故曰「中庸」。（〈乾〉，
　　　頁 33）

　　　《易》之道造端乎日月，《中庸》之道造端乎夫婦。（〈豫〉，頁 153）

屈氏顯然承繼宋儒以義理闡述的觀點，以心性之「誠」說「太極」；又引〈乾〉
卦九二爻〈文言〉孔子所說「龍德而正中者也。庸言之信，庸行之謹」等句，
謂《中庸》乃據此而作，可視爲〈乾〉卦之「傳」。這樣的說法，顯示出屈氏
視《中庸》爲孔門後學翼經之書，有意識地將《中庸》納入《易》「傳」系統，
推其用意應有三：其一，凸顯《易》爲中道思想之源；其二，擴大早期儒家
爲《易》作「傳」的規模；其三，凸顯出《易經》不但與其他經書關係密切，
更是諸經之源，具有崇高地位。

五、論《易》之四目

　　時、位、中、正四者爲《易》之四目，是常用術語，也是重要概念。屈
大均在《易外》中也有相關論述。以下分「時位」、「中正」兩組說明。

（一）時、位

　　《易》重時義，卦有時而爻有位，惟一卦六爻位之成，又與時關係至切。
透過卦位的分析，可以體現時義，故時、位可合而論之。

「時」者，於《易》則爲卦也，而其本質在「變」，故王弼《周易略例》稱：「夫卦者，時也；爻者，適時而變者也。」〔註21〕《易外》云：

> 天地以元氣爲實，聖人以正道爲實，而皆以其時，違其時是爲拂頤之貞。（〈頤〉，頁236）

不違於時，則天地元氣、聖人正道均得以充實圓滿，屈氏意在申明「時」以達「實」之義，強調形上之「時」的落實。又云：

> 《易》尚消息盈虛，故多言時，夫子凡言天道則曰時，言性則曰中，時在性之中，二者分而不分。在天爲時，在人爲性，時者性之流行，性者時之主宰。（〈小過〉，頁482～483）

屈氏以爲，《易》體現日月盈虛、陰陽消息之道，而日月陰陽變化，皆依時運行，故《易》多言時。又將「時」、「性」並言，謂「時」由天而定，「性」則由人而成，故時、性關係亦即天、人關係，而人與天應，即是以天時而行，故人性亦重時義，「時者性之流行，性者時之主宰」，時、性相從，體、用不分。由此觀之，屈大均以性言時，將「時」義與性理「中」道結合起來，旨在強調天人關係之密合無間。

至於「位」者指爻位，即一卦六爻之位置，自下而上依序稱爲初、二、三、四、五、上。爻位又有貴賤、陰陽等屬性上的差異。「貴賤」者，指一爻之中，以五爲君位，以二、三、四爲臣位，君爲貴，臣爲賤，故有上下階級的差異。「陰陽」者，指以初、三、五爲陽位，以二、四、上爲陰位；凡陽爻居陽位、陰爻居陰位即「正」，反之則否。爻位正與不正直接關係到卦爻結果的好壞，是爲解卦重點之一。「正」例將於下面說明，此處暫且不論。

「時」、「位」兩者關係，屈氏指出：

> 位本無位，以時而知其位；時亦無時，以位而見其時。（〈乾〉，頁19）

「位」並非固定，蓋一卦之內每一爻各有吉凶貴賤，須因「時」而知；「時」亦非隨時而變，須透過爻位的承、乘、比、應關係來彰顯，是故時、位相互依存，時爲體、位爲用，體用不離。

（二）中、正

中、正都是對爻所處的位置而言。「中」者，指六爻卦上卦之中與下卦之

〔註21〕《周易略例》，「明卦適變通爻」，見〔魏〕王弼、〔晉〕韓康伯：《周易王韓注》末附（臺北：大安出版社，1999年7月，與《周易本義》合刊，收入《周易二種》），頁257。

中，即第二爻、第五爻之位，因居於卦之中，故云。如能居於二、五之位，即稱「中」、「居中」、「得中」，《易》以為吉。「中」位雖非居於卦之最高，但因中國傳統思想以中庸為萬事萬物最適宜之平衡狀態，故「二」、「五」雖在「三」、「上」之下，卻是卦的最佳位置所在。

「正」者，指陽爻居陽位（一、三、五），陰爻居陰位（二、四、六），即稱為「得正」或「當位」、「得位」；反之則稱「失正」、「不當位」、「失位」。《易》貴正，以得位為吉，以不得位為凶。

屈氏於《易外》中多有辨明爻位得失吉凶之言。例如釋〈頤〉卦，云：

> 三失位，動而不止，所養與自養皆失，故凶。（〈頤〉，頁 236）

按，此是「不當位」之例。〈頤〉卦震下艮上，「三失位」，三謂九三爻，以陰爻居陽位，故云「凶」。

又如釋〈小畜〉卦，云：

> 「有孚攣如」，二卦皆於五爻言之，巽之得位也，得位則有大觀在上，中正以觀天下之象，故天孚之，澤亦孚之，天之所祐順，人之所助信，故吉。（〈小畜〉，頁 108）

按，此是「當位」之例。「有孚攣如」一句，兩見於《易經》卦辭，分別在〈小畜〉、〈中孚〉兩卦之九五爻辭，故云「二卦皆於五爻言之」。且〈小畜〉、〈中孚〉之上卦俱為〈巽〉，是其中爻蓋皆以陽爻居陽位，又居上卦之中位，乃居中得正，故云「巽之得位」、「中正以觀天下之象」，而「吉」。

凡爻位居中又得正者，稱「中正」。《易》既以中為貴，亦以正為吉，故以「中正」為至善。六爻之中，惟二、五為中位，又以五為尊，故中正專就卦之第五爻而說。例如釋〈比〉卦，云：

> 〈離〉顯而〈坎〉藏，〈坎〉為日月，與水相比故光，光故言顯。〈比〉五得〈比〉之正中，天子之光在焉。（〈比〉，頁 103）

〈比〉卦下坤上坎，其主爻九五，以陽爻居陽位又得上卦之中，剛健中正而居尊，象「天子之光」顯著昭然，故〈象〉辭曰：「顯之比吉，位正中也。」

又如釋〈訟〉卦，云：

> 五之大人利見之，訟而无訟，而得其元吉，斯則為中正之道也已。（〈訟〉，頁 92）

〈訟〉卦辭曰：「利見大人。」「大人」指九五爻，以陽爻居陽位，又在上卦之中，剛健中正，如大人之居尊；雖九二陽爻亦居中，卻是陽爻居陰位而訟，

又與九五不相應，兩相爭訟，惟九五至剛至正，終能勝，故〈象〉辭曰：「訟元吉，以中正也。」

爻居於中正爲吉，反之則不吉，例如釋〈頤〉卦，云：

> 蓋以口容貴止，而〈頤〉惡夫動，三動極處於上下之際，不中不正，上不師乎天，下不師乎聖，〈頤〉之貞拂矣。以小害大，以賤害貴，其悖皆繇之，故其凶也。（〈頤〉，頁 236）

〈頤〉卦震下艮上，「三動極處於上下之際」，謂其六三爻處於下卦〈震〉之極位（三爻畫之最高位），〈震〉爲動；又處於上、下卦之交，故云。此爻以陰爻居陽位，不正；又居三，不中，是處於「不中不正」之位，故爻辭曰「貞凶」。

又如釋〈小過〉卦，云：

> 《易》以中正爲貴，〈小過〉之已亢已上，亢龍之謂也。與時偕極，故不亢，是謂天行。〈乾〉上之亢，有悔陽之節也。（〈小過〉，頁 486）

〈小過〉六五〈象〉辭曰：「密雲不雨，已上也。」上六〈象〉辭曰：「弗遇過之，已亢也。」蓋〈小過〉三、四爻皆以陽剛失位不得中。〈乾〉卦上九亦同。

六、論《易》之爻位關係

《易》卦六爻位相互關係，主要可以「承」、「乘」、「比」、「應」四者來作討論，和前述時、位、中、正四目一樣，同爲《易經》基本概念。以下亦分「承乘」、「比應」兩組說明。

（一）承、乘

「承」、「乘」者，謂兩爻相比鄰而陰陽相異時，上對下者謂之「乘」，下對上者謂之「承」。王弼《周易略例》曰：「承乘者，逆順之象也。」〔註22〕謂陰承陽爲順，陽承陰則逆。

《易外》分析爻位的承乘關係，例如釋〈謙〉卦，云：

> 四上承謙德之五，則寅恭以事之；下乘謙德之三，則協恭以友之，手之上下撝如也。（〈謙〉，頁 151）

此特言〈謙〉卦與六四爻位與比鄰的九三、六五爻相互關係。六四陰爻承六五之下，處上卦最下位，象恭敬事上；又與九三比鄰，陰乘陽爻之上，像柔以待下。故六四爻辭曰「无不利，撝謙」，指六四爻處承上乘下，均能無往不

〔註22〕《周易略例》，「明卦適變通爻」，見〔魏〕王弼、〔晉〕韓康伯：《周易王韓注》末附，頁 258。

利，屈氏比喻此爻所居位置，就像「手」可以上下揮動一般自如。

又如釋〈屯〉卦，云：

> 二不敢乘剛，女子之守禮者也。始交而即乘剛，難乎其爲剛矣。
>
> （〈屯〉，頁 68）

此言〈屯〉卦六二爻與比鄰的初九爻相互關係。六二陰爻居於初九陽爻之上，是陰柔乘陽剛，〈屯〉卦〈彖〉辭曰：「屯，剛柔始交而難生。」六二〈象〉辭曰：「六二之難，乘剛也。」皆在強調六二以柔乘剛之難。〈屯〉卦以陰爻居下卦中位，故象女子。六二爻辭曰「女子貞不字」，故屈氏稱六二爲「女子之守禮者」。因此爻陰居二乘初之剛，陰陽始交即乘非吉，乃居此爻面對的困境，需守禮以解其難。

又如釋〈臨〉卦，云：

> 卦肖厚〈震〉，二主震，震之帝出乎是，乾之龍見乎是，而二乘初之
> 一剛，以臨外之四柔。（〈臨〉，頁 175）

〈震〉卦二陰在一陽之上，〈臨〉卦若合初至四爻看，四陰在一陽之上，像將陰爻加倍之〈震〉卦，故云「肖厚震」，此爲「積體」取卦法，前已言之。此卦六二爻在初九爻之上，爲陰柔乘陽剛，是「二乘初之一剛」；其三、四、五、上爻皆爲陰爻，是又「臨外之四柔」。〈臨〉六二爻下乘一剛、上臨四柔，介於陰、陽之交，故特別言之，以凸顯此爻地位。

又如釋〈夬〉卦，云：

> 〈夬〉之象，陽至于五，而有一陰在其上，雖一陰之存，所以滋龍
> 之亢，然在下則爲天地相遇，在上則爲柔乘五剛，故必決之而後爲
> 〈乾〉之大成也。子曰：「剛決柔也」，人惟剛而後可以決，天惟健
> 而後可以行。一柔之於剛，可遇而不可乘。剛之決之，惡其乘焉耳。
>
> （〈夬〉，頁 351）〔註23〕

〈夬〉卦乾下兌上，六爻畫中一陰五陽，陰爻處〈夬〉卦極位，在眾陽爻之上，故云「柔乘五剛」。此卦惟一陰爻，又居於窮極之位，下臨五陽，陰氣勢弱，不足以乘陽剛之盛，故云「可遇而不可乘」。

（二）比、應

「比」、「應」者，錢基博先生解釋說：「『應』者，上下體相對應之爻也。

〔註23〕 「人惟剛」，《全集》本原無「人」字，依下句「天惟健」，兩句相對，故知《全集》本脫漏此字，今據北圖本補。

『比』者，逐位相比連之爻也。」〔註24〕所謂「應」，言內卦（下卦）、外卦（上卦）間相同爻位之對應關係，即初與四、二與五、三與上，兩兩相對，若陰陽互異者，可以相應，故稱之為「應」。六十四卦之中，惟八純卦（八經卦）因內外同體（即內卦、外卦的卦畫一樣），故六爻皆不應，其餘諸五十六卦皆可從其卦爻辭中找出對應關係的論述。

　　前面提到的「承」、「乘」包含在「比」的關係內，就《易外》而言，屈大均通常以承乘來論，前已說明故此處不再贅述。至於《易外》言卦位相「應」之處頗多。以下分舉「初四」、「二五」、「三上」及「六爻皆應」〔註25〕等諸爻位相「應」之例說明。

　　言「初與四應」之例，如釋〈大畜〉卦，云：

　　　　〈大畜〉之時，无妄之災未已，故初曰有屬而利已。初應四，初為龍之潛，故曰「童牛之牿」。（〈大畜〉，頁227）〔註26〕

屈氏稱「无妄之災未已」，是因〈大畜〉接在〈无妄〉之後，初九爻辭「有屬，利已」，表示由妄行遭災過渡到知所勿進而有利。「初應四」，謂初九與六四兩爻陰陽相應，初九「屬」，六四「牿」，屈氏以為六四之「牿」使初九之「龍」得以「潛」，故吉。

　　言「二與五應」之例，如釋〈咸〉卦，云：

　　　　二五正應。二，腓肉；五，脢骨也。肉唱而骨隨，肉感而骨應。（〈咸〉，頁274）〔註27〕

〈咸〉卦艮下兌上，六二陰柔與九五陽剛相應，又居中位，故是「正應」。又六二「咸其腓」，九五「咸其脢」，腓為小腿肚，多肉；脢為背肉，多骨。六二、九五正應，故由肉而得交感於骨。

　　言「三與上應」之例，如釋〈剝〉卦，云：

　　　　三與上應，舍諸陰而獨應乎陽，故雖剝之无咎。子曰「失上下也」，失上四下二之陰，而得上九之陽，此坤之東北喪朋，得乾為主之慶也。（〈剝〉，頁198）

〔註24〕錢基博：《周易解題及其讀法》（臺北：臺灣商務印書館，1965年5月臺1版），頁74。

〔註25〕六十四卦中，六爻皆可陰陽相應者，只有〈泰〉、〈否〉、〈咸〉、〈恒〉、〈損〉、〈益〉、〈既濟〉、〈未濟〉八個卦。

〔註26〕「利已」，《全集》本原誤作「利己」，今改。

〔註27〕「唱」，北圖本作「倡」。

〈剝〉卦坤下艮上，六爻畫惟上爲陽爻，餘初至五皆陰爻。六三上下相比之卦（六二、六四）皆陰，而與上九陰陽相應，故謂「舍諸陰而獨應乎陽」；又借〈坤〉卦卦辭「西南得朋」、「東北喪朋」，比於〈剝〉六三與他卦之「比」、「應」關係。

　　言「六爻皆應」之例，如釋〈咸〉卦，云：

　　　　〈咸〉六爻皆應，而四居二卦之交，乃二少之心，故惟貞乃吉。（〈咸〉，

　　　　頁 272）

〈咸〉卦艮下兌上，初四、二五、三上皆兩兩陰陽相應，是六十四卦卦畫每爻皆可應的八個卦之一。上卦〈兌〉是少女卦，下卦〈艮〉是少男卦，九四爻居於上卦、下卦之交，位在其中，故稱「二少之心」，爻辭曰「貞吉」，正如少男少女持身守貞乃吉。

　　除上述所舉爻位對應關係外，其他尚有「一陽與五陰應」、「一陰與五陽應」兩種，惟屈氏於此類卦（一陽五陰之卦，如〈比〉；一陰五陽之卦，如〈師〉），多不以「應」字言之，而是直接綜論其間關係。例如釋〈師〉卦，云：

　　　　〈師〉卦即行師之圖，一陽將乎前後五陰，寡之御眾也。（頁 94）

　　　　一陽爲五陰之師，而統之又能以律。（頁 94）

　　　　卦五陰，水也；一陽，則地也，君子也。五陰爲一陽所有，地中有

　　　　水也。五陰爲一陽所容所畜，君子以容民畜眾也。（頁 95）〔註28〕

〈師〉卦下坎上坤，六爻畫中惟九二爲陽，餘皆屬陰。屈氏不以「應」字言之，而一陽統帥五陰，五陰爲一陽所有，均在強調一陽居於領導地位。

第二節　《易》學思想（上）——象數《易》部分

　　屈大均在《翁山易外》中用互體、卦變、消息、天文這些象數派的解經法，同時也在論述中發揮君臣、夫婦、仁孝等儒家倫理觀等義理派的解經特色，故知屈氏治《易》兼採象數、義理，應列於「象數義理派」。以下分就「象數」、「義理」兩部分析論其思想梗概。

〔註28〕「一陽則地也」以下至「地中也水也」計二十字，《全集》本原無，據北圖本
　　　　（頁 67 下）補。

一、論《易》象

屈氏對於「象」頗爲重視，他說：

> 故讀《易》者，玩畫爲上。畫者象也，象者興也，興者風也，風者
> 神明之道也。知象以風，雖无文王猶興，或者曰畫猶琴，而文王與
> 之安絃。（〈繫辭上傳一〉，頁 500）

屈氏認爲，《易》之有「象」，如詩之有「興」，能掌握「象」之妙，即能達到
神明通達的境界。

其次，對於《易》「象」的基本概念，是：

> 蓋《易》之象，惟變所適，不可爲典要，以爲虛象則虛，實象則實，
> 无不可以得三聖人之蘊也。（〈乾〉，頁 5）

屈氏引用〈繫辭下傳〉「不可爲典要，唯變所適」一句，提出取象的正確態度
應是「惟變所適」，強調「變」的精神；而「不可爲典」，則展現他不固守的
態度。又云：

> 然爻之爲物，大抵不越乎〈說卦〉之所舉。本體不舉，互體必舉之；
> 互體不舉，變卦交卦必舉之，或全或似，宜會以心，勿以迹。蓋聖
> 人偶然取象，隨其意之所之，未嘗有典要也。可象則象之，不可象
> 則不象。或似是而非，或似非而是，皆在何思何慮之間。（〈繫辭下
> 傳一〉，頁 543）

也是在強調不要拘泥《易》象的基本觀念。

就《易外》一書內容來看，屈氏解經取象，於日月、風雷、龍虎無所不
取，又利用漢代《易》例「互體」、「半象」、「積體」、「卦變」等方式，以達
「象外取象」之目的，幾可謂窮極一卦變化之至。正因屈氏抱持「惟變所適」
的基本態度，務求卦象之變，才使《易外》得以千言解一卦，亦可由此想見
他在變化《易》象上的努力。

二、論《易》圖

圖式解說的方式早在北宋以前已出現，例如魏伯陽《周易參同契》所述
即是，主要爲道教人士用以說明丹藥煉製流程。隨著道教在唐代發展興盛，
圖式愈趨流行，至北宋初道士陳摶採圖式說《易》，北宋理學家也引用圖式
模型解說，並援道入《易》，演化爲「圖書」一派。故象數《易》學至宋代
的新發展，即「圖書」一派之突起。

屈氏認為：「圖書為《易》之譜，《易》為天地人物之譜。」（〈繫辭上傳一〉，頁 501）對於「圖書」有相當的重視，在《易外》中也有不少相關論述。以下就「河圖」、「洛書」、「先天八卦方位圖」、「後天八卦方位圖」分別說明。

（一）《河圖》、《洛書》

〈繫辭上傳〉曰：「河出圖，洛出書，聖人則之。」不過並沒有進一步說明「圖」、「書」的內容。自北宋始言《河圖》、《洛書》圖式，圖書之學漸興。朱子《周易本義》書首載有《河圖》、《洛書》兩圖，宣稱邵雍所傳授，受到後人的重視。但從宋代開始也有不少學者對《河圖》、《洛書》發出批評，例如歐陽修作《易童子問》認為「洛不出《圖》、《書》」；〔註29〕程頤認為萬物皆可附會，不必依靠《河圖》、《洛書》。〔註30〕屈氏之前的明儒對《圖》、《書》也有不少爭辨，至清初更是全面掀起質疑聲浪，例如黃宗炎《圖學辨惑》，認為《易》圖非古《易》所有，乃是出自陳摶，內容言道家養生馭氣之術；〔註31〕又如毛奇齡《河圖洛書原舛編》，考辨《圖》、《書》之非；而胡渭《易圖明辨》，更是將其予以全面否定。這股《圖》、《書》辨偽之風，在清初迅速展開。

處在清初濃厚的《圖》、《書》考辨風氣之中，屈氏似乎不為這股質疑聲浪所搖動，對於《圖》、《書》不僅重視、而且仍抱持深信不疑的態度，直稱「《易》因龍馬之圖而作」（〈坤〉，頁 40），又說：「言《易》先《圖》、《書》」，〔註32〕明白指出學《易》應先通《圖》、《書》的治經途徑，肯定《圖》、《書》存在的必要性。以下就屈氏論《圖》、《書》之流傳、圖式數字之闡釋，以及兩者之關係等問題，略作說明。

〔註29〕　〔宋〕歐陽修：《易童子問》，收入《歐陽修全集》（北京：中國書店，1986年 6 月），卷 3，頁 570。

〔註30〕　〔宋〕程顥、程頤著，王孝魚點校：《二程集》（臺北：里仁書局，1982 年 3月），上冊，頁 222。伊川因見賣兔者而發此論，其言如下：「聖人見《河圖》、《洛書》而畫八卦。然何必《圖》、《書》，只看此兔，亦可作八卦，數便此中可起。古聖人只取神物之至著者耳。只如樹木，亦可見數。兔何以無尾，有血無脂？只是為陰物。大抵陽物尾長，陽盛者尾越長。如雉是盛陽之物，故尾極長，又其身文明。」

〔註31〕　〔清〕黃宗炎：《圖學辨惑》（臺北：臺灣商務印書館，1983 年，《景印文淵閣四庫全書》第 40 冊），頁 734 下。其「原序」云：「《易》有圖學，非古也，注疏猶是魏晉唐所定之書，絕無言及於此者。有宋圖書學三派，出自陳圖南，以為養生馭氣之術，託諸大《易》，假借其乾坤水火之名，自申其說……。」

〔註32〕　〈蔡璣先觀行堂成有賦〉，《詩外》卷 1，《全集》第 1 冊，頁 36。

1. 論《河圖》、《洛書》之流傳

《漢書・五行志》引劉歆云：「虙羲氏繼天而王，受河圖，則而畫之，八卦是也；禹治洪水，賜雒書，法而陳之，《洪範》是也。」〔註33〕故知認定伏羲是《圖》、《書》作者的說法，早已有之。屈氏也贊同此說，云：

> 河出圖，天之垂象也，伏羲則之以爲圖，故曰《河圖》。（〈繫辭上傳二〉，頁528）

屈氏沿襲以《河圖》爲伏羲所作的成說，但他進一步說明《河圖》也像《易》一樣是「近取諸身」而作：

> 伏羲之則《河圖》，亦則之於人之身而已，近取諸身，而後遠觀諸物，以天則人，復以物則人也。《河圖》者，物之著焉者也。天之《河圖》无窮，人之《河圖》亦與之爲无窮。人之《河圖》在於天，天之《河圖》在於人，五位相得，天得之於人，人得之於天也，而各有合，天合於人，人合於天也。惟其合，故天以行其變化，而人以行其鬼神。（〈繫辭上傳二〉，頁528）

〈繫辭下傳〉曰：「古者包犧氏之王天下也，仰則觀象於天，俯則觀法於地，觀鳥獸之文，與地之宜。近取諸身，遠取諸物。於是始作八卦。」屈氏認爲，伏羲創作《河圖》的過程也像畫卦一樣，取天文地理，尤繫諸於人身，故《河圖》可以視爲天人相合的一個媒介。

其次，論《河圖》之流傳，屈大均說：

> 《河圖》本與天球大玉，藏之王府，其數非夫子不知，自有天一地二之言，而《河圖》始明於世，則謂《河圖》再見於春秋之世也可。
> （〈繫辭上傳二〉，頁528）

以爲《河圖》原藏於王宮祕府之內，此蓋從《尚書》之說。《尚書・顧命》曰：「大玉、夷玉、天球、河圖在東序。」〔註34〕藏於深宮的《河圖》，外人不得見、不能知，等到孔子才洞明其數，〈繫辭〉有「天一地二」之言，即是孔子所揭示的《河圖》數。透過這樣的說法，就將《河圖》與孔子的關係連接起來了。

2. 論《河圖》、《洛書》之數

《圖》、《書》之學，主要是就〈繫辭上傳〉「天數五，地數五，五位相

〔註33〕《漢書》，〈五行志第七〉，頁1315。

〔註34〕見《尚書》（臺北：藝文印書館，1997年8月初版13刷，《十三經注疏》第1冊），頁278下。

得，而各有合。天數二十有五，地數三十，凡天地之數五十有五，此所以成變化而行鬼神也」及「天一地二，天三地四，天五地六，天七地八，天九地十」兩段話所作的演繹。漢代以後經學家，又於數字之外，進而將方位與五行生成的概念導入。例如東漢鄭玄云：「天一生水於北，地二生火於南，天三生木於東，地四生金於西，天五生土於中。」〔註35〕「地六成水於北，與天一並；天七成火於南，與地二並；地八成木於東，與天三並；天九成金於西，與地四並；地十成土於中，與天五並」。〔註36〕晉、韓康伯《周易注》云：「天地之數各五，五數相配，以合成金、木、水、火、土。」〔註37〕唐、孔穎達《周易正義》曰：「若天一與地六相得合爲水，地二與天七相得合爲火，天三與地八相得合爲木，地四與天九相得合爲金，天五與地十相得合爲土也。」〔註38〕

（1）《河圖》之數

　　《河圖》的圖式，是以白點和黑點表示。白點二十五，表示奇數、天數；黑點三十，表偶地、地數。黑、白相加，共計五十五個。依「一六居下，二七居上，三八居左，四九居右，五十居中」的方位排列。而《河圖》天地之數的總和，正與〈繫辭傳〉「大衍之數」相等。

　　《易外》談到《河圖》之數的言論不少，例如：

　　　〈屯〉者，地二成雷，而後天一生水之象；〈蒙〉者，地六成水，而後天三生木之象，此《河圖》數也。（〈屯〉，頁 58）

　　　《河圖》之數，天七成火于南，爲火在天上之象，而離字古文作而而，亦火在天上之象。（〈大有〉，頁 136）

　　　《河圖》之數十含五，五爲天數，天在山中之象也（〈大畜〉，頁 225）

　　　《河圖》之數，二化生火，七變成之。（〈復〉，頁 206）

　　　《河圖》之數如一株樹，一生水爲根，二生火爲葉，兩兩之中又含其一，即木也。木生於三，三者仁之兩葉，而中含一小萌者是也。（〈繫

〔註35〕　《禮記正義》引鄭玄語，見《禮記》（臺北：藝文印書館，1997 年 8 月初版 13 刷，《十三經注疏》第 5 冊），頁 283 下。

〔註36〕　同前註。

〔註37〕　〔魏〕王弼、〔晉〕韓康伯：《周易王韓注》，頁 213。

〔註38〕　見《周易》（臺北：藝文印書館，1997 年 8 月初版 13 刷，《十三經注疏》第 1 冊），頁 153 下。

辭上傳二〉，頁 532）

以上皆在說明《河圖》數字所表示的「象」，例如用「樹」來比喻《河圖》圖式，一爲根，二爲葉，三而木成。

又例如：

〈乾〉首言中，中字從〵，從十。《河圖》之數，十在中，故中字從十。十，地數也。〵，一也，一即五也，天數也。中字，〵之包十，猶《河圖》十之包五也。十包五，混沌之前，陰含陽之象也。〵包十，開闢之後，陽含陰之象也。文字作於開闢之後，故中字以〵包十。（〈乾〉，頁 33）

屈氏是從解析文字構造的角度來論《河圖》數字的配置，將「中」字與《河圖》中數十的關係相連繫。惟就「中」字之本形而言，甲骨文寫作「中」、「中」、「中」、「中」、「中」、「中」；〔註 39〕小篆則作「中」，《說文解字》云：「中，內也。從口｜，下上通也。」段《注》云：「按中字會意之恉，必當從口，音圍。衛宏說中字從卜中，則中之不從口明矣。」〔註 40〕是故屈氏所釋字形實爲誤解。

又例如：

乾五爻與《河圖》相應。初之潛，天一生水之象；二之見，地二生火之象；三之惕，天三生木之象；四之躍，地四生金之象；五之飛，天五生土之象。龍以天爲土，龍潛於水，而見於火，惕於木，而躍金，飛於土，數至五，龍至天止矣。（〈乾〉，頁 16）

用〈乾〉卦五爻來說《河圖》之數。初九「潛龍勿用」，因龍性「潛於水」，故云「天一生水」；九二「見龍在田」，因龍「見於火」，故云「地二生火」；九三「夕惕若」，因龍「惕於木」，故云「天三生木」；九四「或躍在淵」，因龍躍金，故云「地四生金」；九五「飛龍在天」，因龍「飛於土」，故云「天五生土」。而〈乾〉上六爻爲「亢龍」，龍飛至天已爲最高處，故數至五止，不用六。屈氏上述所言，是用水、火、木、金、土五行，比擬爲〈乾〉卦初至上爻龍象「潛」、「見」、「惕」、「躍」、「飛」之性。

〔註39〕 此六字參考香港中文大學中國文化研究所「漢達古文獻資料庫中心」建置之「甲骨文文庫」（http://www.chant.org/scripts/chant/default.asp）。

〔註40〕 〔漢〕許慎著，〔清〕段玉裁注：《說文解字注》（臺北：黎明文化事業公司，1993 年 7 月第 10 版），頁 20 下。

（2）《洛書》之數

《洛書》圖式與《河圖》一樣，是以白點和黑點表示。白點二十七，表示奇數、天數；黑點十八，表偶地、地數。黑、白相加，共計四十五個。依「戴九履一，左三右七，二四爲肩，六八爲足，五居中央」的方位排列。且不論是從縱向、橫向或斜向將黑白點相加，皆可得十五之總數。

《易外》中談《河圖》的地方較多，提到《洛書》之處較少。例如：

> 《雒書》之圖，戴九履一。戴九，故〈乾〉之上曰亢龍；履一，故〈乾〉之初曰潛龍。一在下以爲本，本不可見，故曰潛；九在上爲末，末不欲其見，故曰无首吉。（〈乾〉，頁19）

屈氏用〈乾〉卦卦畫來說明《洛書》「戴九履一」數字之由，以〈乾〉上九爻「亢龍」表示「九」，以〈乾〉初六爻「潛龍」表示「一」；又謂一在下爲本，九在上爲末，並用〈乾〉「用九」爻辭「見群龍无首，吉」說明在九數在上之因。

3. 論《河圖》、《洛書》之關係

屈氏在《易外》中多次論及《河圖》、《洛書》的關係，是相輔相成、互相配合的。兩者是「經緯」的關係：

> 《河圖》爲經，《洛書》爲緯；陰陽爲經，五行爲緯；八卦爲經，九疇爲緯。（〈繫辭上傳二〉，頁528～529）

又是「正變」的關係：

> 天之於《易》，既象以《河圖》，復象以《雒書》。《河圖》爲《雒書》之正，《雒書》爲《河圖》之變，故文王則之。（〈繫辭上傳二〉，頁530）

《河圖》先於《洛書》而出，《河圖》爲正，《洛書》爲變。這種以正變說經的方式，類似《詩》「序」而來。《詩》「序」說《國風》、大小《雅》有正變，屈氏則借用這樣相對的語詞來詮釋《圖》、《書》關係。

至於《圖》、《書》性質的差異，屈氏加以區分：

> 堯舜《河圖》之事，用水以生木，先天之道也；湯武《雒書》之事，用火以克金，後天之道也。（〈屯〉，頁60）

以《河圖》爲先天、《洛書》爲後天，堯、舜用以治國，商湯、文王用以興兵，是上古帝王已用《圖》、《書》施行於邦國大事。又云：

> 先天之道，《河圖》也，《河圖》以水始爲萬物之精氣，其陰爲多；

> 後天之道，《雒書》也，《雒書》以火始爲萬物之文明，其陽爲多。（〈繫
> 辭上傳二〉，頁 530）

將上面引文略作歸納：

《河圖》	先天之道	以水始	水以生木	萬物之精氣	陰 多
《洛書》	後天之道	以火始	火以剋金	萬物之文明	陽 多

可以清楚地看出屈氏將《圖》、《書》用「先後天」、「五行生剋」、「精氣文明」和「陰陽消長」等概念來作區別，對比鮮明。

（二）論先天圖、後天圖

「先天圖」即「先天八卦方位圖」之省稱，宋人謂此圖由伏羲所創，故又稱「伏羲八卦方位圖」。「後天圖」即「後天八卦八位圖」之省稱，宋人謂此圖由周文王所創，故又稱「文王八卦方位圖」。此兩圖俱載於朱子《周易本義》，均是由邵雍所傳。

1. 先天八卦方位圖

「先天圖」之創，因配合〈說卦傳〉「天地定位，山澤通氣，雷風相薄，水火不相射，八卦相錯。數往者順，知來者逆」，宋人遂造先天圖式以說明，定八卦方位依序爲：「乾一南方」，「兌二東南方」，「離三東方」，「震四西北方」，「巽五西南方」，「坎六西方」，「艮七西北方」，「坤八北方」。

《易外》中有以先天八卦方位圖來解說卦，例如：

> 〈艮〉先天位西北爲白，而秋爲白，藏〈賁〉之卦，在秋冬之交，
> 氣白收藏之候也，故曰「白賁」。（〈賁〉，頁 193）

〈賁〉卦離下艮上，屈氏取上卦即〈艮〉卦依先天八卦圖來論，其方位在西北。又依《宋元學案・百源學案》所載邵雍以先天六十卦配有二十四節氣的「卦氣圖」，〔註41〕〈艮〉卦所屬節氣是「霜降」，故云「在秋冬之交」；秋收冬藏，故云「收藏之候」；又秋色白，故上九爻辭曰「白賁」。

邵雍在推衍先天圖時，提出「天根」、「月窟」之說，後人言象數多有陳說，如元儒俞琰據以作「天根月窟」圖。〔註42〕屈大均在《易外》中也有提

〔註41〕見〔清〕黃宗羲著，〔清〕全祖望續修，〔清〕王梓材校補：《宋元學案》（臺北：河洛圖書出版社，1975 年 3 月），上冊，〈百源學案下〉，頁 10。

〔註42〕俞琰天根月窟說，可參孫師劍秋〈俞琰易學思想探微〉，《臺北師範學院學報》第 14 期（2001 年 9 月），頁 357～358。

及這樣的概念：

> 坎之體位乎西而用趨于北，北，日窟也；離之體位乎東而用趨于南，
> 南，天根也。天根于地，天從地而生，故地爲天根；日窟于月，日
> 從月而生，故月爲日窟。坤出震而爲復，以爲天根；乾遇巽而爲姤，
> 以爲日窟。天根，地雷也；日窟，天風也。復之一陽實，故曰根；
> 姤之一陰虛，故曰窟。(〈復〉，頁 205)

邵雍創「天根」、「月窟」之說，表示陰陽消長門戶，以八卦而言，〈坤〉、〈震〉間爲天根，以其處一陽之所生；〈乾〉、〈巽〉間爲月窟，以其處一陰之所生。朱子則以天根月窟指〈復〉、〈姤〉兩卦。屈氏謂「坤出震而爲復，以爲天根；乾遇巽而爲姤，以爲日窟」，蓋從朱子之說，以〈復〉爲天根，故云「地雷」，〈復〉卦之象也；以〈姤〉爲月窟，故云「天風」，〈姤〉卦之象也。故知屈氏言陰陽消長，用邵雍天根月窟之說，惟將「月窟」一詞，因「日窟于月，日從月而生，故月爲日窟」而逕改爲「日窟」，理有未通，且有妄改前人之嫌。

2. 後天八卦方位圖

　　「後天圖」之創，因配合〈說卦傳〉「帝出乎震，齊乎巽，相見乎離，致役乎坤，說言乎兌，戰乎乾，勞乎坎，成言乎艮」，宋人遂造後天圖式以說明，定八卦方位依序爲：「震正東」，「兌正西」，「離正南」，「坎正北」，此四者稱「四正卦」；「巽東南」，「坤西南」，「乾西北」，「艮東北」，此四者稱「四隅卦」。

　　《易外》說後天八卦方位圖，例如：

> 又《後天圖》：〈震〉東〈兌〉西，爲長少相合於正方，〈兌〉與〈震〉
> 對，猶月與日對也。(〈歸妹〉，頁 435)

後天圖以〈震〉爲東，以〈兌〉爲西，〈震〉爲長男、〈兌〉爲少女，故云「長少相合」；又〈震〉、〈兌〉皆居正位，屬「四正卦」之二，東西相對，故云「合於正方」。

　　又例如：

> 〈離〉，南方之卦，南方其神祝融。祝，大也；融，明也。(〈離〉，
> 頁 259)

後天圖以〈離〉爲南方之卦，〈離〉爲火，故云「其神祝融」。屈氏此蓋以後天圖方位言其神祇。

第三節　《易》學思想（下）──義理《易》部分

　　《翁山易外》爲屈大均晚年用力頗深之作，亦是其眾多著作中少有的思想專著，故其哲學思想可謂蘊藏於本書內。本文嘗試從《易外》對經傳繁複的解說之中，梳理出「宇宙論」、「天人關係論」、「心性論」、「道器論」、「體用論」等相關論述，從而釐清屈氏《易》學內涵。

一、宇宙論

　　《易經》內容無所不包，申明萬物生生變化之道，究其根本，不免會涉及「太極」一詞的討論。此一概念內涵，涉及萬物起源、宇宙本體等問題，在古代典籍中出現的時間很早，在《易經‧繫辭傳》中即有「易有太極」一句。但被學界提出來當作一個重要的命題加以熱烈討論，則遲至南宋，由朱熹、陸九淵針對此問題引發激烈辯論後，才成爲宋代以降理學家們關切的焦點。這肇因於北宋著名理學家周敦頤（1017～1073）創作「太極圖」，以圖解方式說明萬物生成原理，並撰寫詮釋圖的「《太極圖說》」，提出「無極而太極」一說。朱子認爲：

> 蓋先生（按：指周子）之學，其妙具於《太極》一圖，《通書》之言，皆發此圖之蘊，而程先生兄弟語及性命之際，亦未嘗不因其說。
> 〔註43〕

朱子蓋依周子「無極而太極」概念建構出其宇宙論，故而成爲周子學說的忠實宣揚者、擁護者。

　　南宋淳熙十五年（1188），朱熹與陸九淵就太極無極問題引發爭論，陸氏以爲太極之上不可加無極；朱熹則以爲兩者實爲一物，無極無形，太極有理，非太極外有無極。自此以後，僅兩百五十餘字的《太極圖說》，卻引發歷代學者各以其理闡述，論辨延續不斷。例如元代有劉因、吳澄、王申子、陳應潤等；明代有張宇初、曹端、王守仁、王畿、王廷相，舒芬等；清代則有熊賜履、黃宗炎、毛奇齡、朱彝尊、胡渭等。〔註44〕

　　就屈氏個人而言，他在《易外》中並沒有明白批判周敦頤及《太極圖說》

〔註43〕〔宋〕朱熹著，朱傑人、嚴佐之、劉永翔主編：《朱子全書》（上海：上海古籍出版社；合肥：安徽教育出版社，2002年12月），第24冊，《晦庵先生朱文公文集》，卷75，〈周子太極通書後序〉，頁3628。。

〔註44〕以上諸家主張，詳參許維萍：《歷代論辨太極圖之研究》（臺北：東吳大學中國文學研究所碩士論文，1995年6月）。

的相關論述，但是在其文集中，卻很清楚地站在反對「無極」說的立場，堅持「太極」才是《易經》中心概念。〈壽王山史先生序〉云：

> 去秋先生寄我《正學隅見》，言格物從朱，言太極從陸，他所折衷皆得中，絕無黨同伐異之私。予始知先生之學，老而益精，有進於古文辭之上者。〔註45〕

王山史即屈氏好友王弘撰，是清初《易》學家，著有《易象圖述》、《周易筮述》等書，生平見前述第三章「交游」一節。王弘撰對於太極的觀點是「從陸」，陸即象山先生陸九淵，陸九淵主張「太極」之上並無「無極」，屈氏認同王氏太極說「從陸」的作法，顯然是贊同象山所說。

屈氏又於〈書王山史太極辯述後〉一文中說：

> 《易》有太極之言，聖人之所以言《易》者至矣。周子言無極而太極，毋乃欲求多於聖人，而以聖人為有所未盡乎。……誠以太極一言可以盡《易》，不必益之以無極，而徒自見其損也。以太極還太極，吾說非短；不以太極還太極，吾說非長。……吾於周子之言無極而太極，亦以為非聖人之言《易》也。〔註46〕

直接否定周敦頤在太極之上另加無極的說法，認為宇宙初始只有太極，太極之上沒有無極存在。屈氏更說周敦頤增加無極的作法，是沒有意義的行為，所以他主張「以太極還太極」，返回太極的本來面貌。

回顧學術史上對於《太極圖說》的爭議，周敦頤最受儒家學者詬病處，在於其說有濃厚的道家色彩。〔註47〕南宋以後，除了理學界關注《太極圖說》外，道教界也有相當的重視，不少道士為《太極圖說》作註，或在其基礎上

〔註45〕〈壽王山史先生序〉，收入《佚文》，《全集》第 3 冊，頁 435。又〈復王山史書〉有相同之語，云：「辱承先生以《正學隅見》一書見寓，其言格物也從朱，言太極也從陸，所折衷皆本中正，絕無黨同伐異之私。」見《文鈔》卷 9，《全集》第 3 冊，頁 404。

〔註46〕〈書王山史太極辯述後〉，《文鈔》卷 8，《全集》第 3 冊，頁 393～394。

〔註47〕自宋儒朱震言「太極圖」傳授系統，指出周敦頤源出於道士陳摶之學後，這樣的說法幾成定論，雖自此後多有學者反駁，但未能一變成其說。朱震傳授系統及引發的反駁，詳參許維萍《歷代論辨太極圖之研究》「第三章」。及至清代，仍多有從朱震所言者，例如清初毛奇齡著《太極圖書遺議》，謂：「太極無所為圖也，況其所為圖者，雖出自周子濂溪，為趙宋儒門之首，而實本之二氏之所傳。太極圖一傳自陳摶，一傳自僧壽涯。」見《毛西河先生全集》（中央研究院傅斯年圖書館藏清康熙年間李塨等刊蕭山陸凝瑞堂藏本），書首（無葉數）。

引申更多的闡釋。例如宋末元初全眞道的李道純作《太極圖解》，將原本簡短的《太極圖說》分成十五章，逐章解說。簡言之，《太極圖說》在儒家傳統宇宙觀外又參雜道家概念，對於宋代以後的道學、道教都有直接的影響。

如以《太極圖說》夾雜道家思想這一角度來看，屈氏篤守太極說、強調無極說「非聖人之言」，頗有排道崇儒的意味。屈氏在《廣東新語》中曾發出「今天下異端盛行，釋老多而儒者少」〔註48〕的感嘆，可見他是站在儒家的立場，抵制《太極圖說》的異端色彩。

綜上所述，自南宋以後，太極、無極一直是學界爭論的焦點。就屈氏而言，是贊同太極爲本，反對無極的存在。然而細看屈氏所持論點，僅止於託名聖人，認爲太極說是聖人談《易》的至極之道，周敦頤在太極之上另增無極一說，究竟不是聖人本意，實際上並沒有作出較有哲理性的分析，可見屈氏在這方面的討論上，沒有作太深入的研究，僅止於表明個人贊同太極、反對無極的立場而已。

屈氏不言「無極」，視「太極」爲宇宙萬物生成之本源，他說：

> 太極生一爲天，生二爲地。地生一爲日，天生二爲月。（〈謙〉，頁
> 143）

天地之數，始於天一地二，屈氏以爲，其生由太極而來。太極生天地、天地再生日月，是宇宙初始的演化過程。

又云：

> 有形者，太極之形；无形者，太極之神也。无形者虛而常動。乾以
> 震而爲陽，坤以巽而爲陰，離以震而爲明，坎以巽而爲幽，其幾皆
> 在於動。（〈繫辭上傳一〉，頁503）

將太極分爲「形」、「神」，太極之內涵「虛而常動」，指出太極根本並非靜止的，而是由「動」產生變化。所以屈氏又說：

> 太極動而生陽，而雷在地中；太極靜而生陰，而風行天上。（〈繫辭
> 上傳一〉，頁505）

周敦頤《太極圖說》云：「太極動而生陽，動極而靜，靜而生陰，靜極復動。」屈氏引周敦頤之言，表示他除了反對「無極而太極」的觀點外，對於周敦頤分太極爲陰陽、視萬物生成爲動靜循環模式等說法，表示贊同。故知屈氏乃承襲宋代理學家所提出的太極陰陽本體論觀點。

〔註48〕《廣東新語》卷10，《全集》第4冊，頁283。

二、天人關係論

中國傳統思維認為天人關係密切，屈氏也說：

> 天與人，人與天，相隨者也。人為形，天為影；人為聲，天為響。(〈繫辭上傳一〉，頁 503)

指出天、人關係如影隨形，不能分離。

天人既相連，但天不可測，必須學《易》以知天，所以《易外》屢言《易》與天之關係，例如：

> 《易》者天也，天不可知，知之以《易》，知《易》則知天矣。(〈繫辭上傳二〉，頁 530)

> 天者，無言之《易》，學《易》者，亦學夫天而已矣。(〈繫辭下傳一〉，頁 540)

《易》與天道相合，天道無言，不可聞見，借有文字之《易》，方能取法天道。故《易》可為人師法天道之參考。

屈氏之所以強調《易》即天道，其目的在凸顯學《易》可明天道以用於人事，進而達天人相合之境。《易外》云：

> 天與人本合，而人每欲分之，然人分而天不分，我欲合，斯合之矣。天非自外入者也，我非自內出者也。天合我所以為天，我合天所以為人，然則何以合之？曰：強而不息。(〈乾〉，頁 30)

屈氏揭示天、人原本相合，是人強欲區分，更言天不合人則無以為天，人不合天則無以為人，強調兩者並非相對，而是天人一體的依存關係。屈氏又指出人合天之關鍵，在於「自強不息」，正是《易經》之〈乾〉卦運行精神之所在。是故學《易》之精神在法天，學《易》之實踐首在自強，《易外》云：

> 故道无在，在於行，行即有道，夫子屢曰「天行」。天以行為道，人能如之，是人之行即天之行也，天无行也。(〈大畜〉，頁 230)

此即〈乾〉卦〈大象傳〉所云「天行健，君子以自強不息」之理。故又云：

> 人一息而不通乎天，則人之道息矣。故不息者體也，自強者用也，天自強故不息於人，人自強故不息於天。(〈乾〉，頁 31)

屈氏強調人之生息全與自然相應，惟有自強，才能存息養命。

其次，屈氏又認為需靠聖人之功、行經權之法，以合天人之道：

> 聖人以天道為經，人道為權，隨其時而制其宜，故能以天道之常，而通人道之變。法天之時以為律，法地之理以為師。上律天時，律

夫四時與日月也；下襲水土，襲夫川流與敦化也。（〈乾〉，頁 38）

言聖人行「經權」之道，諳「因時制宜」之理，守天道之常，通人道之變，取法天時地理，以施於教化百姓。按，「經」、「權」兩字相對而言，始自先秦。《公羊傳·桓公十一年》曰：「古人之有權者，祭仲之權是也。權者何？權者反於經，然後有善者也。權之所設，舍死亡無所設。行權有道，自貶損以行權，不害人以行權。」〔註 49〕自漢代以後，學者多定義爲以經爲常、以權爲變的概念。〔註 50〕而《易》有變易、不易之理，正可用經、權關係來作說明。

三、心性論

宋明理學家特重心性論之闡發，屈氏釋卦爻辭之際，也有援引理學範疇來作論述，由此可見他在心性論方面的概念，確實受到宋明理學家的影響。

（一）性者情之本

《易外》言性情之處頗多，例如：

> 男爲性，女爲情。情曰風，性曰氣。風之情不節，則女道之窮；氣之性之和，則男道之窮。（〈恒〉，頁 282）〔註 51〕

用性別之男女、自然之風氣、情性之節和等語詞來作對比。不過這些說法比較不屬於義理解說的內容，以下主要摘引屈氏用義理角度詮釋的部分。首先，屈氏用「已發」、「未發」來說明兩者關係：

> 未發爲性，已發爲情，情而復其性，故曰復，復於方發之初，與未發之中不遠，故曰「不遠復」。（〈復〉，頁 216）

又云：

> 初處陽爲未發之性，故无妄；四處陰爲已發之情，故或有妄。（〈无妄〉，頁 222）

說明未發之時爲性，已發則爲情。又說：

> 性者天地萬物之體也，情者天地萬物之用也；性以元而始天地萬物，情以貞而終天地萬物。性者情之本，元者貞之根。靜而爲性，性以生陽；動而爲情，情以生陰。性中則不過乎陽，情和則不過乎陰。

〔註 49〕 見《公羊傳》，頁 62 下～63 上。
〔註 50〕 經權概念之釐析，可參考林義正先生：《春秋公羊傳倫理思維與特質》（臺北：國立臺灣大學出版中心，2003 年 12 月）一書「第二章第三節」〈經權概念及其關係的釐清〉，頁 136～144。
〔註 51〕 「女道之窮」、「男道之窮」，北圖本《易外》作「女之道窮」、「男之道窮」。

（〈乾〉，頁 36）

是又用「體」、「用」來說明兩者關係。不論是未發之本體，還是已發的作用，都已說明了性、情間具有本、末關係。

（二）誠以盡性

性作為天地人之根本，關於如何觀照修養本性，屈氏認為要以「誠」的工夫來實踐：

> 人之性何以能盡，至誠則能盡矣。誠者乾也，誠在天為乾，乾在人為誠，乾備元亨利貞之德，與誠備仁義禮智之德，一也。誠者天之一也，明者地之二也。天之一，水也；地之二，火也。水足則火自生，誠極而明自發，故天地之精通於春，誠之所為也；天地之神通於夏，明之所為也。（〈乾〉，頁 33）

又云：

> 誠者天之命也，明者人之性也。有天之命，而後有人之性。繼天之命以善，善者，誠也。誠而後明，而人之性乃成也。（〈坎〉，頁 246）

〈繫辭上傳〉曰：「一陰一陽之謂道，繼之者善也，成之者性也。」《中庸》曰：「自誠明，謂之性；自明誠，謂之教。誠則明矣，明則誠矣。唯天下至誠，為能盡其性。」〔註 52〕宋明理學家往往以誠為工夫建構心性修養論，正如屈氏合〈繫辭〉、《中庸》兩者之說，以繼天命誠明而成性之善。故知屈氏所言，合於前人詮釋理路，未有創發。

（三）性善情偽

人性論自先秦有孟子性善、告子性無善惡、荀子性惡等論出現，後世學者雖又各自申說，但大抵不離此三說。屈氏在人性論上，主張「性善」、「情偽」的觀點。《易外》云：

> 復為大壯之初，心為情之初，方復故言心，已大壯故言情。心无不善，而情有不善，故君子不憂復而憂大壯。（〈復〉，頁 208）

又云：

> 靜為天之命，動為人之性，心從性生，生而又生，故曰易。（〈復〉，頁 214）

心從性生，心既無不善，則心本源之性即為善，故屈氏贊同性善之說。至於

〔註 52〕 《禮記》（臺北：藝文印書館，1997 年 8 月初版 13 刷，《十三經注疏》第 5 冊），〈中庸〉，頁 894 下～895 上。

說「情有不善」,《易外》云:

> 三多凶四多懼者,人之情僞,爲善難而爲惡易,故多凶多懼。懼以
> 終始,是爲學《易》之要。(〈繫辭下傳二〉,頁 556)

屈氏遠宗孟子性善之說,卻也強調人性確有「爲善難而爲惡易」的現實問題,所以他把本體之性與作用之情分開兩截來看,取孟子性善爲人性之本,又取荀子「人之性惡,其善者僞也」(《荀子‧性惡》)之義,承認作用於外的情並非純善,「僞」由人爲,故《易》之道,要人們戒愼恐懼,才能緣性飾情,爲善去惡。

四、道器論

〈繫辭上傳〉曰:「形而上者謂之道,形而下者謂之器。」形而上、下,道與器的關係,是後世學者論辨名理的重要範疇。屈氏在解釋〈繫辭傳〉時,也作了一些申論:

> 人之身,形而下之器也;理,形而上之道也。道以器而形,形亦以道
> 而形,可見者爲器,不可見者爲道,求道於器,而道不能隱。器者,
> 道之顯諸仁者也;道者,器之藏諸用者也。(〈繫辭傳二〉,頁 535。)

以人爲器,以理爲道,器爲形下故可見,道爲形上故不可見,而道、器不離,互有即顯即用之關係。又云:

> 天地之間,道與器而已。道,一也,一故无兩;器,兩也,兩故无
> 一。一者所以爲體,兩者所以爲用。一不能用一,故兩以用一;兩
> 不能體兩,故一以體兩。一者不知其然者也;兩者不能不然者也。
> 形而上下者器,而所以形而上下者道也。(〈繫辭傳二〉,頁 535)

〈繫辭〉本將道、器二分,形上形下,有兩截層次之別,而屈氏不同於《易傳》所言,以爲形而上、形而下皆屬器之用,而統括形上形下者才是道體。即在形上形下之上又再添加一層,此說雖略有新意,但原本〈繫辭〉將道、器二分,就認識論而言頗爲簡易明白,而屈氏爲了凸顯道、器、體、用之別,將道、器與形上、形下層疊爲說,一則未必更易理解,再則謂形而上亦屬器之用,此認知恐不合於常理。

五、體用論

「體用」是傳統哲學詮釋常使用的一組辭彙,而體用概念,亦是中國哲學史上一個重要範疇。體用思想最早應可追溯到《易經‧繫辭》。〈繫辭上傳〉

曰：「顯諸仁，藏諸用。」〈繫辭下傳〉曰：「坤，陰物也。陰陽合德，而剛柔有體，以體天地之撰。」《易經》中所強調的，是天地陰陽的體用關係。及至魏晉南北朝時期，經王弼等人援以註書，更深化體用概念的哲學內涵，王弼注《老》、郭象注《莊》，都運用體用概念來作解說。如王弼注《老子》「無之以為用」一句，用體用概念說：「雖貴以無為用，不能捨無以為體也；不能捨無以為體，則失其為大矣。」〔註 53〕

宋代理學家幾乎人人言體用，張載、邵雍、二程子、朱熹皆是。明代亦然，陽明也說體用，宋明學者惟陸九淵、陳獻章等不談。〔註 54〕延及晚明清初，體用仍是學者熱烈討論的焦點之一，例如顧炎武與李顒曾就體用之源引發論辯。屈氏在解釋《易經》時，也常利用體用關係，將之運用在「日月」、「五行」、「《易》卦」等概念的對比上。

屈氏運用體用說解有二法，其一以體用為「名詞」，謂某為體、某為用，藉體用來論述兩者的本末、因果關係；其一以體用為「動詞」，謂一體陰或體陽，另一則用陰或用陽，藉體用來比較兩者的差異。

1. 論「天」之體用

《易外》論「天」之體用內涵，是以五行來判別：

> 天以金為體，以木為用。其靜也專，金之體也；其動也直，木之用也。（〈乾〉，頁 2）

是金為天之體，木為天之用，金性穩定不易變，木性則隨生長而常變，不變是靜，常變是動，故兩者一靜一動，象天以不變為體，以運行為用。

另外，又可以日月來論：

> 〈大有〉，日在天上，見日而即見天，天體月而用日。（〈大有〉，頁 141）

〈大有〉卦乾下離上，象日在天之上，卦惟見日，故言「體月而用日」，表示天不偏日月，體用一也。

2. 論「卦」之體用

《易外》論「卦」之體用關係，可有多重的比較。如言經卦與雜卦之關

〔註 53〕〔晉〕王弼注：《老子道德經注》（臺北：世界書局，1975 年第 4 版），頁 24。
〔註 54〕上述對宋明理學家談體用情況之理解，參考自陳榮捷著，朱榮貴編：《宋明理學之概念與歷史》（臺北：中央研究院中國文哲研究所籌備處，1996 年 6 月），頁 175～178，「體用」一條之內容。

係：

> 蓋八純之卦，其體皆不可用，而以五十六卦爲用，如人之身，五腑
> 不用，而以六臟爲用也。（〈乾〉，頁 35）

是六十四卦中，以八經卦爲體，餘五十六卦爲用。

〈繫辭下傳〉曰：「子曰：『乾坤，其《易》之門邪？』」由於〈乾〉、〈坤〉
二卦爲《易》之門戶，故言體用大抵以此二卦作爲基礎，《易外》即有不少以
〈乾〉、〈坤〉爲本的論述，例如：

> 〈乾〉內實而外虛，內實者以〈坎〉爲體，外虛者以〈離〉爲用也。
> 〈坤〉內虛而外實，內虛者以〈離〉爲體，外實者以〈坎〉爲用也。
> （〈坎〉，頁 247）

以〈坎〉體〈離〉用爲〈乾〉之內外，以〈離〉體〈坎〉用爲〈坤〉之內外，
表示〈乾〉、〈坤〉二卦之體用虛實正好相反。

又例如：

> 〈乾〉、〈坤〉者天地之體，〈泰〉、〈否〉者天地之用，體分而用貴合。
> （〈乾〉，頁 22）

言天地之體在〈乾〉、〈坤〉，其用在〈泰〉、〈否〉，蓋〈乾〉、〈坤〉象天地之
不變，而〈泰〉爲「小往大來」，〈否〉爲「大往小來」，象天地之變遷，有否
極泰來之發展，故「貴合」。

又例如：

> 〈乾〉、〈坤〉爲體，〈頤〉、〈大過〉爲用；〈頤〉、〈大過〉爲體，〈坎〉、
> 〈離〉爲用；〈坎〉、〈離〉爲體，而〈剝〉、〈復〉、〈夬〉、〈姤〉又爲
> 用也。（〈頤〉，頁 234）

此爲轉相體用之關係，由〈乾〉、〈坤〉推而爲〈頤〉、〈大過〉，再由〈頤〉、〈大
過〉推爲他卦，此蓋在強調〈乾〉、〈坤〉爲諸卦體用之始，諸卦之源，實體
自〈乾〉、〈坤〉二卦。

3. 論「象」之體用

《易》觀物取象，而同卦之象相互間亦存有體用關係，例如：

> 龍以雷爲用，雷以龍爲體。（〈大壯〉，頁 295）

〈說卦傳〉曰：「震爲雷，爲龍。」是雷、龍皆是〈震〉卦之象，而又可以龍
爲體、雷爲用區別之。

又例如：

　　凡龍體陰而用陽，故蟄於澤；蛇體陽而用陰，故蟄於山。（〈繫辭下
　　傳二〉，頁 550）

「龍體陰而用陽」、「蛇體陽而用陰」之說，前人很少言及。推屈氏之意，似
以龍性貴潛，故體陰，藏於澤中，澤爲〈兌〉，〈兌〉爲陽卦，故云用陽；蛇
性喜出沒，故體陽，藏於山林之中，山爲〈艮〉，〈艮〉爲陰卦，故云用陰。
是以陰陽體用論龍蛇性之相對。

第八章　結　論

第一節　《翁山易外》之特色

　　屈大均今日存世的《易》學專著，僅有《翁山易外》一書，如果將已亡佚的《易月象》，以及「嘗欲」撰寫的《易春秋》兩書算在內，屈氏確實曾投入相當多的精力在研究《易》學上。至於思想淵源，在《易外》及其詩文集中均未明確提到，但屈氏少年師從鄉里名儒陳邦彥，陳氏授徒以《周易》、《毛詩》聞名，由於文獻不足徵，我們無法得知陳邦彥的《易》學思想給予屈氏的啓發有多深，但如果要完全否定其影響力，也是不合情理的。除了老師陳邦彥外，像是同鄉先賢黎遂球、郁文初的《易》學，從屈氏詩文中透露出的隻言片語，顯示曾受到這些前輩的影響。屈氏或許在撰寫《翁山易外》時，曾有意無意地對師長的觀點加以運用。總而言之，目前還不能清晰地梳理出屈氏《易》學思想的淵源，但能確定的是，《翁山易外》七十　卷，體現山他個人的《易》學內涵，可以從中看出屈氏治《易》的特色。

一、象數爲主，兼採義理

　　爲屈氏《翁山文外》一書題辭的友人張遠寫道：

> ……晚以學《易》，研極於理氣數之微，以吾之心性命會合之，恍然有得也。發而爲文，含弘光大，不拘拘於漢、唐、宋諸家，而理足詞達，如風行水上，波瀾自生。其深造之言，剛健之氣，非學《易》之功不至此，而翁山亦不自知其至於此也。〔註1〕

〔註1〕　〈題辭〉，《文外》，《全集》第3冊，頁2。

說晚年愛好讀《易》的屈氏，其治《易》特色在以「理氣數」爲主，而融入「心性命」之理，明白指出屈氏《易》學以象數爲主、以義理爲輔的趨向。核以七十一卷的《翁山易外》，確是如此。

首先，屈大均撰寫《易外》，主要是以象數學來說解經傳。包括對《周易》經傳中陰陽消息、五行生剋等思想，尤其多採用互體、卦變等《易》例「象外取象」，在本卦之外又互得出數卦，並多以天文、月候解說，凡此種種，均是漢儒家法，顯見屈氏對漢《易》的高度肯定。實際上，清初有不少學者反對互體、卦變這類漢人《易》例，例如顧炎武主張「卦爻外無別象」：

> 聖人設卦觀象而繫之辭，若文王、周公是已，夫子作傳，傳中更無別象。……荀爽、虞翻之徒，穿鑿附會，象外生象，以同聲相應爲震巽，同氣相求爲艮兌，水流濕、火就燥爲坎離，雲從龍則曰乾爲龍，風從虎則曰坤爲虎。〈十翼〉之中，無語不求其象，而《易》之大指荒矣！……《易》之互體、卦變，《詩》之叶韻，《春秋》之例月日，經說之繚繞，破碎于俗儒者多矣。〔註2〕

但就屈氏而言，《易經》中所蘊藏深不可言的微妙道理，惟有靠這些方式才能揭示出來。就當時的《易》學發展而言，徐芹庭先生說：

> 明代餘老多唱經術實用之學，故漢代象數之學彬彬盛於時。或述漢儒之學，或溯漢《易》之波，或探象數之深賾，或考圖書之誤謬，或輯漢儒以來之《易》注，或述漢《易》之凡例，或探《易》之音訓，或考稽《易》之經文。蓋爲漢學復興之時。〔註3〕

綜觀《翁山易外》全書主要採漢代象數家法，屬「溯漢《易》之波」，可視爲《易》漢學復興的推波助瀾者之一。

其次，屈氏宗漢儒之「象」，亦不廢宋儒之「理」。就義理而言，也有像這樣申說先王治國之道的言論：

> 先王以己不能親萬民，故以諸侯親之。親諸侯所以親萬民，先王之仁也。先王之仁，如水之行，无不周流。一人爲水，萬民爲地，使諸侯皆行吾一人之水，而周流乎萬民之中，是先王所以答天下之比也。天下親王，王益親天下，地爲肉，水爲血，血所以養肉，王之

〔註2〕〔清〕顧炎武著，徐文珊點校：《原抄本日知錄》（臺北：臺灣明倫書局，1979年），卷1，頁～5。按，引文標點略有修改。

〔註3〕徐芹庭：《易學源流》（臺北：國立編譯館，1987年8月），下冊，頁993。

　　　　仁，血也。（〈比〉，頁 101）

可見屈氏說《易》雖以象數爲主軸，其間仍有述義理之言存在。

　　簡言之，《易外》中既有漢《易》以互體、卦變取象解經的特點，又有宋《易》言圖書及人事天道之理的內容，顯示出屈氏治《易》態度，是納漢宋、象數義理爲一爐，是故屈氏可視爲清初「象數義理派」之一人。

二、引《詩》註《易》，以經解經

　　屈氏在《翁山易外》中，最常援引《詩經》。《詩經》篇旨及名物等，均是屈氏用來解釋卦義、卦爻字辭的材料。《易外》一書引《詩》之處頗多，僅「明引」之例，幾可謂遍及所釋六十四卦中。〔註4〕是故「引《詩》註《易》」可視爲屈大均解經的一大特色。其用意明顯在將兩部經典緊密聯繫起來。事實上，由於《周易》經傳著成時間很長，和《詩經》的成書年代有所重疊，兩者背景既然相近，關涉的歷史事件、展現的社會型態、使用的辭彙用語等，也必然會有相合或相似之處。而《詩經》三百零五篇蘊含的豐富史料、上古風俗、先民語彙，適足以供屈大均運用於疏解卦爻辭上。

　　屈氏積極引《詩》，其用意一方面是採「引經證經」的方式，可藉以增加詮釋之可信度；另一方面，其用意更在加強兩部經書在「思想」上之關連性。前已於第五章第一節〈援引《詩經》〉中說明《易外》引《詩》之動機，及其「稱引總名」、「援引篇名」、「摘引文句」三種引《詩》形式，至於屈大均如何儘量地引《詩經》以解《易》，其作法之重點可歸納出下列數種：

　　第一，強調《詩經》篇章義旨可互爲表裏。

　　第二，援引《詩經》文句來申說卦義。

　　第三，借用《詩經》語詞來訓釋文字。

　　《易經》有六十四卦，《詩經》有三百零五篇，雖然要將每個卦爻與《詩》逐篇對應，實際上並不容易，但是從《易外》大部分篇卷中，可以看到爲數不少的《詩》句，此一現象足以凸顯出屈氏盡可能加以比配的用心。在屈大均之前的《易》學專著，像這樣偏重引《詩》解《易》者，似乎少見，故此應是屈氏解《易》方法上之特色。而晚明以來有束書不觀之弊，屈氏「以經解經」的治經方式，亦或有回應當時學風的用意，正與當時顧炎武等人提倡

〔註 4〕　《易外》中未見引《詩》解《易》，僅見於〈訟〉、〈小畜〉、〈謙〉、〈臨〉等少
　　　　數篇卷。

返經的主張，趨向一致。

第二節　《翁山易外》之缺失

　　《易經》玄奧難解，世所公認。屈大均雖為一代學者，才識宏富，但於解說經傳時，或有疏漏，或有可議之處，吾人宜採學古、尊古之態度，但不可泥守盲從，應有所針砭，才能有助於公允地作出一家之學的評價。茲歸納《翁山易外》一書之缺失，分述如下。

一、一卦一卷，疏解過繁

　　《易外》卷帙達八十一卷，六十四卦每卦各自獨立成一卷，由分量來看，即知屈氏釋《易》可謂十分詳盡，但其弊亦在此。漢儒說經特色之一，就是註解經文，往往一字動輒千言，屈氏《易外》亦正有這種煩瑣解說的傾向。

　　若就各卷來看，篇幅都在千字之上，多者甚至達萬言（如釋〈乾〉卦）。屈氏申說《周易》經傳，能夠累積大量文字，主要是用兩漢象數《易》家之法，於本卦卦爻辭疏解外，多用互體法取象，且又兼述爻變卦變，是故原本單純地解釋一卦，卻能繁衍生出數卦，再就新得之卦引申，遂致辭繁義多，層疊不窮，令人有雜亂而無所適從之感。

　　以〈履〉卦為例，依《全集》本《易外》所分段落，統計出屈氏釋此卦共有二十二段文字。〈履〉兌下乾上，用互體之法，上互得〈巽〉卦、下互得〈離〉卦，合上下互則為〈中孚〉。《易外》釋〈履〉卦全部二十二段文字中，約有五段述及互體卦，包括「三離中為日之光」（頁112）、「與三之離日相應」（頁113）、「三互離為目」（頁115）、「四三二肖離」（頁117）、「四互巽為股」（頁115）、「五四三肖巽為風」（頁117）、「卦互有中孚」（頁113）等句。此外，再加上言爻變、卦變之處，包括「上變則為重，〈兌〉今不變，是〈兌〉之旋乾也」（頁114）、「履卦六爻皆變則為〈謙〉」（頁116）、「〈乾〉為虎而變於上」（頁117）、「三本〈乾〉而變為〈兌〉」（頁117）、「三為〈乾〉之變」（頁117）等。如扣除採用上述互體、卦變說，則《易外》所釋〈履〉卦文字至少可減去一大部分。

　　由上述可知，屈氏解說《易經》太過煩瑣，雖然詳盡，究屬不必。其友人謂「屈子翁山所著，談《易》最多」，〔註5〕應是指其文字數量而言。屈氏

〔註5〕見《文外‧題辭》，《全集》第3冊，頁2，出自甘京（楫齋）語。

著述之書雖然爲數不少，但論卷帙之多，卻沒有其他書可以比得上《翁山易外》七十一卷本的規模。

《易外》說解既然太繁，就易有浮濫之嫌，例如釋〈損〉卦，云：

> 四與初應，初不損則四无咎。初，乾之初，四，坤之中也。初失其
> 元，則四失其貞而疾矣。（〈損〉，頁 343）

屈氏又以「乾之初」言初六，以「坤之中」言六四，蓋用「互體」而得〈乾〉、〈坤〉，進而謂〈損〉之初失〈乾〉之元、〈損〉之四失〈坤〉之貞。實則就〈損〉卦而言，其卦象、卦位、爻辭之義旨已相當顯明，屈氏在本卦之外再取互體增說，徒增添煩瑣，誠屬不必之舉。由此例觀之，可知《易外》解經，取互體諸法卦外取卦、踵事增華之際，實已使其解說衍生出支離蔓衍、駁雜浮濫等問題，此爲漢《易》家之通病，亦爲屈氏《易外》之一大缺陷。

二、說解舛誤，偶見矛盾

（一）說解舛誤

《易外》說解卦爻之失，包括「語涉荒誕」、「前後矛盾」、「曲解卦義」等。前者蓋因局限於古人陳說不知辨正，後兩者則係屈氏著書之失以及對《易經》理解上有可商榷之處。

1. 語涉荒誕

屈氏解經之際，偶有語涉荒誕不經之處。例如《易外》釋〈中孚〉卦說「鶴」之性，云：

> 又鶴以聲交而孕，聲交者中孚之至也。鶴又影生，雌雄相隨，履其
> 跡則孕，在陰者以影相隨之時也。（〈中孚〉，頁 476）

「鶴」自古以來就被視爲一種特別的鳥類，《詩經・小雅》有「鶴鳴」一章，比喻在野賢才，故知古人對鶴有特別重視的情感。漢代以後，鶴逐漸被文人「神化」，從一般的禽鳥轉變成具有「仙禽」的形象，遂衍生出鶴「聲交而孕」、「影生」、「履其跡則孕」等神話式的荒誕附會之說，以今日生物學知識來看，實屬無稽之談。鶴鳴非能有孕，只是藉以求偶，吸引異性，促成相配；至於履跡受孕，則絕無可能之理。屈氏不依常理判斷，卻採用這些說法，就是對前人荒誕之說的盲目附會。

屈氏又云：

> 鶴胎生不孚卵，但以聲相感，鶴爲陰羽，相感必在陰也。凡雁愛陽

惡陰，故曰陽鳥，鶴則愛陰惡陽。(〈中孚〉，頁 476)

「鶴胎生不孚卵」一句，更是荒謬至極。蓋鶴必雌雄相交配而受孕，凡禽鳥皆屬卵生動物，前人篤信鶴爲仙禽，以爲其生必異於其他飛鳥，遂改稱胎生，以訛傳訛。〔註6〕而屈氏不求甚解，致有鶴爲胎生如此荒謬之語。

其次，雁爲「陽鳥」之說，《尚書》孔安國《傳》曰：「隨陽之鳥鴻鴈之屬。」〔註7〕《詩》鄭玄《箋》曰：「鴈者，隨陽而處。」〔註8〕是此說自漢代即已有之，但屈氏釋《易》格外強調陰陽之別，故說鶴之性情必謂「雁愛陽惡陰」、「鶴則愛陰惡陽」，是襲用前人荒誕之說。

試再舉一例，《易外》釋〈豐〉卦，云：

豐又有後宮過制，不得天性，陰盛生陽，而爲大旱天災之象，宋伯姬幽居守寡既久，遂遇火災，極陰生陽也。(〈豐〉，頁 446)

屈氏以爲陰極則生陽，比諸人事，後宮妃妾不得君王寵幸而幽居後宮，其女爲陰，幽居既久，則陰已盛極，故物極而反，因以生陽，遂致引來火災。此說極是荒誕。蓋火災之起，不外乎人爲造成或自然產生，屈氏必以陰陽盛衰之理爲說，謂女幽居守寡爲陰，而能生火，此說實於常理不合。

綜上可知，屈氏解經時，往往有恣意論述之處，尤其是他每每偏重陰陽之說，強加比附，遂不免流於荒誕可笑，是其闡釋經典上的思想局限。

2. 曲說卦義

《易外》偶有論述似與卦爻辭原義乖違之處，例如釋〈損〉卦，云：

四與初應，初不損則四无咎。初，乾之初，四，坤之中也。初失其元，則四失其貞而疾矣。(〈損〉，頁 343)

按，〈損〉卦兌下艮上，初九以陽剛與六四陰柔相應。初爻以陽居下，四爻以陰居上，有損下益上之象，初九爻辭曰「酌損之」，六四爻辭曰「損其疾，使

〔註6〕 如鮑照〈鶴舞賦〉以鶴爲胎生。又，宋代釋惠洪《冷齋夜話》(臺北：臺灣商務印書館，1983 年，《景印文淵閣四庫全書》第 863 冊)，其中有「淵材迂濶好怪」條，記載：「劉淵材迂闊好怪，嘗畜兩鶴。客至，誇曰：『此仙禽也，凡禽卵生，此禽胎生。』語未卒，園丁報曰：『鶴夜半生一卵。』淵材訶曰：『敢謗鶴耶！』辛去，鶴輒兩展其脛伏地，淵材訝之，以杖驚使起，忽誕一卵，淵材嗟咨曰：『鶴亦敗道，吾乃爲劉禹錫話所誤。』」(卷9，頁 275 上)

〔註7〕 見《尚書》(臺北：藝文印書館，1997 年 8 月初版 13 刷，《十三經注疏》第 1 冊)，〈禹貢〉，「彭蠡既豬，陽鳥攸居」句下註，頁 82 上。

〔註8〕 見《詩經》(臺北：藝文印書館，1997 年 8 月初版 13 刷，《十三經注疏》第 2 冊)，〈邶風·匏有苦葉〉，頁 88 下。

耑有喜，无咎」，是經文本有「損」以「无咎」之意，而屈氏謂「不損」則「无咎」，似與經之本意相違。

3. 論斷訛誤

《易外》解卦有論斷疑誤之處。例如：

> 〈咸〉六爻皆應，而四居二卦之交，乃二少之心，故惟貞乃吉。……
> 四與初，三與上，各有正應。（〈咸〉，頁 272）

一般所謂「正應」，指二、五兩爻居中又陰陽相反。〈咸〉卦之「正應」，當指六二、九五，屈氏謂「四與初」、「三與上」均有「正應」，顯係誤判，此兩組爻位雖「應」，但非「正應」。

（二）偶見矛盾

《易外》於解釋字詞時，偶有前後不一的現象，應予注意。例如屈氏釋〈比〉卦，云：

> 缶，瓦器。《爾雅》云：「盎謂之缶。」《易》凡三言缶，〈坎〉缶，酒器。〈離〉缶，樂器。〈比〉之缶，則汲器也。（〈比〉，頁 102）〔註9〕

明言「缶」本指瓦器，而《易經》用「缶」字有三義，一指酒器，二指樂器，三指汲器。因其用途不同，於〈坎〉、〈離〉、〈比〉三卦所用亦異。其中，〈坎〉之缶爲酒器。但《易外》於〈坎〉卦卻引《詩》云：

> 《詩》曰：「坎坎鼓我」，又曰：「君子有酒，小人鼓缶」。古者土鼓如缶。《爾雅》：「盎謂之缶，瓦器也」。《陳風》云：「坎其擊缶」，則缶者樂器也。（〈坎〉，頁 249）

上段引《詩》以釋〈坎〉卦六四爻辭「樽酒，簋貳，用缶，納約自牖，終无咎」中之「缶」字。按，「坎坎鼓我」，出自《詩·小雅·鹿鳴之什·伐木》；「坎其擊缶」，出自《詩·陳風·宛丘》。舊說率以「缶」爲瓦製器具，即《爾雅》所言者是，王弼《注》亦謂「瓦缶之器」，〔註10〕是缶爲器具之名。而屈氏不從前人瓦器之意，另出異說，以爲「古者土鼓如缶」，謂缶爲古代似鼓之樂器名，此說不知何據？屈萬里先生《詩經詮釋·宛丘》註「缶」字云：「陶

〔註 9〕　《全集》本標點稍嫌淆亂，原作：「《易》凡三言缶、坎缶，酒器。離缶、樂器。比之缶，則汲器也。」今改正。又，「樂器」，北圖本訛作「樂缶」（頁 72 上）。

〔註10〕　《周易王韓注》（臺北：大安出版社，1999 年 7 月，與《周易本義》合刊，收入《周易二種》），頁 92。

器，大腹小口，用以盛流質者。古人扣之，用以節樂。」〔註11〕是缶者當爲盛水之器皿，古人並敲擊鳴聲，以出樂音，故屈氏視爲樂器於意可通。惟就〈坎〉卦六四爻辭而言，上曰「樽酒，簋貳」，後接「用缶」，明言以缶盛物（酒食）；且〈陳風〉「坎其擊缶」之「缶」字意指瓦器，雖可敲打發出聲響，非本自爲音樂制器，屈氏或誤釋其意。是故屈氏釋缶爲樂器名，此說雖爲異於前人之新見，然理尚不可通，頗有臆斷之病。且釋〈比〉言「〈坎〉缶，酒器」，釋〈坎〉言「缶者，樂器也」，兩者前後矛盾，依〈坎〉卦爻辭意，應以前者所說爲是。

試再舉一例。《左傳》有五十幾例，其一曰：「凡火，人火曰火，天火曰災。」〔註12〕是區別人爲之火與自然之火二者不同。屈氏釋〈大畜〉卦，云：

> 天火曰災，非其時爲無妄之往，則有災，故曰「無妄災也」。（〈大畜〉，頁227）

又於釋〈豐〉卦，云：

> 天火曰災，雷之火遇動故災。災則豐，火下木上之象也。（〈豐〉，頁442）

是皆援用《左傳》義例，以「天火曰災」，雷爲天象，故雷生火稱「災」。但卻在釋〈雜卦傳〉說：

> ……人火曰災也。無妄之火，非天之火，乃人之火也。（〈雜卦傳〉，頁583）

此處卻言「人火曰災」，謂人爲產生之火稱「災」，是自亂其說之明證。

三、引書疏漏，索解不易

《易外》引書頗有疏漏之處，又有部分引文，或摘引文句，或援用文意，因未註明清楚書、篇名，使人難以覆案，索解不易。凡此皆顯示出屈氏在引書態度上不甚嚴謹，此蓋爲明人著書之通病。例如《易外》也有徵及其說的明儒楊慎，《四庫全書總目》評云：「至於論說攷證，往往恃其強識，不及檢核原書，致多疎舛。」〔註13〕這段話也可用來議論屈氏。《易外》雖不屬考

〔註11〕屈萬里：《詩經詮釋》（臺北：聯經出版事業公司，1983年2月，收入《屈萬里先生全集》第5冊），頁232。

〔註12〕見《左傳》（臺北：藝文印書館，1997年8月初版13刷，《十三經注疏》第6冊），頁410下。

〔註13〕〔清〕紀昀編纂：《四庫全書總目》（臺北縣：藝文印書館，1989年1月），卷

據之作，但論說也不應妄改古書文字，註明引用出處也不應過於省略。同爲晚明清初學者的顧炎武，撰著嚴謹非常，而和顧氏相交遊的屈氏，卻未有此著書意識，就這點而言，其個人治學態度似較近於明人，與清初徵實考據之學風，相距較遠。

（一）引書疏漏〔註14〕

《易外》徵引諸書之失，主要有「引書訛誤」、「引文誤字」兩種，而又以後者居多。前於第六章論《翁山易外》所引用諸書時，其間已略及引文疏漏之例，如引《詩・唐風・椒聊》：「碩大且篤」，將「碩」改作「實」；引《公羊傳》「諸侯一聘九女」，將「聘」改作「娶」；引《莊子・齊物論》「泠風則小和」，將「泠」改作「冷」；引《淮南子・天文訓》：「女夷鼓吹以司天和」，將「歌」改爲「吹」；引《孔子家語》：「叔仲會字子期，魯人，少孔子五十歲，與孔璇年相比」，「五十」作「五十四」，將「璇」改作「族」。由上述諸例，可知《易外》徵引典籍疏漏頗多，前已舉出者，不再重複，以下另舉一、二例再作補充說明。

例如：

> 栭，檽栭也。檽者，秦名爲屋櫨，周謂之檽，齊魯謂之栭，又檋風曰栭。〈商頌〉曰「松桷有梴」，〈周頌〉曰「松桷有舄」。（〈漸〉，頁 426）

按，「松桷有梴」一句，當是引自《詩・商頌・殷武》，惟「梴」字，《詩》原作「梴」，《易外》誤作「梴」；而「松桷有舄」一句，當是自引《詩・魯頌・閟宮》，非出自「周頌」，《易外》蓋誤。此是「引書訛誤」、「引文誤字」兼有之例。

又例如：

> 〈蒙〉亦零雨之象，《詩》曰：「零雨其蒙」，〈屯〉之雲至〈蒙〉而成雨，〈屯〉之雷至〈蒙〉而出泉。（〈蒙〉，頁 75）

按，「零雨其蒙」一句，當是引自《詩・豳風・東山》，惟「蒙」字，《詩》原作「濛」，《易外》誤作「蒙」，此是「引字誤字」之例。

（二）索解不易

屈氏引書，於出處往往不甚明確，或言書名而不及篇名，或僅言人名而

119，「集部・別集類・升菴集」，第 5 冊，頁 3453 上。

〔註14〕以下所舉例子，部分從第五章摘出，爲免煩瑣，引文出處詳見第五章，此處不再註明。

不及著述，索解十分不便，造成覆核上的困難。以前面第五章論《易外》引書所舉，其中部分出處屬於「存疑待考」者，主要是因為「篇名不詳」，故而不知屈氏引文所出，無法判斷其徵引之文句是否正確。

例如釋〈既濟〉卦引《漢書》云：「《漢書傳》：『符，帛也。』」屈氏雖指明出自《漢書》，但遍查《漢書》各「傳」，並無此句。惟見《漢書》卷六十四〈嚴朱吾丘主父徐嚴終王賈傳〉有類似言論，故而推測屈氏所引或由此摘出。

又如釋〈雜卦傳〉引《淮南子》云：「『《淮南》謂壯曰傷。』」屈氏雖指明出自《淮南子》，但遍查《淮南子》亦無所獲。惟見《淮南子·俶真訓》「是故形傷于寒暑燥濕之虐者，形苑而神壯」一段下，有高誘注云：「苑，枯病也。壯，傷也。」方知屈氏所引並非《淮南子》原文，而是出自其注語。

又如釋〈睽〉卦引《黃帝內經·素問》云：「《素問》所謂『濁昧參差，火之化也』」。屈氏雖指明出自《素問》，但實際上並未尋得此句。考《素問·六元正紀大論篇第七十一》有「帝曰：水發而雹雪，土發而飄驟，木發而毀折，金發而清明，火發而曛昧，何氣使然？岐伯曰：氣有多少，發有微甚。微者當其氣，甚者兼其下，徵其下氣，而見可知也。」屈氏所引，或是參考此段，摘其言「火」之意而引申之。又如釋〈革〉卦引《黃帝內經·素問》云：「《素問》『伏火之後，金氣乃實』」。屈氏雖指明出自《素問》，但也是遍尋不著。考《素問·調經論篇第六十二》「適人必革，精氣自伏」；《素問·五常致大論篇第七十》「火曰伏明」、「金曰從革」；《素問·六微旨大論篇第六十八》「復行一步，土氣治之；復行一步，金氣治之」「風位之下，金氣承之」等，皆與屈氏引文相關連，則屈氏或為統括《素問》意旨而申之。因《黃帝內經·素問》一書共計八十一篇，篇幅不少，內容又多以五行生剋之理立論，言「火」之處頗多，屈氏不註明篇名，僅提示「素問」一名，實難以索查。

除上述「篇名不詳」造成索解困難外，《易外》引前儒語，多僅言人名，未註明出處，覆核更是不易。例如引鄭玄《易注》，釋〈大過〉卦云：「鄭氏曰：『稊者，木之更生也。』」（頁 243）又釋〈鼎〉卦云：「鄭氏以籔為八珍所用是也。」（頁 407）不但未說明引書出處，更僅稱「姓」而未稱「名」，後人如欲查核引文，必須依理推測；且屈氏引用時往往略改其字，如此作法似為隨手徵引，當屬個人著書習慣，但足以反映出屈氏援引前人之說態度不甚嚴謹，對於徵引文獻出處之註記不甚重視，可見《易外》與清初考據之風興起

下的經學著述，在著書風格上頗有差異。

　　除上述所舉之外，《易外》中有似取他人言而未註明之處。《易外》釋〈革〉卦中有一段話：

　　　　天地之化，過中則變，日中則昃，月盈則食，故《易》所貴者中。
　　　　戊己，中也，至于己，則過中將變之時，故受之以庚。庚者，更也。
　　　　天下之事，當過中將變之時，然後更而人信之，故用己者先庚，以
　　　　更之義革之，二，庚也。（〈革〉，頁397）

另於顧炎武《日知錄》中竟可發現有一段與上面極相似的文句：

　　　　天地之化，過中則變，日中則昃，月盈則食。故《易》之所貴者中，
　　　　十干則戊己為中，至于己，則過中而將變之時矣，故受之以庚。庚
　　　　者，更也。天下之事，當過中而將變之時，然後革而人信之矣。古
　　　　人有以己為變改之義者。〔註15〕

兩相對照，幾乎如出一轍，則其一必屬抄襲之作。考屈大均《翁山易外》刻於康熙二十七年（1688），而顧炎武卒於康熙二十一年（1682），其《日知錄》一書在顧氏生前即已刊刻行世，即於康熙九年刻成的八卷本（又名「符山堂本」）；顧氏歿後，弟子潘耒整理其遺留書稿，於康熙三十四年（1695）再刻成三十二卷本（又稱「遂初堂本」）。其次，顧氏去世時屈氏是五十三歲，他在詩文中自言五十以後專研《易經》，由此推知，《易外》在當時或尚未動筆、或尚未寫就，則此段文字，當出於顧炎武之手無疑。

　　顧氏〈初刻日知錄自序〉云：「炎武所著《日知錄》，因友人多欲鈔寫，患不能給，遂於上章閹茂之歲刻此八卷。」〔註16〕《日知錄》為顧氏「採銅於山」的力作，〔註17〕不少友人欲索《日知錄》一覽究竟，故而有八卷本之刻。又〈又與友人論門人書〉云：「所著《日知錄》三十餘卷，平生之志與業皆在其中，惟多寫數本以貽之同好。庶不會惡其害己者之所去。」〔註18〕作為顧炎武友人之一的屈大均，理應見過《日知錄》顧氏生前已刊刻流傳的八卷本，甚至就是顧氏贈送三十餘卷手鈔本的「同好」之一。

〔註15〕〔清〕顧炎武著，徐文珊點校：《原抄本日知錄》（臺北：臺灣明倫書局，1979年），卷1，〈巳日〉，頁13。按，為便於和《易外》核對，引用時對標點略作調整。
〔註16〕〈初刻日知錄自序〉，同前註，書首，頁7。
〔註17〕〈顧炎武與人書十〉，同前註，書首，頁8。
〔註18〕〈又與友人論門人書〉，同前註，書首，頁9。

　　《易外》這段文字雖出於顧炎武之手，但不能據此詆毀屈氏有抄襲之舉。平情而言，以《易外》卷帙之多，屈氏不可能從頭至尾一筆寫就，必然是隻言片語積久而成，而屈氏遍讀群籍，不可能逐一誦記，如有所得，應是鈔寫下來以備參考，則顧氏之言，或被參雜入其中，亦未可知。是故謂屈氏徵引態度不甚嚴謹、致有攘善之嫌可也，如指屈氏有意剽竊，否定屈氏學術人格，則似過於武斷。在未有確切證據之前，尚不宜妄下定論。

第三節　《翁山易外》之價值

　　屈大均最爲後人稱道者，是其民族氣節。屈氏前半生心力投入抗清，待到復明勢不可挽，方纔退隱鄉里，雖有被舉薦機會，卻矢志不仕清廷。其友朋若有接受當局詔起者，即以書信規勸，或於詩文中語涉譏諷，可謂堅守立場。故不論當世或後人，均對其高節報以崇敬之意。

　　其次，其詩歌具寫實特色、懷忠義思想，經朱彝尊等當世文壇領袖推介，以南方文士姿態而聲名遠播海內。並與陳恭尹、梁佩蘭稱「嶺南三大家」，同「江左三大家」於清初詩界南北分庭抗禮，時「宗工哲匠，無不歛衽歎服」，〔註19〕而爲明遺民詩人暨嶺南詩家之代表，受後世矚目。

　　屈氏既以氣節、詩歌聞名於世，故後人討論焦點一般多集中於此，於其他學術內涵較爲忽略。民國以來，鄉邦文獻日受重視，其記述廣東風土之《廣東新語》一書也獲學者青睞，探論者日多。綜觀其學研究，目前大抵著重於上述三方面。至其經學著作有《翁山易外》一部，卷帙達七十一卷之多，又爲屈氏晚年力作，卻未如同《翁山詩外》、《翁山文外》等書一樣受到重視，究其原因，一是書籍不幸受文字獄波及，早被禁燬，致使該書流傳稀罕，世人難得一見；二是學界對清初學者研究論題的不足，長期以來將重心集中在清初三大家——顧炎武、黃宗羲、王夫之，以及李顒、顏元、方以智等人而已。

　　《翁山易外》爲屈氏五十歲以後所撰之書，是其個人晚年讀《易》心得的成果展現。綜覽屈氏著述，不難發現《易經》對其晚年影響之深，觀其文集，常於文間引用《易》之詞句；又於詩歌創作，強調不善《易》者不善詩，主張以《易》入詩等觀點。至其爲人，亦依《易》道而行。故知屈氏舉凡詩、文之創作，德、言之行止，皆於《易》道有所取法，而如欲一窺屈氏《易》

〔註19〕見潘耒〈廣東新語序〉，《廣東新語》書首，《全集》第 4 冊，頁 1。

學思想之全貌，則必從《翁山易外》一書入手。屈氏嘗自言：

> 僕之千秋大業，可傳之其人者，惟《詩外》、《文外》；藏之名山者，
> 惟《易外》；若《廣東新語》，則亦一奇書也。〔註20〕

將《易外》定位在藏諸名山之作，可見對此書懷有相當自負之意。

　　至於時人對《易外》的評價，可見於《翁山文外》書首屈氏友人的題辭，這些題辭雖主要在褒揚他的文學成就，卻偶有提及屈氏《易》學之言，例如李稶說：

> 若夫屈子精深之學，已見於《易外》諸篇，茲（按：指《翁山文外》）
> 則其末耳。〔註21〕

以《易外》爲其「精深之學」，則此書在評價屈氏整體學術成就上，應具有相當的重要性。

　　而與屈氏同時代、並爲其友的清初大儒顧炎武曾針砭明清學風，謂：

> 秦以焚書而五經亡，本朝以取士而五經亡。今之爲科舉之學者，大率
> 皆帖括熟爛之言，不能通知大義者也。而《易》、《春秋》猶爲繆蠹。
> 以〈象傳〉合〈大象〉，以〈大象〉合爻，以爻合〈小象〉。二必臣，
> 五必君。陰卦必云小人，陽卦必云君子。于是此一經者爲拾擭之書，
> 而《易》亡矣！〔註22〕

取屈氏《翁山易外》與顧氏所言相較，則《易外》不泥於舊說，不固守牽合，說解繁複，務求卦爻之通達，當非八股迂腐之士所能比也。

　　至於屈氏《易外》偏重象數說解，不足以爲其弊，前有朱子曾云：

> ……近世說《易》者，於象數全然闊略，其不然者，又太拘滯支離，
> 不可究詰，故推本聖人經傳中說象數者，只此數條，以意推之，以
> 爲是足以上究聖人作《易》之本旨，下濟生人觀變玩占之實用，學
> 《易》者決不可以不知。〔註23〕

而與屈氏往來、並爲清初著名學者的方以智、顧炎武，都曾肯定象數存在的

〔註20〕〈答汪栗亭書〉，《佚文》，見《全集》第3冊，頁482；此書札又見於《文鈔》卷9，《全集》第3冊，頁406。

〔註21〕同前註，頁3。

〔註22〕〔清〕顧炎武著，徐文珊點校：《原抄本日知錄》（臺北：臺灣明倫書局，1979年），卷1，頁4。按，引文標點略有修改。

〔註23〕〔宋〕朱熹著，朱傑人、嚴佐之、劉永翔主編：《朱子全書》（上海：上海古籍出版社；合肥：安徽教育出版社，2002年12月），第12冊，《晦庵先生朱文公文集》，卷36，〈答陸子美書〉，頁1563。

必要性。如顧炎武云：

> 形而上者謂之道，形而下者謂之器。非器者道無所寓，說在乎孔子
> 之學琴于師襄也。已習其數然後可以得其志，已習其志然後可以得
> 爲其人。是雖孔子之天縱，未嘗不求之象數也。〔註24〕

謂孔子亦言象數，故不可輕廢。又如方以智云：

> 爲物不二之至理，隱不可見，質皆氣也。徵其端幾，不離象數。彼
> 掃器言道，離費窮隱者，偏權也。日月星辰，天縣象數如此；官肢
> 經絡，天之表人身也如此；圖書卦策，聖人之冒準約幾如此。無非
> 物也，無非心也，猶二之乎？自黃帝明運氣，唐虞在璣衡，孔子學
> 《易》以扐閏衍天地之五，歷數律度，是所首重。儒者多半弗問，
> 故秩序變化之原不能灼然。〔註25〕

故知清初學界雖奉程朱之學、以義理說《易》爲主流，但重視象數者亦所在
多有，如方以智、屈大均等皆是。

　　整體而言，屈氏《易》學思想並非當時學術界之主流，且因其書經過清
廷大力查禁後，流傳不廣，故其《易》學長期以來罕有述及者。姑且不論屈
氏《易外》之影響何在，就其內容而言，自有其個人見解所在。蓋因《易經》
一書自漢代以來，從事注疏者絡繹不絕，解《易》者能以己見說之，即有可
供後世讀者玩味之處。誠如朱子所說：

> 緣《易》是一件無頭面底物，故人人各以其意思去解說得。近見一
> 兩人所注，說得一片道理也都好，但不知聖人元初之意果是如何！
>
> 〔註26〕

蓋《易》卦爻辭簡而深，具有無窮詮釋空間，故人言言殊。今人王新春先生
對中國《易》學史發展呈現出來各自歧異面貌，曾有頗公允之詮釋：

> 每一時代都有著每一時代的易學詮釋學（Hermeneutics of I-ching
> Learning），每一眞正具有一定原創力（Originality）的易學家，都置
> 身於特定的歷史文化背景之下，以時代所賦予他並爲他所認同的思
> 想文化之「前見」（Vorsicht）理解、詮釋和闡衍著《周易》經傳，

〔註24〕《原抄本日知錄》，「形而下者謂之器」，頁20。
〔註25〕〔清〕方以智：《物理小識》（臺北：臺灣商務印書館，1983年，《景印文淵閣
　　　　四庫全書》第867冊），卷1，〈天類・象數理氣徵幾論〉，頁751下。
〔註26〕《朱子語類》卷67，《朱子全書》第16冊，頁2249。

> 這就使得不同時代的象數學派與義理學派又深深打上了其所處時代
> 的烙印，從而帶上了各自不同的時代特徵與獨自融鑄而成的特有學
> 理內涵。〔註27〕

屈氏在前人《易》學的基礎上，運用了象數、義理兩種不同的解經途徑，形成其兼說象、數、理的治《易》特點。而其篤信圖書，不合於清初辨偽潮流，又偏重象數，顯示漢學漸興之趨向，凡此均可結合當時《易》學觀之。故吾人不妨視《翁山易外》爲屈氏一家之學，而備清初《易》學史之一說，亦可矣。

晚清名儒龔自珍曾撰有絕句詩二首，用以稱頌屈氏，詩云：

> 靈均出高陽，萬古兩苗裔。鬱鬱文詞宗，芳馨聞上帝。
>
> 奇士不可殺，殺之成天神；奇文不可讀，讀之傷天民。〔註28〕

人爲奇士，書亦屬奇書。《翁山易外》這部積屈氏多年心力完成之「大作」，既是他個人卷帙最巨的專著，在其學術事業上的份量，自是不言可喻。惟這部「奇書」於乾隆年間遭清廷禁燬後，遂淹沒不聞於世，僅藏於少數私家之手，知者甚罕。時至今日，清鈔本經過整理，以電腦重新排版加上新式標點，收入《屈大均全集》中；而藏在北京圖書館的另一版本也被完整地收入《四庫禁燬書叢刊》內，是以原本流傳不廣的《翁山易外》，已昭然重現。民國迄今，屈氏研究論著已達百餘篇，屈氏其他著作包括《翁山詩外》、《翁山文外》、《廣東新語》、《皇明四朝成仁錄》等，都已有豐富的討論，相對來看，《翁山易外》的研究，可謂還停留在荒蕪的階段。展望屈氏學術研究，卷帙豐富的《翁山易外》蘊藏著不少可再進一步論析之處，若能針對此書作更深入的探討，相信必能有助於釐清屈氏哲學思想之全貌。

〔註27〕 王新春：《周易虞氏學》（臺北縣：頂淵文化事業公司，1999年2月），上冊，〈自序〉，頁15。

〔註28〕 見〈夜讀番禺集書其尾〉，〔清〕龔自珍著，王佩諍校：《龔自珍全集》（上海：上海古籍出版社，1975年新1版），頁455。

參考文獻

壹、專　書

一、屈大均個人專著

1. 《翁山易外》，〔清〕屈大均著，舊鈔本，臺灣國家圖書館藏（六卷，四冊）。

2. 《屈大均全集，歐初、王貴忱主編，8冊，北京：人民文學出版社，1996年12月。

3. 《廣東新語》，屈大均著，北京：中華書局，2冊，1985年4月出版，1997年12月二刷（《清代筆記史料叢刊》）。

4. 《翁山易外》，〔清〕屈大均著，北京：北京出版社，2000年（《四庫禁燬書叢刊》據北京圖書館藏清鈔本影印）。

5. 《屈大均詩詞編年箋校》，陳永正主編，呂永光、蘇展鴻副主編，廣州：中山大學出版社，2冊，2000年12月。

二、經　部

（一）易類古籍（依古籍時代先後排列）

1. 《京氏易傳》，〔漢〕京房著，〔吳〕陸績注，臺北：臺灣商務印書館，1983年（《景印文淵閣四庫全書》第808冊）。

2. 《增補鄭氏周易》，〔漢〕鄭玄著，〔宋〕王應麟輯，〔清〕惠棟考補，臺北：臺灣商務印書館，1983年（《景印文淵閣四庫全書》第7冊）。

3. 《周易正義》（十三經注疏），〔魏〕王弼，〔晉〕韓康伯注，〔唐〕孔穎達等正義，臺北：藝文印書館，1997年8月。

4. 《周易王韓注》，〔魏〕王弼、〔晉〕韓康伯著，臺北：大安出版社，1999年7月（與《周易本義》合刊，收入《周易二種》）。

5. 《周易集解》，〔唐〕李鼎祚著，臺北：成文出版社，1976 年（《無求備齋易經集成》第 9 冊）。

6. 《易程傳》，〔宋〕程頤著，臺北：文津出版社，1990 年 10 月第 2 刷。

7. 《周易本義》，〔宋〕朱熹著，臺北：大安出版社，1999 年 7 月（與《周易王韓注》合刊，收入《周易二種》）。

8. 《厚齋易學》，〔宋〕馮椅著，臺北：臺灣商務印書館，1983 年（《景印文淵閣四庫全書》第 16 冊）。

9. 《易纂言外翼》，〔元〕吳澄著，臺北：臺灣商務印書館，1983 年（《景印文淵閣四庫全書》第 22 冊）。

10. 《周易衍義，〔元〕胡震著，臺北：臺灣商務印書館，1983 年（《景印文淵閣四庫全書》第 23 冊）。

11. 《周易啓蒙翼傳》，〔元〕胡一桂著，臺北：臺灣商務印書館，1983 年（《景印文淵閣四庫全書》第 22 冊）。

12. 《周易集註》，〔明〕來知德著，臺北：臺灣商務印書館，1983 年（《景印文淵閣四庫全書》第 32 冊）。

13. 《易經蒙引》，〔明〕蔡清著，臺北：臺灣商務印書館，1983 年（《景印文淵閣四庫全書》第 29 冊）。

14. 《易義古象通》，〔明〕魏濬著，臺北：臺灣商務印書館，1983 年（《景印文淵閣四庫全書》第 34 冊）。

15. 《郁溪易紀》，〔清〕郁文初著，臺南縣：莊嚴文化事業公司，1997 年（《四庫全書存目叢書》第 30 冊）。

16. 《易學象數論》，〔清〕黃宗羲著，杭州：浙江古籍出版社，1993 年 11 月第 1 版第 2 刷（收入《黃宗羲全集》第 9 冊）。

17. 《田間易學》，〔清〕錢澄之著，吳懷祺校點，吳孟復審訂，合肥：黃山書社，1998 年 8 月。

18. 《周易集解纂疏》，〔清〕李道平著，潘雨廷點校，北京：中華書局，1998 年 12 月第 2 刷。

（三）其他經類古籍（依古籍時代先後排列，末附小學類）

1. 《尚書正義（十三經注疏）》，舊題〔漢〕孔安國傳，〔唐〕孔穎達等正義，臺北：藝文印書館，1997 年 8 月。

2. 《毛詩正義（十三經注疏）》，〔漢〕毛亨傳，鄭玄箋，〔唐〕孔穎達等正義，臺北：藝文印書館，1997 年 8 月。

3. 《周禮注疏（十三經注疏）》，〔漢〕鄭玄注，〔唐〕賈公彥疏，臺北：藝文印書館，1997 年 8 月。

4. 《儀禮注疏（十三經注疏）》，〔漢〕鄭玄注，〔唐〕賈公彥疏，臺北：藝

文印書館，1997 年 8 月。

5. 《禮記正義（十三經注疏）》，〔漢〕鄭玄注，〔唐〕孔穎達等正義，臺北：藝文印書館，1997 年 8 月。

6. 《春秋公羊注疏（十三經注疏）》，〔漢〕何休注，舊題〔唐〕徐彥疏，臺北：藝文印書館，1997 年 8 月。

7. 《春秋穀梁注疏（十三經注疏）》，〔晉〕范寧注，〔唐〕楊士勛疏，臺北：藝文印書館，1997 年 8 月。

8. 《春秋左傳正義（十三經注疏）》，〔周〕左丘明傳，〔晉〕杜預注，〔唐〕孔穎達等正義，臺北：藝文印書館，1997 年 8 月。

9. 《論語注疏（十三經注疏）》，〔魏〕何晏注，〔宋〕邢昺疏，臺北：藝文印書館，1997 年 8 月。

10. 《孝經注疏（十三經注疏）》，〔唐〕唐玄宗注，〔宋〕邢昺疏，臺北：藝文印書館，1997 年 8 月。

11. 《爾雅注疏（十三經注疏）》，〔晉〕郭璞注，〔宋〕邢昺疏，臺北：藝文印書館，1997 年 8 月。

12. 《孟子注疏（十三經注疏）》，〔漢〕趙歧注，〔宋〕孫奭疏，臺北：藝文印書館，1997 年 8 月。

13. 《禮記纂言》，〔元〕吳澄著，臺北：臺灣商務印書館，1983 年（《景印文淵閣四庫全書》第 121 冊）。

14. 《點校補正經義考》，〔清〕朱彝尊著，林師慶彰等編審，臺北：中央研究院中國文哲研究所籌備處，1999 年 8 月。

15. 《說文解字注》，〔漢〕許慎著，〔清〕段玉裁注，臺北：黎明文化事業公司，1993 年 7 月第 10 版。

16. 《釋名》，〔漢〕劉熙著，北京：中華書局，1985 年北京新 1 版（《叢書集成初編》第 1151 冊）。

17. 《廣雅》，〔三國〕張揖著，北京：中華書局，1985 年北京新 1 版（《叢書集成初編》第 1160 冊）。

18. 《奇觚室吉金文述》，〔清〕劉心源著，上海：上海古籍出版社，1997 年（續修四庫全書》「史部金石類」，第 903 冊）。

（三）今人專著（依出版時間先後排列，末附小學類）

1. 《兩漢易學史》，高懷民著，臺北：中國學術著作獎助委員會，1970 年 12 月。

2. 《周易舉正評述》，徐芹庭著，臺北：成文出版社，1977 年 2 月。

3. 《易學通論》，王瓊珊著，臺北：廣文書局，1979 年 4 月再版。

4. 《明末清初的學風》，謝國楨著，北京：北京人民出版社，1982 年 6 月。

5. 《詩經詮釋》，屈萬里著，臺北：聯經出版事業公司，1983 年 2 月（收入《屈萬里先生全集》第 5 冊）。

6. 《先秦漢魏易例述評》，屈萬里著，臺北：聯經出版事業公司，1984 年 7 月。

7. 《易學源流》，徐芹庭著，臺北：國立編譯館，2 冊，1987 年 8 月。

8. 《宋代經學之研究》，汪惠敏著，臺北：師大書苑公司，1989 年 4 月。

9. 《清初的群經辨偽學》，林師慶彰著，臺北：文津出版社，1990 年 3 月。

10. 《周易鄭氏學》，胡自逢著，臺北：文史哲出版社，1990 年 7 月。

11. 《清代哲學》，王茂等著，合肥：安徽人民出版社，1992 年 1 月。

12. 《清初學術思辨錄》，陳祖武著，北京：中國社會科學出版社，1992 年 6 月。

13. 《顧炎武經學之研究》，孫師劍秋著，臺北：中國學術著作獎助委員會，1992 年 7 月。

14. 《象數與義理》，張善文著，瀋陽：遼寧教育出版社，1993 年 5 月。

15. 《周易入門》，呂美泉、呂紹綱著，臺北：韜略出版公司，1993 年 6 月。

16. 《清代經學史通論》，吳雁南編，昆明，雲南大學出版社，1993 年 12 月。

17. 《宋象數易學研究》，劉瀚平著，臺北：五南圖書公司，1994 年 2 月。

18. 《易學哲學史》，朱伯崑著，北京：華夏出版社，4 冊，1995 年 1 月。

19. 《程伊川易學述評》，胡自逢著，臺北：文史哲出版社，1995 年 12 月。

20. 《周易知識通覽》，朱伯崑主編，濟南：齊魯書社，1996 年 8 月第 1 版第 2 刷。

21. 《兩漢象數易學研究》，劉玉建著，南寧：廣西教育出版社，2 冊，1996 年 9 月。

22. 《經學史》，〔日〕安井小太郎等著，連清吉、林師慶彰合譯，臺北：萬卷樓圖書公司，1996 年 10 月。

23. 《宋明易學概論》，徐志銳著，瀋陽：遼寧古籍出版社，1997 年 1 月。

24. 《歷代易學與易學要籍》，張善文著，福州：福建人民出版社，1998 年 4 月。

25. 《周易虞氏學》，王新春著，臺北縣：頂淵文化事業公司，1999 年 2 月。

26. 《晚明學術與知識分子論叢》，周志文著，臺北：大安出版社，1999 年 3 月。

27. 《宋明經學史》，章權才著，廣州：廣東人民出版社，1999 年 9 月。

28. 《清代廣東樸學研究》，李緒柏著，廣州：廣東省地圖出版社，2001 年 2 月。

29. 《中國經學史》，吳雁南、秦學頎、李禹階主編，福州：福建人民出版社，2001 年 9 月。

30. 《周易尚氏學》，尚秉和著，北京：中華書局，2003 年 12 月第 1 版北京第 8 刷。

31. 《甲骨文字集釋》，李孝定編述，臺北：中央研究院歷史語言研究所，1970 年 10 月再版。

32. 《金文詁林》，周法高主編，張日昇、徐芷儀、林潔明編纂，香港：香港中文大學，1975 年。

33. 《古籀篇》，〔日〕高田忠周編纂，臺北：大通書局，1982 年 9 月。

34. 《增訂積微居小學金石論叢》，楊樹達著，北京：中華書局，1983 年 7 月。

35. 《甲骨學（文字編)》，朱芳圃編著，臺北：臺灣商務印書館，1983 年 8 月臺 4 版。

三、史　部

（一）古籍（依古籍時代先後排列）

1. 《漢書》，〔漢〕班固著，〔唐〕顏師古注，臺北：鼎文書局，1986 年。

2. 《宋元學案》，〔清〕黃宗羲著，〔清〕全祖望續修，〔清〕王梓材校補，臺北：河洛圖書出版社，1975 年 3 月。

3. 《明儒學案》，〔清〕黃宗羲著，臺北：華世出版社，3 冊，1987 年 2 月。

4. 《明史》，〔清〕張廷玉等著，北京：中華書局，1995 年 3 月湖北第 5 刷。

5. 《四庫全書總目》，〔清〕紀昀編纂，臺北縣：藝文印書館，1989 年 1 月第 6 版。

6. 《清代粵人傳》，〔清〕佚名輯，全國公共圖書館古籍文獻編委會匯編，北京：中華全國圖書館文獻縮微複製中心，3 冊，2001 年 2 月（中國公共圖書館古籍文獻珍本彙刊、史部）。

（二）今人專著（依出版時間先後排列）

1. 《明清之際黨社運動考》，謝國楨著，臺北：臺灣商務印書館，1968 年 6 月臺 2 版（人人文庫）。

2. 《清代禁燬書目研究》，吳哲夫著，臺北：嘉新水泥公司文化基金會，1969 年 8 月（政治大學中國文學研究所碩士論文，王夢鷗指導，列爲「研究論文」叢書第 164 種出版）。

3. 《廣東文獻書目知見錄》，黃蔭普編纂，香港：大東圖書公司，1978 年 12 月修訂 1 版。

4. 《方以智年譜》，任道斌著，合肥：安徽教育出版社，1983 年 6 月。

5. 《明遺民錄》，孫靜庵編著，趙一生標點，杭州：浙江古籍出版社，1985

年 7 月。

6. 《清史稿》，趙爾巽等著，北京：中華書局，1986 年 8 月湖北第 2 刷。

7. 《陳白沙與湛甘泉學記》，陳郁夫著，臺北：石渠出版公司，1986 年 8 月。

8. 《方以智晚節考》，余英時著，臺北：允晨文化實業公司，1986 年 11 月增訂擴大版。

9. 《明清實學思潮史》，陳鼓應、辛冠潔、葛榮晉主編，濟南：齊魯書社，1989 年。

10. 《清代各省禁書彙考》，雷夢辰著，北京：北京圖書館出版社，1989 年 5 月。

11. 《雍正朝漢文硃批奏摺彙編》，中國第一歷史檔案館編，南京：江蘇古籍出版社，1989～1991 年。

12. 《四庫全書纂修之研究》，吳哲夫著，臺北：國立故宮博物院，1990 年 6 月。

13. 《清代文字獄案》，張書才、杜景華主編，北京：紫禁城出版社，1991 年 5 月。

14. 《千古文字獄 —— 清代紀實》，楊鳳城等著，海口：南海出版公司，1992 年 11 月。

15. 《明清實學簡史》，陳鼓應、辛冠潔、葛榮晉主編，北京：社會科學文獻出版社，1994 年。

16. 《簡明廣東史》，蔣祖緣、方志欽主編，廣州：廣東人民出版社，1995 年。

17. 《中國近三百年學術史》，梁啓超著，臺北：里仁書局，1995 年 2 月（與清代學術概論合刊）。

18. 《周予同經學史論著選集（增訂本）》，朱維錚編，上海：上海人民出版社，1996 年 7 月第 2 版。

19. 《清初嶺南佛門事略》，蔡鴻生著，廣州：廣東高等教育出版社，1997 年 8 月。

20. 《嶺南詩史稿》，李德超，臺北縣：法嚴寺出版社，1998 年 2 月。

21. 《顧炎武年譜》，周可真著，蘇州：蘇州大學出版社，1998 年 12 月。

22. 《清代社會與實學》，葛榮晉、呂元驄著，香港：香港中文大學出版社，2000 年。

23. 《廣州文獻書目提要》，李仲偉、林子雄、倪俊明編，廣州：廣東人民出版社，2000 年 4 月。

24. 《廣東歷史人物辭典》，管林主編，廣州：廣東高等教育出版社，2001 年 6 月。

25. 《四庫全書總目辨誤》，楊武泉著，上海：上海古籍出版社，2001 年 7 月。

26. 《清代學術思想的變遷與文學》，馬積高著，長沙：湖南人民出版社，2002
　　年6月。

27. 《清朝前期的文化政策》，葉高樹著，臺北縣：稻鄉出版社，2002年7月。

四、子　部

（一）古籍（依古籍時代先後排列）

1. 《管子》，〔周〕管仲著，謝浩範、朱迎平譯注，臺北：臺灣古籍出版公
　　司，2000年4月。

2. 《老子道德經注》，〔周〕李耳著，〔魏〕王弼注，臺北：世界書局，1975
　　年4月第4版。

3. 《莊子》，〔周〕莊周著，〔晉〕郭象注，〔唐〕陸德明音義，臺北：新
　　興書局，1960年3月（《四部集要》本）。

4. 《莊子今註今譯》，〔周〕莊周著，陳鼓應註譯，臺北：臺灣商務印書館，
　　1981年11月第5版。

5. 《孔子家語》，〔魏〕王肅注，臺北：臺灣商務印書館，1983年（《景印
　　文淵閣四庫全書》第695冊）。

6. 《原抄本日知錄》，〔清〕顧炎武著，徐文珊點校，臺北：臺灣明倫書局，
　　1979年。

（二）今人專著（依出版時間先後排列）

1. 《白沙子研究》，簡又文著，香港：簡氏猛進書屋，1970年10月。

2. 《晚明理學思想通論》，陳福濱著，臺北：環球書局，1983年9月。

3. 《明清之際儒家思想的變遷與發展》，林聰舜著，臺北：臺灣學生書局，
　　1990年。

4. 《曠世大儒──顧炎武》，陳祖武、朱彤窗著，石家莊，河北人民出版社，
　　2000年7月。

5. 《明遺民九大家哲學思想研究》，陶清著，臺北：洪葉文化事業公司，1997
　　年6月。

6. 《明遺民的莊子定位論題》，謝明陽著，臺北：國立臺灣大學文學院，2001
　　年10月。

五、集部（依時代先後排列）

1. 《二程集》，〔宋〕程顥、程頤著，王孝魚點校，臺北：里仁書局，1982
　　年3月。

2. 《朱子全書》，〔宋〕朱熹著，朱傑人、嚴佐之、劉永翔主編，上海：上
　　海古籍出版社；合肥：安徽教育出版社，2002年12月。

3. 《陳獻章集》，〔明〕陳獻章著，孫通海點校，2冊，北京：中華書局，

1987 年 7 月。

4. 《陳巖野先生全集》，〔明〕陳邦彥著，清嘉慶乙丑聽松閣藏溫汝能校輯本（中央研究院傅斯年圖書館藏清刊本）。

5. 《蒿菴集・蒿菴閒話・蒿菴集捃逸》（三書合刊），〔清〕張爾岐著，張翰勳等點校，濟南：齊魯書社，1991 年 4 月。

6. 《田間文集》，〔清〕錢澄之著，彭君華校點，何慶善審訂，合肥：黃山書社，1998 年 8 月。

7. 《顧亭林詩集彙注》，〔清〕顧炎武著，王蘧常輯注，吳丕績標校，臺北：學海出版社，1986 年 8 月。

8. 《船山全書》，〔清〕王夫之著，編輯委員會編校，長沙：嶽麓書社，1988 年 12 月。

9. 《毛西河先生全集》，〔清〕毛奇齡著，清康熙年間李塨等刊蕭山陸凝瑞堂藏本（中央研究院傅斯年圖書館藏）。

10. 《湯潛庵集》，〔清〕湯斌著，臺北：新文豐出版公司，1985 年（《叢書集成新編》第 76 冊）。

11. 《大汕離六堂集》，〔清〕釋大汕著，臺北：新文豐出版公司，2000 年 6 月。

12. 《楊園先生全集》，〔清〕張履祥著，陳祖武點校，北京：中華書局，3 冊，2002 年。

13. 《全祖望集彙校集注》，〔清〕全祖望著，朱鑄禹彙校集注，上海：上海古籍出版社，2000 年 12 月。

14. 《玉函山房輯佚書》，〔清〕馬國翰輯，京都：中文出版社，1990 年（與《補遺》合為《玉函山房輯佚書及補遺》）。

15. 《龔自珍全集》，〔清〕龔自珍著，王佩諍校，上海：上海古籍出版社，1975 年新 1 版。

16. 《清初詩歌》，趙永紀著，北京：光明日報出版社，1993 年 5 月。

17. 《嶺嶠春秋：嶺南文化論集（四）》，廣東炎黃文化研究會編，廣州：廣東人民出版社，2 冊，1997 年 8 月。

貳、論文（依出版時間先後排列）

一、學位論文

1. 〈屈大均（翁山）研究〉，何樂文著，香港：珠海書院中國文史研究所碩士論文，590 面，1971 年 5 月，何敬群指導。

2. 〈明末東林運動新探〉，林麗月著，臺北：臺灣師範大學歷史研究所博士論文，1984 年 7 月，李國祁指導。

3. 〈朱子易學研究〉，江弘毅著，臺北：臺灣師範大學國文研究所碩士論文，1985 年 5 月，胡自逢指導。

4. 〈顧亭林之人格及其詩歌風格〉，施又文著，臺北：臺灣師範大學國文研究所碩士論文，1988 年 5 月，王熙元指導。

5. 〈屈翁山詠史詩之探索——屈氏詠史詩之春秋大義與用世思想〉，嚴志雄著，香港：香港中文大學研究院中國語文學部碩士論文，1989 年 7 月，常宗豪、吳宏一、齊益壽指導。

6. 〈歷代論辨太極圖之研究〉，許維萍著，臺北：東吳大學中國文學研究所碩士論文，1995 年 6 月，黃慶萱指導。

7. 〈俞琰易學思想研究〉，林志孟著，臺北：中國文化大學中國文學研究所博士論文，1995 年 6 月，高懷民指導。

8. 〈李光地與清初理學〉，楊菁著，臺北：東吳大學中國文學研究所博士論文，2001 年 1 月，林師慶彰指導。

9. 〈張爾岐《周易說略》研究〉，陳怡青著，臺北：臺北市立師範學院應用語言文學研究所碩士論文，2002 年 6 月，林師慶彰指導。

二、期刊論文

1. 〈屈翁山的哲學思想初探〉，黃文寬著，《嶺南文史》，1986 年第 2 期（總第 8 期），頁 2～5，1986 年。

2. 〈《廣東文選》研究〉，林子雄著，《書目季刊》，第 32 卷第 4 期，頁 65～78，1999 年 3 月。

3. 〈清代朱子學的歷史處境及其發展〉，張永儁著，《哲學與文化》，第 28 卷第 7 期，頁 606～628，2001 年 7 月。

4. 〈俞琰易學思想探微〉，孫師劍秋著，《臺北師範學院學報》，第 14 期，頁 339～364，2001 年 9 月。

三、論文集論文

1. 〈民族詩人屈大均〉，黃慶雲著，廣東文物展覽會編輯，《廣東文物》，下冊卷九（學術文藝門），頁 71～114（總頁 921～964），香港：中國文化協進會刊行，1941 年 1 月。

2. 〈明清之際兩思想家——傅山和屈大均〉，朱謙之著，山西社科院編，《傅山研究文集》，頁 8～11，太原，山西人民出版社，1985 年 8 月。

3. 〈晚明經學的復興運動〉，林師慶彰著，《明代經學研究論集》，頁 79～145，臺北：文史哲出版社，1994 年 5 月。

4. 〈明末清初經學研究的回歸回典運動〉，林師慶彰著，《明代經學研究論集》，頁 333～360，臺北：文史哲出版社，1994 年 5 月。

5. 〈屈大均著作版本述略〉，李文約、林子雄著，《廣東炎黃文化研究會編，

嶺嶠春秋：嶺南文化論集（一）》，頁 322～337，北京：中國大百科全書出版社，1994 年 11 月。

6. 〈《四庫全書》處理《經義考》引錄錢謙益諸說相關問題考述〉，楊師晉龍著，《朱彝尊《經義考》研究論集》，頁 407～440，臺北：中央研究院中國文哲研究所籌備處，2000 年 9 月。

7. 〈四庫館臣篡改《經義考》之研究〉，林師慶彰著，頁 441～473，臺北：中央研究院中國文哲研究所籌備處，2000 年 9 月。

8. 〈顧亭林交遊表〉，謝正光著，清初詩文與士人交遊考，頁 439～504，南京：南京大學出版社，2001 年 9 月。

9. 〈清初實學思潮〉，詹海雲，《清代學術論叢》，第 1 輯，臺北：文津出版社，2001 年 10 月。

四、研討會論文

1. 〈論莊存與的卦氣說〉，孫師劍秋著，《「清代常州經學研討會」論文》，臺北：中央研究院中國文哲研究所籌備處，2002 年 12 月。

附錄一：民國以來屈大均研究論著目錄

凡　例

1. 本目錄旨在蒐羅民國以來迄今（2003），以屈大均為題之相關論著，包括專書、學位論文、會議論文、期刊論文等資料。屈氏個人著作，僅收後人點校、整理本，古籍刻印本、抄本不收。另因翁山為清初文壇大家，近年來詩詞鑒賞辭典大量出版，多有選錄其作品，為避免繁瑣，不予收錄。人物辭典類工具書，則酌收部分資料，以供參考。

2. 本目分類略依生平、著述、概論、思想、史學、詩、詞、筆記、評價、其他等十一類編排。為免瑣碎，各類下不再細分小類，酌依主題相近者排比。

3. 少數篇目題旨不甚明確，茲於篇題後以括號加註案語說明。

4. 著錄方式兼採互注別裁。部分條目因篇目主題涵蓋兩類，故予互注；另外，廣東炎黃文化研究會編《嶺嶠春秋：嶺南文化論集（四）》，為「屈大均思想在嶺南文化中的地位」國際學術研討會集結成書之論文集，為彰明各類研究成果現況，除列全書細目於「（十一）其他」類下，亦將各條目依其篇目散入所屬類別。

5. 少數條目或應予補充說明，或見諸其他目錄而稍有異同，謹加註申明之。

6. 囿於識見，闕漏必多，尚祈專家學者不吝補正。

（一）生　平

黃　節　屈翁山先生年譜（未完稿）〔註1〕

民國稿本　1冊（9頁）

沈世良　屈介子年譜

沈仲強藏手抄本

朱希祖　屈大均傳

國立中山大學文史學研究所月刊　第1卷第5期　頁441～446　1933年5月

朱希祖先生文集　第5冊　頁3377～3389　臺北　九思出版公司　1979年4月

屈大均全集　第8冊　頁2103～2108　北京　人民文學出版社　1996年12月

汪宗衍　屈翁山先生年譜

（上）東方學報（新加坡）　第1卷第1期　頁155～225　1957年1月

（下）東方學報（新加坡）　第1卷第2期　頁99～186　1958年12月

澳門　于今書屋　238面　1970年8月

臺北　文海出版社　238面　1971年（明清史料彙編七集第九冊）

汪宗衍　屈大均年譜

屈大均全集　第8冊　頁1849～2013　北京　人民文學出版社　1996年12月

陸勇強　《屈翁山先生年譜》補苴

廣東炎黃文化研究會編　嶺嶠春秋：嶺南文化論集（四）　頁745～750　廣州　廣東人民出版社　1997年8月

涂宗濤　屈翁山生日考

學術研究　1980年第2期　頁64～65　1980年3月

複印報刊資料（中國古代・近代文學研究）　1980年第14期　頁22　1980年

涂宗濤　屈大均字翁山別解

天津社會科學　1988年第6期　頁85～88　1988年

〔註1〕承蒙林子雄先生告知，此書見藏於廣東省立中山圖書館。

何侃基　屈大均字翁山考

　　　廣東炎黃文化研究會編　嶺嶠春秋：嶺南文化論集（四）　頁 787～789　廣州　廣東人民出版社　1997 年 8 月

覃召文　從姓名字號看屈大均

　　　廣東炎黃文化研究會編　嶺嶠春秋：嶺南文化論集（四）　頁 739～744　廣州　廣東人民出版社　1997 年 8 月

柳作梅　屈大均之生平與著述

　　　（上）圖書館學報（東海大學）　第 8 期　頁 237～259　1966 年 5 月

　　　（下）圖書館學報（東海大學）　第 9 期　頁 395～415　1968 年 5 月

辛朝毅　大明遺民屈大均

　　　廣東史志　1989 年第 1 期（總第 19 期）　頁 22～24　1989 年

傅路德、房兆楹著，白　楓譯，傅正元校訂　屈大均

　　　恒慕義主編，中國人民大學清史研究所清代名人傳略翻譯組譯　清代名人傳略　頁 492～495　西寧　青海人民出版社　1990 年 2 月

張捷夫　屈大均

　　　何齡修、張捷夫主編　清代人物傳稿　上編第 6 卷　頁 326～335　1991 年 4 月

鄧光禮　屈大均生平及其散文略說

　　　中國傳統文化研究　第 1 輯　頁 197～212　廣州　廣東高等教育出版社　1994 年 3 月

番禺市地方志辦公室編　屈大均

　　　番禺縣志・第 28 編第 2 章「科教文人物」　頁 974　廣州　廣州人民出版社　1995 年 3 月

錢仲聯　屈大均

　　　錢仲聯主編　中國文學家大辭典・清代卷　頁 549～550　北京　中華書局　1996 年 10 月

李景新　屈大均傳

　　　錢仲聯主編　廣碑傳集　頁 295～297　蘇州　蘇州大學出版社　1999 年

　　　屈大均全集　第 8 冊　頁 2108～2111　北京　人民文學出版社　1996 年 12 月

鄭偉章　屈大均

　　　文獻家通考　上冊　頁 76～77　北京　中華書局　1999 年 6 月

林　斌　民族詩人屈翁山及其文字獄

　　　　暢流　第 37 卷第 5 期　頁 16～18　1968 年 4 月

林光灝　屈大均及其文字獄

　　　　藝文誌　第 101 期　頁 26～29　1974 年 2 月

呂永光　嶺南詩人屈大均避難羅定詩話

　　　　羅定文史　第 13 輯　頁 73～85　1989 年 8 月

顏吉鶴　屈大均詩文案

　　　　清代文字獄案　頁 67～70　北京　紫禁城出版社　1991 年 5 月

侯月祥　清代屈大均文字獄案始末

　　　　廣東史志　1992 年第 1 期（總第 31 期）　頁 73～75　1992 年

楊鳳城等　驚動兩朝天子的屈大均詩文案

　　　　千古文字獄 —— 清代紀實　頁 117～119　海口　南海出版公司　1992 年
　　　　11 月

侯月祥　屈大均文字獄案及其影響

　　　　廣東炎黃文化研究會編　嶺嶠春秋：嶺南文化論集（四）　頁 690～703　廣
　　　　州　廣東人民出版社　1997 年 8 月

質　廬　屈大均在南京雨花台有衣冠墳

　　　　中央日報　第 7 版　1946 年 7 月 24 日

王元化　屈大均葬衣冠

　　　　清園夜讀　頁 155～156　深圳　海天出版社　1993 年 10 月

金性堯　屈大均衣冠塚案的風波

　　　　東方文化　1995 年第 1 期　頁 36～38　1995 年

曾漢棠　《明季南都殉難記・屈大均先生傳》辨正

　　　　义獻　1998 年第 2 期（總第 76 期）　頁 257～261　1998 年

陳祖武　屈大均的坎坷生涯

　　　　清儒學術拾零　頁 82～88　長沙　湖南人民出版社　2002 年 6 月

楊寶霖　屈翁山詩文中「梁子」考

　　　　廣東史志　1987 年第 4 期（總第 14 期）　頁 57～62　1987 年 12 月

陳澤泓　試析屈大均與錢謙益之交往

　　　　廣東史志　1997 年第 4 期（總第 54 期）　頁 29～33　1997 年

李緒柏　　屈大均與清廣東遺民

　　　　　廣東炎黃文化研究會編　嶺嶠春秋：嶺南文化論集（四）　頁 115～126　廣州　廣東人民出版社　1997 年 8 月

Peter Sivam　　清初廣東袈裟遺民淺說

　　　　　廣東炎黃文化研究會編　嶺嶠春秋：嶺南文化論集（四）　頁 127～137　廣州　廣東人民出版社　1997 年 8 月

何品端　　屈大均與天然和尚

　　　　　廣東炎黃文化研究會編　嶺嶠春秋：嶺南文化論集（四）　頁 792～795　廣州　廣東人民出版社　1997 年 8 月

楊　磊　　從屈大均的詩文看他與兩廣總督吳興祚的關係

　　　　　廣東史志　2002 年第 4 期　頁 35～38　2002 年

潘承玉　　屈大均之友石濂：一位值得關注的清初嶺南詩僧

　　　　　紹興文理學院學報　第 23 卷第 1 期　頁 56～62　2003 年 2 月

葉春來　　屈大均的出生地在何處

　　　　　羊城今古　1999 年第 6 期　頁 35～36　1999 年

江　濤　　屈大均和他的故鄉〔註 2〕

　　　　　南方日報　第 3 版　1957 年 4 月 7 日

屈慎寧、屈可張　屈大均故鄉沿革變遷考

　　　　　廣東炎黃文化研究會編　嶺嶠春秋：嶺南文化論集（四）　頁 790～791　廣州　廣東人民出版社　1997 年 8 月

楊　磊　　屈大均在廣州生活和工作的遺址

　　　　　嶺南文史　1996 年第 3 期（總第 39 期）　頁 43　1996 年 9 月

楊　磊　　肇慶星湖玉屏山上的屈大均手書石刻

　　　　　嶺南文史　1996 年第 3 期（總第 39 期）　頁 35　1996 年 9 月

楊　磊　　屈大均在肇慶的游歷與考察

　　　　　劉聖宜主編　嶺南歷史名人研究　頁 91～107　廣州　中山大學出版社　2002 年 1 月

楊寶霖　　屈大均與東莞

　　　　　廣東炎黃文化研究會編　嶺嶠春秋：嶺南文化論集（四）　頁 611～638　廣州　廣東人民出版社　1997 年 8 月

〔註 2〕河北北京師範學院中文系資料室、中國社會科學院文學研究所圖書資料室編：《中國古典文學研究論文索引（增訂本）1949～1966》（香港：三聯書店香港分店，1980 年），頁 257，將屈氏之名誤作「大鈞」。

區友雲　　屈大均北遊及歸期年限再勘

　　　　羊城今古　1992 年第 4 期　頁 54　1992 年

陳澤泓　　從翁山北行看清初嶺南外交文化交流

　　　　廣東炎黃文化研究會編　嶺嶠春秋：嶺南文化論集（四）　頁 661～679　廣
　　　　州　廣東人民出版社　1997 年 8 月

楊芷華　　屈大均秦晉之遊

　　　　廣東炎黃文化研究會編　嶺嶠春秋：嶺南文化論集（四）　頁 726～738　廣
　　　　州　廣東人民出版社　1997 年 8 月

趙立人　　屈大均澳門之行

　　　　廣東炎黃文化研究會編　嶺嶠春秋：嶺南文化論集（四）　頁 761～765　廣
　　　　州　廣東人民出版社　1997 年 8 月

湯開建　　屈大均與澳門

　　　　文化雜誌　第 32 期　頁 67～77　1997 年秋

李宗桂　　中國文化名人與澳門——湯顯祖、吳漁山、屈大均合論

　　　　海峽兩岸易學與中國哲學研討會　山東大學易學與中國古代哲學研究中
　　　　心主辦　2002 年 8 月 19 日～22 日〔註 3〕

唐國坊　　屈大均與連州山水

　　　　連州報　2003 年 8 月 16 日〔註 4〕

司徒彤、李毅瑜、譚　斌　屈大均身後三事的查證探索

　　　　廣東炎黃文化研究會編　嶺嶠春秋：嶺南文化論集（四）　頁 717～725　廣
　　　　州　廣東人民出版社　1997 年 8 月

歐安年　　屈大均家室成員情況初探

　　　　廣東炎黃文化研究會編　嶺嶠春秋：嶺南文化論集（四）　頁 751～760　廣
　　　　州　廣東人民出版社　1997 年 8 月

屈　九　　有關屈大均的幾則掌故

　　　　廣東炎黃文化研究會編　嶺嶠春秋：嶺南文化論集（四）　頁 796～798　廣
　　　　州　廣東人民出版社　1997 年 8 月

汪宗衍　　屈大均紀事年系

　　　　廣東炎黃文化研究會編　嶺嶠春秋：嶺南文化論集（四）　頁 801～808　廣
　　　　州　廣東人民出版社　1997 年 8 月

〔註 3〕　全文載於「山東大學易學與中國古代哲學研究中心」網站內，見 http://zhouyi.
　　　　sdu.edu.cn/xueshudongdai/lizonggui-qing2.htm。

〔註 4〕　全文轉載於「廣東水石連州網」，見 http://www.lztour.com/culture/culture_histo
　　　　ry_16qudajun.htm。

（二）著　述

朱　偵　　民族詩人屈大均 —— 他的著述考

　　　　　廣西教育研究　第 1 卷第 1 期　1941 年

朱希祖　　屈大均（翁山）著述考

　　　　　文史雜誌　第 2 卷第 7、8 期合刊　頁 15～30　1942 年 8 月

　　　　　中國近三百年學術思想論集（第 1 輯）　頁 57～72　香港　崇文書店　1971
　　　　　年 5 月

　　　　　屈大均全集　第 8 冊　頁 2136～2163　北京　人民文學出版社　1996 年
　　　　　12 月

朱希祖　　屈大均著述考

　　　　　朱希祖先生文集　第 5 冊　頁 3391～3448　臺北　九思出版公司　1979
　　　　　年 4 月

柳作梅　　屈大均之生平與著述

　　　　　（上）圖書館學報（東海大學）　第 8 期　頁 237～259　1966 年 5 月

　　　　　（下）圖書館學報（東海大學）　第 9 期　頁 395～415　1968 年 5 月

李文約、林子雄　屈大均著作版本述略

　　　　　廣東炎黃文化研究會編　嶺嶠春秋：嶺南文化論集（一）　頁 322～337　北
　　　　　京　中國大百科全書出版社　1994 年 11 月

羅志歡　　屈大均著述被禁考

　　　　　廣東炎黃文化研究會編　嶺嶠春秋：嶺南文化論集（四）　頁 766～776　廣
　　　　　州　廣東人民出版社　1997 年 8 月

歐　初、王貴忱　《屈大均全集》前言

　　　　　廣州師院學報（社會科學版）　1996 年第 2 期（總第 64 期）　頁 1～10　1996
　　　　　年 4 月

　　　　　廣州日報　第 15 版　1996 年 7 月 17 日

歐　初、王貴忱主編　屈大均全集

　　　　　北京　人民文學出版社　8 冊　1996 年 12 月

　　　　　　第 1 冊：趙福壇、伍錫強校點　翁山詩外　頁 1～678

　　　　　　第 2 冊：趙福壇、伍錫強校點　翁山詩外　頁 679～1528

　　　　　　第 3 冊：

　　　　　　　　1. 李文約校點　翁山文外　頁 1～259

　　　　　　　　2. 王貴忱校點　翁山文鈔　頁 263～422

　　　　　　　　3. 王貴忱校點　翁山佚文　頁 425～491

　　　　　　4. 林梓宗校點　皇明四朝成仁錄　頁 495～949

　　　第 4 冊：李　默校點　廣東新語　32，681 面

　　　第 5 冊：彭伊洛、傅靜庵校點　翁山易外　5，585 面

　　　第 6 冊：

　　　　　　1. 歐　初校點　永安縣次志　頁 1～210

　　　　　　2. 梁朝泰、杜襟南校點　四書補註　頁 221～807

　　　第 7 冊：李　默校點　四書考　頁 881～1480

　　　第 8 冊：

　　　　　　1. 李　默校點　四書考　頁 1481～1837

　　　　　　2. 汪宗衍、李文約輯著校點　附錄　頁 1841～2163

　　　　　　　　（1）屈大均年譜　頁 1849～2013

　　　　　　　　（2）投贈集　頁 2014～2097

　　　　　　　　（3）其他　頁 2098～2163

趙福壇　《屈大均全集》整理出版及《翁山詩外》校點小記

　　　廣州師院學報（社會科學版）　1997 年第 1 期（總第 67 期）　頁 25～28
　　　1997 年 1 月

汪宗衍　跋「皇明四朝成仁錄」

　　　廣東文物叢談　頁 100～102　香港　中華書局香港分局　1974 年 10 月

朱希祖　皇明四朝成仁錄跋

　　　明季史料題跋　頁 71～73　瀋陽　遼寧教育出版社　1998 年 12 月

阮廷焯　鈔本皇明四朝成仁錄補編跋

　　　廣東文獻　第 16 卷第 2 期　頁 78～81　1986 年 6 月

朱希祖　皇明四朝成仁錄補編跋

　　　明季史料題跋　頁 73　瀋陽　遼寧教育出版社　1998 年 12 月

遏　先　校本「翁山詩外」跋〔註 5〕

　　　文史雜誌　第 2 卷第 7、8 期合刊　頁 31～34　1942 年 8 月

嚴志雄　屈翁山《翁山詩外》版本考略

　　　國立中央圖書館館刊　新第 23 卷第 2 期　頁 197～212　1990 年 12 月

朱希祖　康熙刻本翁山詩略跋

　　　明季史料題跋　頁 92～93　瀋陽　遼寧教育出版社　1998 年 12 月

─────────────

〔註 5〕按：「遏先」即「朱希祖」。此文後收入《明季史料題跋》（瀋陽：遼寧教育出
　　　版社，1998 年 12 月），頁 91～92，惟題目改作「康熙刻本翁山詩外跋」。

朱希祖　康熙刻本屈翁山詩集跋

　　　　明季史料題跋　頁 94　瀋陽　遼寧教育出版社　1998 年 12 月

朱希祖　康熙刻本翁山文外跋

　　　　明季史料題跋　頁 87～90　瀋陽　遼寧教育出版社　1998 年 12 月

朱希祖　康熙刻本翁山文抄跋

　　　　明季史料題跋　頁 90～91　瀋陽　遼寧教育出版社　1998 年 12 月

李文約　鄭藏本《翁山文外》初探

　　　　嶺南文史　1986 年第 2 期（總第 8 期）　頁 32～35　1986 年

李文約　關於《翁山文外》的幾個問題

　　　　學術研究　2000 年第 2 期　頁 104～106　2000 年

陳永正主編　屈大均詩詞編年箋校

　　　　廣州　中山大學出版社　2 冊　1378 面　2000 年 12 月

亮　夫　屈大均「唐賢詩卷」

　　　　藝林叢錄　第 10 編　頁 83～87　香港　商務印書館香港分館　1974 年 3 月

中　彥　屈大均「唐賢詩卷」質疑

　　　　藝林叢錄　第 10 編　頁 88～90　香港　商務印書館香港分館　1974 年 3 月

朱萬章　屈大均傳世書跡探微

　　　　廣東炎黃文化研究會編　嶺嶠春秋：嶺南文化論集(四)　頁 777～786　廣州　廣東人民出版社　1997 年 8 月

（三）概　論

黃慶雲　民族詩人屈大均

　　　　廣東文物展覽會編輯　廣東文物　下冊卷九（學術文藝門）　頁 71～114（總頁 921～964）　香港　中國文化協進會刊行　1941 年 1 月

黃海章　明末愛國詩人屈大均〔註6〕

　　　　中山大學學報（社會科學版）　1959 年第 3 期　頁 31～38　1959 年

　　　　中國古典文學研究論文集匯編　第 3 輯（宋明清詩研究論文集）　頁 125～132　1970 年 8 月

〔註 6〕「均」，《中國古典文學研究論文索引（增訂本）1949～1966》，頁 257；宋隆發編：《清代文學論著集目正編》（臺北：五南圖書出版公司，1996 年 7 月），頁 94，第 01652 條，俱誤作「鈞」。

汪宗衍　石濤與廣東詩人（按：程可則、梁佩蘭、屈大均）

　　　廣東文物叢談　頁7～13　香港　中華書局香港分局　1974年10月

秀　俠〔註7〕　略述屈翁山及其著述

　　　廣東文獻　第8卷第4期　頁52～53　1978年12月

梁志成　論屈大均〔註8〕

　　　1984年中國韻文學會成立大會學術論文　湖南省長沙市　1984年11月

李育中　詩人和志士屈大均

　　　廣州研究　1984年第2期　1984年

陳特向　嶺南三大家 —— 陳恭尹屈翁山梁佩蘭其人其事及其詩

　　　廣東文獻　第14卷第3期　頁43～50　1984年9月

宋子武　記嶺南三大家

　　　廣東文獻　第16卷第2期　頁87～89　1986年6月

周錫馥　劍膽詩腸國士魂 —— 以天下為己任的「詩俠」屈翁山

　　　廣東社會科學　1986年第3期　頁88～92　1986年

政協番禺委員會文史資料研究委員會編　南國詩宗屈大均

　　　禺山蘭桂　頁75～87　番禺　政協番禺委員會文史資料研究委員會
　　　1986年10月

李小松　南國詩宗屈大均

　　　廣東炎黃文化研究會編　嶺嶠春秋：嶺南文化論集（四）　頁337～348　廣
　　　州　廣東人民出版社　1997年8月

陳祖武　從袁崇煥到屈大均 —— 明末清初的華南知識界

　　　明末清初華南地區歷史人物功業研討會論文集　頁287～296　香港　香
　　　港中文大學歷史學系　1993年3月

司徒尚紀　中國地理學史上被湮沒了的屈大均其人其書

　　　熱帶地理　第14卷第1期　頁90～96　1994年3月

　　　複印報刊資料（中國地理）　1994年第6期　頁116～121　1994年8月

　　　嶺南史地論集　頁410～419　廣州　廣東省地圖書版社　1994年10月

冼劍民、關漢華　試論屈大均對嶺南文化的傑出貢獻

　　　暨南學報（哲學社會科學版）　第18卷第4期（總第69期）　頁92～101
　　　1996年10月

〔註7〕即「祝秀俠」。

〔註8〕原文未見，轉引自林玫儀《詞學論著總目（1901～1992）》（臺北：中央研究
　　　院中國文哲研究所籌備處，1995年6月），第3冊，頁1548，第21899條。

袁鐘仁　「未出梅關人已香」——記愛國詩人、學者屈大均

　　　　文史知識　1996 年第 11 期（總第 185 期）　頁 78～83　1996 年 11 月

毛慶耆　「三外野人」與「屈子三外」——屈大均文藝思想的特色

　　　　羊城今古　1997 年第 1 期　頁 28～30　1997 年

毛慶耆　屈大均「三外」風骨述評

　　　　文化雜誌　第 32 期　頁 85～92　1997 年秋

陳澤泓編著　一從騷聖推其志——清初著名學者、詩人、志士屈大均

　　　　廣東歷史名人傳略　頁 234～247　廣州　廣東人民出版社　1998 年 3 月

何天杰　並不標準的遺民——屈大均晚年的政治態度

　　　　文史知識　1998 年第 4 期（總第 202 期）　頁 84～89　1998 年 4 月

李君明　嶺南大家——屈大均

　　　　蒙自師範高等專科學校學報　2001 年第 3 期　頁 59～60　2001 年

李建華　屈大均志趣淺析

　　　　廣州大學學報（社會科學版）　第 15 卷第 10 期　2001 年 10 月

李建華　多面人生——屈大均氣節淺析

　　　　廣州大學學報（社會科學版）　第 15 卷第 12 期　頁 54～58　2001 年 12
　　　　月

李建華　多面人生——屈大均人格內涵

　　　　嶺南文史　2002 年第 1 期（總第 62 期）　頁 25～30　2002 年 3 月

李　涵　屈大均與鄉邦文化

　　　　嶺南文史　1984 年第 2 期（總第 4 期）　頁 140～142　1984 年 12 月

姜小平　翁山先生的「屈姓」情結

　　　　廣東炎黃文化研究會編　嶺嶠春秋：嶺南文化論集（四）　頁 190～200　廣
　　　　州　廣東人民出版社　1997 年 8 月

曾漢棠　論屈大均的生死抉擇——兼論他對忠孝、出處的看法

　　　　廣東炎黃文化研究會編　嶺嶠春秋：嶺南文化論集（四）　頁 87～114　廣
　　　　州　廣東人民山版社　1997 年 8 月

蔡鴻生　屈大均的逃禪歸儒和辟佛

　　　　清初嶺南佛門事略　頁 73～97　廣州　廣東高等教育出版社　1997 年 7
　　　　月

蔡鴻生　論屈大均的逃禪歸儒和闢佛

　　　　廣東炎黃文化研究會編　嶺嶠春秋：嶺南文化論集（四）　頁 37～51　廣
　　　　州　廣東人民出版社　1997 年 8 月

卜慶安　論屈大均「逃禪」

　　　　海南師範學院學報（人文社會科學版）　第15卷第2期（總第58期）　頁
　　　　130～133　2002年

孫　立　屈大均的逃禪與明遺民的思想困境

　　　　中山大學學報（社會科學版）　第43卷第5期（總第185期）　頁27～
　　　　33　2003年9月

司徒彤、李毅瑜、譚　斌　從來燕趙多豪傑，捨卻沙亭何處尋——試論明末清初愛
　　　　國詩人屈大均的憂患意識

　　　　廣東炎黃文化研究會編　嶺嶠春秋：嶺南文化論集（四）　頁52～61　廣
　　　　州　廣東人民出版社　1997年8月

何天傑　聖賢恥獨善，所貴匡時艱——以天下為己任的屈大均

　　　　廣東炎黃文化研究會編　嶺嶠春秋：嶺南文化論集（四）　頁62～75　廣
　　　　州　廣東人民出版社　1997年8月

饒宗頤　奇士與奇文

　　　　廣東炎黃文化研究會編　嶺嶠春秋：嶺南文化論集（四）　頁34～36　廣
　　　　州　廣東人民出版社　1997年8月

何品端　從來天下士，只在布衣中——從名號、著作看屈大均

　　　　廣東炎黃文化研究會編　嶺嶠春秋：嶺南文化論集（四）　頁84～86　廣
　　　　州　廣東人民出版社　1997年8月

（四）思　想

黃　維　屈大均思想之研究

　　　　青年　第1卷第6期　1941年5月〔註9〕

　　　　文風學報　創刊號　32頁　1947年3月

朱謙之　明清之際兩思想家——傅山和屈大均〔註10〕

　　　　光明日報　1961年12月16日

　　　　山西社科院編　傅山研究文集　頁8～11　太原　山西人民出版社　1985
　　　　年8月

何樂文　屈大均（翁山）研究

　　　　香港　珠海書院中國文史研究所碩士論文　590面　1971年5月　何敬群
　　　　指導

〔註9〕　本文未見，轉引自《清代文學論著集目正編》，頁93，第01645條。

〔註10〕　「明清之際」、「傅山」，《清代文學論著集目正編》，頁94，第01654條，誤作
　　　　「清明之際」、「傅山」。

韓穗軒　屈大均論鄉儒理學

　　　　（上）華僑日報　1974 年 5 月 2 日

　　　　（下）華僑日報　1974 年 5 月 14 日

黃軼球　試論屈翁山及其創作

　　　　暨南大學學報（哲學社會科學版）　1979 年第 1 期（總第 1 期）　頁 83
　　　　～96　1979 年 7 月

司徒彤、何振邦、屈　九　愛國家，愛民族，愛人民──屈大均思想初探

　　　　廣東社會科學　1986 年第 3 期　頁 93～96　1986 年

司徒彤、可　辰、屈　九　愛國家，愛民族，愛人民──屈大均思想初探

　　　　廣東炎黃文化研究會編　嶺嶠春秋：嶺南文化論集（四）　頁 76～83　廣
　　　　州　廣東人民出版社　1997 年 8 月

黃文寬　屈翁山的哲學思想初探

　　　　嶺南文史　1986 年第 2 期（總第 8 期）　頁 2～5　1986 年

李玉梅　翁山談雪──屈大均反清思想表微

　　　　明末清初華南地區歷史人物功業研討會論文集　頁 277～286　香港　香
　　　　港中文大學歷史學系　1993 年 3 月

覃召文　尋根與戀土──屈大均的文化趣尚

　　　　炎黃世界　創刊號（總第 1 期）　頁 53～54　1994 年 1 月

覃召文　論屈大均的文化趣尚

　　　　廣東炎黃文化研究會編　嶺嶠春秋：嶺南文化論集（一）　頁 308～321　北
　　　　京　中國大百科全書出版社　1994 年 11 月

覃召文　尋根的心跡──論屈大均

　　　　文學遺產　1995 年第 6 期　頁 88～94　1995 年

毛慶耆　屈大均文藝思想的內容

　　　　嶺南文史　1997 年第 1 期（總第 41 期）　頁 30～34　1997 年 3 月

毛慶耆　屈大均文藝思想評述

　　　　廣東炎黃文化研究會編　嶺嶠春秋：嶺南文化論集（四）　頁 218～234　廣
　　　　州　廣東人民出版社　1997 年 8 月

何天杰　屈大均的儒學情結

　　　　學術研究　1997 年第 8 期（總第 153 期）　頁 73～77　1997 年 8 月

劉興邦　屈大均與陳白沙

　　　　廣東炎黃文化研究會編　嶺嶠春秋：嶺南文化論集（四）　頁 138～147　廣
　　　　州　廣東人民出版社　1997 年 8 月

劉付靖　翁山述白沙之學與詩

　　廣東炎黃文化研究會編　嶺嶠春秋：嶺南文化論集（四）　頁 181～189　廣州　廣東人民出版社　1997 年 8 月

劉付靖　粵詩詮粵學 —— 翁山述白沙之學與詩

　　學術研究　1998 年第 4 期　頁 73～75　1998 年

黃國信　翁山先生「汰監商」說考論

　　廣東炎黃文化研究會編　嶺嶠春秋：嶺南文化論集（四）　頁 524～533　廣州　廣東人民出版社　1997 年 8 月

（五）史　學

謝國楨　明季北都殉難記

　　增訂晚明史籍考　頁 359～360　上海　上海古籍出版社　1981 年 2 月新 1 版

謝國楨　明季南都殉難記

　　增訂晚明史籍考　頁 495～496　上海　上海古籍出版社　1981 年 2 月新 1 版

謝國楨　南渡剩萊

　　增訂晚明史籍考　頁 494～495　上海　上海古籍出版社　1981 年 2 月新 1 版

謝國楨　安龍逸史

　　增訂晚明史籍考　頁 557～558　上海　上海古籍出版社　1981 年 2 月新 1 版

林子雄　《廣東文選》研究〔註 11〕

　　廣東炎黃文化研究會編　嶺嶠春秋：嶺南文化論集（四）　頁 401～415　廣州　廣東人民出版社　1997 年 8 月

　　書目季刊　第 32 卷第 4 期　頁 65～78　1999 年 3 月

王承文　屈大均《廣東文選》論略

　　廣東炎黃文化研究會編　嶺嶠春秋：嶺南文化論集（四）　頁 416～425　廣州　廣東人民出版社　1997 年 8 月

謝國楨　皇明四朝成仁錄

　　增訂晚明史籍考　頁 412～416　上海　上海古籍出版社　1981 年 2 月新 1 版

〔註 11〕承蒙林子雄先生告知，此文先以刪節本收入《嶺嶠春秋：嶺南文化論集（四）》，後以全文發表於《書目季刊》。

林梓宗　屈大均和《皇明四朝成仁錄》

　　廣東炎黃文化研究會編　嶺嶠春秋：嶺南文化論集（四）　頁 395～400　廣州　廣東人民出版社　1997 年 8 月

陳文源　屈大均《四朝成仁錄》的史學價值

　　廣東炎黃文化研究會編　嶺嶠春秋：嶺南文化論集（四）　頁 426～435　廣州　廣東人民出版社　1997 年 8 月

關漢華、冼劍民　屈大均及其史學

　　暨南學報（哲學社會科學版）　第 19 卷第 2 期（總第 71 期）　頁 63～71　1997 年 4 月

　　廣東炎黃文化研究會編　嶺嶠春秋：嶺南文化論集（四）　頁 365～382　廣州　廣東人民出版社　1997 年 8 月

邱樹森　屈大均論廣東南宋遺民

　　文化雜誌　第 32 期　頁 79～84　1997 年秋

　　廣東炎黃文化研究會編　嶺嶠春秋：嶺南文化論集（四）　頁 201～212　廣州　廣東人民出版社　1997 年 8 月

（六）詩

劉思奮、周錫䪮選注　嶺南三家詩選（按：即屈大均、陳恭尹、梁佩蘭）

　　廣州　廣東人民出版社　331 頁〔註12〕　1980 年 1 月

謝國楨　甲寅乙卯軍中集

　　增訂晚明史籍考　頁 705～706　上海　上海古籍出版社　1981 年 2 月新 1 版

王世昭　論嶺南三大詩家（屈大均、梁佩蘭、陳恭尹）

　　（1）自由報　第 314 期　1954 年 3 月 6 日　第 4 版

　　（2）自由報　第 315 期　1954 年 3 月 10 日　第 4 版

　　（3）自由報　第 316 期　1954 年 3 月 13 日　第 4 版

黃慶雲　屈翁山之詩

　　（1）大風半月刊　第 60 期　頁 1839～1842　1940 年 1 月

　　（2）大風半月刊　第 61 期　頁 1871～1874　1940 年 2 月

汪杼庵〔註13〕　十三行與屈大均廣州竹枝詞

　　歷史研究　1957 年第 6 期　頁 22　1957 年 6 月

　　廣東文物叢談　頁 182～184　香港　中華書局香港分局　1974 年 10 月

〔註12〕屈大均詩一百首，在頁 1～163。
〔註13〕「杼」，《清代文學論著集目正編》，頁 94，第 01651 條，誤作「抒」。

楚　公　屈大均其人與詩

　　　　暢流　第 22 卷第 5 期　頁 4～5　1960 年 10 月〔註 14〕

汪宗衍　屈大均寄汪士鈜詩卷

　　　　廣東文物叢談　頁 166～169　香港　中華書局香港分局　1974 年 10 月

曹思健　屈大均澳門詩考釋

　　　　珠海學報　第 3 期　頁 149～161　1970 年 6 月

歐安年　對屈大均詠澳門諸詩之探討

　　　　羊城今古　1997 年第 3 期　頁 46～49　1997 年

陳　香　閩粵兩詩雄（鄭所南與屈大均）

　　　　藝文誌　第 104 期　頁 51～54　1974 年 5 月

陳　香　閩粵兩詩雄

　　　　東方雜誌　復刊第 17 卷第 7 期　頁 74～77　1984 年 1 月〔註 15〕

陳荊鴻　屈翁山其詩其人〔註 16〕

　　　　廣東文獻　第 4 卷第 2 期　頁 21～27　1974 年 6 月

劉孝嚴〔註 17〕　屈大均《早發大同作》詩中的「白河」和「三關」

　　　　東北師大學報（哲學社會科學版）　1984 年第 2 期（總第 88 期）　頁 115
　　　　～116　1984 年 3 月

趙永紀　屈大均詩學淵源辨

　　　　阜陽師範學院學報　1984 年第 3 期　1984 年

陳衛民　翁山詩論初探——兼評翁山與漁洋的異同

　　　　廣州研究　1985 年第 1 期　頁 80～83　1985 年

倪烈懷　屈大均的愛國詩篇與「雨花臺衣冠冢案」

　　　　嶺南文史　1985 年第 2 期（總第 6 期）　頁 68～78　1985 年 12 月

蕭文苑　論屈翁山詩的嶺南風情

　　　　吉林大學社會科學學報　1986 年第 6 期（總第 78 期）　頁 89～93　1986
　　　　年 11 月

〔註 14〕「1960 年 10 月」,《清代文學論著集目正編》,頁 94,第 01653 條,誤作「1959
　　　　年 9 月」。

〔註 15〕此篇與前條資料內容大抵相同,僅有少數文字上的更動,但因作者曾作修改,
　　　　故別立一條,以示其異。

〔註 16〕《清代文學論著集目正編》,頁 94,第 01664 條,誤作「屈大均（翁山）其詩
　　　　其人」。

〔註 17〕「孝」,宋隆發編:《清代文學論著集目續編》(臺北:五南圖書出版公司,1997
　　　　年 12 月),頁 63,第 00854,誤作「考」。

吳建新　從屈翁山農事詩看明清之際廣東農業情況

　　　　嶺南文史　1987 年第 1 期（總第 9 期）　頁 59～68　1987 年 6 月

嚴志雄　屈翁山詠史詩之探索 —— 屈氏詠史詩之春秋大義與用世思想

　　　　香港　香港中文大學研究院中國語文學部碩士論文　647 頁　1989 年 7 月
　　　　常宗豪、吳宏一、齊益壽指導

林子雄　從《詩外》看晚年翁山

　　　　嶺南文史　1991 年第 2 期（總第 18 期）　頁 24～26　1991 年 6 月

嚴　明　屈大均與清初嶺南詩歌

　　　　清代廣東詩歌研究　頁 19～24　臺北　文津出版社　1991 年 8 月

嚴志雄　屈翁山《詠史》詩試解

　　　　大陸雜誌　第 84 卷第 1 期　頁 5～13　1992 年 1 月

覃召文　屈大均的「以『易』爲詩」說

　　　　嶺南古代文藝思想論壇　第 1 輯　頁 303～314　廣州　暨南大學出版社
　　　　1993 年 6 月

趙永紀　屈大均

　　　　清初詩歌　頁 259～286　北京　光明日報出版社　1993 年 5 月

張靜尹　屈翁山忠愛詩研究

　　　　高雄　高雄師範大學國文研究所碩士論文　211 面　張子良指導　1994 年
　　　　6 月

張靜尹　屈翁山社會詩初探

　　　　大仁學報　第 13 期　頁 115～130　1995 年 3 月

林舉英　屈大均雜體詩初探

　　　　深圳大學學報（人文社會科學版）　第 13 卷第 2 期　頁 30～36　1996 年
　　　　5 月

王英志　論屈大均的山水詩

　　　　文學遺產　1996 年第 6 期　頁 78～86　1996 年

趙福壇　略論屈大均及其詩的源流風格

　　　　廣州師院學報（社會科學版）　1996 年第 4 期　頁 13～17　1996 年

楊松年　屈大均與後代論詩絕句

　　　　新加坡國立大學中文系學術論文　第 137 種　17 頁　1997 年

　　　　廣東炎黃文化研究會編　嶺嶠春秋：嶺南文化論集（四）　頁 298～310　廣
　　　　州　廣東人民出版社　1997 年 8 月

李錦全　屈大均詩作的時代心聲

　　　　廣東炎黃文化研究會編　嶺嶠春秋：嶺南文化論集（四）　頁 215～217　廣州　廣東人民出版社　1997 年 8 月

鍾賢培　清朝嶺南詩壇大家屈大均

　　　　廣東炎黃文化研究會編　嶺嶠春秋：嶺南文化論集（四）　頁 235～245　廣州　廣東人民出版社　1997 年 8 月

常宗豪　屈翁山詩與春秋大義

　　　　廣東炎黃文化研究會編　嶺嶠春秋：嶺南文化論集（四）　頁 264～266　廣州　廣東人民出版社　1997 年 8 月

戚培根　略論屈大均詩的藝術成就

　　　　廣東炎黃文化研究會編　嶺嶠春秋：嶺南文化論集（四）　頁 285～291　廣州　廣東人民出版社　1997 年 8 月

趙福壇　略論屈大均詩的源流

　　　　廣東炎黃文化研究會編　嶺嶠春秋：嶺南文化論集（四）　頁 311～318　廣州　廣東人民出版社　1997 年 8 月

羅可群　詩如其人，詩如其論 —— 淺談「嶺南屈宋」

　　　　廣東炎黃文化研究會編　嶺嶠春秋：嶺南文化論集（四）　頁 328～336　廣州　廣東人民出版社　1997 年 8 月

楊子怡　屈大均詩歌的文化精神與美學品格

　　　　汕頭大學學報（人文科學版）　第 14 卷第 4 期　頁 33～41 轉頁 51　1998 年

冼劍民　屈大均詩文的美學風格

　　　　廣東炎黃文化研究會編　嶺嶠春秋：嶺南文化論集（四）　頁 273～284　廣州　廣東人民出版社　1997 年 8 月

倪雅男　清代兩位詩人和他們的作品（按：屈大均、查慎行）

　　　　黔西南民族師專學報（綜合版）　1998 年第 2 期　頁 12～16　1998 年

謝國楨　談《翁山詩外》

　　　　明清史談叢　頁 225～226　瀋陽　遼寧教育出版社　2000 年 1 月

朱則杰　清詩叢考・三、屈大均《贈厲子還西泠》

　　　　浙江大學學報（人文社會科學版）　第 30 卷第 4 期　頁 90　2000 年 8 月

嚴志雄　體物、記憶與遺民情境 —— 屈大均一六五九年詠梅詩探究

　　　　中國文哲研究集刊　第 21 期　頁 43～87　2002 年 9 月

董就雄　屈大均的詩學創作觀

　　第一屆中文系研究生國際學術討論會　香港浸會大學中文系主辦　2003年 12 月 8 日～9 日

葉春生　屈大均輯錄的粵歌

　　嶺南俗文學簡史　頁 41～45　廣州　廣東高等教育出版社　1996 年 6 月第 1 版、2003 年 9 月修訂

（七）詞

籜　公　忍寒漫錄八

　　同聲月刊　第 1 卷第 6 號　頁 62　1941 年 5 月

籜　公　忍寒漫錄九

　　同聲月刊　第 1 卷第 7 號　頁 74　1941 年 6 月

韓穗軒　屈大均「詞」簡介

　　古今談　第 110 期　頁 14　1974 年 6 月

羅子英　屈翁山騷屑詞讀後記〔註18〕

　　廣東文獻　第 9 卷第 3 期　頁 9～11　1979 年 9 月

關照祺　讀屈翁山騷屑詞

　　廣東文獻　第 12 卷第 3 期　頁 50～53　1982 年 9 月

黃坤堯　騷屑詞研究

　　廣東炎黃文化研究會編　嶺嶠春秋：嶺南文化論集（四）　頁 246～263　廣州　廣東人民出版社　1997 年 8 月

蔡國頌　海嶠明珠 —— 略論屈大均的《騷屑》詞

　　廣東炎黃文化研究會編　嶺嶠春秋：嶺南文化論集（四）　頁 267～272　廣州　廣東人民出版社　1997 年 8 月

陳　美　嶺南詞宗屈大均

　　明末忠義詞人研究　頁 112～122　臺北　東吳大學中國文學研究所碩士論文　張子良指導　1986 年 4 月

清水　茂　屈大均の詞

　　中國文學報（日本京都大學）　第 50 冊（記念號）　頁 108～117　1995年 4 月

〔註18〕該文作者於期刊目次頁作「羅子英」，內文則作「羅稚英」，未知孰是？《中國文化論文研究目錄》、《清代文學論著集目正編》（頁 95，第 01668 條）、《詞學論著總目（1901～1992）》（第 3 冊，頁 1549，第 21902 條），皆作「羅子英」。又，三書篇目均作「屈大均（翁山）騷屑詞讀後記」。

清水　茂著，蔡　毅譯　屈大均的詞

　　　　清水茂漢學論集　頁 197～205　北京　中華書局　2003 年 10 月

清水　茂　屈大均詞的押韻

　　　　中文學刊（香港）　第 2 期　頁 165～171　2000 年 12 月

清水　茂著，蔡　毅譯　屈大均詞的押韵

　　　　清水茂漢學論集　頁 448～454　北京　中華書局　2003 年 10 月

（八）散　文

謝國楨　翁山文鈔

　　　　增訂晚明史籍考　頁 914～915　上海　上海古籍出版社　1981 年 2 月新 1
　　　　版

鄧光禮　屈大均生平及其散文略說

　　　　中國傳統文化研究　第 1 輯　頁 197～212　廣州　廣東高等教育出版社
　　　　1994 年 3 月

冼劍民　屈大均詩文的美學風格

　　　　廣東炎黃文化研究會編　嶺嶠春秋：嶺南文化論集（四）　頁 273～284　廣
　　　　州　廣東人民出版社　1997 年 8 月

（九）筆　記

屈大均　廣東新語

　　　　北京　中華書局　2 冊　1985 年 4 月（清代史料筆記叢刊）

屈大均著，李育中等注　廣東新語注

　　　　廣州　廣東人民出版社　643 面　1991 年 5 月

柳作梅　重印廣東新語前記

　　　　廣東新語　頁 1～10　臺北　臺灣學生書局據清康熙卅九年木天閣刊本景
　　　　印　1968 年 4 月（《新修方志叢刊》）

林子雄　新版《廣東新語》辨誤九則

　　　　文獻　1991 年第 2 期（總第 48 期）　頁 284—286　1991 年

吳建新　《廣東新語》何年成書

　　　　廣東史志　1987 年第 4 期　頁 27～28　1987 年 8 月

趙立人　《廣東新語》的成書年代與十三行

　　　　廣東社會科學　1989 年第 1 期（總第 19 期）　頁 60～63　1989 年 2 月

吳建新　《廣東新語》成書年期再探

　　　　廣東社會科學　1989 年第 3 期（總第 21 期）　頁 79～83　1989 年 8 月

關照祺　一部粵人應讀之寶典 —— 屈大均「廣東新語」之簡介
　　　　廣東文獻　第 14 卷第 1 期　頁 30～34　1984 年 3 月

來新夏　屈大均與《廣東新語》
　　　　學術研究　1985 年第 1 期（總第 68 期）　頁 89～91　1985 年 1 月
　　　　廣東文化新探究論文集　香港　現代教育研究社　1996 年

徐　續　再談「廣東新語」
　　　　藝林叢錄　第 5 編　頁 276～280　香港　商務印書館　1964 年 12 月

李象元　屈大均「廣東新語」魚類考釋
　　　　珠海學報　第 7 期　頁 111～182　1974 年 4 月

柳作梅　屈大均「廣東新語」的歷史背景
　　　　書目季刊　第 2 卷第 1 期　頁 61～66　1967 年 9 月
　　　　廣東文獻　第 5 卷第 4 期　頁 16～21　1976 年 3 月

和田博德　廣東新語・南越筆記と文字獄
　　　　史學　第 49 卷第 2、3 期合刊　頁 257～259　1976 年 6 月

林亞杰　詩人屈大均與《廣東新語》
　　　　黃金時代　1981 年第 11 期　頁 19　1981 年

李　默　讀《廣東新語》—— 校點《廣東新語》後記
　　　　廣東炎黃文化研究會編　嶺嶠春秋：嶺南文化論集（四）　頁 351～364　廣
　　　　州　廣東人民出版社　1997 年 8 月

李　默　讀屈大均《廣東新語》
　　　　廣東社會科學　1997 年第 5 期（總第 67 期）　頁 80～86　1997 年 10 月

朱育友、朱夢星　曾獲高度評價的兩種地方文獻（按：指《廣東新語》和李調元《粵
　　　　東筆記》）
　　　　廣東史志　1991 年第 3 期　1991 年

鄭克晟　論屈大均《廣東新語》的史料價值
　　　　明末清初華南地區歷史人物功業研討會論文集　頁 267～275　香港　香
　　　　港中文大學歷史學系　1993 年 3 月

鄭克晟　論屈大均《廣東新語》之史料價值
　　　　明清史探實　頁 374～394　北京　中國科學出版社　2001 年 11 月

鄧光禮　試論《廣東新語》的思想價值
　　　　廣東炎黃文化研究會編　嶺嶠春秋：嶺南文化論集（四）　頁 166～180　廣
　　　　州　廣東人民出版社　1997 年 8 月

程國賦　《廣東新語》的文學價值
　　　　廣東炎黃文化研究會編　嶺嶠春秋：嶺南文化論集（四）　頁 319～327　廣
　　　　州　廣東人民出版社　1997 年 8 月

林倫倫　屈大均筆下的賽龍奪錦

　　　　廣州研究　1986 年第 4 期（總第 18 期）　頁 51　1986 年

吳建新　屈翁山筆下的海南風物

　　　　廣東史志　1987 年第 1 期（總第 11 期）　頁 52～53　1987 年 8 月

陳千鈞、楊　豈、黃寶權　試論《廣東新語》的寫作特色及其述載的廣東經濟（論文摘要）

　　　　廣東炎黃文化研究會編　嶺嶠春秋：嶺南文化論集（一）　頁 555～557　北京　中國大百科全書出版社　1994 年 11 月

蔣祖緣　簡論《廣東新語》對廣東農業商品經濟史的記述

　　　　廣東炎黃文化研究會編　嶺嶠春秋：嶺南文化論集（四）　頁 483～493　廣州　廣東人民出版社　1997 年 8 月

楊　豈　從《廣東新語》看屈大均對社會問題的關注及他的愛國思想

　　　　廣東炎黃文化研究會編　嶺嶠春秋：嶺南文化論集（三）　頁 172～182　廣州　廣東人民出版社　1996 年 12 月

李　華　屈大均和他的《廣東新語》

　　　　清史研究　1992 年第 1 期（總第 5 期）　頁 28～38　1992 年

　　　　明末清初華南地區歷史人物功業研討會論文集　頁 255～265　香港　香港中文大學歷史學系　1993 年 3 月

寒冬虹　屈大均與《廣東新語》

　　　　文獻　1994 年第 3 期（總第 61 期）　頁 246—253　1994 年

廖輔叔　劉三姐與屈大均〔註19〕

　　　　中央音樂學院學報　1996 年第 4 期（總第 65 期）　頁 46～47　1996 年 11 月

曾昭璇、曾憲珊　中國清初傑出地理學者屈大均 —— 論《廣東新語》對自然地理學的貢獻

　　　　中國歷史地理論叢　1997 年第 3 輯（總第 44 輯）　頁 117～148　1997 年

曾昭璇、曾憲珊　清初傑出的地理學家屈大均 —— 論《廣東新語》對自然地理學的貢獻

　　　　廣東炎黃文化研究會編　嶺嶠春秋：嶺南文化論集（四）　頁 534～561　廣州　廣東人民出版社　1997 年 8 月

劉漢東　論《廣東新語》中天文地理與嶺南文化諸況

　　　　廣東炎黃文化研究會編　嶺嶠春秋：嶺南文化論集（四）　頁 562～570　廣州　廣東人民出版社　1997 年 8 月

〔註19〕按，劉三姐事見於《廣東新語》，故編入此類。

張濤光　從《廣東新語》看屈大均崇尚科學技術的精神和研究的方法

　　廣東炎黃文化研究會編　嶺嶠春秋：嶺南文化論集（四）　頁 571～581　廣州　廣東人民出版社　1997 年 8 月

黃世端　淺論《廣東新語》中的科技

　　廣東炎黃文化研究會編　嶺嶠春秋：嶺南文化論集（四）　頁 582～595　廣州　廣東人民出版社　1997 年 8 月

鄭翔貴　以《廣東新語》爲中心看屈大均的價值觀

　　廣東炎黃文化研究會編　嶺嶠春秋：嶺南文化論集（四）　頁 148～165　廣州　廣東人民出版社　1997 年 8 月

劉　燦　借鬼神以明志 —— 讀屈大均《廣東新語・怪語》

　　廣東炎黃文化研究會編　嶺嶠春秋：嶺南文化論集（四）　頁 292～297　廣州　廣東人民出版社　1997 年 8 月

楊　皚　試論屈大均對廣東神怪事物的載述

　　廣東炎黃文化研究會編　嶺嶠春秋：嶺南文化論集（四）　頁 704～716　廣州　廣東人民出版社　1997 年 8 月

李勤德　《新語》、《世說新語》與《廣東新語》

　　廣東炎黃文化研究會編　嶺嶠春秋：嶺南文化論集（四）　頁 383～394　廣州　廣東人民出版社　1997 年 8 月

陳憲猷　《廣東新語》對廣東歷史文明的評估

　　廣東炎黃文化研究會編　嶺嶠春秋：嶺南文化論集（四）　頁 436～448　廣州　廣東人民出版社　1997 年 8 月

黃明同　屈大均與嶺南商品經濟 —— 讀《廣東新語》隨感

　　廣東炎黃文化研究會編　嶺嶠春秋：嶺南文化論集（四）　頁 451～462　廣州　廣東人民出版社　1997 年 8 月

黃啓臣　《廣東新語》反映的明末清初經濟發展狀況

　　廣東炎黃文化研究會編　嶺嶠春秋：嶺南文化論集（四）　頁 463～482　廣州　廣東人民出版社　1997 年 8 月

譚赤子　《廣東新語》中民俗描寫的意義

　　廣東炎黃文化研究會編　嶺嶠春秋：嶺南文化論集（四）　頁 680～689　廣州　廣東人民出版社　1997 年 8 月

賴達觀　屈大均與佛山

　　廣東炎黃文化研究會編　嶺嶠春秋：嶺南文化論集（四）　頁 639～647　廣州　廣東人民出版社　1997 年 8 月

何熾垣　屈大均與石灣陶器

　　廣東炎黃文化研究會編　嶺嶠春秋：嶺南文化論集（四）　頁 648～660　廣州　廣東人民出版社　1997 年 8 月

賴達觀　屈大均與佛山文化

　　　　佛山大學學報　第 15 卷第 5 期　頁 80～84　1997 年 10 月

楊　豔　屈大均筆下稱「最」的幾則記事 —— 讀《廣東新語》札記

　　　　廣東史志　1998 年第 4 期（總第 58 期）　頁 38～40　1998 年

陳表義　元代嶺南文化爲何衰敝？ —— 讀屈大均《廣東新語》

　　　　廣西大學學報（哲學社會科學版）　第 20 卷第 3 期　頁 59～61　1998 年
　　　　6 月

楊　豔　對《廣東新語》所載錦石山銘的一點思考

　　　　廣東史志　2001 年第 2 期（總第 68 期）　頁 39～41　2001 年

張秀蓉　論《廣東新語》的經世之學

　　　　東吳歷史學報　第 7 期　頁 53～83　2001 年 3 月

（十）評　價

楊　豔　屈大均研究廣東經濟成就淺探

　　　　中國傳統文化研究·嶺南文化研究專輯　第 2 輯　頁 200～213　廣州　華
　　　　南師範大學學報雜誌社　1995 年 9 月

彭世獎　論屈大均在廣東農業文化史上的貢獻

　　　　中國科技史料　第 18 卷第 1 期（總第 74 期）　頁 29～37　1997 年

彭世獎　屈大均與廣東農業文化

　　　　廣東炎黃文化研究會編　嶺嶠春秋：嶺南文化論集（四）　頁 494～510　廣
　　　　州　廣東人民出版社　1997 年 8 月

袁鐘仁　屈大均研究嶺南對外經濟文化交流的貢獻

　　　　廣東炎黃文化研究會編　嶺嶠春秋：嶺南文化論集（四）　頁 511～523　廣
　　　　州　廣東人民出版社　1997 年 8 月

汪松濤　屈大均與廣東地方文獻

　　　　嶺南文史　1997 年第 4 期（總第 44 期）　頁 4～8　1997 年 12 月

羅志歡　屈大均整理廣東古代文獻的業績和成就

　　　　文獻　1999 年第 4 期（總第 82 期）　頁 106～117　1999 年 10 月

楊　豔　研究嶺南文化的英傑 —— 紀念屈大均逝世 300 周年

　　　　廣東史志　1996 年第 3 期（總第 49 期）　頁 63～70　1996 年

歐　初、丁希凌　斯人雖逝，風範猶存 —— 紀念屈大均逝世 300 周年

　　　　廣東炎黃文化研究會編　嶺嶠春秋：嶺南文化論集（四）　頁 29～33　廣
　　　　州　廣東人民出版社　1997 年 8 月

陳華新　屈大均在嶺南文化中的歷史地位

　　　　廣東炎黃文化研究會編　嶺嶠春秋：嶺南文化論集㈣　頁 599～610　廣州　廣東人民出版社　1997 年 8 月

（十一）其　他

番禺炎黃文化研究會籌備組編　紀念屈大均文選

　　　　出版地、出版單位者不詳　115 面

同　文　屈大均國際學術研討會綜述

　　　　學術研究　1997 年第 1 期（總第 146 期）　頁 81　1997 年 1 月

　　　　廣東社會科學　1997 年第 1 期（總第 63 期）　頁 144～145　1997 年 2 月

廣東炎黃文化研究會編　嶺嶠春秋：嶺南文化論集（四）

　　　　廣州　廣東人民出版社　2 冊　1997 年 8 月

　　　　（一）領導講話

1. 歐　初　「屈大均思想在嶺南文化中的地位」國際學術研討會開幕詞　頁 3～9

2. 丁希凌　「屈大均思想在嶺南文化中的地位」國際學術研討會閉幕詞　頁 10～18

3. 梁國維　番禺炎黃文化研究會成立大會、「屈大均思想在嶺南文化中的地位」國際學術研討會歡迎詞　頁 19～21

4. 梁偉蘇　弘揚中華文化，振奮民族精神 —— 在番禺炎黃文化研究會成立大會上的講話　頁 22～26

　　　　（二）氣質風範與學術思想

1. 歐　初、丁希凌　斯人雖逝，風範猶存 —— 紀念屈大均逝世 300 周年　頁 29～33

2. 饒宗頤　奇士與奇文　頁 34～36

3. 蔡鴻生　論屈大均的逃禪歸儒和闢佛　頁 37～51

4. 司徒彤、李毅瑜、譚　斌　從來燕趙多豪傑，捨卻沙亭何處尋 —— 試論明末清初愛國詩人屈大均的憂患意識　頁 52～61

5. 何天傑　聖賢恥獨善，所貴匡時艱 —— 以天下為己任的屈大均　頁 62～75

6. 司徒彤、可　辰、屈　九　愛國家，愛民族，愛人民 —— 屈大均思想初探　頁 76～83

7. 何品端　從來天下士，只在布衣中 —— 從名號、著作看屈大均　頁 84～86

【附記】本目錄承蒙廣東省立中山圖書館研究員林子雄先生斧正，又得袁明嶸同學協助覆核部分條目，謹申謝悃。

附錄二：《翁山易外》所採互體法彙編

【說明】

　　本表以《翁山易外》前六十四卷所釋《易經》六十四卦爲範圍，就互體通例（下互、上互）作整理，旨在凸顯《翁山易外》對互體法使用的頻繁度，至於其他變例則不予收入。

	《翁山易外》所採互體法	說　　明
乾		
坤		
屯	卦有坤而无乾（頁 59）	下互〈坤〉
蒙	二與上容一坤於中（頁 79）	上互〈坤〉
	蒙之上爲震（頁 81）	下互〈震〉
需	卦有離，四，離之中也（頁 87）	上互〈離〉
訟	互離日上于天爲朝（頁 92）	下互〈離〉
師	五爲坤之主，下有震（頁 96）	下互〈震〉
比	比上坎下坤互艮（頁 102）	上互〈艮〉
小畜	四上互離（頁 105）	上互〈離〉
	二互四爲兌（頁 107）	下互〈兌〉
履	三離中爲日之光（頁 112） 與三之離日相應（頁 113） 二互離爲目（頁 115） 四三二肖離（頁 117）	下互〈離〉
	四互巽爲股（頁 115） 五四三肖巽爲風（頁 117）	上互〈巽〉
	卦互有中孚（頁 113）	上互〈巽〉與下互〈兌〉合爲〈中孚〉

－293－

泰	三象震（頁122） 互震故知其載震也（頁124）	上互〈震〉
否	否有巽（頁129）	上互〈巽〉
同人		
大有		
謙	謙互坎爲大川（頁147） 二互坎爲耳（頁148） 互坎，坎主勞（頁149）	下互〈坎〉
	爻互震（頁149） 卦有震無巽（頁150）	上互〈震〉
豫	震在坎中（頁152） 又互坎（頁159）	上互〈坎〉
	二綜艮（頁157） 二至四爲艮（頁157） 又四爲艮之上（頁159） 四，坎中也（頁161）	下互〈艮〉
隨	巽上震下（頁162） 三以巽之在下（頁164） 三四爲巽震之交（頁164） 三巽（頁165）	上互〈巽〉
	兌上艮下（頁162） 二至三爲艮（頁164） 二以艮之下（頁164） 四與二互爲艮（頁164～165）	下互〈艮〉
	三巽（頁165）	上互〈巽〉
	卦互艮又互巽（頁162）	下互〈艮〉；上互〈巽〉
蠱	風與雷皆在山下（頁167） 三爲震雷也（頁168） 卦中有震（頁169） 蠱自初至五爲震巽之用事（頁171）	上互〈震〉
臨	二主震（頁175）	上互〈震〉
觀		

噬嗑	四坎豕之骨也（頁186） 又互坎（頁187） 又爲坎之二（頁187） 九四坎實（頁187）	上互〈坎〉
賁	故二互坎（頁190） 賁有坎有離（頁191）	下互〈坎〉
	故三互震（頁190）	上互〈震〉
剝		
復		
无妄	卦互巽（頁220） 二在巽下（頁221） 五爲巽之三（頁223）	上互〈巽〉
大畜	二，兌之初也（頁228）	下互〈兌〉
	三，震之初也（頁228）	上互〈震〉
頤	中有重坤（頁231）	下互〈乾〉；上互〈乾〉
大過	上互重乾（頁243） 互乾（頁244）	上互〈乾〉
坎	勿用者互艮止也（頁248） 坎互艮爲門（頁250） 終者互艮成終也（頁250） 卦互艮（頁250）	上互〈艮〉
	二爲震（頁248） 又互體在震上（頁250） 後互震（頁251）	下互〈震〉
	卦有艮震（頁249）	下互〈震〉；上互〈艮〉
離	又互兌以澤而說（頁253） 四互兌（頁256） 卦互兌（頁258）	上互〈兌〉
	百穀草木相見乎離而互巽（頁253） 離三互巽（頁256）	下互〈巽〉
	三下互巽，上互兌，乃大過之卦（頁258）	下互〈巽〉與上互〈兌〉合爲〈大過〉
咸	乾在腹（頁265）	上互〈乾〉
	互巽爲股（頁267） 四之位，巽以此爲上（頁269） 下互巽善入（頁269）	下互〈巽〉

恒		
遯		
大壯	三乾之終爲牡，居兌之始（頁299） 卦肖兌（頁300） 五兌（頁306） 又五爲兌之終（頁306） 五主兌（頁301） 五喪兌之羊（頁301） 兌在震下（頁301）	上互〈兌〉
晉	一陽在四，爲坎之中（頁303） 晉之象坤上有坎（頁303） 卦有坎（頁306） 離上坎下（頁306）	上互〈坎〉
	又爲艮之上（頁303）	下互〈艮〉
明夷	互坎血卦（頁309） 四之下爲坎（頁310） 卦中有坎（頁310） 自初至四，離坎相交（頁311）	下互〈坎〉
家人	卦有中男而无長少，有長中女而无少中男，坎也（頁313） 互坎（頁315） 離內坎外（頁316） 又互坎水（頁317） 三處離坎之中（頁318） 互坎爲酒食（頁318）	下互〈坎〉
	卦有重離（頁315）	上互〈離〉
睽	卦有重離（頁321） 三互二四，亦離之目也（頁323） 三，離之中也（頁325）	下互〈離〉
	四，坎也（頁322） 其中有坎（頁324） 五互三爲坎（頁326）	上互〈坎〉

蹇	卦有重坎（頁 328） 三既互坎（頁 330） 處重坎之中（頁 330）	下互〈坎〉
	離在重坎之中（頁 330） 離在重坎中爲朋來（頁 330）	下互〈坎〉；上互〈離〉
解	在坎上互五又爲坎（頁 334） 四與二皆坎（頁 335）	上互〈坎〉
損	互震爲動（頁 341）	下互〈震〉
益		
夬	互乾中（頁 357）	下互〈乾〉；上互〈乾〉
姤		
萃	卦有風（頁 376）	上互〈巽〉
升		
困	五四三肖巽（頁 383） 又巽爲木（頁 385） 巽爲股（頁 386） 卦互巽（頁 386）	上互〈巽〉
	卦互離（頁 384） 又互離（頁 385） 三在離位（頁 386）	下互〈離〉
井	互離爲明（頁 393） 四互離（頁 393） 上離下巽（頁 394） 卦有離（頁 395）	上互〈離〉
	下爲兌口（頁 394）	下互〈兌〉
革	又三與五互（頁 397） 四居乾之中（頁 398） 卦中有乾（頁 399） 乾互卦（頁 399） 卦互乾（頁 340） 兌而互乾（頁 400） 五互三爲乾（頁 400） 革鼎皆有乾（頁 403）	上互〈乾〉
	又互巽（頁 400） 離而互巽（頁 400）	下互〈巽〉

鼎	鼎有乾（頁402） 鼎腹乾而耳目離（頁402） 革鼎皆有乾（頁403） 乾在鼎之腹（頁404） 腹之乾，金也（頁407）	下互〈乾〉
	鼎乾下兌上（頁404）	下互〈乾〉；上互〈兌〉
震	震中有坎（頁409） 四在坎中（頁410） 震互離坎（頁411） 互坎（頁411）	上互〈坎〉
艮	卦互坎（頁416）	下互〈坎〉
漸	然漸互有坎下離上未濟之象（頁425） 又互離上坎下（頁428）	下互〈坎〉；上互〈離〉
	互離則雉（頁425） 三互離爲戈兵（頁426）	上互〈離〉
	互坎則非雉（頁426）	下互〈坎〉
歸妹	爻有離有坎（頁429）	下互〈離〉；上互〈坎〉
	卦有離（頁431） 又下有離爲日（頁435） 三互二四爲離（頁435）	下互〈離〉
	又有坎（頁432） 上有坎爲月（頁435） 歸妹之三互五爲坎（頁435）	上互〈坎〉
豐	卦互兌（頁443）	上互〈兌〉
旅	互巽爲雞（頁448） 互巽爲鳥不成坤（頁449）	下互〈巽〉
巽	五互三爲離（頁453）	上互〈離〉
兌	卦互離（頁455）	下互〈離〉
渙	卦有風山雷水（頁461）	下互〈震〉；上互〈艮〉
	二爲震足（頁462） 五巽而二震（頁463）	下互〈震〉
	又三互艮（頁461）	上互〈艮〉

節	上互艮爲戶（頁 467） 互三爲艮（頁 469） 五至三肖艮（頁 469） 互艮故過止（頁 471）	上互〈艮〉
	又肖震肖艮（頁 467）	下互〈震〉；上互〈艮〉
中孚	卦震中有坎，坎中有震（頁 474） 互震（頁 476） 二互震（頁 476）	下互〈震〉
	互震艮（頁 476）	下互〈震〉；上互〈艮〉
	互艮（頁 476） 三互艮（頁 476）	上互〈艮〉
小過	卦互兌（頁 485）	上互〈兌〉
既濟	二三四互坎爲車（頁 489）	下互〈坎〉
	四爲離之中（頁 490）	下互〈離〉
未濟		

圖　版

圖版一：屈大均像

—— 引自葉衍蘭、葉恭綽編：《清代學者像傳合集》（上海：上海古籍出版社，1989年7月），頁35。

圖版二：七十一卷本《翁山易外》

（《四庫禁燬書叢刊》影印北京圖書館藏清鈔本）

翁山易外卷一

番禺　屈大均翁山

翁山易外　卷一

乾

一

三☰乾

凡卦六畫以三為體三為用乾六畫皆奇純剛之
衆惟天與聖人足以當之體用皆備而其道變化
於六子六子之道則變化於乾乾不可見見於四
德太歲不可見見於四時以四時為用四德為體四
以四時為用乾之動也天之道也利貞者元之
靜也地之道也元亨乾之動也利貞也復於元
穿焉天之道必通於他也之道必復於天也聖人
言性必及天道言天道必及性元亨利貞者性也

天道也在天道四時四氣在性為四德四事聖人
言易皆合天人而一之求性與天道於元亨利貞
而可以得之矣

元亨利貞者陰陽五行之性情也乾之一生水則
為元乾之二生火則為亨乾之三成木則為利乾
之四成金則為貞而乾為土以為四德之本則乾
之五也五无數而為一之始四之終則其數在一
二三四之中也五在一二三四之中則四德在乾

天道始於水以生故上經多水卦上經者天之道
也地道始於火以成故下經多火卦下經者地之

道也天以水為道水為萬物之元地以火為道火
為萬物之亨元者利之始亨者元之終亨者貞之
始貞者亨之終

三☰天字也三橫則為天三直則為川天與水一气
之三者气之上浮者也一為气而為二為三
至三而萬明極矣川者天之气其折多圓天之所為
直丶為水之曲水行天之气其折多圓天之所為
也乾為天乾言天其體乾言其用也
又體用一也故同畫乾言天之行其道為健一
者健之象而二而三健而又健之象也

三☰乾卦之《☰》天字之同是六畫直則為乾卦曲則

乾

二

為天字也天字之象三（三）而虛其中所以包
地也泰之所謂包荒者也直為木以生萬物曲為
地以成萬物也天以金為體以木為用其靜也專
金以成萬物也

金之體也其動也直木之用也
乾天之命也其☰於得不已之象也而文王以德之
純配之然德何以能純是必乾而惕乃能窮元
亨利貞之理而盡元亨利貞之性以至于窮乾天
之命也至于命則與天同其不已故乾天者在
乾以為文者在乾

日此亦不已蓋天之所以為天者在乾之所
以為文者在乾惟乾故其錄為仁筭禮智者无盡文王繫易以乾

－302－

圖版三：六卷本《翁山易外》

（臺灣國家圖書館藏舊鈔本）

翁山易外一卷

南海翁山屈大均著

男士開校

天地外篇

天干有十地支有十二

干猶本也象天生物故曰天干支猶枝也象地成

物故曰地支干有十甲乙丙丁戊己庚辛壬癸支

有十二子丑寅卯辰巳午未申酉戌亥

用甲乘于取乙駕丑干支終始而循環天地之數六